JN418492

대산종사 법어해의 3

대산종사 법어해의

편저 · 주성균

WON BOOK 원불교출판사

머리말

원기99년(2014) 4월 5일 대산종사탄생100주년 기념사업의 일환으로 『대산종사법어』가 오랜 기다림 끝에 세상에 나왔습니다. 대산 종사가 열반하신 지 21년 만에 이룬 성업이었습니다.

『대산종사법어』에 앞서 시봉진들이 수필(受筆)한 『대산종사수필법문』이 간행된 바 있습니다. 이 책은 몇 차례 대산 종사의 감인(鑑認)을 거쳐 원기79년(1994) 10월 29일 정식으로 간행할 것을 대산 종사가 서명 날인으로 증명하고, 본격적으로 편찬 작업에 착수하여 원기82년(1997년) 4월 『대산종사수필법문집』(전 3권)으로 간행한 것입니다. 이때 법문 편집 작업을 담당한 필자는 교정과 윤문 과정 없이 기록 보존용 자료집 형태로 완벽히 정리하지 못한 아쉬움이 내내 마음에 남아있었습니다. 당시에는 대산 종사가 '아직 공개하지 말라'는 법문도 있었고, 그 후 '누락한' 법문도 발견되었으며, '개인이 소장한' 법문도 여럿 있었습니다. 필자는 20여 년 동안 원자료를 보존하고 꾸준히 수집하며 지금껏 수행하는 마음으로 기록해 놓았습니다.

그 후 원불교100년기념성업회는 『대산종사수필법문집』에서 빠진 법문과 비공개 법문, 개인이 소장한 법문을 수합하여 공식 기관에서 발행할 것을 결의하고 개정판 『대산종사수필법문집』을 발행하였습니다. 비슷한 시기에 필자는 『대산종사수필법문집』을 핵심 저본으로 최대한 간결하게 스승님의 정수를 담아내는 법어 편찬사업에 참여하였습니다.

그리하여 원기99년 대산종사탄생100주년에 총 15편 699장의 『대산종사법어』를 출간하였습니다. 하지만, 200자 원고지 29,000여 장의 수필법문과 여기저기 흩어진 방대한 법문을 추리고 축약하고 주요 내용만 간략하게 정리하는 과정에서 법문이 나온 배경과 당시의 상황이 빠져 독자들이 이해하기 어렵다는 반응이 있었습니다. 특히 한자로 쓰인 한시나 인용한 고문(古文) 등 독해하기 어려운 점도 함께 드러났습니다.

이에 필자는 오랜 고민 끝에 용기를 내어 『대산종사법어』를 알기 쉽게 풀이하기로 서원을 세우고 스승님께 보은하는 마음으로 『대산종사법어 해의(解義)』를 10년의 세월 동안 정리하여 전 3권으로 발행하게 되었습니다. 이 책이 『대산종사법어』를 공부하는 데 오히려 누를 끼치지 않을까, 혹여 사족이 되지 않을까 반조하며 공부심을 일으켜 봅니다.

『대산종사법어 해의』는 전 3권을 1질로 하여 15편의 간략한 대의와 장마다 제목을 달고, 법어 원문을 싣고, 출처 / 배경 및 상황 / 용어 풀이 순으로 정리하였습니다. 최대한 객관적으로 서술하고자 하였으나 간혹 필자의 주관적인 내용이 있음을 양해 바랍니다.

10년 넘게 책을 발행하는 업에 종사하고 있지만, 한 권의 책이 나올 때마다 두려움과 설렘이 앞섭니다. 그러나 책이 세상에 나온 순간부터 그 책은 저자의 것이 아니라 이미 독자들의 몫입니다. 이 책 『대산종사법어 해의』도 독자 여러분이 읽고 가감 없이 감정(鑑定)하고 채찍질하여 일깨워 주시기를 바랍니다. 대산 종사의 체취를 느끼어 마음공부하는 데 작은 도움이 되신다면 필자로서는 더할 나위 없겠습니다.

끝으로 이 책이 세상에 나올 수 있도록 용기를 주신 선후배 동지 여러분께 감사드립니다.

원기109년(2024) 5월

주성균 합장

목차

제10 정교편 政教編

정교편은 대산 종사가 정교동심(政教同心)으로 교단과 국가와 세계가 함께 협력하자는 근본을 말씀하고, 정치인이나 경제인들이나 사회 각계의 인사들을 만났을 때 해준 보감 될 법문 등 총 18장을 수록하였다.

❶ 정교동심

대산 종사 말씀하시기를 "오는 시대는 정치와 종교가 한마음 한뜻으로 국가와 세계의 평화를 위해 힘써야 하느니라. 그러나 정교 동심의 뜻을 잘못 이해하면 큰 오류를 범하여 본래 사상을 망각하고 말 것이니, 정치는 참다운 종교를 밑받침하여 발전하도록 육성하고, 종교는 정치가 어두워지고 혼탁해질 때 이를 밝고 바르고 안정되게 해야 하느니라. 종교가 정치를 선도한다고 하여 본래 목적을 저버린 채 정치에 휘말리게 되면 더 어둡고 혼탁해지기 쉽나니, 종교는 정치에 관여하지 말고 그 마음을 깨끗이 하여 바르고 밝게 선도하는 데에 더욱 힘써야 하느니라."

〈정교편 1장〉

| 출처 |

안병욱 교수와 대담

앞으로 시대는 정교동심으로 국가나 세계의 평화를 이룩하여야 한다. 그러나 정교동심의 뜻을 잘못 이해하면 큰 오류를 범하여 본래 사상을 망각하고 말 것이다. 정치는 참다운 종교를 밑받침하여 잘 발전하도록 육성시켜 주고, 종교는 정치하다 어두워지고 혼탁하여질 때 이를 발라 밝고 안정된 정치를 하도록 선도하는 데 앞장서야 한다.

그러나 종교가 본래 목적을 저버리고 정치에 말려든다든지 빠져들어 가면 본래부터 정치하는 사람들보다 더 어둡고 혼탁하여지고 만다. 그것은 각자의 전문 분야가 있는데 그것을 놓고 들어오니 그 전문 분야에는 형편없이 어두워지고 만다. 그러니 종교는 정치에 관여 말고 그 마음을 깨끗하고 바르게 밝게 선도하는 데 정성을 다하여야 한다.

〈『대산종사수필법문집』 1. pp.521~522. 원기56년 7월 24일〉

| 배경 및 상황 |

대산 종사는 원기56년(1971) 7월 24일 숭실대학교 교수이자 철학가 안병욱 교수가 방문하여 대담하시기를 "앞으로 시대는 정교동심으로 국가와 세계의 평화를 이룩하여야 한다. 정교동심의 뜻을 잘못 이해하여 큰 오류를 범하여 본래 사상을 망각하지 말자. 정치는 참다운 종교를 밑받침하여 육성하고, 종교는 정치가 어두워지고 혼탁해질 때 이를 바르고 안정되게 해야 한다."라고 했다. 그리고 "지금까지 서양은 물질문명으로 동서에 큰 도움을 주었으니 우리는 이제 도덕을 생산하여 서양에 보은하자."라고 하였다.

| 용어 풀이 |

○ **안병욱(安秉煜, 1920. 6. 26~2013. 10. 7)** 철학자. 1920년 평안남도 용강에서 태어나 1943년 일본 와세다대학(早稻田大學) 문학부 철학과를 졸업했으며, 1985년 인하대학교에서 명예문학박사학위를 받았다. 1958년 〈사상계〉 주간, 1959~1985년 숭실대학교 교수, 1975년 동 인문사회과학연구소장, 1982년 동 인문과학연구소장, 1983년 흥사단공의회장 등을 지냈다. 1985년 경기대학교 대학원 초빙교수, 1985~1990년 숭실대학교 명예교수, 1987년 흥사단 이사장 등을 역임했으며, 인간교육을 위한 강연을 많이 해왔다. 이 밖에도 도산아카데미 고문, 안중근의사기념사업회 이사 등을 역임했다. 일찍이 생활 에세이를 펴내어 삶과 인간에 대한 명상적 메시지를 풀어낸 바 있으며, 김태길·김형석과 함께 한국의 3대 철학자로 일컬어진다.

저서로는 『현대사상』·『파스칼 사상』·『사색인의 향연』·『너와 나의 만남』 등이 있다. 국민훈장 모란장, 제1회 숭실인상, 제3회 도산인상, 제8회 유일한상 등을 수상했다.

○ **정교동심(政敎同心)** 소태산 대종사의 정교관(政敎觀)이며, 정산 종사가 내세운 사대 경륜의 하나. 종교와 정치가 서로 대립하거나 야합하지 않고, 일심 합력하여 인류를 구제하고 평화세계를 건설하자는 주장. 원불교의 입장에서 종교의 역

할은 한 가정에 있어서 자모의 역할, 정치는 엄부의 역할을 하는 것이 바람직하다고 본다. 또 종교는 동남풍에, 정치는 서북풍에 비유하기도 한다. 제정일치(祭政一致)·정교분리·정교야합이 아니라 정교동심이 원불교의 주장이다.

❷ 치국의 도

> 대산 종사, '치국의 도'에 대해 말씀하시기를 "정치를 하는 사람은 반드시 성정(聖政)을 펼쳐야 하느니라. 성정에는 도정(道政)·덕정(德政)·법정(法政)이 있나니, 도정은 천지의 도에 따라 다스리는 정치를, 덕정은 덕으로 온 국민을 이롭게 하는 정치를, 법정은 법에 따라 바르게 다스리는 정치를 가리키느니라. 또한, 정치를 하는 사람이 경계해야 할 정치로는 패정(覇政)과 위정(僞政)이 있나니, 패정은 일시적 수단과 권모술수로써 하는 것으로 반은 이롭고 반은 해롭게 하는 정치를 말함이요, 위정은 위정자가 국민을 속여 사사로운 이익을 도모하는 정치를 이름이니라."
>
> 〈정교편 2장〉

| 출처 |

정치인들에게 내려주신 법문

도정(道政)
- 대경대법(大經大法)으로[공명정대한 원칙]
- 원형이정(元亨利貞)
- 천도지상(天道之常)
- 대도 대덕 합치(大道 大德 合致)
- 정교동심(政教同心) = 단군(檀君)과 요순시절(堯舜時節)

덕정(德政)	인의예지(仁義禮智) 인성지강(人性之綱) 화피초목(化被草木) 뇌급만방(賴及萬方) 혼반본국(魂返本國)[상천지재 무성무취지의(上天之裁 無聲無臭至矣)] 물시애자(勿施睚眦)
법정(法政)	헌법에 의해서 사농공상 균치(均治)[수제치평(修齊治平)의 도] 안민보국(安民報國) 보국안민(輔國安民) 조상봉대(祖上奉戴) 정기앙양(正氣昂揚) 국민일치(國民一致) 합심 합력(合心合力) 인권평등(人權平等) 지식평등(知識平等) 교육평등(敎育平等) 생활평등(生活平等)
패정(覇政)	일시적 수단 권모술수(權謀術數)로
위정(僞政)	국민을 속여 위정자 사리도모(私利圖謀)

삼정(三政)은 개인, 가정, 사회, 단체, 국가, 세계, 교단에 있어서 실행해야 한다.

〈『정전대의』 수신강요 2. 28. 정치의 요강 pp.183~184.〉

1. 정사를 고루 다스릴 것

1) 도정(道政)= 천지의 도에 의해서 차서 있게 다스리는 정치

2) 덕정(德政)= 덕으로 전국민을 이롭게 하는 정치

3) 법정(法政)= 헌법에 의해서 바르게 다스리는 정치

이상 세 가지 정치는 성정(聖政)이니 원만한 중도정치로써 전체에 길이 복리를 주어야 할 것이다.

4) 패정(霸政)= 일시적 수단과 권모술수로서 잠시 소수인에게 유익을 주는 것
5) 위정(僞政)= 국민을 속여 위정자의 사리를 도모하는 것
〈『대산종사수필법문집』 2. pp.660~661. 원기70년 3월 6일〉

| 배경 및 상황 |

대산 종사는 원기70년(1985) 3월 6일 정치인들이 찾아오면 '정치의 요강'과 '치국의 도'를 내렸다. 이를 종합 정리하여 '치국의 도'라고 이름 짓고 교정원 간부들이나 정치인들에게 한지에 붓글씨를 써서 주며 위정자들에게 국민을 위한 정치를 하라고 당부하였다. 또한, 『교리실천도해』 p.33에 '치국의 도'를 자세하게 밝혀 놓았다.

| 용어 풀이 |

○ **치국(治國)** 나라를 다스림.
○ **성정(聖政)** 성인이 다스리는 정치. 도정(道政)·덕정(德政)·법정(法政).
○ **권모술수(權謀術數)** 목적 달성을 위하여 수단과 방법을 가리지 아니하는 온갖 모략이나 술책.
○ **위정자(爲政者)** 정치를 하는 사람.

❸ 진인과 기인의 배출

대산 종사 말씀하시기를 "도가의 부(富)는 진인(眞人)의 배출이요 국가의 부(富)는 기인(技人)의 배출이니, 종교와 정치가 한마음이 되어 종교가는 무등등한 대각 도인과 무상행의 대봉공인을 많이 배출하여 진인을 길러내는 데 힘쓰고, 정치가는 실력 있는 기술인을 많이 배출하여 경제

발전에 힘써야 개인이나 국가나 세계가 다 같이 잘살 수 있느니라."

〈정교편 3장〉

| 출처 |

무등등의 대각 도인이란 언어도가 끊어지고 심행처가 멸한 자리[일원의 진리]를 각한 도인이요, 무상행의 대봉공인이란 사사(私邪) 없이 봉공에 전무하는 보살을 이름이다.

도가의 부는 진인(眞人)의 배출이요 국가의 부는 기인(技人)의 배출이다. 우리는 이것[진인과 기술인]을 겸하자. 이것이 현 종교계와 세계에서 요구하는 인물이다. 개인과 세계가 이 사람이 있을 때 열리고 없으면 닫힌다. 그 사람이 있어야 그 사람을 만든다. 우리는 이 사람[진인, 기인]을 만들려면 먼저 그 사람이 되자. 단체나 국가에서 이 사람들을 등록하고 우대해서 그 사람을 많이 배출케 하라.

기술의 최고는 인화(人和)이니 이는 성현술(聖賢術)이다. 이는 양보에서 생산된다. 이러면 행운이 열리리라. 정부는 진종교(眞宗教)를 양성하라. 그렇지 않으면 조각 정치이다. 〈『대산종사수필법문집』 1. p.95, 원기49년 편편법어〉

| 배경 및 상황 |

대산 종사는 원기49년(1964) '진인과 기인의 배출' 관하여 말씀하시기를 "도가의 부는 진인(眞人)의 배출이요 국가의 부는 기인(技人)의 배출이다. 우리는 진인과 기술인을 겸하자. 현 종교계와 세계에서 요구하는 인물이다. 개인과 세계가 이 사람이 있을 때 열리고 없으면 닫힌다."라고 하였다. 이어서 말씀하시기를 "기술의 최고는 인화(人和)이니 이는 성현술(聖賢術)이다. 이는 양보에서 생산된다. 이러면 행운이 열리리라. 정부는 진종교(眞宗教)를 양성하라. 그렇지 않으면 조각 정치이다."라고 말하였다.

| 용어 풀이 |

○ **도가(道家)** 도덕가(道德家)의 준말. 도덕을 가르치고 베푸는 종교가를 이른다. 시비이해로 건설되어 분쟁과 번뇌가 쉬지 않는 시끄러운 인간 세상에서 종교는 진리를 가르치고 도덕을 실행하며 양심을 찾아서 살아가는 길을 연다는 뜻에서 쓰는 말이다.

○ **진인(眞人)** ① 참된 도를 깨달은 사람. 진실하고 정직한 사람. ② 도교에 있어서 신선 계위의 하나. 『남화경』에서는 도의 체득자를 진인으로 표현하고 있는데, 『태평경(太平經)』에서는 신선을 구별하여 신인(神人)은 천(天)을, 진인은 지(地)를, 선인은 풍우(風雨)를, 도인은 길흉(吉凶)을, 성인(聖人)은 서민을 다스리는 일을 각각 맡는다고 했다.

○ **기인(技人)** 전문적인 기술을 가진 사람. 기술인의 준말.

❹ 월남전에 대한 감상

대산 종사, 월남전에 대한 보고를 들으시고 말씀하시기를 "이제는 어떠한 힘으로도 동양이나 서양이나 모두가 밝은 쪽으로 나아가는 흐름을 막을 수는 없나니, 세계 분쟁 지역의 평화 안정과 각국의 경제 균등은 국제연합 기구가 담당하고, 인류의 영육 간 무지·빈곤·질병을 구제하는 일은 종교연합 기구가 담당하도록 해야 할 것이니라." 〈정교편 4장〉

| 출처 |

세계적으로는 월남의 평화 수립을 비롯해 각국의 안정으로 UN 기구를 통해 전 인류 경제 균등을 확립해야 할 것이고, 또 한편 세계 종교연합 기구를 창설해 인류 개진(皆眞) 지도에 앞장서 전 인류의 영육의 무지, 질병, 빈곤을 완전히 구제해야 할 것이다.

이제는 공산이나 민주나 동양이나 서양이나 밝은 데로 나간다. 이는 누가 막을 수 없는 것이다. 〈『대산종사수필법문집』 1. p.328. 원기53년 8월 1일〉

| 배경 및 상황 |

대산 종사는 원기53년(1968) 8월 1일 월남전에 대한 보고를 들으시고 말씀하시기를 "이제는 공산주의나 민주주의, 동양과 서양 모두가 밝은 쪽으로 나아가는 흐름은 누가 막을 수 없다. 세계분쟁 지역의 평화 안정과 각국의 경제 균등은 UN에서 담당하고 인류의 영육 간 무지·빈곤·질병을 구제하는 일은 종교연합 기구가 담당하여야 한다."라고 하였다.

| 용어 풀이 |

○ **월남전(越南戰)** 베트남의 독립과 통일을 위하여 벌인 전쟁. 1960년에 결성된 남베트남 민족 해방 전선이 북베트남의 지원 아래 남베트남군 및 이들을 지원하는 미국군과 싸워 이겨 1969년에 임시정부를 수립하였으며 미군 철수 후 1975년에 남베트남 정부가 무너짐으로써 남북이 통일되었다.

❺ 가정은 복의 터전

대산 종사 말씀하시기를 "한 가정은 나라의 바탕이요 복의 터전이라. 가정이 모여 국가와 세계가 이루어지는 것이니 가정 가정을 불은화하고 일원화하여 모든 동포가 이 세상을 한 울안 한 가족 한 일터를 만들어 안락하고 행복한 삶을 이뤄가기를 바라노라." 〈정교편 5장〉

| 출처 |

가정이 비록 작은 듯하나 그 가정을 비롯하여 국가 세계가 이루어지는 것이니 나라의 바탕이요 복의 터전인 가정 가정을 불은화(佛恩化) 일원화(一圓化)시켜 일체 동포가 한 울안 한 가족 한 일터의 큰 가정 속에 안락하고 행복하고 진화하는 삶이 이루어지기를 법신불 사은 전에 깊이 심축(心祝)하는 바입니다.

〈『대산종사수필법문집』 2. pp.1673~1674. 원기79년 신년법문〉

| 배경 및 상황 |

대산 종사는 원기79년(1994) 신년법문에서 '가정의 도'를 밝혔다. "첫째, 가정의 기초가 되는 부부 사이에 도가 있어야 한다. 둘째, 부부는 부모가 되는 것이 정칙(正則)이므로 그 도를 가져 지키고 실행하여야 한다. 셋째, 한 가정의 자녀가 되었으면 인륜을 다하는 도를 가져 지키고 실행하여야 한다. 넷째, 형제 사이에는 우애하는 도가 있어야 한다."라고 하였다.

그리고 "가정의 도는 혈연의 소중함에 바탕을 두어 법정(法情)과 도정(道情)과 인정(人情)으로써 영원한 선연(善緣)으로 이어지기를 염원하고 밝힌 것이지만, 이 모든 도가 잘 이행되기로 하면 또한 호주의 책임이 크고 중함을 알아야 한다."라고 하면서 "한 가정은 나라의 바탕이요 복의 터전이라, 가정이 모여 국가와 세계가 이루어지는 것이니 가정 가정을 불은화하고 일원화하여 모든 동포가 이 세상을 한 울안 한 가족 한 일터를 만들어 안락하고 행복한 삶을 이뤄가기를 바란다."라고 하였다.

| 용어 풀이 |

○ **불은화(佛恩化)** 부처님의 가르침이 세상에 널리 퍼져 그 은혜가 일체중생에게 미쳐가는 것.

○ **일원화(一圓化)** 법신불 일원의 진리가 널리 퍼져 이 세상의 모든 사람을 제도

해주고, 나아가 온 누리와 만생령이 진리화·불은화되는 것을 말함.

❻ 한국의 다섯 가지 보물

대산 종사, '한국의 다섯 가지 보물'에 대해 말씀하시기를 "첫째는 국기인 태극기이니 이는 천만 도덕의 바탕이 되는 진리를 구현하여 장차 이 나라가 도덕의 부모국이 될 것을 예증함이요, 둘째는 국화인 무궁화이니 이는 진리를 깨쳐야 피는 도화요 우담바라로 장차 이 나라에서 도덕의 꽃이 필 것을 예증함이요, 셋째는 명산인 금강산이니 이같이 정기가 어린 명산이 있을 때 그 산과 같은 주인이 있어 그 명성이 세계에 드러날 것을 예증함이요, 넷째는 산물인 인삼이니 이는 천·지·인 삼재의 정기가 어린 영약이므로 장차 이 나라에서 삼재에 합일한 많은 불보살이 나서 제생 의세의 법을 펼 것을 예증함이요, 다섯째는 도덕인 일원 대도이니 이는 진리와 우주의 주인인 대성자가 탄생하여 인류의 마음에 등불을 밝히고 새 세계에 새 도덕을 제시하여 원만 평등한 하나의 세계와 하나의 종교를 마련하심이니라. 그러므로 우리는 세계에 자랑할 만한 이 다섯 가지 보물을 활용하여 국가와 민족의 정신적 지주를 확립하는 동시에 전 인류의 정신을 열어 줄 새 도덕의 횃불을 높이 밝혀야 할 것이니라." 〈정교편 6장〉

| 출처 |

인류의 홍복

한국의 다섯 가지 보물

첫째는 국기로 태극기이다. 세계 각국의 기가 대개 한 천체나 한 물건이나 한 사건을 상징했지마는 한국의 태극기는 천만 도덕의 바탕이 되는 진리를 구현하여 장차 이 나라가 도덕의 부모국이 될 것을 예징(豫徵)한 점이요,

둘째는 국화로 무궁화이다. 무궁화는 진리를 깨쳐야 피는 도화(道花)요, 우담발화(優曇鉢花)인 것이니 이 꽃을 국화로 하여 장차 이 나라에서 도덕의 꽃이 필 것을 예징한 점이요,

셋째는 명산으로 금강산이다. 고래로 인걸은 지령이라 금강산 같은 정기 어린 명산이 있을 때 반드시 그 산과 같은 주인이 있어 그 명성이 세계에 드러나는 것을 예징한 점이요,

넷째는 산물로 인삼이다. 인삼은 천·지·인(天地人) 삼재(三才)의 정기가 어린 영약인 바 이것은 장차 이 나라에서 천·지·인 삼재에 참여한 많은 불보살이 나서 제생의세의 법을 펼 것을 예징한 점이요,

다섯째는 도덕으로 일원대도이다. 이는 진리의 주인이요 우주의 주인이신 대성자가 탄생하시어 전 인류의 마음에 등불을 밝혀주시고 새 세계에 새 도덕을 제시하여 원만평등한 하나의 세계와 하나의 종교를 마련하게 하신 점입니다.

우리는 국력의 성장과 더불어 세계의 자랑인 이상 몇 가지 보물을 크게 활용하여 국가 민족의 정신적 지주를 확립하는 동시에 전 인류의 정신을 열어 줄 새 도덕의 횃불을 높이 밝혀야 하겠습니다.

〈『대산종사수필법문집』 1. pp.499~500. 원기56년 신년법문〉

| 배경 및 상황 |

대산 종사는 원기56년(1971) 신년법문에서 '인류의 홍복'이란 제목으로 한국의 다섯 가지 보물을 밝혔다. 이 나라에 세계적 보물이 묻혀있으니 그 보물의 진가가 드러나 인정받으면 세계적인 칭송을 받게 될 것이니 전 세계 전 인류의 홍복이라고 하였다.

첫째, 국기로는 태극기요, 둘째, 국화로 무궁화요, 셋째, 명산으로 금강산이요,

넷째, 산물로 인삼이요, 다섯째, 도덕으로 일원대도라고 하였다.

우리는 국력의 성장과 더불어 세계의 자랑인 이상 몇 가지 보물을 크게 활용하여 국가 민족의 정신적 지주를 확립하는 동시에 전 인류의 정신을 열어 줄 새 도덕의 횃불을 높이 밝혀야 하겠다.

| 용어 풀이 |

○ **홍복(弘福)** 큰 행복.

○ **태극기(太極旗)** 대한민국의 국기. 흰 바탕의 한가운데 진홍빛 양(陽)과 푸른빛 음(陰)의 태극을 두고, 사방 대각선 상에 검은빛 사괘(四卦)를 둔다. 사괘의 위치는 건(乾)을 왼편 위, 곤(坤)을 오른편 아래, 감(坎)을 오른편 위, 이(離)를 왼편 아래로 한다. 조선 고종 19년(1882)에 일본에 수신사로 간 박영효가 처음 사용하고, 고종 20년(1883)에 정식으로 국기로 채택·공포되었다. 1949년에 문교부 고시로 현재의 형태로 확정되었다.

○ **예징(例徵)** 어떤 일이 생길 여러 가지 조짐.

○ **예증(例證)** 어떤 사실에 대하여 실례를 들어 증명함.

○ **영약(靈藥)** 영묘한 효험이 있는 신령스러운 약.

❼ 강력한 정부와 고등종교

대산 종사 말씀하시기를 "세계는 국민의 지지를 받는 강력한 정부가 나와 균등의 세계를 이뤄가야 하고, 종교는 인류의 정신을 선도하는 고등종교가 나와 도덕 세상을 펼쳐가야 하나니, 이처럼 정치와 종교가 서로 합심 합력해 나가야 국가 세계도 발전되고 인류 생활도 좋아지리라."

〈정교편 7장〉

| 출처 |

종교 지도자들과 정부 요인들에게 다음과 같이 주지시키도록 하시고 법문 내용을 기록하게 하시다.

현금(現今) 국내외의 석학 토인비 교수는 앞으로 인류 구제 방법은
첫째, 강력한 국제 정부가 수립되어 자원통제 등으로 균형을 가져야 하고, 둘째, 고등종교가 대두되어 정신 지도를 하여야 한다고 하였으니 이 말이 앞을 내다본 좋은 방법이다.
그러므로 세계 각국은 나라마다 강력한 정부가 들어서고 강력한 국가가 되어야 하겠고, 종교도 어느 한 종단만이 고등종교가 될 것이 아니라, 모든 종교가 다 고등종교가 되어야 할 것이다. 그래서 인류의 정신을 선도하고 정치와 합심하고 협동하여 항상 건전한 방향으로 이끌고 건설하도록 하자. 이것이 국력을 배양시키는 길이다.

〈『대산종사수필법문집』 1. p.1004. 원기59년 11월 16일〉

| 배경 및 상황 |

대산 종사는 원기59년(1974) 11월 16일 종교 지도자들과 정부 요인들에게 다음과 같이 주지시키도록 하고 법문 내용을 기록하게 하였다.
역사학자 토인비는 앞으로 인류구제 방법으로 "강력한 국제 정부가 수립되어 자원통제 등으로 균형을 유지하고, 고등종교가 대두되어 정신 지도를 하여야 한다."라고 하였다. 대산 종사는 "이처럼 인류의 정신을 선도하고 정치와 종교가 협동하고 건전한 방향으로 이끌고 건설하도록 하자. 또한 종교가나 국가가 생업과 부업이 있다. 그러므로 종교가 정부에 대해 충고도 하지만 이는 주업이 되어서는 안 된다. 주업은 역시 정신 선도하는 교화가 되니 이 점 명심해야 한다."라고 하였다.

| 용어 풀이 |

○ **토인비(Toynbee, Arnold Joseph, 1889~1975)** 영국의 역사가·문명 비평가. 결정론적 사관(史觀)에 반대하여, 인간 및 인간 사회의 자유 의지와 행위에 의하여 역사와 문화가 형성됨을 강조하였다. 저서에 『역사의 연구』 12권과 『시련에 선 문명』, 『역사가가 본 종교관』 따위가 있다.

○ **고등종교(高等宗敎)** 실제로 불교, 기독교, 회교 등을 지칭하는 것으로서, 그 종교를 세운 창시자가 있고, 문서화된 경전이 있으며, 전도를 위한 조직을 지닌 종교를 지칭하는 말.

❽ 앞으로 지도자는 공심으로 맡는다

대산 종사 말씀하시기를 "대종사께서 앞으로 밝은 세상에서는 위에서 지도자를 임명하는 것이 아니라 대중의 추천을 받은 자가 서로 양보를 하다가 부득이 공심으로 맡게 된다고 하셨느니라." 〈정교편 8장〉

| 출처 |

천주교 김수환 대주교의 임명 소식을 들으시고 종법사께서 말씀하시기를 "앞으로 밝은 세상에는 위에서 임명하는 것이 아니라, 밑에서 서로 추천하여 양보하는데 부득이하면 공심으로써 맡게 되느니라." 하셨다.

〈『대산종사수필법문집』 1. p.319. 원기53년 6월 7일〉

| 배경 및 상황 |

대산 종사는 원기53년(1968) 6월 7일 천주교 김수환 추기경의 임명 소식을 듣고 말씀하시기를 "앞으로 밝은 세상에는 위에서 임명하는 것이 아니라, 밑

에서 서로 추천하여 양보하는데 부득이하면 공심으로써 맡게 된다."라고 하였다.

| 용어 풀이 |

○ **김수환(金壽煥, 1922~2009)** 한국의 가톨릭 성직자·추기경. 세례명 스테파노. 1922년 대구에서 독실한 가톨릭 집안의 막내로 출생하여 1951년 사제 서품을 받았고 1969년 교황 바오로 6세에 의해 한국 최초의 추기경이 되었다. 저서에 『하느님은 사랑이시다』(분도출판사, 1981), 『평화를 위한 기도』(1981), 『이 땅에 평화를』(햇빛출판사, 1988) 등이 있다.

○ **공심(公心)** ① 공익심의 준말. 자기 개인보다 교단 전체, 인류 전체를 우선하고 헌신 봉공하는 마음. 전체 공심과 부분 공심이 있다. 교단 전체, 국가 전체, 인류 전체를 앞세우는 마음이 전체 공심이다. 내가 소속해 있는 교당이나 기관, 내 나라 내 민족을 앞세우는 마음이 부분 공심이다. ② 공명정대하고 편벽되지 않으며 사사(邪私)가 없는 마음. 하늘을 보나 땅을 보나 사람을 보나 자기 양심에 조금도 부끄럽지 않은 마음. 소인배의 마음이 아니라 대인 군자의 마음.

❾ 교단의 지도인에게 당부

대산 종사, 교단의 지도인들에게 말씀하시기를 "매사를 처리함에 있어 교단의 역사가 수만 대를 지나더라도 신용을 잃지 않도록 공정하고 떳떳한 원칙과 사물의 근본 원리에 바탕을 두고 처리를 해야 하느니라. 우리는 오직 정교 동심으로 나라와 세계를 구제하는 일에만 정성을 다할 뿐 물질적인 이익에 잡히거나 끌려가서는 안 되나니, 특별한 인물이 찾아온다고 하여도 우리는 우리의 건실한 계획만 설명해 줄 뿐 일을 하고 안 하는 것은 본인의 뜻에 맡기고 설혹 그 일을 못하거나 다르게 하더라도 그 앞길을 열어 주고 터 주는 데 힘써야 하느니라." 〈정교편 9장〉

| 출처 |

이광정(李廣淨), 김인철(金仁喆), 황직평(黃直平)에게

총부는 어떤 경우에도 돈에 휘어 잡혀서는 안 된다. 교단이 수만 대를 가더라도 신용을 잃지 않도록 대경대법(大經大法)으로 하며 원형이정(元亨利貞)으로 하라. 우리는 어떠한 인물이 오더라도 오직 정교동심으로 이 나라와 이 세계를 구제하는 일만 하지, 돈에 매수되거나 사로잡히면 안 된다.

내가 서울 있을 때 이승만 박사가 왔었다. 그리고 몇 차례 오고 갔는데 하루는 이 박사와 조소앙, 이기붕 등의 비서진과 같이 왔기에 인삼 세 갑을 각각 하나씩을 나누어주었다. 그랬더니 비서진들이 "우리까지 줍니까?" 하므로 "당신네도 대통령과 같으니 가지고 가시라."고 하니 그들이 뒤에 다시 와서 "우리 이 박사와 손을 잡으면 종단에 큰 도움을 주겠습니다." 하기에 "종단을 그런 식으로 잡으면 권모술수가 되고, 또 우리가 그 지도자를 우습게 보니 우리 종단을 그렇게 취급하지 말라." 하고 그 후로는 손을 끊었다. 돈, 그것이 수없이 온다 해도 잡히고 엎어지면 안 된다. 본인이 사업을 한다 해도, 우리는 우리의 건실한 계획만 설명하여 주고, 하고 아니하고는 본인에 맡겨라. 본인이 무엇을 한다고 하고서 그것을 못 하거나 틀리게 하더라도 길을 열어 주고, 터주어야 한다. 김경재 내외가 틀렸으나 길을 열어 주고 터주니 처음부터 끝까지 뉘우치는 마음으로 일관하고 조금도 해(害) 붙이려 아니하고 우리 좋을 대로 응해 주었다.

이제 금생에 못했으니 내생에 하라고 터주니 기를 펴고 그런 서원을 철저히 세운다고 하더라. 〈『대산종사수필법문집』 1. p.948. 원기59년 8월 7일〉

| 배경 및 상황 |

대산 종사는 원기59년(1974) 8월 7일 좌산 이광정(李廣淨), 항산 김인철(金仁喆), 장산 황직평(黃直平)에게 말씀하시기를 "교단이 수만 대를 가더라도 신용을 잃지 않도록 대경대법(大經大法)으로 하며 원형이정(元亨利貞)으로 하라. 우리는 어떠한 인물이 오더라도 오직 정교동심으로 이 나라와 이 세계를 구제하는 일만 하지 돈에 매수되거나 사로잡히면 안 된다. 돈, 그것이 수없이 온다 해도 잡히고 엎어지면 안 된다. 본인이 사업을 한다 해도, 우리는 우리의 건실한 계획만 설명하여 주고, 하고 아니하고는 본인에 맡겨라. 본인이 무엇을 한다고 하고서 그것을 못 하거나 틀리게 하더라도 길을 열어 주고, 터주어야 한다."라고 하였다.

| 용어 풀이 |

○ **대경대법(大經大法)** 공명정대한 큰 원리와 법칙.

○ **원형이정(元亨利貞)** ① 하늘이 갖추고 있는 네 가지 덕. 세상의 모든 것이 생겨나서 자라고 이루어지고 거두어짐을 뜻한다. ② 사물의 근본이 되는 원리.

⑩ 위대한 정치가가 되려면

대산 종사, 한 정치인에게 말씀하시기를 "세상 사람들은 간디의 무저항 비폭력주의는 알고 있으나 그 위대한 힘이 금욕과 불살생의 도덕 훈련에서 나온 줄은 알지 못하나니, 위대한 정치가가 되려면, 첫째, 직접 살생하지 말 것이요, 둘째, 원수라도 죽기를 바라지 말 것이요, 셋째, 죽이는 말을 하지 말고 글로 쓰지도 말아야 하느니라." 〈정교편 10장〉

| 출처 |

백산(栢山) 정해영 의원과의 대담

간디옹(翁)은 무저항 비폭력주의와 금욕 불살생의 철리(哲理)로 인도 국민을 영국으로부터 구제하였습니다. 모든 사람은 간디의 무저항 비폭력주의는 알지만, 그 위대한 힘을 나오게 한 금욕 불살생, 도덕 훈련은 알지 못하고 말하지 않고 모릅니다. 불보살들도 금욕생활을 하니 위대한 정치인에게도 금욕 불살생의 자제력 훈련이 있어야 하겠습니다. 그래서 위대한 정치가들은 삼계문(三戒文)을 꼭 지켜야 하겠으며 살생에는 그 방법이 세 가지로 구분됩니다. 첫째, 직접 살생하는 것, 둘째, 나의 상대인이나 원수에게 죽기를 바라고 말하는 것, 셋째, 붓으로 죽이는 것입니다.

〈『대산종사수필법문집』 2. pp.901~902. 원기59년 5월 8일〉

| 배경 및 상황 |

대산 종사는 원기59년(1974) 5월 8일 백산 정해영 국회의원과 대담하며 말씀하시기를 "간디옹(翁)은 무저항 비폭력주의와 금욕 불살생의 철리(哲理)로 인도 국민을 영국으로부터 구제하였습니다. 모든 사람은 간디의 무저항 비폭력주의는 알지만, 그 위대한 힘을 나오게 한 금욕 불살생, 도덕 훈련은 알지 못하고 말하지 않고 모릅니다. 위대한 정치가가 되려면 삼계문(三戒文)을 지켜야 합니다. 첫째, 직접 살생하는 것, 둘째, 나의 상대인이나 원수에게 죽기를 바라고 말하는 것, 셋째, 붓으로 죽이는 것입니다."라고 하였다.

| 용어 풀이 |

○ **간디(Gandhi, Mohandas Karamchand 1869~1948)** 인도의 정치가·민족운동 지도자. 런던 대학에서 법률을 배운 후 남아프리카 원주민의 자유 획득을 위하여 활동하였고, 1915년에 귀국하여 무저항·불복종·비폭력·비협력주의에 의

한 독립운동을 지도하였다. 제2차 세계대전 후 힌두·이슬람 양 교도의 융화에 힘썼으나 실패하고 한 힌두교 청년에게 암살되었다. 대성(大聖)의 의미를 지닌 '마하트마(Mahatma)'라고도 부른다.

○ **정도진(鄭道振, 1915~2005)** 속명은 해영. 호는 백산(栢山). 경남 울산시 진상반동 361번지에서 부친 정구영, 모친 배남방 여사의 5남 5녀 중 장남으로 출생하였다. 대한민국의 정치인. 기업인 출신으로 제3대, 5대부터 10대까지 국회의원을 연임한 6선 의원이다. 제8대 국회부의장, 신민당 부총재를 역임하였다. 21세에 양타원 송경심 종사와 결혼하여 1남 1녀를 두었다. 원기36년(1951) 송경심의 연원으로 6월 21일 입교하였다. 백산은 대산 종사 앞에서는 항상 무릎을 꿇고 앉아 법주로 높이 모셨다. 원기70년(1985) 원불교 중앙교의회 의장직을 맡았으며 원기76년(1991) 대호법의 법훈을 받았다.

○ **철리(哲理)** 아주 깊고 오묘한 이치.

⑪ 광주민주화운동과 국운

한 교도가 사뢰기를 "시국이 어수선하니 불안하고 답답하여 밝은 지도를 받으려고 왔습니다." 대산 종사 말씀하시기를 "어린아이도 클 때는 아프기도 하면서 변화를 해 가듯이 이 시대도 전환기에 있으므로 좋아지려고 그러는 것이니라. 진리는 있을 것은 있게 하고 쓸 것은 쓰게 하며 없을 것은 없애고 넘어질 것은 넘어지게 하느니라. 특히 진급기에는 좋아지는 쪽으로 강급기에는 나빠지는 쪽으로 변화를 해가나니, 지금 한국은 진급기에 있으므로 이번 광주민주화운동을 계기로 전화위복이 되어 국운이 더욱 크게 열릴 것이니라." 〈정교편 11장〉

| 출처 |

남대전 오선교(吳善教) 회장과 몇 교도들이 "시국이 하도 어수선하고 앞날을 측량할 수 없어서 불안하고 답답합니다. 밝은 지도를 받고자 왔습니다." 하고 말씀 올리니 종법사께서

나는 낙관하라 하겠다. 어린애도 크려고 할 때 아프기도 하고 변화가 일어나듯이 이 시대가 전환기에 있으므로 좋아지려고 그런다. 진리는 있을 것, 없을 것, 다 세우고 그 이유를 갖게 한다. 그리고 있을 것은 있게 하고, 쓸 것은 쓰게 하며, 없을 것은 없애고, 넘어질 것은 넘어지게 하는 것이다. 그러니 길게 두고 보라.

대종사께서 교운(教運), 국운(國運), 세계운(世界運)이 한 기운으로 맞먹는다고 하여 주셨다. 한국이 지금 진급기에 있으며 주세성자이신 대종사께서 이 땅에 오시었다. 그러므로 모두 전화위복이 될 것이다.

〈『대산종사수필법문집』 2. pp.76~77. 원기65년 6월 8일〉

| 배경 및 상황 |

대산 종사는 원기65년(1980) 6월 8일 남대전교당 오선교(吳善教) 회장과 몇 교도들이 5·18 민주화운동 후 "시국이 하도 어수선하고 앞날을 측량할 수 없어서 불안하고 답답합니다. 밝은 지도를 받고자 왔습니다."하고 아뢰니 말씀하시기를 "나는 낙관하라 하겠다. 어린애도 크려고 할 때 아프기도 하고 변화가 일어나듯이 이 시대가 전환기에 있으므로 좋아지려고 그런다. 진리는 있을 것, 없을 것, 다 세우고 그 이유를 갖게 한다. 그리고 있을 것은 있게 하고, 쓸 것은 쓰게 하며, 없을 것은 없애고, 넘어질 것은 넘어지게 하는 것이다. 그러니 길게 두고 보라. 대종사께서 교운, 국운, 세계운이 한 기운으로 맞먹는다고 하여 주셨다. 한국이 지금 진급기에 있으며 주세성자이신 대종사께서 이 땅에 오시었다. 그러므로 모두 전화위복이 될 것이다."라고 하였다.

| 용어 풀이 |

○ **광주민주화운동(光州民主化運動)** '5·18 민주화운동'의 전 용어. 1979년 10·26 사태 이후 비상계엄령이 전국적으로 확대되면서 1980년 5월 18일에 전라남도 광주에서 일어난 대규모의 민주화 운동. 정부의 무력 진압으로 많은 사상자가 발생했다.

○ **전화위복(轉禍爲福)** 재앙과 근심, 걱정이 바뀌어 오히려 복이 됨.

⑫ 국민운동으로 나라의 내실과 저력을 쌓자

대산 종사, 김준 새마을연수원장에게 말씀하시기를 "모든 국민운동이 한 사람의 마음에서 비롯되는 것이니 그 한 마음을 찾아 잘 가꾸는 일에 더욱 힘써야 하느니라. 일을 할 때는 옳다고 생각되면 온갖 어려움을 딛고 넘어가면서 길게 계속 끌고 가야 하나니, 누가 찬성한다고 일을 하고 시비한다고 일을 그만두고 누가 따라온다고 일하고 따라오지 않는다고 일을 그만두면 안 되느니라. 간디 한 사람이 있어서 인도를 구원하였듯이 내가 그 한 사람이 되어 길게 멀리 이 나라를 이끌어 나갈 계획을 세우고 내실과 저력을 쌓는 데 힘을 써야 하느니라." 〈정교편 12장〉

| 출처 |

새마을연수원장 김준(金俊) 선생으로부터 인사를 받으신 후

새마을운동은 국민과 인류 모두가 다 같이 해야 할 운동이다. 박정희 대통령을 보필해 그 일 잘하기를 바라며, 모든 운동이 한 사람의 한마음이 제일 중요하다.

내가 원장에게 말하고 싶은 것은 일하고 운동을 전개하다 하나가 남더라도 그

것이 옳다고 생각했으면 만난(萬難)을 딛고서 넘어가면서 계속 길게 끌고 가야 한다. 누구 찬성한다고 하고, 시비한다고 아니하고, 안 따라서 온다고 아니하고 하면 안 된다. 하나만 있으면 된다. 인도에 간디옹 그 한 사람이 있어 운동하니 인도를 구원하게 되었다. 그러므로 우리는 내실을 기하고 저력을 쌓는데 힘쓰고 있다.

우리는 정교동심으로 이 나라와 세계를 좋게 하려 하고 있다. 이 나라는 국민에게 뿌리 해야 국기(國基)가 오래도록 튼튼할 것이다. 훌륭한 대통령 한 분만 믿고 살다 그분 간 후에는 어떻게 될 것인가. 그러니 참다운 종교로 훈련된 참사람이 많아야 국가 만대가 탄탄할 것이다.

〈『대산종사수필법문집』 1. pp.1149~1150. 원기60년 5월 22일〉

| 배경 및 상황 |

대산 종사는 원기60년(1975) 5월 22일 김준 새마을연수원장에게 말씀하시기를 "모든 국민운동이 한 사람의 마음에서 비롯되는 것이니 그 한 마음을 찾아 잘 가꾸는 일에 더욱 힘써야 한다. 누가 찬성한다고 하고, 시비한다고 아니하고, 안 따라서 온다고 아니하고 하면 안 된다. 하나만 있으면 된다. 인도에 간디옹 그 한 사람이 있어 운동하니 인도를 구원하게 되었다. 그러므로 우리는 내실을 꾀하고 저력을 쌓는 데 힘쓰고 있다."라고 하였다.

농산 김준 명예 대호법이 원불교를 처음 접한 것은 이리농림학교 재학시절이었으나 원불교와 실질적 인연은 농촌운동에 앞장서던 청년 시절 대산 종사를 친견하면서부터라 할 수 있다. 당시 대산 종사는 농산 대호법을 접견한 뒤 "후일에 큰일을 할 청년이니 눈여겨보아 두도록 하라"며 장차 교단을 위해 큰일을 할 인연임을 예시했다. 농산 대호법도 그날 이후 비록 종교는 다르지만, 원불교 교법이 세상을 이롭게 하고 잘살게 하는 길임을 깨닫고 대산 종사를 마음의 스승으로 모시며 교류 관계를 이어갔다. 김준 원장은 새마을지도자연수원

원장 재직 시에는 원불교 교리 정신이 곧 새마을운동의 기본정신과 일치한다며 원불교 교무를 연수원 지도교수로 파견해 주라고 요청해 와 주산 최성덕 교무를 파견한 일도 있었다.

| 용어 풀이 |

○ **김준(金俊, 1926~2012)** 농산 김준 대호법은 1926년 4월 25일 전남 영광 출생으로, 전남대학교 교수·재건국민운동 중앙교육원 교수부장·농협중앙회 교육원 교수·농협대학 교수·새마을지도자연수원 원장·새마을중앙회 회장·새마을중앙본부 회장·남도학숙 원장·초당산업대학 총장을 역임했다. 원기67년(1982) 농산(農山) 법호 수증. 원기78년(1993) 원불교 새삶회 초대회장. 원기97년(2012) 2월 13일 열반하자 교단에서 원기97년(2012) 명예 대호법으로 추서하였다.

○ **새마을운동(새마을運動)** 새마을 정신을 바탕으로 생활 환경의 개선과 소득 증대를 도모한 지역 사회 개발 운동. 1970년에 박정희 대통령의 제창으로 시작하였다.

⑬ 조국대흥과 세계평화의 길

대산 종사 말씀하시기를 "대종사께서는 장차 이 나라가 세계의 정신적 지도국, 도덕의 부모국이 될 것이라고 하셨나니, 그러기 위해서 우리는 첫째, 국가·사회·종교에 헌신한 분들을 조상으로 받들어 모셔야 할 것이요, 둘째, 민족정기를 높이 드러내야 할 것이요, 셋째, 민족중흥을 넘어서서 조국을 대흥시켜야 하느니라. 더욱이 우리나라는 조국의 평화적 통일이라는 역사적 과제를 안고 있으므로, 이 일을 위해서는 정치·국방·경제·문화·외교 등도 중요한 일이지만 그에 앞서 인화 단결이 가장 급선무니, 이를 외면한 어떠한 주의 주장과 명분도 큰 위험과 불행을 가져올 수 있다는 것을 명심해야 하느니라." 〈정교편 13장〉

| 출처 |

6대신문 문화부 기자들에게

대각개교절 법문, 최초법어 도해 법문, 조국대흥과 세계평화의 길 제언하신 것을 각각 나눠주시고 말씀을 내려주시다.

※ 조국대흥과 세계평화의 길

교조이신 대종사께서 교단 초창에 이 나라는 점점 어변성룡(魚變成龍)이 되어 세계의 정신적 지도국이 될 것이라 하셨습니다. 그때에는 요원하게 생각되었으나 최근 국내외의 동향을 살펴보면 장차 이 나라가 세계의 정신적 지도국이 되어야 하겠다는 신념이 더욱 굳혀지는 것을 느낍니다.

이처럼 우리나라가 세계의 정신적 지도국이 되기 위해서는 나라 안팎으로 해야 할 일이 있습니다. 그 첫째는 조상봉대(祖上奉戴)로 국가 사회 종교에 헌신한 분들을 조상으로 봉대하는 일과, 둘째 정기앙양(正氣昻揚)으로 민족정기를 앙양하는 일과, 셋째 민족중흥을 넘어서서 조국을 대흥시키는 일입니다.

근래에 현충사 등 공도 헌신한 많은 조상을 봉대하는 사업이 활발했고, 국적 있는 교육이나 새마을 교육 등으로 민족정기 앙양에도 많은 전진이 되었으며 조국 근대화 작업을 통해 큰 발전도 이룩되었습니다. 그러나 우리는 이러한 결과에 자만하거나 추호의 방심함이 없이 더욱 겸허하고 부지런한 마음으로 이러한 일에 온 국가 사회와 종교가 함께 힘을 합해 나가야 하겠습니다. 더욱이 우리나라는 조국의 평화적 통일이라는 역사적 과제를 안고 있습니다.

이 일을 위해서는 정치, 국방, 경제, 문화, 외교 등도 중요한 일이나 그에 앞서서 첫째도 인화단결(人和團結)이요 열, 백, 천, 만도 다 인화단결입니다. 이것을 외면한 어떠한 주의 주장과 명분도 오히려 큰 위험과 불행이 될 뿐이라는 것을 우리는 깊이 명심해야 하겠습니다.

〈『대산종사수필법문집』 2. pp.196~197. 원기66년 3월 22일〉

| 배경 및 상황 |

대산 종사는 원기66년(1981) 3월 22일 대각개교절을 앞두고 6대신문 문화부 기자들에게 '조국대흥과 세계평화의 길'에 대하여 말씀하시기를 "첫째, 조상봉대, 둘째, 정기앙양, 셋째, 조국대흥을 시켜야 합니다. 더욱이 우리나라는 조국의 평화적 통일이라는 역사적 과제를 안고 있습니다. 이 일을 위해서는 정치, 국방, 경제, 문화, 외교 등도 중요한 일이나 그에 앞서서 인화단결이 가장 급선무니 이를 외면한 어떠한 주의 주장과 명분도 오히려 큰 위험과 불행이 될 뿐이라는 것을 우리는 깊이 명심해야 하겠습니다."라고 하였다.

| 용어 풀이 |

○ **봉대(奉戴)** 받들어 모신다는 의미. 위대한 인물이나 그러한 인물의 가르침이나 사상을 높이 공경하여 정성을 다해 떠받드는 것.

○ **정기(正氣)** 지극히 크고 바르고 공명한 천지의 원기(元氣). 바른 기풍.

○ **앙양(昂揚)** 정신이나 사기 따위를 드높이고 북돋움.

○ **민족중흥(民族中興)** 쇠잔하였던 민족이 다시 일어남.

○ **인화(人和)** 여러 사람이 서로 화합함.

⑭ 남과 북이 서로 화합하자

대산 종사, 한 종교인이 찾아와 "저희는 반공과 승공 운동을 하고 있습니다." 하고 사뢰니, 말씀하시기를 "모두들 멸공(滅共)을 하자고 하지만 극단으로 하면 안 되나니, 멸공보다는 반공(反共)이 낫고, 반공보다는 승공(勝共)이 낫고, 승공보다는 용공(容共)이 낫고, 용공보다는 화공(和共)이 낫고, 화공보다는 구공(救共)이 나으니라. 그러므로 우리는 남과 북이 한 형제요 동포임을 하루속히 깨달아 서로 용서하고 포용하며 화합하고 융화할 수 있는 실력을 갖추어야 하느니라." 〈정교편 14장〉

| 출처 |

종로교당 청년들과 통일교에서 훈련을 마치고 온 청년으로부터 경과보고를 받으신 후

박보희 선생이 승공 사상에 대하여 나에게 말한 바 있다. [원기66년 5월 28일 총부 방문] 그때 내가 처음 우리가 공산주의를 멸공하자고 했다. 멸공한다는 것은 공산주의를 세계에 더 드러내는 것이 된다. 그러니 극하면 안 되는 것이다. 멸공은 벌써 진리적으로 안 된다. 그러니 멸공해서는 안 되고 승공은 형제간에도 크게 되면 다투기도 하는 것이다. 그러나 이긴다고 하면 그것도 안 되는 것이다. 그래서 내가 화공(和共)을 이야기했다. 종교가에서는 그 사람들도 다 같은 인류이니 다 살려야 한다.

박 대통령 때에도 이북 지도자들과 언제 어디서나 서로 만나고 또 서로 넘나들면서 성묘도 하자고 제의하는 것이 화공이다. 그리고 화공에 앞서서 구공(救共)해야 한다. 공산주의를 구원할 수 있는 모든 도덕이나 실력을 갖추어야 한다. 우리가 어디를 가든지 멸공에서 한 걸음 커서 승공으로, 승공에서 화공으로, 화공에서 구공(救共)으로 될 때 한 형제가 되기 때문에 화공(和共) 구공(救共)하자고 했다.

나한테 승공을 자랑하고 인식시키려고 했는데 화공, 구공을 이야기했더니 악수하면서 '언제든지 미국에 오시면 잘 모시겠습니다' 하더라.

〈『대산종사수필법문집』 2. pp.473~474. 원기68년 12월 19일〉

| 배경 및 상황 |

대산 종사, 원기68년(1983) 12월 19일 종로교당 청년들과 통일교에서 훈련을 마치고 온 청년으로부터 경과보고를 받으신 후 말씀하시기를 "통일교 박보희 선생이 원기66년(1981) 5월 28일 총부를 방문하여 승공 사상에 대하여 나에게 말한 바 있다. 당시 우리나라는 공산주의를 멸공하자고 했다. 멸공한다는 것은 공산주의를 세계에 더 드러내는 것이 된다.

그러니 극하면 안 되는 것이다. 멸공은 벌써 진리적으로 안 된다. 그러니 멸공해서는 안 되고 승공은 형제간에도 크게 되면 다투기도 하는 것이다. 모두들 멸공(滅共)을 하자고 하지만 극단으로 하면 안 된다. 멸공보다는 반공(反共)이 낫고, 반공보다는 승공(勝共)이 낫고, 승공보다는 용공(容共)이 낫고, 용공보다는 화공(和共)이 낫고, 화공보다는 구공(救共)이 좋다. 그러므로 우리는 남과 북이 한 형제요 동포임을 하루속히 깨달아 서로 용서하고 포용하며 화합하고 융화할 수 있는 실력을 갖추어야 한다."라고 말하였다. "박보희 선생이 나한테 승공을 자랑하고 인식시키려고 했는데 화공, 구공을 이야기했더니 악수하면서 '언제든지 미국에 오시면 잘 모시겠습니다'"라고 하였다.

| 용어 풀이 |

○ **박보희(朴普熙, 1930~2019)** 대한민국의 군인, 종교인, 기업인이자 한국문화재단의 총재였다. 통일교의 창시자인 문선명의 사돈이며, 동시에 문선명의 오른팔이자 최측근이었다. 2019년 1월 숙환으로 사망하였다.

○ **반공(反共)** 공산주의에 반대함.

○ **승공(勝共)** 공산주의 세력을 무찔러 이김.

○ **멸공(滅共)** 공산주의 또는 공산주의자를 멸함.

○ **용공(容共)** 공산주의의 주장을 받아들이거나 그 정책에 동조하는 일. 공산주의를 용서함.

○ **화공(和共)** 공산주의 또는 공산주의자와 화합함.

○ **구공(救共)** 공산주의 또는 공산주의자를 구원함.

⑮ 원불교 성지의 사업은 정교동심 입장에서 추진하자

대산 종사 말씀하시기를 "원불교 성지는 우리만의 성지가 아니라 세계인의 성지이므로, 성지 개발은 우리 교단에서도 추진해야 하나 정교 동심의 입장에서 그 사업이 추진되어야 장차 이 나라에도 큰 복조가 있을 것이니라" 〈정교편 15장〉

| 출처 |

성지는 바로 세계의 성지로 세계인 모두의 성지이지 원불교, 원불인만의 성지가 아니므로 성지 개발은 정교동심의 입장에서 그 사업이 추진되어야 한다. 그래야 이 나라가 복조(福祚)가 있을 것이다.

일대겁에 출현하신 새 주세성자의 성지를 잘 봉대해야 한다. 기독교는 예수님이 탄생한 그 나라에서 박해를 가했으므로 유대인들이 오랫동안 유배를 하고 나라 없는 서러움을 당해 왔었다. 그리고 지금도 종교전쟁이 끊어지지 아니하고 있다.

대종사님 성지를 이 나라가 음양으로 봉대할 수 있도록 우리가 노력해야 한다. 만덕산도 대종사께서 61년 전 계해년에 수차 다녀가시며 성적(聖蹟)을 나투신 그 힘이 62년 오늘 정부의 힘이 동원되니 놀랍고 무서운 일이 아니냐. 작년 만덕산 훈련원 봉불식 전에 외궁(外弓)에서 좌포(佐浦)까지 5천만 원의 국비를 들여 도로를 확장하였고, 금년에는 3천만 원의 국비로 좌포에서 만덕산 바로 밑 하달(下達)까지 농로를 6m 폭으로 넓힌다고 지역 국회의원[전병우(全炳宇)],

면장, 군수, 지서장, 경찰서장과 각 기관장들이 와서 통보하여 주니 매우 흐뭇한 일이다. 우리의 힘으로 돈이 있어도 하기 어렵다. 지주들과 협의하기가 어려운 일인데 관에서 주도해서 하니 쉽게 이루어진다. 이것이 정교동심을 이루는 하나의 기틀이 되는 것이다.

〈『대산종사수필법문집』 2. p.216. 원기69년 6월 22일〉

| 배경 및 상황 |

대산 종사는 원기69년(1984) 6월 8일에서 7월 6일까지 1개월 동안 만덕산훈련원에서 정양하였다. 6월 22일 만덕산성지에서 성지 개발에 관한 법문을 하였다. "원불교 성지는 바로 세계의 성지로 세계인 모두의 성지이지 원불교, 원불인만의 성지가 아니므로 성지 개발은 정교동심의 입장에서 그 사업이 추진되어야 한다. 그래야 이 나라가 복조(福祚)가 있을 것이다.
일대겁에 출현하신 새 주세성자의 성지를 잘 봉대해야 한다. 만덕산 입구까지 도로 확포장을 하였다. 이것이 정교동심을 이루는 하나의 기틀이라"고 하였다.

| 용어 풀이 |

○ **복조(福祚)** 삶에서 누리는 좋고 만족할 만한 행운. 또는 거기서 얻는 행복.

○ **만덕산성지(萬德山聖地)** 원불교 초창기에 교조 소태산 대종사 친방(親訪)의 인연으로 원기9년(1924) 익산총부 건설 이전에 12인의 제자와 더불어 처음으로 수선(修禪)했던 만덕산 일대. 전북 진안군 성수면 중길리에 있으며, 초선지(初禪地)와 만덕산훈련원과 만덕산 농원을 포함하여 성지로 보고 있다.

⑯ 신도안의 군사 시설 수용에 대하여

대산 종사, 원기 68년 정부에서 신도안 일대를 군사 시설로 수용하려 한다는 보고를 받으시고 말씀하시기를 "신도안은 정산 종사께서 대종사의 뜻을 받들어 최후에 유촉하신 땅이요, 오랫동안 자연 요양·자연 훈련·자연 함양 도량으로 여러 종교인과 많은 사람이 크게 활용해 온 곳이므로, 우리가 지키는 것이 옳으나 국가 안보상 필요하다고 하니 정교 동심으로 합력하라." 〈정교편 16장〉

| 출처 |

신도안 일대 700여만 평의 국가 차용 징발로 인한 삼동원 철수에 대한 기본 대책을 간부들이나 교무들 교도들에게 다음과 같이 지시하여 주시다.

1. 대종사께서 교운과 국운과 세계운이 하나라 하였다. 이제 국가에서 국가보안상 절대 필요로 하여 정당한 보상을 주고 철수시킨다고 하니 응하는 입장에서 국가에 합력하여야 한다. 이는 정교동심의 입장에서이다. 국가가 위태로우면 안 된다. 유비무환의 국가 대사 정책이니 합력하여야 한다. 국가 없이 우리 회상 펼 수 없음을 알라.

2. 철수에 대한 대책을 소홀함이 없이 긴급히 수립도록 하라. 우리의 생각으로는 보상받지 않고 기증하고 군에서 필요 없어 이곳을 철수할 때 그대로 반환받도록 하는 것이 좋겠으나 국법에 필요 없을 때는 기득권을 인증 전 소유자에게 우선 불하한다니 모든 것을 정당히 처리하라.

3. 이번 기회에 정부에 의존하여 좋은 조건으로 무엇을 하여 보겠다는 생각은 절대로 말고 자체에서 최선을 다하여 방법을 강구토록 하라.

4. 대전권을 벗어나지 말고 인근에 야산이 끼어 있는 싼 땅 10여만 평 정도 이번 기회에 물색도록 하라. 선 종법사께서 대전이 한밭이고 서해안 간석지 사업

이 앞으로 활발히 진행되게 되므로 중앙지가 될 것이니 교단의 전진 교화기지로 넓고 크게 자리를 잡도록 유촉하신 바 있으니 이번에 전화위복의 계기로 삼아 그 뜻을 받들자.

5. 이리 총부는 내총부, 대전은 외총부로 하여 교단을 운영하도록 하자.

6. 앞으로 삼동원이 다시 반환되어 오더라도 대전 기지는 외총부로서 규모를 갖추는 동시에 대훈련에 중점 하도록 하고 삼동원에는 국제 대회 등을 개최하고 국제 관계를 굴리게 하는 기구와 시설을 하도록 하라.

7. 내 생각 같으면 증발하는 일이 국가 안보다. 국제정세상 중요한 대정책으로 결정이 난 것이니 진정서나 탄원서 건의서 등을 정부에 제출 아니 하는 것이 좋겠다. 그러나 공사에 의해 건의서 제출이 결정되었다면 그대로 하라. 다만 우리는 착실히 옮길 준비를 각 방면으로 대책 세우며 시급히 시행토록 하여야 한다.

8. 우리는 만대를 두고 계획하는 사업들이니 국가를 키워나가야 하며 또한 잘 되도록 의무적인 노력을 해야 한다.

9. 대종사님과 선 종법사께서 대전이 중심이 된다고 하셨다. 한국이 세계의 중심이고 또 한국의 중심이니 대전에 크게 자리 잡고 방대한 계획을 추진하라 하였으니 우리 자력으로 일을 하도록 하라.

〈『대산종사수필법문집』 2. pp.418~419. 원기68년 8월 22일〉

| 배경 및 상황 |

원기68년(1983) 8월 1일 정부에서 신도안 일대를 군사 시설로 수용하고자 계룡산 신도안 주민 이주 통고를 하였다. 대산 종사는 보고받으시고 교단 간부들에게 말씀하시기를 “삼동원은 대종사의 성적(聖跡)이 깃든 곳이요, 정산 종사께서 최후에 유촉하신 땅이요, 오랫동안 자연요양, 자연훈련, 자연함양 도량으로 여러 종교인과 많은 사람이 크게 활동하였고, 앞으로도 만대를 두고 종족과 종교와 사상을 떠나 더욱 크게 활용해야 하는 곳이므로 팔아서는 안 되는 땅이나 국가 안보상 필요하고 정당한 보상을 한다고 하니 자체에서 최선을 다하여 방법을 강구하되 정부에 의존하여 무엇을 해보겠다는 생각을 버리고 오직 정교동심으로 합력하자."라고 하였다.

충청남도는 '충남 6.20사업'을 선포, 1983년 8월부터 1984년 6월까지 5개리[암사·정상·부남·석계·용동]의 건물을 철거하고 주민을 모두 다른 지역으로 이전시켰다. 그러나 이곳을 떠난 종교 대부분은 멀리 떠나지 못하고 계룡산 봉우리가 바라보이는 논산·대전·공주 일대에 자리 잡고 있으면서 머지않아 다가올 새 세상을 기다리고 있다.

| 용어 풀이 |

○ **신도안(新都安)** 계룡산(鷄龍山) 남쪽 지역의 지명으로 신도 '내(內)'를 한글로 '안'이라 쓴 것이며, 한자로 안(安)을 쓰기도 한다. 계룡산은 충남 대전시·공주시·계룡시의 경계에 위치한 산으로 높이 828m의 국립공원이다. 계룡산 주위에는 갑사(甲寺)·동학사(東鶴寺)·신원사(新元寺) 등 많은 사찰이 있으며 신도안은 『정감록(鄭鑑錄)』에 나오는 정씨왕국(鄭氏王國)의 신 도읍지로 유명하다. 신도안 중심부에 있었던 대궐터에는 조선조의 태조 이성계가 무학대사(無學大師)와 정도전(鄭道傳)을 데리고 와서 새로운 수도를 건설하기 위해 공사했다는 주춧돌과 제방의 흔적이 1983년 이 지역 재개발사업 이전까지도 남아 있었다. 또한 이곳은 풍수지리(風水地理)로도 빼어난 길지(吉地)일 뿐 아니라 정감록신앙과 새 왕국 건설의 기지라는 믿음으로 많은 신종교가 자리 잡고 있었다. 지금은 삼군본부인 계룡대가 있다.

신도안과 원불교가 인연을 맺은 것은 원기21년(1936) 4월에 소태산 대종사가 이공주, 전음광과 함께 계룡산에 올라 신도지역을 도량건설의 적지로 점지하고 그 뒤 신도안 근동 남선리에 남선리교당[뒤에 신도교당 현 연산교당]을 신설한대서 비롯된다. 그러다가 원기43년(1958) 4월 정산 종사의 명에 따라 원불교삼동원이 설립되었다. 1959년 '불종불박(佛宗佛朴)'이 새겨진 초석이 놓여있던 두마면 부남리에 초가 1동을 매입한 것을 시작으로 원기49년(1964) 법당 신축, 원기52년(1967) 삼동수양원을 개설하는 등 발전을 거듭하여 많은 시설과 용지를 확보했었다. 그 뒤 대산 종사가 오랫동안 정양함으로써 삼동원의 기초를 튼튼히 했다. 그러다가 충남 6·20사업으로 인해 원기69년(1984) 삼동원은 벌곡으로 이전했다.

○ **유촉(遺囑)** 죽은 뒤의 일을 부탁함. 또는 그런 부탁.

○ **징발(徵發)** 국가에서 특별한 일에 필요한 사람이나 물자를 강제로 모으거나 거둠.

⑰ 일원대도에 바탕하여 중도정치를 하자

대산 종사, 열반을 앞두고 붓을 들어 '일원 대도에 바탕으로 중도정치를 하고 대도 정법으로 이끌어가자.'라고 글을 쓰시느니라. 〈정교편 17장〉

| 출처 |

저녁 식후에 법문을 담은 달력 봉투에 "일원대도(一圓大道)에 바탕하여 중도정치(中道政治)를 하고 대도정법(大道正法)으로 이끌어 가자."라고 쓰시고 류응주(柳應住) 교무에게 말씀하시기를

"내가 육일대재 날 총부에 가서 대종사님 영정을 뵈니 참 좋아 보이시더라. 그때 어떻게 하면 대종사님, 선 법사님, 주산 종사님께 보은할 것인가 하고 생각을 하였는데 이 법문이 나왔다. 전에 나온 법문은 이렇게 고치고 저렇게 고치고 하였는데 이번 법문처럼 완전하게 나오기는 처음이다. 법문을 보자기에 싸서 가지고 다니자. 내가 이렇게 하는 것이 대종사님께 만의 일이라도 보은이 되기 때문이다. 다른 사람은 몰라도 나는 보은하지 않으면 죄인이다. 11살 난

어린 나를 키워주시고 맡겨 주셨다."라고 하시다.

〈『대산종사수필법문』 2. pp.1768~1769. 원기83년 6월 14일〉

| 배경 및 상황 |

대산 종사, 원기83년(1998) 6월 14일 저녁 식후에 법문을 담은 달력 봉투에 "일원대도(一圓大道)에 바탕하여 중도정치(中道政治)를 하고 대도 정법(大道正法)으로 이끌어 가자."라고 쓰시고 류응주(柳應住) 교무에게 말씀하였다.
"내가 육일대재 날 총부에 가서 대종사님 영정을 뵈니 참 좋아 보이시더라. 그 때 어떻게 하면 대종사님, 선 법사님, 주산 종사님께 보은할 것인가 하고 생각을 하였는데 이 법문이 나왔다."

⑱ 정치와 도덕의 효과

대산 종사 말씀하시기를 "정치의 효과는 빠르나 오래가지 못하고 도덕의 효과는 더디나 시간이 가면 갈수록 더욱 빛이 나느니라." 또 말씀하시기를 "세상 사람들은 평화가 오는 것을 보고 성인이 오셨음을 알 것이요 비로소 주인 만났음을 알 것이니라." 또 말씀하시기를 "성인은 우리 마음의 식모요 침모요 목수이니 세상 사람들이 이를 알아보고 찾아오는 날이 머지않을 것이니라." 〈정교편 18장〉

| 출처 |

정치 생활은 반딧불 같다. 효과가 빠르다. 쉬 성공하고 쉬 망한다. 얼마 지나지 않아서 이루고 시들어지고 한다.
도학을 해서 이룬 성과는 오래간다. 수천만 년이 갈수록 더욱 빛난다.

평화가 오는 것을 볼 때 성인 계셨음을 알 것이다. 그때 비로소 세인은 주인 만났다고 날뛸 것이다.
성자는 우리 마음의 식모요 침모요 목수이시다. 우리는 그분을 마음속에 잘 모셨는가 살피자. 이 세상에 제일 좋은 옷을 입고 건물에 살며 밥 먹고 사는가? 그 옷, 밥, 집을 수용하는가? 누가 하느냐? 세계 대통령이라 해도 진리 모르고는 이것을 수용하지 못한다. 세계인이 마음 식모, 침모, 목수를 찾아오는 날이 머지않으리라. 〈『대산종사수필법문집』 1. pp.103~104. 원기49년 편편법문〉

| 배경 및 상황 |

대산 종사는 원기49년(1964) 편편 법문하시기를 "정치 생활로 이룬 성과는 반딧불 같아 쉬 성공하고 쉬 망할 수 있으나, 도학을 해서 이룬 성과는 오래가는 것이라, 수천만 년이 갈수록 더욱 빛이 난다. 평화가 오는 것을 볼 때 성인 계셨음을 알 것이다. 그때 비로소 세인은 주인 만났다고 날뛸 것이다. 성자는 우리 마음의 식모요 침모요 목수이시다. 세계인이 마음 식모, 침모, 목수를 찾아오는 날이 머지않으리라."라고 하였다.

| 용어 풀이 |

○ **식모(食母)** 남의 집에 고용되어 주로 부엌일을 맡아 하는 여자.
○ **침모(針母)** 남의 집에 매여 바느질을 맡아 하고 일정한 품삯을 받는 여자.
○ **목수(木手)** 나무를 다루어 집을 짓거나 가구, 기구 따위를 만드는 일을 직업으로 하는 사람.

제11
교훈편
敎訓編

교훈편은 대산 종사의 법문 중 교훈적이고 법훈적인 편편법문과 단편적이면서도 뜻이 깊은 내용과 인생에 보감 될 수신(修身), 잠언(箴言) 자문자답(自問自答) 등 총 73장의 법구(法句)를 수록하였다.

❶ 하나 자리

대산 종사 말씀하시기를 "일원은 공(空)이 아니요 하나 자리며 그 하나는 낱이 아니요 열이 근원한 자리이므로, 그 열은 하나가 나타난 자리요 그 하나는 열의 본래 고향이니라. 그러므로 도에 뜻을 둔 사람은 먼저 그 하나를 얻어야 하느니라." 〈교훈편 1장〉

| 출처 |

영산에서 대산 사(師) 말씀하시기를

9. 일원은 공이 아니요 하나 자리며, 그 하나는 낱이 아니요, 열이 근원한 자리다. 그런고로 그 열은 하나의 나타난 자리요, 그 하나는 열의 본향이니 도에 뜻을 둔 자 먼저 마땅히 그 하나를 얻을 것이다.

〈『대산종사수필법문집』 2. p.1901. 원기52년 5월 박은국 수필본〉

| 배경 및 상황 |

대산 종사가 원기52년(1967) 5월경 영산성지에 주재할 때 향타원 박은국 교무가 수필한 법훈 편편 114편 중 하나이다. 대산 종사는 일원의 진리는 텅 빈 것이 아니요 하나 자리다. 그 하나는 낱이 아니요 열이 근원한 자리다. 열은 하나가 나타난 자리요 그 하나는 열의 본향이다. 그러므로 도에 뜻을 둔 자는 그 하나를 얻어야 한다고 하였다. 일즉다(一卽多) 다즉일(多卽一)을 이른 말이다.

| 용어 풀이 |

○ **일원(一圓)** 원불교에서 우주 만유의 궁극적인 진리를 상징적으로 표현하는 말. '일원상' 또는 '일원상의 진리'라고도 한다. 일(一)은 모든 수(數)의 시초, 모든 모양(象)의 전체, 모든 양(量)의 총합, 질(質)의 순수를 의미한다. 원(圓)은 원만하고

두렷하고 온전하다는 뜻이다. 또 일은 모든 것을 하나로 합친다는 뜻이 있고, 원은 하나로 통한다는 뜻이 있다. 궁극적인 진리는 하나이고 우주 만물에 두루 통한다는 뜻이다.

○ **본향(本鄕)** ① 자기가 본래 갖추어 있는 심성(心性), 곧 본래면목·본원자성·자성청정심·본분가향 등과 같은 말. ② 자기가 태어난 고향. ③ 불교가 발생한 인도.

❷ 하나가 중한 줄 알라

대산 종사 말씀하시기를 "하나라는 수가 무서운 것인데 왜 그 하나를 소홀히 하는가. 하나가 중한 줄 아는 사람은 만수(萬數)를 다 알고 잘 쓸 줄 아나니 그 하나를 깊이 자각해야 하느니라." 〈교훈편 2장〉

| 출처 |

하나의 수가 무서운 것이다. 왜 그 하나를 소홀히 하느냐? 하나의 수가 중한 줄 아는 사람 만수를 다 알고 잘 쓰는 것이니 그 하나를 깊이 자각하라.

〈『대산종사수필법문집』 1. p.321. 원기53년 6월 25일〉

| 배경 및 상황 |

대산 종사, 원기53년(1968) 6월 25일 익산 금강리에서 주재할 때 말씀하시기를 "하나의 수가 무서운 것이다. 왜 그 하나를 소홀히 아느냐. 하나의 수가 소중한 줄 알면 만 가지 수를 다 알고 잘 쓰는 것이니 그 하나를 깊이 자각하라."고 하였다.

하나의 수를 소중하게 생각한 사람은 많은 수를 소홀히 하지 않는다. 즉 하나의 일을 소중하게 아는 사람은 수많은 일도 소홀히 않는다는 말이다.

| 용어 풀이 |

○ **만수(萬數)** 만 가지 수. 많은 수를 일컬음.

❸ 용심법

대산 종사 말씀하시기를 "천하의 제일 큰 법은 모든 사람들로 하여금 자기의 마음을 잘 쓰도록 가르치는 용심법이니라." 〈교훈편 3장〉

| 출처 |

40. 천하에 제일 큰 법은 모든 사람의 마음을 잘 쓰게 가르쳐 놓은 용심법이다.
〈『대산종사수필법문집』 2. p.1903. 원기52년 5월 박은국 수필본〉

| 배경 및 상황 |

대산 종사가 원기52년(1967) 5월경 영산성지에서 주재할 때 향타원 박은국 교무가 수필한 법훈 편편 114편 중 하나이다. 대산 종사는 천하에 제일 큰 법은 용심법이라고 하였다.

| 용어 풀이 |

○ **용심법(用心法)** 마음을 잘 사용하는 법. 자기 마음을 법도 있게 사용하는 방법을 말한다.

❹ 크게 빈 마음과 큰 공심

대산 종사 말씀하시기를 "크게 빈 마음에서 큰 지혜가 솟고, 큰 지혜에서 큰 사상이 나오며, 큰 사상에서 세계주의가 나오고, 세계주의에서 큰 공심이 나오느니라." 〈교훈편 4장〉

| 출처 |

대공심(大空心) 대공심(大公心)

크게 빈 데서 큰 지혜가 솟고, 큰 지혜가 솟아야 대사상이 나오고 대사상이 있어야 대 세계주의가 된다. 따라서 대 세계주의가 되어야 대공심(大公心)이 나온다. 비었다는 것은 없다는 것이 아니라 사상(四相)이 비었다는 것이다. 나니 너니 깬 사람이니 미(迷)한 사람이니 할 것이 없는 마음이다. 대종사님이나 석가불 같은 대 세계주의자가 나오면 이 세계는 방향이 달라진다.

〈『대산종사수필법문집』 1. p.581. 원기57년 1월 13일〉

| 배경 및 상황 |

대산 종사는 원기57년(1972) 1월 13일 익산 종부에서 '대공심(大空心) 대공심(大公心)'에 대하여 말씀하시고 "비었다는 것은 없다는 것이 아니라 사상[四相, 아상(我相), 인상(人相), 중생상(衆生相), 수자상(壽者相)]이 비었다는 것이다. 나니 너니 깬 사람이니 미(迷)한 사람이니 할 것이 없는 마음이다. 대종사님이나 석가불 같은 대 세계주의자가 나오면 이 세계는 방향이 달라진다."라고 하였다.

| 용어 풀이 |

○ **대공심(大空心)** 삼독 오욕·사량 계교·시기 질투·선악귀천·염정미추·원근친소·희로애락·시비장단 등 온갖 중생심이 텅 비어 버려 진리와 하나가 된 마음. 가

을 하늘처럼 높고 맑아 구름 한 점 없이 깨끗한 마음. 이는 곧 반야의 지혜요, 우리의 본래 면목이며, 청정자성이다.

○ **대공심(大公心)** 대공심(大空心)이 되어 경계따라 나타나는 크게 공변(公邊)된 마음. 마음이 텅 비어 버리면 크게 공변되고 가득 찬 마음이 일어난다. 텅 빈다는 것은 삼독 오욕·번뇌 망상이 텅 빈다는 것이요, 텅 비어 버리기 때문에 다시 가득 찬 마음이 된다. 가득 찬 마음이 된다는 것은 원만 평등한 마음과 대자 대비심으로 가득 찬다는 것이다. 대공심(大公心)은 천지의 덕(德)이 나타나는 마음[用]이다. 그러므로 텅 빈 마음을 가지면 천지 같은 덕이 나타난다.

○ **사상(四相)** 중생이 실재라고 믿는 네 가지 상. 아상(我相), 인상(人相), 중생상(衆生相), 수자상(壽者相)을 이른다.

○ **세계주의(世界主義)** 개인이 국가와 민족을 초월함으로써 자신을 세계 사회의 일원으로 파악하는 사상 및 양식.

❺ 제일 밝음과 어둠, 큰 것과 작음, 깨끗함과 더러움

대산 종사 말씀하시기를 "이 세상에서 제일 밝은 것은 불생불멸과 인과 보응의 진리를 깨친 마음이요, 제일 어두운 것은 그 진리를 깨치지 못한 중생심이니라. 또 제일 큰 것은 허공에 합일한 대자비심이요 제일 작은 것은 용납하지 못하는 마음이며, 제일 깨끗한 것은 욕심을 제거한 청정심이요 제일 더러운 것은 욕심에 물들고 얽매인 탐심이니라." 〈교훈편 5장〉

| 출처 |

'이 세상에서 제일 밝고 어두운 것이 무엇인가?

이 세상에서 제일 크고 작은 것이 무엇인가?

이 세상에서 제일 깨끗하고 더러운 것이 무엇인가?'를 부산진 교도들에게 물으시고 답하여 주시기를,

'제일 밝은 것은 불생불멸과 인과보응의 진리를 깬 마음이고,
제일 어두운 것은 깨치지 못한 중생심이고,
제일 큰 것은 허공에 합일한 대자대비심이고,
제일 작은 것은 용납심 없는 마음이며,
제일 깨끗한 것은 욕심을 제거한 청정심이고,
제일 더러운 것은 욕심이고 염착(染着)된 마음이라.'고 하시다.

〈『대산종사수필법문집』 1. p.216. 원기52년 3월 4일〉

| 배경 및 상황 |

대산 종사는 원기52년(1967) 3월 4일 신도안 삼동원에서 부산진교당 교도들에게 "이 세상에서 제일 밝고 어두운 것이 무엇인가? 이 세상에서 제일 크고 작은 것이 무엇인가? 이 세상에서 제일 깨끗하고 더러운 것이 무엇인가?"를 여쭈고 답하여 주신 법문이다.

| 용어 풀이 |

○ **불생불멸(不生不滅)** ① 일원상의 진리를 표현하는 말. 일원의 진리는 생멸거래에 변함이 없으므로 불생불멸이라 한다. ② 생겨나지도 않고 또한 없어지지도 않아서 상주불변하는 진여의 실상. 상주불변하는 진리의 본질. 진리는 불생불멸하여 여여자연한 것이다.

○ **인과보응(因果報應)** 인과응보라고도 한다. 사람이 짓는 선악의 업인에 따라 거기에 상응하는 과보가 있게 되는 것. 착한 인(因)에는 착한 과(果)가 있고, 악한 인에는 악한 과가 있게 되는 것이 조금도 틀림이 없다. 자기가 지은 것은 반드시 자기가 받게 되는 것이다. 선인선과·악인악과·자인자과가 조금도 틀림이 없다.

○ **중생심(衆生心)** ① 중생들의 본래 마음. 일체중생이 본래부터 갖추어 있는 마음으로 진여심을 말한다. ② 중생들이 가진 마음. 번뇌망상심·삼독오욕심·사량계교심·시기질투심·원근친소심·원망심 등.

○ **대자대비심(大慈大悲心)** 한없이 크고 끝없이 넓어서 가[邊]없는 불보살의 자비심. 대원정각을 한 불보살이 중생을 아끼고 사랑하는 마음. 특히 관세음보살이 중생을 사랑하고 불쌍히 여기는 마음.

○ **청정심(淸淨心)** ① 자성청정심의 준말. 우리의 본래 마음. 티 없이 맑고 깨끗한 마음. ② 아무런 의심이 없고 착 없는 신심.

○ **염착(染着)** 애욕 번뇌의 마음이 외계의 사물에 집착하여 떨어지지 못하는 것.

❻ 진리만 표준 삼으라

대산 종사 말씀하시기를 "진리만 표준을 삼고 나아가라. 진리는 천하가 부수려 해도 부수지 못할 것이나 진리가 아니면 천하가 도우려 해도 바로 서지 못하느니라." 〈교훈편 6장〉

| 출처 |

진리만 표준 삼고 나가라. 진리면 천하가 부수려 해도 못 부술 것이요, 진리가 아니면 천하가 도우려 해도 서지 못하고 넘어지고 만다.

〈『대산종사수필법문집』 1. p.467. 원기55년 8월 14일〉

| 배경 및 상황 |

대산 종사, 원기55년(1970) 8월 14일 말씀하시기를 "진리만 표준 삼아라. 진리는 온 세상이 부수려 해도 부수지 못하고, 진리가 아니면 천하가 도우려 해도 서지 못한다."라고 하였다. 진리만 표준 삼는다는 것은 진리나 비진리라는 판단 능력이 중요하다. 천하 사람이 진리라고 해도 진리 아닌 때도 있고, 온 세상 사람이 진리가 아니라 해도 진리일 때도 있다. 그래서 진리적 종교의 신앙과 사실적 도덕의 훈련이 필요하다.

| 용어 풀이 |

○ **진리(眞理)** 참된 이치. 참된 도리. 진리는 사실이 분명하게 맞아떨어지는 명제, 또는 시간과 공간을 초월하여 누구나 인정할 수 있는 보편적이고 불변적인 사실 또는 참된 이치나 법칙을 뜻한다. 참, 진실 등으로 불리기도 한다. 하지만 누구나 인정하고 보편적이라 해도 그것이 항상 진리가 아닌 때도 있다. 예를 들면 고대에는 사람들이 지구가 평평하다고 생각했고 바다 끝에 가면 떨어질 것으로 믿었다. 그 당시는 그것이 진리며 참이라 생각했지만, 그것은 진리가 아니었다. 따라서 모두가 인정한다 해도 그것이 진리가 될 수 없는 때도 있다. 그러므로 더 정확한 뜻은 사람의 생각, 지식, 견해 등에 상관없이 언제나 변함없는 정확한 사실을 진리라 말할 수 있다.

❼ 참의 도

대산 종사, '참의 도'에 대해 말씀하시기를 "참된 자는 복을 받으리라. 참된 자는 얻으리라. 참된 자는 우주의 주인이 되리라. 참된 자는 영원히 잘 살리라. 참된 자는 성공하리라. 참된 자는 진리의 가호를 얻으리라. 참된 자는 대중이 도우리라. 참은 인이요, 하느님 마음이요, 부처님 마음이요, 진리니라."

〈교훈편 7장〉

| 출처 |

진(眞)의 도

1. 참된 자는 복을 받으리라.
2. 참된 자는 얻으리라.
3. 참된 자는 우주의 주인이 되리라.
4. 참된 자는 영원히 잘 살으리라.
5. 참된 자는 성공하리라.
6. 참된 자는 진리의 가호를 얻으리라.
7. 참된 자는 대중이 도우리라.
8. 참은 인(仁)이요 하느님의 마음이요 부처님의 마음이요 바로 진리이니라.

〈『대산종사수필법문집』 1. p.75. 원기49년 진(眞)의 도〉

| 배경 및 상황 |

대산 종사는 원기49년(1964) '진(眞)의 도'에 대해 말씀하였다.
진이란 참을 이름이다. 참된 자는 진인(眞人)이다. 진인은 자기 양심을 속이지 않고, 다른 사람을 속이지 않고, 진리를 속이지 않는다는 말이다.

| 용어 풀이 |

○ **가호(加護)** 보호하여 줌. 신 또는 부처가 힘을 베풀어 잘 두호(斗護)하여 줌. 가피와 같은 말이다.

○ **인(仁)** 유교 윤리의 최고 덕목(德目). 공자가 주장한 유교의 도덕 또는 정치 이념. 윤리적인 모든 덕(德)의 기초로 이것을 확산시켜 실천하면 이상적인 상태에 도달할 수 있다고 하였다.

❽ 위로는 불지를 구하고 아래로는 중생을 제도하자

대산 종사 말씀하시기를 "우리 다 함께 세세생생 수양·연구·취사 공부로 위로는 불지(佛智)를 구하고 아래로는 중생을 제도하자."〈교훈편 8장〉

| 출처 |

새벽 지압 시간에 시자에게 어제저녁에 쓴 법문을 읽으라 하시다.

우리 다 함께 세세생생(世世生生)에 수양(修養) 연구(硏究) 취사(取捨) 공부(工夫)로 상구불지(上求佛地)하고 하제중생(下濟衆生) 다 합시다.

〈『대산종사수필법문집』 2. p.1770. 원기83년 6월 18일〉

| 배경 및 상황 |

대산 종사는 원기83년(1998) 6월 18일 익산 왕궁 상사원[영모묘원]에서 새벽 지압 시간에 시자에게 어제저녁에 쓴 법문을 읽으라 한 후 말씀하시기를 "우리 다 함께 세세생생에 수양 연구 취사 공부로 상구불지(上求佛地)하고 하제중생(下濟衆生) 다 합시다."라고 하였다.

출처 원문은 '상구불지(上求佛地)하고 하제중생(下濟衆生)'이다. 상구보리(上求菩提) 하화중생(下化衆生)과 같은 말이다. 그런데 원문은 불지(佛地)인데 법어에는 불지(佛智)라고 하였다. 법어 편수 과정에서 윤문하여 '불지(佛智)'로 정한 것 같다. 부처님의 깨달은 경지(境地)와 진리를 크게 깨달은 부처님의 지혜는 다르지 않다. 그러나 대산 종사가 '불지(佛地)'라고 쓴 이유가 있을 것 같으니 생각해 볼 여지가 있다.

무착보살이 금강반야바라밀다경을 논한 『금강반야론(金剛般若論)』에 '상구불지(上求佛地)'라는 말이 있다.

| 용어 풀이 |

○ **세세생생(世世生生)** 영원한 세월. 한없는 세월. 영원한 시간을 통해 사람이 태어났다가 죽고 다시 태어나기를 수없이 되풀이하는 것. 사람이 영겁을 통해서 끊임없이 생사를 되풀이하게 되는 것.

○ **상구불지(上求佛地)** 위로는 부처님의 경지를 구함.

○ **불지(佛智)** 진리를 크게 깨달은 부처님의 지혜. 공간적으로 시방에 가득차고 시간적으로 삼세를 관통하는 완전하고 원만한 지혜. 이러한 지혜를 근본으로 해서 대자대비심으로 일체중생을 제도하게 된다.

○ **불지(佛地)** ① 중생이 수행하여 보살의 경지를 거쳐 최후에 도달하게 되는 부처님의 경지. 곧 원불교인이 이상으로 하는 최상구경인 대각여래위의 경지. ② 부처님의 땅, 부처님의 나라, 불국토·극락정토를 말한다.

○ **하제중생(下濟衆生)** 아래로는 중생을 제도함.

9 대각과 복의 관계

대산 종사 말씀하시기를 "대각을 하고 복을 짓지 않을 수 없고, 복을 짓지 않고 대각을 할 수 없느니라." 〈교훈편 9장〉

| 출처 |

사은이 복을 생산해 내는 근원인데 한 걸음 더 들어갈 것 같으면 복은 혜에서, 혜는 복에서 나오는 것이다. 근원은 둘이 따로 아니다. 대각하고 복은 안 짓거나 또는 대각하려면 복 짓지 않고 대각을 못 한다. 대각하고 복은 안 짓고 하는 진리는 없다. 그러니까 부처님께서 500생을 세세생생 바치는 것이 다른 것이 아니라 혜의 뿌리는 복에서, 복의 뿌리는 혜에서 나오는 것이 일원상이고, 성

품 자리고, 진리 자리다. 〈『대산종사수필법문집』 1. p.948. 원기63년 2월 2일〉

| 배경 및 상황 |

대산 종사는 원기63년(1978) 2월 2일 신도안 삼동원에서 수원교당 교도들과 교도회장 조대진에게 '일원상은 사은의 본원이고 여래의 불성'이라고 소개한 후 말씀하시기를 "사은이 복을 생산해 내는 근원인데 한 걸음 더 들어갈 것 같으면 복은 혜에서, 혜는 복에서 나오는 것이다. 근원은 둘이 따로 아니니다. 대각하고 복은 안 짓지 못하고 또는 대각하려면 복 짓지 않고 대각을 못 한다. 대각하고 복은 안 짓고 하는 진리는 없다."라고 하였다.

| 용어 풀이 |

○ **대각(大覺)** 일원의 진리를 크고 원만하고 바르게 깨치는 것. 대원정각(大圓正覺)의 준말.

⑩ 복과 지혜

> 대산 종사 말씀하시기를 "복을 떠나지 않은 지혜가 바른 지혜요, 지혜를 떠나지 않은 복이 진정한 복이니라." 〈교훈편 10장〉

| 출처 |

말씀하시기를 "복을 떠나지 않은 지혜가 바른 지혜이며[慧不離福之正慧] 지혜가 떠나지 않은 복이어야 진정한 복락이다[福不離慧之眞福]."

〈『대산종사법문집』 3집. p.354. 제7편 법훈 68. 참다운 복과 혜〉

88. 혜불이복(慧不離福)이 정혜(正慧)요, 복불이혜(福不離慧)가 진복(眞福)이니라. 〈『대산종사수필법문집』 2. p.1905. 원기52년 5월 박은국 수필본〉

| 배경 및 상황 |

대산 종사 말씀하시기를 "복을 떠나지 않은 지혜가 바른 지혜이며 지혜가 떠나지 않은 복이어야 진정한 복락이다."라고 하였다. 복과 지혜는 불가분의 관계다. 복이 충족해도 지혜가 없으면 어리석고 지혜가 족족하여도 복이 없으면 궁색할 뿐이다. 바른 지혜와 참된 행복이 함께할 때 영육이 충만하다.

| 용어 풀이 |

○ **복락(福樂)** 행복과 안락을 아울러 이르는 말. 선행 및 선행에 의해 생성되는 모든 즐거움. 선행 그 자체가 즐거움이며, 선행을 통해 받게 되는 복된 삶이 또한 즐거움이다. 복은 편안함과 즐거움을 동반한다.

⑪ 복전과 죄전

대산 종사 말씀하시기를 "은혜를 알아 보은하면 이 세계가 다 복전이 되고, 은혜의 내역을 모르거나 혹 안다 할지라도 배은하면 이 세계가 다 죄전으로 화하리라." 〈교훈편 11장〉

| 출처 |

지은보은하면 세계가 복전(福田)이 되고 배은망덕하면 세계가 죄전(罪田)이 되니 보은할 수밖에 없다.

〈『대산종사수필법문집』 1. pp.1443~1444. 원기61년 6월 15일〉

| 배경 및 상황 |

대산 종사는 원기61년(1976) 6월 15일 예비교역자 1학년생들에게 '사은'에 대해 법문하였다. "지은보은하면 세계가 복전(福田)이 되고 배은망덕하면 세계가 죄전(罪田)이 되니 보은할 수밖에 없다. 그런데 그 이유가 자기가 복을 받기 위해서도 하지마는 철이 날수록 커진다."라고 하였다.

| 용어 풀이 |

○ **복전(福田)** 복을 심고 가꾸어 수확하는 밭. 농부가 밭에 씨를 뿌려 수확하는 것과 같이 복도 심고 가꾸는 터전이 있다. 처처불상 사사불공의 교리에 의하면, 사은은 우리 모두의 복전이 된다. 곧 사은의 은혜를 알아 보은하는 것은 복전을 잘 가꾸는 것이고, 반대로 배은하면 그것이 죄전(罪田)이 된다. 만나는 모든 대상, 행하는 모든 일들이 복전이다. 또한 중생들은 불보살을 복전으로 삼고, 불보살들은 중생을 복전으로 삼는다.

○ **죄전(罪田)** 사은의 은혜에 배은하면 죄의 밭으로 변함. 삼독 오욕심이나 번뇌 망상심이 죄를 짓게 되므로 죄전이라 한다. 청정자성심은 복전이 되고, 삼독 오욕심은 죄전이 된다.

○ **지은보은(知恩報恩)** 사대강령의 하나. 일상생활 속에서 순역 경계간 사은의 큰 은혜를 발견하여 감사보은의 생활을 하는 것. 이는 긍정적 세계관, 희망적 인생관, 상생적 윤리관, 상화적 평화관, 발전적 역사관을 가지고 언제나 즐겁고 기쁘게 보은 감사의 생활을 하는 것이다

○ **배은망덕(背恩忘德)** ① 사은의 큰 은혜를 알지 못하거나 보은 봉공의 실행이 없고, 천지팔도를 체받아 실행하지 못하는 것. ② 남으로부터 입은 은혜를 잊어버리거나, 은혜를 오히려 원수로 갚는 것. ③ 빚지고 사는 사람이 빚을 갚아가는 것이 아니라 오히려 더욱 빚을 지며 생활하는 것.

⑫ 죄와 복을 주는 권리

대산 종사 말씀하시기를 "죄와 복을 주는 권리가 하느님이나 부처님이나 조상에게 있는 것이 아니라 바로 자기 안에 있는 것이요, 천명이 하늘에서 비 오듯 내리는 것이 아니라 바로 자기의 발끝에서부터 올라오나니, 마음이 바르고 옳은 일을 하면 그 복이 한량없으리라."

〈교훈편 12장〉

| 출처 |

죄복의 권리가 하느님한테 있어서 죄복의 권리를 빈다든지, 부처님한테 죄복의 권리를 빈다든지, 우리 한국에는 조상 할아버지나 아버지 뼈를 가지고 다니는데 그 뼈를 할아버지나 아버지를 위해서 한다면 복을 줄 것이요. 그런데 뼈를 위해서 그런 것이 아니라 자기 복을 받으려고 사방으로 다닌다.

지금은 안 그래도 그전에는 큼직하고 긴 것 지고 다니는 사람은 뼈다귀 지고 다니는 사람이었다. 가서 묻어 놓고 뼈다귀 보고 복만 내라고 하거든. 그러니 귀신이 만일 살아있다면 이놈이 날 괴롭게 늘 지고 다니니 복 주려다 뺏어 갈 것이다. 그러니 이 복과 죄가 이 뼈에 있는 줄 알고 그래서 빈단 말이야. 죄복을 주는 원인이 자기 복장(腹臟)이 있는데 그러하기 때문에 천명(天命)을 받는다고 하는 데 어리석은 사람들은 천명이 위에서 무엇이 내려와서 비 오듯이 내려와서 받는 줄로 안다. 그것이 아니다. 천명(天命)이 발에서부터 올라온다. 그래서 마음이 양심적이고 철저하고 옳은 일할 것 같으면 벌써 복이 올라오는 것이다. 그것이 천명이다. 그런데 천명이 위에서 내려오는 줄로 안다. 그러기 때문에 일생을 산 것이 헛된 생활을 한다.

〈『대산종사수필법문집』 1. p.1873. 원기63년 2월 9일〉

| 배경 및 상황 |

대산 종사는 원기63년(1978) 2월 9일 '죄와 복을 주는 권리'에 대하여 말씀하시기를 "죄복의 권리가 하느님이나 부처님이나 조상에게 있는 것이 아니라 자기 안[복장, 가슴의 한복판]에 있다. 천명이 하늘에서 비 오듯 내리는 것이 아니라 자기 발에서부터 올라온다. 마음이 양심적이고 철저하고 옳은 일을 하면 벌써 복이 올라오는 것이다. 그것이 천명이다."라고 하였다.

| 용어 풀이 |

○ **복장(腹臟)** 가슴의 한복판. 한자를 빌려 '腹臟'으로 적기도 한다.

○ **천명(天命)** 하늘의 명령. 하늘[궁극적 존재]과 인간의 관계를 나타내는 유가의 핵심 개념으로 끊임없이 변화 발전해 왔다.

⑬ 큰 복을 오래 지키려면 상을 내지 말라

대산 종사 말씀하시기를 "큰 복을 오래 지키는 길은 복을 지은 뒤에 어떠한 순역 경계에서도 상을 내지 않는 것이니라." 〈교훈편 13장〉

| 출처 |

완주 대원사(大院寺)에서 불공드리려 온 노인 부부 신도에게 해주신 법설

1. 제일 큰 복을 짓는 길.

저의 형편과 사정을 봐서 말하기 전에 그 기미를 보고하는 보시[짓는 복].

하찮은 음식물까지도 말하기 전에 나눠 먹는 것.

2. 제일 큰 복을 오래 지키는 길.

복을 지은 후 여하간 역순(逆順) 경계에 동심(動心)할 경우라도 상(相)을 내지

않는 것.〈『대산종사수필법문집』 2. p.1827. 원기46년 6월 24일 박은국 수필본〉

| 배경 및 상황 |

대산 종사는 원기46년(1961) 6월 24일 하섬해양훈련원에서 완주 대원사(大院寺)에 불공드리려 온 노인 부부 신도에게 해준 법설을 박은국 교무에게 상기하여 말씀하시기를 "제일 큰 복을 오래 지키는 길은 복을 지은 후 여하간 역순(逆順) 경계에 동심(動心)할 경우라도 상(相)을 내지 않는 것"이라고 하였다.

| 용어 풀이 |

○ **대원사(大院寺)** 전북 완주군 구이면 원기리 모악산 뒤편에 있는 절. 1066년(고려 문종 20년)에 원명(圓明)국사가 창립했고, 뒤에 나옹·진묵 대사가 한때 수행하던 절이다. 근세에는 강증산이 이곳에서 기도 끝에 1901년에 개안 통령(開眼通靈)했다고 한다. 정산 종사가 소태산 대종사를 만나기 전에 이 절에서 몇 달간 스승을 찾아 기다리던 절이다.

○ **여하간(如何間)** 어찌하든지 간에.

○ **역순(逆順)** 역경과 순경. 역경은 힘들고 어려운 경계요 순경에 상대되는 말.

○ **동심(動心)** 자극을 받아 마음이 움직임.

○ **상(相)** ① 모습, 형태, 모양, 특징, 특성, 성질. 산스크리트로는 락샤나(lakṣaṇa). 다른 것과 구분 짓게 하는 것, 차별을 드러내는 것을 말한다. ② 생각하는 것,

⑭ 진리의 두 가지 큰 시험

대산 종사 말씀하시기를 "진리가 두 가지로 큰 시험을 하나니, 하나는 장차 큰 복을 주기 위해 작은 재앙을 주어 보는 것이요, 둘은 큰 재앙을

주기에 앞서 작은 복을 주어 보는 것이니라." 〈교훈편 14장〉

| 출처 |

진리가 큰 복을 주려면 먼저 큰 재앙을 주어 시험하고, 큰 재앙을 주려면 먼저 작은 복을 주어 시험을 하나니라. 보복심이 있고는 도인이 될 수 없다.

〈『대산종사수필법문집』 1. pp.326~327. 원기53년 7월 29일〉

진리가 큰 시험을 두 가지로 하나니, 장차 대복을 주기 위해 작은 재앙을 주어 보고 큰 재앙을 주기에 앞서 작은 복을 주어 보노라.

〈『대산종사수필법문집』 1. p.330. 원기53년 8월 14일〉

| 배경 및 상황 |

대산 종사는 원기53년(1968) 7월 29일과 8월 14일 익산 금강리에서 '진리의 두 가지 시험'에 관해 말씀하였다.

이 법문은 『맹자』, 「고자장구」 하, 제15장 중에서 "하늘이 장차 큰 임무를 사람에게 내리려 할 때, 반드시 먼저 그 마음과 뜻을 고통스럽게 하며 그 힘줄과 뼈를 수고롭게 하며 그 몸과 살을 주리게 하며 그 몸을 비게 하고 모자라게 하여, 행함에 그 하는 바를 어그러지고 어지럽게 하니, 마음을 분발하며 성질을 참아서 그 능하지 못한 것을 보충하게 하는 것이다."라는 말씀과 같은 맥락임을 알 수 있다.

| 용어 풀이 |

○ **재앙(災殃)** 뜻하지 아니하게 생긴 불행한 변고. 또는 천재지변으로 인해 불행한 사고.

○ **대복(大福)** 큰 복력.

⑮ 성쇠의 시기

대산 종사 말씀하시기를 "우주 만물의 성쇠(盛衰)가 각각 때가 있나니, 성인은 그때를 잘 활용하고 범인은 그때가 와도 놓치고 마느니라."

〈교훈편 15장〉

| 출처 |

말씀하시기를 "우주에 가득한 모든 만물이 성(盛)하고 쇠(衰)함에 다 때가 있다[天藏萬物各有其時]. 그러므로 성인은 때를 맞아 잘 이용함이요[聖人善用其時], 범인은 그때가 와도 시기를 잃어버린다[凡人以失其時]."

〈『대산종사법문집』 3집. pp.353~354. 제7편 법훈 65. 성쇠의 시기〉

82. 천장만물(天藏萬物)에 각유기시(各有其時)라 성인은 선용기시(善用其時)하고 범인은 이실기시(以失其時)니라.

〈『대산종사수필법문집』 2. p.1905. 원기52년 5월 박은국 수필본〉

| 배경 및 상황 |

대산 종사가 원기52년(1967) 5월경 영산성지에 주재할 때 향타원 박은국 교무가 수필한 법훈 편편 114편 중 하나이다. 우주 만물은 성쇠의 시기가 있다. 성인은 그때를 잘 이용하고 범인은 그때가 와도 잃어버린다.

| 용어 풀이 |

○ **성쇠(盛衰)** 성하고 쇠퇴함.

○ **성인(聖人)** 지혜와 덕이 매우 뛰어나 길이 우러러 본받을 만한 사람.

○ **범인(凡人)** 평범한 사람.

⑯ 텅 비고 두렷하면 도가 나오고 융통하고 화합하면 덕이 나온다

대산 종사, 공타원 조전권과 융타원 김영신의 회갑에 기념 법문을 내리시니 "공원 즉 도생(空圓卽道生)이요 융화 즉 덕생(融和卽德生)이라, 텅 비고 두렷하면 도가 나오고 융통하고 화합하면 덕이 나오느니라."

〈교훈편 16장〉

| 출처 |

공타원(空陀圓) 조전권(曺專權)과 융타원(融陀圓) 김영신(金永信) 두 분의 회갑식 기념법문

공원즉도생(空圓卽道生) 융화즉덕생(融和卽德生)

〈『대산종사수필법문집』 1. p.343. 원기53년 10월 26일〉

| 배경 및 상황 |

대산 종사는 원기53년(1968) 10월 26일 회갑식을 맞이한 조전권과 김영신에게 기념법문을 하시기를 "공원즉 도생(空圓卽道生)이요 융화즉 덕생(融和卽德生)이라, 텅 비고 두렷하면 도가 나오고 융통하고 화합하면 덕이 나온다."라고 하였다. 두 분의 법호 '공'타원과 '융'타원의 첫 글자로 운(韻)을 따 기념법문을 내린 것이다.

| 용어 풀이 |

○ **조전권(曺專權, 1909~1976)** 본명 옥순(玉順). 법호 공타원(空陀圓). 전북 김제시 금산면 원평리에서 출생. 원기12년(1927), 당시 기독교의 독실한 장로였다가 원불교에 귀의한 부친 조송광을 찾으러 항의차 익산 총부에 왔다가, 소태산 대

종사를 뵙고 그 자리에서 입교하고 출가하였다. 이로부터 초기 교단에 크게 공헌하였고, 특히 교도 교화에 뛰어난 역량을 발휘하였다. 가는 곳마다 법풍을 불리고, 교리훈련을 통하여 많은 교도를 입교시켰다. 정녀 무녀리, 여자교무 제2호로서 '설통(說通)' '좋다 보살'이란 말을 들었다. 동산선원과 중앙훈련원 설립에 획기적 전기를 만들었고, 소태산 대종사·정산 종사·대산 종사를 한결같이 받들었다. 종사 법훈을 받았다.

○ **김영신(金永信, 1908~1984)** 서울에서 출생. 경기여고를 졸업하고 원기10년(1925) 10월, 모친 이성각, 이모 이공주, 외조모 민자연화 등과 함께 소태산 대종사를 뵙고 제자가 되었다. 원기13년(1928) 4월에 출가, 교단 초창기 정녀 2호, 여자교무 1호로서 교화 일선에서 크게 활약하였다. 조전권·오종태 등과 더불어 여자교무로서 교리훈련의 명강사로 이름을 날리며 법풍을 불렸다. 대봉도 법훈을 받았다.

⑰ 보은즉 만화

대산 종사 말씀하시기를 "보은을 하면 마음이 화하고 기운이 화하고 사람이 화하고 하늘이 화해서 만화(萬和)가 되느니라." 〈교훈편 17장〉

| 출처 |

영광 김재식 의원, 영광지구 대의원 5인, 민관식 의원 사모님.

심화(心和), 사은(四恩)에 보은하면 마음이 화(和)하는 것이다. 기화, 심화가 되면 기화가 되는 것이며 기화 기운이 화할 것 같으면 인화, 모든 사람을 대할 것 같으면 화한단 말이다. 인화될 것 같으면 곧 천지가 화하게 되고 천화(天和)가 되면 곧 기화가 된다. 만화방창이 된단 말이다.

〈『대산종사수필법문』 1. p.2005. 원기64년 1월 9일〉

| 배경 및 상황 |

대산 종사, 원기64년(1979) 1월 9일 영광 김재식 국회의원, 영광지구 대의원 5인, 민관식 국회의원 사모 등에게 신년법문 '사중보은(四重報恩)으로 평화 세계 건설'을 주제로 법문하시기를 "사은(四恩)에 보은하면 마음이 화(和)하고 기운이 화하고 사람이 화한다. 인화가 되면 천지가 화하여 만화가 된다."라고 하였다.

| 용어 풀이 |

○ **보은(報恩)** 은혜를 갚는 행위. 사은의 큰 은혜에 항상 감사하고 보답하는 것.

○ **만화(萬和)** 만사가 평화롭고 화목해짐.

⑱ 인류헌장과 성직자 표어

대산 종사 말씀하시기를 "'솔성은 도로써 하고 인사는 덕으로써 하자.' 함은 인류 헌장 표어요, '도로써 세계를 밝히고 덕으로써 창생을 건지자.' 함은 성직자 표어니라." 〈교훈편 18장〉

| 출처 |

인류헌장 표어

솔성(率性)은 도로써 하고 인사(人事)는 덕으로써 하라.

성직자 표어

도로써 세계를 밝히고 덕으로써 창생을 건지자.

〈『대산종사수필법문집』 1. p.133. 원기50년 편편법문〉

| 배경 및 상황 |

대산 종사는 원기50년(1965) 편편 법문에 '인류헌장 표어와 성직자 표어'를 말씀하였다. 또한, 대산 종사는 "성년이 되면 관(冠)을 쓰게 되는 즉 교단에서 쓰게 될 관과 세상에 씌어 줄 관도 이제 마련이 되었다. 교단에서는 성직자 표어로 하고, 세상은 인류헌장 표어로 각기(各其) 관을 쓰고 어른답게 살도록 하자."라고 말씀하였다. 같은 해 제13회 추계(秋季) 교무 강습 때 종법실에 인사차 온 교무들에게 말씀하시기를 "교역자 강습 때 '도덕'으로 성직자 표어를 정하고 '진사(辰巳)에 성인출(聖人出)'이라 비결로 전해 나왔으니, 그 말이 헛되지 아니하구나. 그 주인이 나왔다."라고 하였다.

그리고 대산 종사는 원기51년(1966) 2월 초부터 5월 초까지 3개월간 대구 서성로교당에서 정양 치료 중이었다. 2월 25일에 작년 교역자 강습 시 인류헌장 표어 모집을 한 후 당선작의 표어를 보급 중인 데 병중에도 표어를 쓸 나무토막 자르는 작업을 하였다.

대산 종사는 "대구 정양 3개월간 삼동원에서 가지고 온 조각목을 다 썰고 다듬은 목판에 글을 새기기를 다 마쳤으니 끝은 아주 잘 마쳤다."라고 하였다.

| 용어 풀이 |

○ **솔성(率性)** ① 천도(天道)에 순응하고, 나아가 천도를 자유자재로 활용하는 것. ② 원불교에서 솔성은 모든 사람에게 본래 갖추어진 일원상의 진리 곧 불성[본성]을 회복하여 그것을 일상생활 속에서 잘 활용해 가는 것이다. 일원상의 진리와 같이 원만구족하고 지공무사한 본래 성품을 잘 사용하는 것.

○ **인사(人事)** 사람의 일. 또는 사람으로서 해야 할 일.

○ **헌장(憲章)** ① 어떠한 사실에 대하여 약속을 이행하기 위하여 정한 규범. ② 헌법의 전장(典章).

○ **창생(蒼生)** 세상의 모든 사람.

○ **진사 성인출(辰巳聖人出)** 격암유록(格庵遺錄)에 나오는 말로 갑진년(甲辰年)과 을사년(乙巳年)에 성인이 출현한다는 뜻이다.

⑲ 사은 보은송

대산 종사, 사은 보은송을 내리시니 "사은보은 덕화만방 세세생생 혜전무량 사바세계 원관자재 삼천대천 무량세계 시방정토 불국세계 육도사생 인과윤회세계[四恩報恩 德化萬方 世世生生 惠田無量 娑婆世界 圓寬自在 三千大天 無量世界 十方淨土 佛國世界 六途四生 因果輪廻世界]." 〈교훈편 19장〉

| 출처 |

이덕화(李德化) 김혜전(金惠田) 이원관(李圓寬) 가족에게

사은보은송(四恩報恩頌)

사은보은(四恩報恩) 덕화만방(德化萬方)

세세생생(世世生生) 혜전무량(惠田無量)

사바세계(娑婆世界) 원관자재(圓寬自在)

※삼천대천무량세계(三千大天無量世界)

시방정토불국세계(十方淨土佛國世界)

육도사생인과윤회세계(六途四生因果輪廻世界)

〈『대산종사수필법문집』 2. p.658. 원기70년 3월 4일〉

| 배경 및 상황 |

대산 종사는 원기70년(1985) 3월 4일 원평 구릿골 원심원에서 덕산 이덕화(李德化), 장타원 김혜전(金惠田), 이원관(李圓寬) 가족에게 덕화와 혜전과 원관의 법명을 넣어 지은 '사은보은송' 친필을 내렸다.

비록 합판에 쓴 글이었지만 일원가족인 덕화와 혜전과 원관의 법명에 염원을 담아 사은에 보은하라는 스승님의 노래였다. 합판은 이제 더는 합판 조각이 아니었다. 덕화가 만방하고 세세생생에 은혜가 미치고 사바세계에 원만과 너그러움이 자재하고, 그뿐만 아니라 삼천대천 무량세계 시방정토 불국세계 육도사생 인과윤회세계에까지 미치라는 스승님의 염원이 담겨 있는 산 법문이었다.

덕산과 장타원 교도 부부는 이날 대산 종사의 깊은 뜻을 헤아려 몇 해가 되지 않아 두 내외가 교단의 대호법으로 보은의 약속을 지켰다. 덕산은 원기73년(1988) 2대말 성업에, 장타원은 원기76년(1991) 3월 제11회 수위단회에서 소태산대종사탄생100주년성업봉찬 기념대회를 맞아 그의 높은 호법공덕을 기리면서 대호법의 법훈을 서훈받았다.

| 용어 풀이 |

○ **이덕화(李德化, 1939~)** 젊은 나이에 진리의 눈을 떠 공도 사업을 발원한 희사 공덕의 주인공 덕산(德山) 이덕화 대호법. 그의 집안은 불연이 깊었다. 아내인 장타원(莊陀圓) 김혜전 대호법의 연원으로 원기58년(1973) 9월에 제기교당[현 안암교당]에서 입교했다.

대산 종사를 뵈온 덕산 대호법은 성현이 어떤 분인가를 알 듯했다. 평범하면서도 쉬 범접할 수 없으며 인자하심이 어머님 같으시나 세계를 경륜하시는 너른 품을 가히 짐작할 수가 없었다.

"덕화는 새 회상의 큰 공덕주다. 앞으로 새 회상 원불교에 큰 기둥 역할을 할 것이다. 앞으로 만성전(萬聖殿)은 덕화가 지어라."

그는 모든 성현을 모시는 사당을 지으라는 대산 종사의 말씀을 새기면서 장차 힘이 미치면 어른의 말씀을 땅에 떨어뜨리지 않겠다는 다짐을 하였다. 교단 불사의 숨은 공로자였다. 중앙훈련원의 건축과 삼동원 이설 건축에 따른 후원은 힘들었지만, 보람 있는 일이었다. 큰 불사를 이루고도 상 없는 그는 오히려 더 후원하지 못함이 안타까울 뿐이었다.

○ **김혜전(金惠田, 1942~)** 장타원 대호법은 원기58년(1973) 당시 대구교구 봉공회장인 성타원 이성훈 교도[큰시누이]와 시어머니의 권유가 있어 화곡교당 차원경 교도의 연원으로 입교하였다. 1964년 대학을 졸업하던 해에 덕산 이덕화 대호법과 결혼하여 대구에서 생활하다 결혼 3년 뒤인 1967년 (주)대우에 근무하게 된 부군을 따라 상경하여 부군의 뒷바라지와 2남 1녀의 자녀를 키우기에 전념하였다. 대산 종사로부터 "덕화는 앞으로 원불교를 위해 큰일 할 사람이다."라는 말씀을 받들고 부부가 함께 이 회상 공덕주가 되기로 염원하였다. 그 후 장타원 대호법은 신도안 삼동원에 농토를 사는데 덕산 대호법과 합력하였으며 벌곡 삼동원 신축 시 정신, 물질로 크게 합력하였고, 교단의 대소사에 힘 미치는 대로 협조하였다.

⑳ 거짓과 진실

대산 종사 말씀하시기를 "거짓은 모든 죄의 뿌리가 되고 진실은 모든 복의 근원이 되느니라." 〈교훈편 20장〉

| 출처 |

58. 거짓은 모든 죄의 뿌리가 되고 진실은 모든 복의 근원이 된다.

〈『대산종사수필법문집』 2. p.1903. 원기52년 5월 박은국 수필본〉

| 배경 및 상황 |

대산 종사가 원기52년(1967) 5월경 영산성지에 주재할 때 향타원 박은국 교무가 수필한 법훈 편편 114편 중 하나이다. 거짓은 죄의 뿌리, 진실은 복의 근원임을 강조한 인과 법문이다.

| 용어 풀이 |

○ **치국(治國)** 나라를 다스림.

㉑ 도인과 비도인

> 대산 종사 말씀하시기를 "도가 없는 사람은 공적이 있으면 상을 내고, 알면 경솔하고, 재주 있으면 노력하지 않고, 말 잘하면 실행이 없기 쉬우나, 도가 있는 사람은 공적이 있으면 더욱 겸손하고, 알면 더욱 신중하고, 재주 있으면 더욱 노력하고, 말 잘하면 더욱 실행에 힘쓰느니라."
>
> 〈교훈편 21장〉

| 출처 |

도인과 비도인

1. 도가 없는 사람은 알면 경박하기 쉽고,
2. 도가 없는 사람은 공 있으면 상 내기 쉽고,
3. 도가 없는 사람은 재주가 있으면 노력 아니 하기 쉽고,
4. 도가 없는 사람은 말을 잘하면 실행 아니 하기 쉽고,

1. 도가 있는 사람은 알면 더욱 신중하고,
2. 도가 있는 사람은 공이 있으면 더욱 하심하고,
3. 도가 있는 사람은 재주가 있으면 더욱 노력하고,

4. 도가 있는 사람은 말을 잘하면 더욱 실행에 힘쓰느니라.

〈『대산종사수필법문집』 2. p.1894. 원기50년 박은국 수필본〉

10. 도가 없는 사람은 알면 경솔하기 쉽고 공이 있으면 상을 내기 쉽고 재주가 있으면 노력 않기 쉽고 말을 잘하면 실행 없기 쉬우나, 도가 있는 사람은 알면 더욱 신중하고 공이 있으면 더욱 하심하고 재주가 있으면 더욱 노력하고 말을 잘하면 더욱 실행에 힘쓰는 것이다.

〈『대산종사수필법문집』 2. p.1901. 원기52년 5월 박은국 수필본〉

| 배경 및 상황 |

『대산종사수필법문집 2.』 박은국 교무 수필본에 '도인과 비도인'에 관하여 원기50년(1965) 최초 수록과 원기52(1967) 영산성지에서 편편법문 114편으로 간략하게 요점만 정리하여 10번째로 기록되었다. 법문 내용은 차이가 없으나 기록 형식이 다를 뿐이다. 박은국 교무가 기록한 법문은 상황이나 배경이 없이 대의만 기록한 것이 특징이다. 여시아문(如是我聞)한 법문이라 법의 정수만 기록하여 자신의 공부 표준을 삼았기 때문이다.

| 용어 풀이 |

○ **공적(功績)** 노력과 수고를 들여 이루어 낸 일의 결과.

○ **경솔(輕率)** 말이나 행동이 조심성 없이 가벼움.

○ **경박(輕薄)** 언행이 신중하지 못하고 가벼움.

㉒ 참으로 행복한 때 세 가지

대산 종사 말씀하시기를 "참으로 행복한 때는 진실로 참회할 기회를 갖게 될 때요, 영원한 제도를 받을 수 있는 인연을 찾아 만났을 때요, 완전한 천도를 받을 수 있는 기회를 만났을 때니라." 〈교훈편 22장〉

| 출처 |

참된 행복은 ① 진실로 참회할 기회를 얻게 되고, ② 영원한 제도를 받을 수 있는 인연을 찾아 만나야 하고, ③ 천도의 기회를 잃지 않는 데 있다.

〈『대산종사수필법문집』 1. p.45. 원기47년 편편법문〉

| 배경 및 상황 |

대산 종사는 원기47년(1962) 편편법문에서 '참으로 행복한 때 세 가지'에 대해 말씀하시기를 "진실로 참회할 때이요, 영원한 제도를 받을 때이요, 천도를 받을 때이라"고 하였다.

| 용어 풀이 |

○ **참회(懺悔)** 자신이 범한 죄나 과오를 깨닫고 뉘우치는 일.

○ **제도(濟度)** 불보살이 중생을 고해에서 건지어 성불 해탈하는 열반의 피안인 극락세계로 인도해 주는 것.

○ **천도(薦度)** 죽은 사람의 영혼을 바른길로 인도하고, 악한 사람을 선한 사람으로 전환시키며, 자기 자신을 진급시키는 노력을 하는 것.

㉓ 진리는 공평무사함

대산 종사 말씀하시기를 "진리는 공평무사하므로 일을 하고 안 하는 것도 내게 있고 일이 되고 안 되는 것도 내게 있나니, 옳고 큰일을 택해서 사심 없이 힘쓰면 그 노력의 대가로 불과를 이루게 되리라."

〈교훈편 23장〉

| 출처 |

진리를 두드리면 열린다. 진리는 무한한 간섭을 하지 않나니, 일을 짓고 안 짓는 것은 나에게 있고, 모든 일이 되고 안 됨은 오직 나에게 있다. 진리는 무사공평한 것이니 옳고 큰일을 택해서 사 없이 힘쓰고 그 노력의 대가로 불과(佛果)를 이뤄 보자. 〈『대산종사수필법문집』 1. p.25. 원기47년 편편법문〉

| 배경 및 상황 |

대산 종사는 원기47년(1962) 편편법문에서 "진리는 공평무사함으로 일의 성취 여부는 나에게 있고, 옳고 큰일을 택해서 사심 없이 힘쓰면 불과를 얻는다."라고 하였다.

| 용어 풀이 |

○ **공평무사(公平無私)** 사람의 언행에 조금도 사사로움이 없이 공명정대한 것. 결코 어느 한쪽에 치우침이 없는 것.

○ **불과(佛果)** ① 불도 수행으로 얻는 부처의 경지. 수행의 마지막 단계의 결과를 얻어 부처가 되는 것. 원불교에서는 삼학을 수행하여 항마위 이상의 법위를 얻는 것. ② 초기불교에서는 석가모니 부처님 한 분만을 부처로 인정하고[一佛說] 있다.

㉔ 극단적인 과보와 업력

대산 종사 말씀하시기를 "아무리 극단적인 과보라도 참고 또 참고 열 번만 참아 너그럽게 용서하고 무심으로 대하면 그 업력이 자연히 녹을 것이니라." 〈교훈편 24장〉

| 출처 |

79. 정업을 녹이는 법이 있으니 그것은 저편에서 오는 극단의 과보를 받고 세 번 내지 열 번만 참고 너그럽게 용서해 주며 무심해 버리면 그 업력이 저절로 녹아 버린다.

〈『대산종사수필법문집』 2. p.1904. 원기52년 5월 박은국 수필본〉

| 배경 및 상황 |

대산 종사가 원기52년(1967) 5월경 영산성지에 주재할 때 향타원 박은국 교무가 수필한 법훈 편편 114편 중 하나이다. 아무리 극단적인 과보나 업력이라도 열 번만 참고 너그럽게 용서하고 무심으로 대하면 업력이 자연히 녹는다고 하였다.

| 용어 풀이 |

○ **극단적(極端的)** 길이나 일의 진행이 끝까지 미쳐 더 나아갈 데가 없는 것.

○ **과보(果報)** 인과응보의 줄임말. 원인이 되는 업으로 초래된 결과. 상생의 선업을 지으면 선과를 받게 되고, 상극의 악업을 지으면 악과를 받게 된다. 과거에 지은 업은 현재에 받게 되고, 현재에 지은 업은 미래에 받게 된다

○ **무심(無心)** 분별 주착을 벗어나 초연한 마음.

○ **업력(業力)** 과보를 이끄는 업의 큰 힘.

○ **정업(定業)** 이미 이전의 행동으로 받아야 할 것으로 정해져 있는 업. 반드시 과보를 불러들이는 업. 전세(前世)에서부터 정해진 업보. 과보를 받을 시기가 현생·내생 등으로 정해져 있는 선악의 행위.

㉕ 한때도 방심은 금물

대산 종사 말씀하시기를 "원인이 결과가 되고 일생이 영생이 되는 것이니 어느 한때도 방심은 금물이니라." 〈교훈편 25장〉

| 출처 |

3. 원인이 결과가 되고 일생이 영생이 되는 것이니 한때인들 방심할 수 있으랴.

〈『정전대의』 p.54. 3. 정전해의 9. 참회문 3)필요〉

| 배경 및 상황 |

대산 종사는 『정전대의』 '참회문' 참회의 필요에서 "원인이 결과가 되고 일생이 영생이 되는 것이니 한때인들 방심할 수 있으랴."라고 하였다.

| 용어 풀이 |

○ **영생(永生)** 영원한 세상, 세세생생. 죽지 않고 영원히 사는 것.

○ **방심(放心)** 마음을 다잡지 아니하고 풀어 놓아 버림.

○ **금물(禁物)** 해서는 안 되는 일.

㉖ 음해와 음덕

대산 종사 말씀하시기를 "음해(陰害)는 영겁의 결원(結冤)이 되고 음덕(陰德)은 영겁의 해원(解冤)이 되느니라." 〈교훈편 26장〉

| 출처 |

4. 음해(陰害)는 영겁의 결원(結怨)이 되고 음덕(陰德)은 영겁의 해원이 된다.

〈『정전대의』 p.54. 3. 정전해의 9. 참회문 3)필요〉

| 배경 및 상황 |

대산 종사는 『정전대의』 '참회문' 참회의 필요에서 "음해는 영겁의 결원이 되고 음덕은 영겁의 해원이 된다."라고 하였다.

| 용어 풀이 |

○ **음해(陰害)** 몸을 드러내지 아니한 채 음흉한 방법으로 남에게 해를 가함.

○ **영겁(永劫)** 무시무종의 영원한 세월. 겁(劫)은 이 세상이 한번 이루어졌다가 없어지는 긴 시간을 말하는데 그 겁이 영원히 계속된다는 의미.

○ **결원(結怨)** 서로 원수가 되거나 원한을 품음.

○ **음덕(陰德)** 남에게 알려지지 아니하게 행하는 덕행.

○ **해원(解冤)** 원통한 마음을 풂.

㉗ 영생을 준비하자

대산 종사 말씀하시기를 "세상 사람들은 전진은 잘하나 물러설 줄 모르고, 혹 물러선다 하더라도 남을 원망할 뿐 준비할 줄 모르나, 도가 있는 사람은 물러설 때 물러설 줄을 알아서 영생을 준비하고 힘을 쌓느니라."

〈교훈편 27장〉

| 출처 |

세상 사람들은 전진은 잘하나 물러날 줄 모르고 물러나도 남을 원망하지 힘을 쌓거나 준비할 줄 모른다. 도 있는 분은 물러날 때 턱 물러나서 영생의 준비와 힘을 쌓는다. 〈『대산종사수필법문집』 1. p.948. 원기52년 11월 25일〉

| 배경 및 상황 |

대산 종사는 원기52년(1967) 11월 25일 신도안 삼동원에서 주재할 때 '영생을 준비하고 힘을 쌓자'고 하였다.

| 용어 풀이 |

○ **영생(永生)** ① 영원한 세상, 세세생생. 죽지 않고 영원히 사는 것. ② 삼세인과의 이치를 깨달아 생사를 해탈하는 것. 열반과 같은 뜻. 열반은 생사를 해탈해서 나고 죽음을 초월한 경지를 말하며, 그러한 경지에 이르는 것을 영생을 얻었다고 한다.

㉘ 역경과 순경을 맞이하는 법

대산 종사 말씀하시기를 "역경이 오면 빚을 갚을 때이므로 항상 반갑고 기쁜 마음으로 맞이하고, 순경이 오면 빚을 받을 때이므로 항상 미안한 생각을 가져야 하나니, 이러한 사람이 인과에 토가 떨어진 사람이요 해탈한 사람이니라."

〈교훈편 28장〉

| 출처 |

역경이 올 때는 빚을 갚을 때라 항상 반갑고 기쁜 마음으로 맞고, 순경이 올 때는 빚을 받을 때이니 마음에 항상 미안한 생각을 가지면 이것이 인과에 토가 떨어진 사람이요, 해탈도 자유로울 수 있느니라.

〈『대산종사수필법문집』 1. p.355. 원기53년 12월 23일〉

| 배경 및 상황 |

대산 종사가 원기53년(1968) 12월 23일 익산 금강리 신성마을에 주재할 때 하신 법문이다. '역경과 순경을 맞이하는 법'으로 역경은 빚을 갚을 때요, 순경은 빚을 받을 때이다. 이러한 마음이 선 사람은 인과에 토가 떨어지고 해탈한 사람이라고 하였다.

| 용어 풀이 |

○ **역경(逆境)** 힘들고 어려운 경계. 순경(順境)에 상대되는 말. 수도자의 바른 수행을 방해하는 힘들고 어려운 경계. 자기의 원하는 일이 뜻대로 안 되는 어려운 환경. 역경은 바깥으로부터 오는 경우[外境]도 있고 자기 마음의 내부로부터 오는 경우[內境]도 있다.

○ **순경(順境)** 모든 것이 자기에게 맞는 좋은 경계. 마음먹은 일이 뜻대로 되어 가는 순조로운 환경.

○ **토** 한문의 구절 끝에 붙여 읽는 우리말 부분.

㉙ 모든 일을 자연히 이루는 법

대산 종사 말씀하시기를 "얻으려고만 하지 말고 얻게 해 주고, 되려고만 하지 말고 되게 해 주고, 가려고만 하지 말고 가게 해 주고, 이루려고만 하지 말고 이루게 해 주라. 그리하면 모든 일이 자연히 이루어지느니라."

〈교훈편 29장〉

| 출처 |

되려고만 하지 말고 되게 만들고, 차지하려고 하지 말고 차지하게 만들어 주고, 얻으려고만 말고 얻게 해주고, 갈려고만 말고 가도록 해주고, 이루려고만 말고 이루게 해주는 데 앞장서라.

〈『대산종사수필법문집』 2. pp.977~978. 원기72년 3월 25일〉

| 배경 및 상황 |

대산 종사는 원기72년(1992) 3월 25일 벌곡 삼동원에 주재할 때 시자에게 말씀하시기를 "훈련으로 기질 변화가 되고 적공하고 정진하는 인재를 부지런히 많이 배출하는 데 전력을 다하라. 훈련된 사람과 기질 변화하는 사람을 만드는 데 이생을 다 바쳐라."라고 하시며 "얻으려고만 하지 말고 얻게 해주고, 되려고만 하지 말고 되게 해주고, 가려고만 하지 말고 가게 해주고, 이루려고만 하지 말고 이루게 해주어라."라고 하였다.

| 용어 풀이 |

○ **기질변화(氣質變化)** 기질을 변화시키는 것. 기질은 기력·체질·기성·기상 따위를 말하며, 또는 인간의 성격을 특징지을 수 있는 감정적 경향을 가리킨다. 기질의 수양을 통해서 나쁜 기질을 좋은 기질로 바꾸어 부처님과 같은 인격을 이루어 가는 것. 또는 악을 끊고 선을 닦아 자기 발전을 이룩하고 부처님과 같은 인격자가 되어 가는 것 따위로 사용된다.

㉚ 쓸모없는 물건을 요긴하게 쓰는 법

대산 종사 말씀하시기를 "비록 쓰지 못할 물건이라도 잘 보관해 두면 뒷날 요긴하게 쓰일 때가 있고, 아무리 쓸모없는 사람이라도 너그러이 포용하여 잘 인도하면 뒷날 귀하게 쓰일 때가 있느니라." 〈교훈편 30장〉

| 출처 |

5, 아무리 못 쓸 물건도 잘 보관하여 두면 뒷날 긴요히 쓰일 때가 있고, 아무리 쓸모없는 사람이라도 버리지 않고 그대로 놓아두면 뒷날 귀히 쓰일 때가 있는 것이다. 〈『대산종사수필법문집』 2. p.1901. 원기52년 5월 박은국 수필본〉

| 배경 및 상황 |

대산 종사가 원기52년(1967) 5월경 영산성지에 주재할 때 향타원 박은국 교무가 수필한 법훈 편편 114편 중 하나이다.

쓸모없는 물건도 요긴하게 쓰는 법이 있듯이 아무리 쓸모없는 사람도 포용하면 뒷날 귀하게 쓰일 때가 있다는 말이다. 대종사님도 모기장을 싼 종이와 노끈을 수년간 쓰셨다고 한다. 대산 종사는 길을 가다 합판 조각이나 판자를 보면 주워 깨끗하게 손질하라 하여 모아 놓고 틈틈이 법문을 쓰셨다. 형식과 격식 따위의 겉치레에 구애하지 않고 폐물을 활용하는 도가 있으셨다.

| 용어 풀이 |

○ **요긴(要緊)** 꼭 필요하고 중요함.

○ **포용(包容)** 남을 너그럽게 감싸 주거나 받아들임.

㉛ 진리를 활용해 쓰는 법

대산 종사, 덩굴장미가 넘어져 있는 것을 보고 말씀하시기를 "지지대를 세워 올려 주라. 심어 놓고 가꾸지 않으면 안 되나니 관리를 잘하는 것이 진리를 활용해 쓰는 법이니라." 〈교훈편 31장〉

| 출처 |

정원에 줄 장미가 땅에 깔린 것을 보시고 사다리를 세워 올라가도록 만드시고,

"관리 잘하는 것이 진리를 활용해 쓰는 길이다. 심어 놓고 가꾸지 않으면 안 된다. 가꾸어 준다, 가꾼다고 하는 데에 진리가 있다."라고 하시다.

〈『대산종사수필법문집』 1. p.921. 원기59년 7월 4일〉

| 배경 및 상황 |

대산 종사는 원기59년(1974) 7월 4일 신도안 삼동원 정원에 덩굴장미가 땅에 쓰러진 것을 보고 관리자에게 지지대를 세워 올려 주라고 하였다. 심어 놓고 가꾸지 않으면 안 되나니 관리를 잘하는 것이 진리를 활용해 쓰는 법이라고 하였다.

| 용어 풀이 |

○ **덩굴장미** 장미과의 낙엽 활엽 관목. 줄기는 높이가 5미터 정도이고 덩굴성이며, 잎은 마주나고 달걀 모양이다. 6~7월에 주로 붉은 꽃이 피고 줄기, 잎자루, 주맥에 가시가 있다.

㉜ 가장 좋은 때와 나쁜 때

대산 종사 말씀하시기를 "법 있는 사람은 좋은 일이 와도 다 좋아하지 않고 영원히 좋을 일을 준비하고, 나쁜 일을 당해도 실망하지 않고 새 마음 새 기운을 내느니라." 〈교훈편 32장〉

| 출처 |

말씀하시기를 "사람은 누구를 막론하고 일생 중에 가장 좋은 때와 가장 나쁜 때가 있는데, 법 있는 사람은 좋은 때를 당하여 다 좋아하지 않고 뒷날 영원히 좋을 일을 준비하여 가고, 나쁜 일을 당할 때에 실망하지 않고 희망이 끊어진 곳에 다시 회생[절처봉생絕處逢生]의 길이 있는 진리를 알아서 새 기운 새 마음을 일으켜 낸다."

〈『대산종사법문집』 3집. 제7편 법훈 64. 가장 좋은 때와 나쁜 때 p.353.〉

| 배경 및 상황 |

대산 종사는 '일생 중에 가장 좋은 때와 나쁜 때가 있다. 법 있는 사람은 좋은 일이 와도 다 좋아하지 않고 영원히 좋을 일을 준비하고, 나쁜 일을 당해도 실망하지 않고 희망이 끊어진 곳에 다시 회생하여 새 마음 새 기운을 일으킨다.' 라고 하였다.

| 용어 풀이 |

○ **회생(回生)** 거의 죽어 가다가 다시 살아남.

○ **절처봉생(絕處逢生)** 오지도 가지도 못할 막다른 판에 요행히 살길이 생김.

㉝ 설산과 화산

대산 종사 말씀하시기를 "역경이 설산이라면 순경은 화산이라, 설산에서 죽으면 송장이라도 남지만 화산에서 죽으면 다 타서 흔적조차 없느니라."

〈교훈편 33장〉

| 출처 |

'부처님 팔상(八相)과 우리의 수행'에 대한 법문을 부연해 주시기를

설산(雪山)이 역경이라면 화산(火山)은 순경이라, 설산에서 죽으면 송장이라도 남지마는 순경은 화산에서 죽으면 다 타 녹아 버리므로 가루도 안 남는다. 그러므로 도인들은 부귀가나 왕궁가에 태어나기를 원하지 않느니라.

〈『대산종사수필법문집』 1. p.220. 원기52년 3월 24일〉

| 배경 및 상황 |

대산 종사는 원기52년(1967) 3월 24일 '부처님 팔상(八相)과 우리의 수행'에 대한 법문을 부연해 주시면서 설산이 역경이라면 화산은 순경이라, 설산에서 죽으면 송장이라도 남지마는 화산에서 죽으면 가루도 남지 않는다고 하였다. 그리고 도인들은 부귀가나 왕궁가에 태어나기를 원하지 않는다고 하였다.

| 용어 풀이 |

○ **팔상(八相)** 석가모니불이 중생을 제도하기 위해 일생 중 나타내 보인 여덟 가지의 변상(變相). 석가모니불의 일생을 여덟 가지로 나누어 설명하는 것으로 5~6종이 있으나 다음의 설이 널리 알려져 있다. 곧 도솔래의상·비람강생상·사문유관상·유성출가상·설산수도상·수하항마상·녹원전법상·쌍림열반상 등이다.

○ **설산(雪山)** 눈이 쌓인 산. 인도의 북쪽을 크게 가로지르고 있는 히말라야산맥

의 옛 이름. 산꼭대기에는 언제나 흰 눈이 덮여있으므로 설산이라고 한다. 석가모니불이 이 설산에서 6년간 수행했다고 하여, 6년 설산 고행이라고 한다. 역경은 설산이고 역경을 견디면 흔적이라도 남는다.

○ **화산(火山)** 불붙는 산. 순경은 화산이고 순경은 그 흔적도 찾아보기 힘들다는 말.

㉞ 심훈

> 대산 종사, '심훈(心訓)'을 내리시니 "정당한 이유 없이 선을 하지 않는 자와 계문을 범하는 자와 일을 하지 않는 자는 대종사의 정신에 어긋날 뿐 아니라 대도 정법 회상을 파괴하는 좀이 되고 마군이 되나니 어찌 두렵게 이 밥을 먹고 이 옷을 입고 이 집에서 살리오." 〈교훈편 34장〉

| 출처 |

심훈(心訓)

정당한 이유 없이/ 선(禪)을 하지 않는 자와/ 계문을 범하는 자와/ 일을 하지 않는 자는/ 대종사님의 정신에 위반될 뿐만 아니라/ 대도 정법 회상을 파괴하는/ 좀이 되고/ 마군이 되나니/ 어찌 두렵게/ 이 밥을 먹고,/ 이 옷을 입고,/ 이 집에 살리오.

| 배경 및 상황 |

대산 종사가 공부인이 마음속에 일어나는 번뇌와 게으름으로 수행에 등한할 때 경계 삼을 수 있도록 내린 훈계의 글이자 잠언(箴言)이다. 우리 교단이 발전하고 교화가 융성해지려면 교단의 재가 출가교도들이 보감 삼아야 할 금칙(禁飭)인 셈이다.

| 용어 풀이 |

○ **심훈(心訓)** 마음을 다스리고 잘못하지 않도록 타일러 주의시키는 짧은 글.

○ **좀** ① 좀과의 곤충. 몸의 길이는 11~13mm이며, 흑갈색인데 비늘로 덮여있다. 가슴은 크고 머리에 3~4개의 강모가 나 있다. 날개는 퇴화하여 없고 촉각과 꼬리는 각각 한 쌍이 있으며 꼬리 중앙에 긴 강모가 하나 있다. 의류와 종이의 해충이며 우리나라에만 분포한다. ② 사물을 눈에 띄지 않게 조금씩 해치는 사람이나 물건을 비유적으로 이르는 말.

○ **마군(魔軍)** 불도를 방해하는 온갖 악한 일을 비유적으로 이르는 말.

㉟ 천고의 죄복

대산 종사 말씀하시기를 "하루하루 하늘 곳간에 쌓인 죄복을 잘 살펴서 복락이 얼마나 쌓였고 죄업이 얼마나 가벼워졌는가를 늘 챙기며 살아야 하느니라."

〈교훈편 35장〉

| 출처 |

말씀하시기를 "하루하루 천고(天庫)에 쌓인 죄복의 저금통을 살펴 하루하루 복락은 얼마나 많이 쌓였으며 죄업은 얼마나 가벼워졌는가를 챙기며 살자."

〈『대산종사법문집』 3집. 제7편 법훈 32. 천고의 죄복 p.350.〉

31. 하루하루 천고(天庫)에 쌓인 죄복의 저금고를 살펴보자.

〈『대산종사수필법문집』 2. p.1902. 원기52년 5월 박은국 수필본〉

| 배경 및 상황 |

대산 종사는 "하루하루 천고(天庫)에 쌓인 죄복의 저금통을 살펴 하루하루 복락은 얼마나 많이 쌓였으며 죄업은 얼마나 가벼워졌는가를 챙기며 살자."라고 하였다.

| 용어 풀이 |

○ **천고(天庫)** 하늘 창고.
○ **곳간(庫間)** 물건을 간직하여 두는 곳.
○ **복락(福樂)** 행복과 안락을 아울러 이르는 말.

36 지옥문과 극락문

> 대산 종사 말씀하시기를 "탐·진·치가 일어나면 극락문이 닫히고 지옥문이 열리나, 탐·진·치가 가라앉으면 지옥문이 닫히고 극락문이 열리느니라." 〈교훈편 36장〉

| 출처 |

탐진치가 일어날 때 극락문 닫히고 지옥문 열리며, 탐진치가 가라앉을 때 지옥문 닫히고 극락문 열리나니, 이 문이 밝혀지면 뉘 아니 극락 가고 지옥에서 헤매랴. 〈『대산종사수필법문집』 1. p.106. 원기49년 편편법문〉

| 배경 및 상황 |

대산 종사는 원기49년(1964) 편편법문에서 "탐진치가 일어날 때 극락문 닫히고 지옥문 열리며, 탐진치가 가라앉을 때 지옥문이 닫히고 극락문이 열리나니,

이 문이 밝혀지면 뉘 아니 극락 가고 지옥에서 헤매랴."라고 하였다. 극락과 지옥은 탐진치 삼독심이 일어나고 가라앉을 때 문이 열리고 닫힌다는 말이다. 이 삼독심이 가라앉으면 극락과 지옥이 따로 없고 어느 곳 어느 때라도 일진법계(一眞法界)로 화한다는 것이다.

| 용어 풀이 |

○ **탐진치(貪瞋癡)** 욕심·성냄·어리석음. 오욕 경계에서 지나치게 욕심을 내고, 마음에 맞지 않는 경계에 부딪쳐 미워하고 화내며, 사리(事理)를 바르게 판단하지 못하는 어리석음. 탐욕심(貪欲心)·진에심(瞋恚心)·우치심(愚癡心)을 말한다. 이러한 마음은 지혜를 어둡게 하고 악의 근원이 됨으로 삼독심이라고도 한다.
○ **일진법계(一眞法界)** 나의 참 법계. 수행인이 선을 하여 참다운 선의 경지에 이르면 우주가 모두 참다운 법계로 화하여 접하는 모든 대상이 불이의 경계에 이르게 된다.

37 범인과 성인의 차이

대산 종사 말씀하시기를 "범인은 빼앗으려 하나 성인은 양보하고, 범인은 다투려 하나 성인은 화합하며, 범인은 있는 것에 집착하나 성인은 없는 것까지 놓아 버리고, 범인은 사사로이 자기만 아나 성인은 두루 함께 하느니라." 〈교훈편 37장〉

| 출처 |

말씀하시기를 "범부와 성인의 성품은 둘이 아니나 나타나는 데에는 다른 점이 넷이 있으니 하나는 범인은 욕심으로 빼앗고 성인은 양보하며[凡則奪聖則讓],

둘은 범부는 자기 주견으로 다투나 성인은 화합함이며[凡則諍聖則和], 셋은 범인은 있는 것에 집착하나 성인은 없는 것까지 놓아 버리며[凡則有聖則無], 넷은 범인은 사사로이 자기만 아나 성인은 넓게 모두를 함께 아는 것이다[凡則私聖則公].” 〈『대산종사법문집』 3집. 제7편 법훈. 45. 범부와 성인의 차이 p351.〉

| 배경 및 상황 |

대산 종사는 ‘범인과 성인의 네 가지 차이’에 대하여 “범부와 성인의 성품은 둘이 아니나 나타나는 데에는 다른 점이 있다. 하나는 범인은 욕심으로 빼앗고 성인은 양보하며, 둘은 범부는 자기 주견으로 다투나 성인은 화합함이며, 셋은 범인은 있는 것에 집착하나 성인은 없는 것까지 놓아버리며, 넷은 범인은 사사롭게 자기만 아나 성인은 넓게 모두를 함께 아는 것이다.”라고 하였다.

| 용어 풀이 |

○ **범인(凡人)** 평범한 사람.
○ **성인(聖人)** 지혜와 덕이 매우 뛰어나 길이 우러러 본받을 만한 사람.

38 스승의 네 가지 전함

대산 종사 말씀하시기를 “스승이 제자에게 법을 전할 때는 마음으로 전하고 말과 글로 전하고 실행으로 전하느니라.” 〈교훈편 38장〉

| 출처 |

말씀하시기를 “스승의 네 가지 전함이 있으니 글로써 전하는 서전(書傳), 말로써 전하는 구전(口傳), 행으로 전하는 신전(身傳)과, 심법으로 전하는 심전(心

傳)이 그것이다."

〈『대산종사법문집』 3집. 제7편 법훈. 307. 스승의 네 가지 전함 p408.〉

새벽 산책하고 오시며 시자에게 말씀하시기를

사부(師傅)의 사전(四傳)이 있나니 서전(書傳), 구전(口傳), 신전(身傳), 심전(心傳)이니라. 〈『대산종사수필법문집』 1. p.2015. 원기64년 2월 6일〉

| 배경 및 상황 |

대산 종사는 원기64년(1979) 2월 6일 삼동원에 주재하며 새벽 산책 때 시자에게 말씀하시기를 "사부(師傅)의 사전(四傳)이 있나니 서전(書傳), 구전(口傳), 신전(身傳), 심전(心傳)이니라."라고 하였다.

| 용어 풀이 |

○ **사부(師傅)** 스승. 자기를 가르쳐서 인도하는 사람.

39 법은 연마해야 산 소리다

대산 종사 말씀하시기를 "법을 전할 때 자신이 먼저 연마하고 실천을 해야 살아있는 소리가 나고, 진리와 스승과 법에 맥을 대야 힘이 있고 오래 갈 수 있는 소리가 나느니라." 〈교훈편 39장〉

| 출처 |

법은 다 나왔다. 나는 자랑하기 위하여 법문 설한 바 없다. 오직 세상에 도움이 있도록 염원하면서 했다. 법을 연마해 전해야 산 소리가 되지, 그렇지 아니하면 죽은 소리 되고 만다.
너희들이 전할 때 먹는 소리가 서벅서벅 들리더냐?
자기 소리로 전하면 듣기는 좋을지 모르나 힘이 없어 오래 못 간다.

〈『대산종사수필법문집』 1. p.256. 원기52년 9월 26일〉

말씀하시기를 "법은 연마하여 전해야 산 소리가 된다. 그렇지 않으면 죽은 소리가 되고 만다. 또한 자기 소리로 전하면 듣기는 좋을지 모르나 힘이 없어 오래 못 간다. 진리와 스승과 법에 뿌리하여 전해야 힘 있고 오래 가는 것이다."

〈『대산종사법문집』 3집. 제7편 법훈. 100. p362.〉

| 배경 및 상황 |

대산 종사는 원기52년(1967) 9월 26일 "법은 연마해야 산 소리가 난다."라고 했다. 또한 "자기 소리로 전하면 듣기는 좋을지 모르나 힘이 없어 오래 못 간다."라고 했다.
대산 종사는 "나는 자랑하기 위해 법문 설한 바 없다."라고 했다. "일심에서 나온 소리, 대각에서 나온 소리, 실천에서 나온 소리라야 큰소리"라고 하였다.

| 용어 풀이 |

○ **연마(研磨)** 학문이나 기술 따위를 힘써 배우고 닦음.
○ **서벅서벅** 배나 사과, 바람이 든 무 따위를 자꾸 씹는 소리가 나다. 또는 그런 소리를 내다.

40 세 가지 쾌한 때

대산 종사 말씀하시기를 "참으로 통쾌한 때는 애써 벌어 놓은 돈을 쓸 곳에 잘 썼을 때요, 가장 미운 사람의 잘못을 너그러이 용서해 주었을 때요, 인과보응의 이치와 생멸 없는 진리를 믿고 알게 될 때니라."

〈교훈편 40장〉

| 출처 |

1. 애써서 벌어 놓은 돈을 쓸 곳에 잘 쓰는 때이요.
2. 가장 미운 사람의 잘못을 너그러이 용서하여 주는 때이요.
3. 인과 있는 진리와 생멸 없는 진리를 믿고 알아지는 때이니라.

〈『정전대의』 수신강요 1. 87. 세 가지 쾌(快)한 때 p.111.〉

| 배경 및 상황 |

대산 종사는 '세 가지 쾌(快)한 때'는 "애써서 벌어 놓은 돈을 쓸 곳에 잘 쓰는 때, 가장 미운 사람의 잘못을 너그러이 용서하여 주는 때, 인과 있는 진리와 생멸 없는 진리를 믿고 알 때라."고 하였다.

| 용어 풀이 |

○ **통쾌(痛快)** 아주 즐겁고 시원하여 유쾌함.

○ **인과보응(因果報應)** 전생에 지은 선악에 따라 현재의 행과 불행이 있고, 현세에서의 선악의 결과에 따라 내세에서 행과 불행이 있는 일.

○ **생멸 없는 진리** 생멸 없는 도. 불생불멸이라고도 함.

㊶ 영원히 사는 길

대산 종사, 하섬으로 들어가던 배가 물이 들어 바다에 잠기는 위경에 처했을 때 한 교도가 자신보다 학생들을 먼저 구하도록 했다는 보고를 받고 말씀하시기를 "사람이 죽을 경우를 당해 다른 사람을 먼저 구하도록 양보하는 것이 참으로 어려운 일이나, 두 마음 없이 양보하면 자기도 살 수 있고 설사 죽더라도 영원히 살아 있는 사람이 될 수 있느니라."

〈교훈편 41장〉

| 출처 |

은덕(恩德), 자인(慈仁), 고흥권(高興權)에게

고흥권(高興權) 씨는 학생들과 하섬에 수학여행 갔을 때 학생들과 같이 바다에 빠져 생사기로에 헤매고 있을 때 '나는 이제 늙었으므로 죽어도 괜찮으니 저 학생들을 먼저 건지도록 하라'며 응하지 아니하다, 결국 제일 뒤에야 구제되어 살아 나왔다. 세상에서 이런 일이 있겠는가? 세상 사람들 같으면 다 먼저 살려달라고 아우성치고 야단법석일 것이다. 도인이 아니면 못 하는 일이다.

〈『대산종사수필법문집』 1. p.603. 원기57년 4월 10일〉

말씀하시기를 "죽을 경우를 당하여 상대편을 먼저 구원하도록 양보하는 것은 참으로 쉽고도 어려운 일이다. 양보하면 자기도 살 수 있으며 죽어도 영원히 살아있는 사람이 되는 것이다."

〈『대산종사법문집』 3. 제7 법훈 136. 영원히 사는 길 p.368.〉

| 배경 및 상황 |

대산 종사는 원기57년(1972) 4월 11일 은덕(恩德), 자인(慈仁), 고흥권(高興

權)에게 말씀하시기를 "… 고흥권 씨는 학생들과 하섬에 수학여행 갔을 때 학생들과 같이 바다에 빠져 생사기로에 헤매고 있을 때 '나는 이제 늙었으므로 죽어도 괜찮으니 저 학생들을 먼저 건지도록 하라'며 응하지 아니하다, 결국 제일 뒤에야 구제되어 살아 나왔다. 세상에서 이런 일이 있겠는가? 세상 사람들 같으면 다 먼저 살려달라고 아우성치고 야단법석일 것이다. 도인이 아니면 못 하는 일이다."라고 하시며 항마도인으로 인증하였다.

| 용어 풀이 |

○ **고흥권(高興權, 1915~ 1998)** 전북 순창군 쌍치면에서 부친 고덕술 선생과 모친 권씨 사이에 3남 2녀 중 장녀로 출생했다. 원기25년(1940) 1월 화해교당 김복진 교도의 연원으로 입교, 재가교도로 활동하다가 원기46년(1961) 남편과 사별했다. 원기49년(1964) 양산 김중묵 종사의 연원으로 출가, 중앙총부 예비교무 기숙사 감원으로 22년간을 봉직하다 원기71년(1986) 정년퇴임 후 중앙수양원에서 만년 수양하다가 열반했다. 원기61년(1976) '해타원(海陀圓)' 법호를 받았으며, 원기70년(1985) 정식 법강항마위에 승급했다. 특히 원기56년(1971) 학생들과 하섬 훈련원에 들어가다 배가 가라앉아 학생들과 바다에 빠져 생사의 기로에 처했을 때 "나보다 젊은 학생들을 먼저 구하라"고 해 대산 종사로부터 항마도인으로 인증을 받았다. 장녀 오유순 교도는 익산교당에서 신앙활동을 하고 있고, 차녀 완타원 오덕관 교무는 전무출신하였고 양자 오성남은 광주에서 건축사업을 하였다. 고 덕무는 법랍 34년으로, 사업성적 정1등 공부성적 정식법강항마위, 원성적 정1등. 세수 84세로 중앙수양원에서 원기83년(1998) 11월 11일 열반하였다.

○ **생사기로(生死岐路)** 사느냐 죽느냐 하는 갈림길.

㊷ 신용 없는 사람

대산 종사 말씀하시기를 "신용 없는 사람은 소인이요 살아 있는 송장과 같으니라."
〈교훈편 42장〉

| 출처 |

신용 없는 자는 산송장이요 소인이며, 신용 있는 자는 산 사람이요 대인이다.
〈『대산종사수필법문집』 1. p.359. 원기53년 편편법문〉

| 배경 및 상황 |

대산 종사는 원기53년(1968) 편편법문에서 "신용 없는 자는 산송장이요 소인이며, 신용 있는 자는 산 사람이요 대인이다."라고 하였다.

| 용어 풀이 |

○ **신용(信用)** 사람이나 사물이 틀림없다고 믿어 의심하지 아니함. 또는 그런 믿음성의 정도.

○ **소인(小人)** 도량이 좁고 간사한 사람.

○ **송장** 죽은 사람의 몸을 이르는 말.

㊸ 잘못을 고백하면 마음이 자유롭다

대산 종사 말씀하시기를 "비록 큰 잘못이라도 부모·동지·스승·진리 전에 낱 없이 고백하면 그 잘못이 가벼워져서 마음에 힘을 얻고 그 마음이 자유로워지느니라."
〈교훈편 43장〉

| 출처 |

대전, 유성교당 합동법회

마음공부의 표준은 자유자재 소개 후

일생 잘못이 없지 아니한데, 잘못이 없더라도 부모, 동지, 스승, 진리 등 고백할 자리에 고백해야 가벼워지고 힘을 타 쉽게 넘어서고 자유스러워진다. 양 시대라 털어놓아야 한다. 자기 혼자 짊어지고 있으면 무겁고 넘어지기 쉽다. 과보 받고 받지 않고가 문제가 아니다. 때꼽재기는 씻어 버려야 한다. 그러면 새 마음, 새 사람, 새 천지가 되어 그날부터 불보살 대열에 참예한다.

〈『대산종사수필법문집』 1. p.634. 원기57년 7월 23일〉

| 배경 및 상황 |

대산 종사는 원기57년(1972) 7월 23일 대전, 유성교당 합동법회 때 '마음공부의 표준 자유자재' 소개 후 말씀하시기를 "일생 잘못이 없지 아니한데, 잘못이 없더라도 부모, 동지, 스승, 진리 등 고백할 자리에 고백해야 가벼워지고 힘을 타 쉽게 넘어서고 자유스러워진다."라고 하였다. 그리고는 "양시대는 털어놓아야 한다. 과보 받고 받지 않고가 문제가 아니다. 때꼽재기는 씻어 버려야 한다. 그러면 새 마음, 새 사람, 새 천지가 된다."라고 하였다.

| 용어 풀이 |

○ **낱** 여럿 가운데 따로따로인, 아주 작거나 가늘거나 얇은 물건을 하나하나 세는 단위.

○ **양난(兩難)** 이러기도 어렵고 저러기도 어려움.

○ **기로(岐路)** 여러 갈래로 갈린 길.

○ **때꼽재기** 더럽게 엉기어 붙은 때의 조각이나 부스러기.

44 지혜롭고 현명한 사람

대산 종사 말씀하시기를 "자기를 아는 사람은 지혜롭고 현명한 사람이요 자기를 모르는 사람은 어리석은 사람이라, 지혜롭고 현명한 사람은 나보다 나은 사람을 높이고 앞세워 주고 자기 분수를 알아 나설 자리에 나서고 물러설 자리에 물러설 줄 아느니라." 〈교훈편 44장〉

| 출처 |

자기를 아는 사람은 지인(智人)이고 현인(賢人)이다. 자기 자신을 모르고 남의 앞에 나타나려고 하고 과한 일을 하려 하고 하는 것은 우인(愚人)이다. 자기 분수를 알아 나설 자리에 나서고 물러설 자리에 물러앉는 것은 큰 현인이다. 그리고 나보다 나은 사람을 높여 줄 줄도 알고 앞세워 줄 줄도 아는 사람은 지인이다. 〈『대산종사수필법문집』 1. p.2114. 원기64년 10월 19일〉

| 배경 및 상황 |

대산 종사는 원기64년(1979) 10월 19일 '지인(智人)과 현인(賢人)과 우인(愚人)'에 대하여 말씀하였다. 자기를 아는 사람은 지혜롭고 현명한 사람이요 자기를 모르는 사람은 어리석은 사람이다. 지인과 현인은 자기의 분수를 알아 진퇴의 도를 아는 사람이라고 하였다.

| 용어 풀이 |

○ **지인(智人)** 지혜로운 사람

○ **현인(賢人)** 어질고 총명하여 성인에 다음가는 사람.

○ **우인(愚人)** 어리석은 사람.

㊺ 꾸준히 쉼 없이 하면 능력과 조화가 난다

대산 종사 말씀하시기를 "부처 되기가 참으로 쉬운 일이나 꾸준히 하지 않기 때문에 어려우니라. 사람들은 쉼 없이 하는 것을 대수롭지 않게 생각하지만, 괴로우나 즐거우나 일이 있을 때나 없을 때나 어떤 경계에도 흔들리지 아니하고 조금씩 꾸준히 해 나가면, 자신도 모르는 사이에 능력과 조화가 나타나리라." 〈교훈편 45장〉

| 출처 |

지성불식(至誠不息)에 대하여

부처 되기가 쉬운데 제가 아니하고 쉰다. 괴로우나 즐거우나, 있을 때나 없을 때나 어떠한 경계에도 흔들리지 않고 쉬지 않으면 부처 되는데 쉬게 되니 걱정이다. 별것 아닌 것 같고 적은 것 같으나 그것을 조금씩, 조금씩 쉬지 않고 꾸준히 해 나가면 자기도 모르는 가운데 능력과 조화가 생기는 법이다.

〈『대산종사수필법문집』 1. p.853. 원기59년 2월 8일〉

| 배경 및 상황 |

대산 종사는 원기59년(1974) 2월 8일 '지성불식'에 대하여 말씀하시기를 "부처 되기가 쉬운데 제가 아니하고 꾸준히 아니하기 때문에 어렵다고 한다. 그것을 조금씩 꾸준히 해 나가면 자신도 모르는 가운데 능력과 조화가 생기는 법이다."라고 하였다.

| 용어 풀이 |

○ **지성불식(至誠不息)** 지극한 정성은 쉬지 아니함.

㊻ 인복과 천복의 차이

대산 종사 말씀하시기를 "육신을 낳아 길러 주신 부모는 인복(人福)이요 정신을 깨우쳐 키워 주신 스승은 천복(天福)이니라. 인복은 일생에 그치나 천복은 영생에 미치는 것이라, 천복 뒤에는 인복이 따라와도 인복 뒤에 천복이 반드시 따르지는 않느니라." 〈교훈편 46장〉

| 출처 |

29. 육신을 낳아 주신 생부모는 인복(人福)이요, 정신[마음]을 낳아 주신 법부모는 천복(天福)이다. 세상은 인복 주는 것은 알아도 천복 주는 것은 모른다. 인복은 일생에 그치고 천복은 영생에 미치며 천복 뒤에는 인복이 따라도 인복만으로는 천복을 얻기 어렵다. 그러므로 대인은 혈연과 법연을 잘 알아서 인복과 천복을 다 누릴 줄 아나니라.

〈『대산종사수필법문집』 2. p.1942. 원기54년 법훈편편 주성균 보관본〉

| 배경 및 상황 |

대산 종사, 원기54년도(1969) 교역자강습회 때 내린 법훈편편이다. 인복은 육신을 낳아 준 생부모의 은혜요, 천복은 정신을 낳아 준 법부모의 은혜이다. 인복은 일생에 그치고 천복은 영생에 미친다. 천복 뒤에는 인복이 따르지만 인복 뒤에는 반드시 천복이 따르지 않는다. 그러므로 대인은 혈연과 법연을 잘 알아서 인복과 천복을 다 누릴 줄 안다고 하였다.

| 용어 풀이 |

○ **인복(人福)** 다른 사람의 도움을 많이 받는 복.

○ **천복(天福)** 하늘에서 내려 준 복.

㊼ 짓지 않는 해라도 달게 받으면 이로움을 받는다

대산 종사 말씀하시기를 "내가 이기고 차지하는 것이 당장에 이익이 될 것 같으나 영겁을 놓고 보면 해(害)를 받을 때가 좋으니라. 그러므로 내가 짓지 않고서 받는 해라도 달게 받고 참아 넘겨버리면 앞으로 헤아릴 수 없는 이로움을 받을 수 있느니라." 〈교훈편 47장〉

| 출처 |

영겁을 통해 생각할 때 해(害) 받을 때가 제일 좋다. 짧게 놓고 볼 때는 내가 이기고 내가 차지하는 것이 이익될 것 같으니라. 만일 내가 짓지 않고 받는 애매한 해(害)라면 더욱 꿀떡꿀떡 참아 넘겨라. 그러면 이(利)가 오는 것은 앞으로 헤아릴 수 없이 많으니라.

〈『대산종사수필법문집』 1. p.332. 원기53년 8월 16일〉

| 배경 및 상황 |

대산 종사는 원기53년(1968) 8월 16일 말씀하시기를 "내가 짓지 않는 해라도 달게 받으면 이로움을 받는다."라고 하였다.

법어에는 "내가 짓지 않고서 받는 해라도 달게 받고 참아 넘겨버리면"이라고 하였는데 대산 종사님의 표현대로 말하면 "만약 내가 짓지 않고 받는 '애매한 해'라면 더욱 '꿀떡꿀떡 참아 넘겨라'."라고 하였다. '애매한 해'라는 표현은 희미하여 분명하지 아니하다는 말이다. 그리고 '꿀떡꿀떡'은 분한 마음 따위를 겨우 자꾸 참는 모양이다. '애매한'과 '꿀떡꿀떡'을 살려 써서 다른 말 앞에 놓여 그 뜻을 분명하게 하였으면 좋을 것 같다는 느낌이다. 문장의 윤색만을 위하여 부사를 없애는 것도 고려해 볼 만하다.

| 용어 풀이 |

○ **영겁(永劫)** 무시무종의 영원한 세월. 겁(劫)은 이 세상이 한번 이루어졌다가 없어지는 긴 시간을 말하는데 그 겁이 영원히 계속된다는 의미.

○ **꿀떡꿀떡** ① 음식물 따위를 목구멍으로 한꺼번에 자꾸 삼키는 소리. 또는 그 모양. ② 분한 마음 따위를 겨우 자꾸 참는 모양.

㊽ 여래의 서원을 바꾸지 말라

대산 종사 말씀하시기를 "어떤 난경과 곤경을 당할지라도 여래가 되려는 서원과 바꿔서는 안 되느니라." 〈교훈편 48장〉

| 출처 |

어떤 난경을 당하여도 여래와 비교하여 여래와 바꾸는 일이 있으면 안 된다.

〈『대산종사수필법문집』 2. p.1895. 원기51년 11월 10일 박은국 수필본〉

| 배경 및 상황 |

대산 종사는 원기51년(1966) 11월 10일 말씀하시기를 "어떤 난경을 당하여도 여래와 비교하여 여래와 바꾸는 일이 있으면 안 된다."라고 하였다. 이와 같은 맥락의 법문을 소개하면서 원기51년 2월 24일 대구 서성로교당에서 황직평 교무에게 "너는 앞으로 근무할 때에 시비가 많을 터이니 그리 알고 여래위와는 어떤 경계에도 바꾸지 말라."고 하였다.

| 용어 풀이 |

○ **난경(難境)** 어려운 경우나 처지.

○ **곤경(困境)** 어려운 형편이나 처지.

○ **여래(如來)** 여래 십호의 하나. 진리로부터 진리를 따라서 온 사람이라는 뜻으로 '부처'를 달리 이르는 말이다. 원불교 대각여래위의 준말.

㊾ 내 몸을 조복 받아야 천하를 제도함

대산 종사 말씀하시기를 "내 몸을 조복 받은 사람이라야 천하를 제도할 수 있느니라." 〈교훈편 49장〉

| 출처 |

63. 내 몸을 항복 받은 사람은 천하를 제도할 능력이 있느니라.

〈『대산종사수필법문집』 2. p.1904. 원기52년 5월 박은국 수필본〉

| 배경 및 상황 |

대산 종사가 원기52년(1967) 5월경 영산성지에 주재할 때 향타원 박은국 교무가 수필한 법훈 편편 114편 중 하나이다.

여기서 '조복'과 '항복'의 의미를 찾아보면 항복은 적이나 상대편의 힘에 눌리어 굴복함과 부처의 힘으로 원수나 악마가 굴복함을 의미한다. 조복은 몸과 마음을 고르게 하여 여러 가지 악행을 굴복시킴과 부처에게 기도하여 부처의 힘으로 원수나 악마를 굴복시킴을 의미한다.

다시 말하면 조복과 항복은 차이가 없는 것 같지만 항복은 마군을 완전히 굴복과 굴종시킴을 의미하고, 조복은 마군의 몸과 마음을 골라서 내 마음대로 자유자재하게 부려 쓸 능력을 말한다. 적을 항복시키면 원망심이 남아 있지만, 마군을 조복 받으면 은혜심이 나타난다는 차이가 있다.

| 용어 풀이 |

○ **조복(調伏)** ① 신·구·의(身口意) 삼업(三業)을 잘 조화하여 모든 악행을 제어함. 본능적으로 치달리려는 심신을 도(道)에 맞게 잘 통제하여 도심(道心)이 인심(人心)을 항복 받는 것. ② 부처님께 기도하여 그 위력으로 원적(怨敵)과 악마를 항복시킴.

○ **항복(降伏)** ① 힘이 다하여 적에게 굴복함. ② 신불(神佛)의 힘으로 악마·외도(外道)·불의(不義) 등을 극복함.

50 남이 잘되기를 바라면 나의 일도 잘되느니라

대산 종사 말씀하시기를 "남이 잘못되기를 바라면 그 기운이 나에게 미쳐 내 일도 잘못되기 쉬우나, 남이 잘되기를 바라면 그 기운이 나에게 미쳐 내 일도 잘되느니라." 〈교훈편 50장〉

| 출처 |

19. 남 잘되기를 빌고 좋게 여기면 그 잘되는 기운에 나도 또한 잘 되어가고, 남 못되기를 빌고 좋게 여기면 그 잘못되는 기운에 나도 또한 잘못되느니라.

〈『대산종사수필법문집』 2. p.1902. 원기52년 5월 박은국 수필본〉

말씀하시기를 "남 잘되기를 빌고 좋아하면 그의 잘되는 기운이 나에게도 미치어 내 일도 또한 잘 되어 가고, 남 못되기를 빌고 좋아하면 그의 잘못되는 기운이 나에게 미치어 내 일도 또한 잘못되어진다."

〈『대산종사법문집』 3. 제7편 법훈. 23. 남 잘되기를 빌면 p.349.〉

| 배경 및 상황 |

대산 종사가 원기52년(1967) 5월경 영산성지에 주재할 때 향타원 박은국 교무가 수필한 법훈 편편 114편 중 하나이다. 또한, 『대산종사법문집』 3. 제7편 법훈. 23. '남 잘되기를 빌면'에 실린 법문이다.

원문과 출처법문이 동일 하나 법어에는 도치법으로 변화감을 주었다.

51 역경 보살과 순경 보살

대산 종사 말씀하시기를 "수도인의 공부를 도와주는 두 보살이 있나니 그것은 역경 보살과 순경 보살이라, 역경 보살은 일체의 마음을 거슬리게 해 알지 못하는 가운데 그 도력을 키워 주는 보살이요, 순경 보살은 일체의 마음을 편안하게 해 알지 못하는 가운데 그 도력을 키워 주는 보살로, 이 두 보살이야말로 성불 제중을 이루도록 도움을 주는 큰 권력을 가진 보살들이니라." 〈교훈편 51장〉

| 출처 |

89. 수도인에게는 누구를 물론 하고 위대한 두 보살이 있는데 그 하나는 역경 보살이라 일체 마음을 거슬러서 부지중 그 도력을 증장시켜주고, 또 하나는 순경 보살이라 일체 마음을 따르게 해서 부지중 그 도력을 증장시켜 주는 것이니 이 두 보살이 성불제중을 시키는 큰 권력을 가졌느니라.

〈『대산종사수필법문집』 2. p.1905. 원기52년 5월 박은국 수필본〉

말씀하시기를 "수도인에게는 누구를 막론하고 위대한 두 보살이 지키고 있다. 그 하나는 역경보살(逆境菩薩)로 일체 마음을 거슬려서 부지중(不知中) 그 도력을 증장(增長)시켜 주고, 또 하나는 순경보살(順境菩薩)로 일체 마음을 달게 해서 부지중 그 도력을 증장시켜 주는 것이니, 이 두 보살이 성불제중을 시키는 큰 권력을 가진 것이다."

〈『대산종사법문집』 3. 제7편 법훈. 69. 역경보살과 순경보살 p.354.〉

| 배경 및 상황 |

대산 종사가 원기52년(1967) 5월경 영산성지에 주재할 때 향타원 박은국 교무가 수필한 법훈 편편 114편 중 하나이다. 또한, 『대산종사법문집』 3. 제7편 법훈. 69. 역경보살과 순경보살에 실린 법문이다.

출처 원문과 법어 내용이 동일한 법문임을 알 수 있다.

| 용어 풀이 |

○ **부지중(不知中)** 알지 못하는 동안.

○ **도력(道力)** 도를 닦아서 얻은 힘. 곧 법력(法力). 삼학 수행으로 생긴 삼대력. 생사 해탈하고 죄복을 자유로 하며 일체중생을 제도하는 힘. 남을 이기는 것이 힘이 센 것이 아니라, 도력을 갖춘 것이 힘이 센 것이다.

○ **성불제중(成佛濟衆)** 상구보리 하화중생(上求菩提下化衆生) 자각각타(自覺覺他)의 뜻. 모든 불교 수행자의 구경 목적. 원불교인이 공통적으로 목적하고 있는 최고의 가치 있는 삶. 삼학수행으로 삼대력을 얻어 무등등한 대각도인, 무상행의 대봉공인이 되어 세상을 구제하고 일체생령을 교화하는 것. 제생의세(濟生醫世)와 같은 뜻. 진리를 깨쳐 부처를 이루고 자비방편을 베풀어 일체중생을 고해에서 구제하는 것.

52 영겁대사가 한 생각에서 비롯한다

대산 종사 말씀하시기를 "영겁 대사가 한 생각에서 비롯되나니, 큰 죄인도 한 생각에서 시작되었고, 부처나 성현도 한 생각에서 출발되었느니라."

〈교훈편 52장〉

| 출처 |

영겁대사가 한 생각에서 이루어진다. 부처님도 한 생각에서 노력하셨으므로 성불하셨고, 후생이나 전정의 선악을 좌우하는 것이 한 생각에서 시작하여 결과가 된다. 〈『대산종사수필법문집』 1. p.60. 원기48년 편편법문〉

영겁대사가 한 생각에서 이루어진다. 영생의 큰 죄인이 되는 것도 한 생각이 잘못 시작되어 그리되었고, 영생에 봉대를 받는 불성(佛聖)들도 한 생각에서 시작하여 끊임없이 노력하셨으므로 그를 얻으셨느니라.

〈『대산종사수필법문집』 1. p.358. 원기53년 편편법문〉

| 배경 및 상황 |

대산 종사는 원기53년(1968) 편편법문에서 말씀하시기를 "영겁대사와 영생의 죄인과 영생의 봉대를 받는 불성(佛聖)들도 한 생각에서 시작하였다."라고 하였다. 그 한 생각이 일체유심조이다.

53 도가의 모리배

대산 종사 말씀하시기를 "정진 적공이란 하루 세끼 밥 먹듯 오늘도 내

일도, 이달도 내달도, 금년도 내년도 한결같이 공을 들이는 것이니, 공들이지 않고 속히 이루려는 마음은 도가의 모리배와 같으니라."

〈교훈편 53장〉

| 출처 |

정성과 정진하는 것은 하루 밥 세끼 먹듯, 오늘도 내일도 이달도 내달도 금년도 꼭 한결같이 공들이는 것을 말하는 것이다. 급히 하려고 하면 병이 생기는 것이다. 그러므로 도가의 모리배는 공부를 속히 하려는 마음이니라.

〈『대산종사수필법문』 1. p.550. 원기52년 9월 9일〉

말씀하시기를 "정성과 정진이라 함은 하루 세끼 밥 먹듯, 오늘도 내일도, 이 달도 다음 달도, 금년도 내년도 한결같이 공들이는 것을 말한다. 급히 하려고 하면 병이 생긴다. 그러므로 도가의 모리배는 공 없이 공부를 속히 하려는 마음이다." 〈『대산종사법문집』 3. 제7편 법훈. 98. 정성과 정진 p.362.〉

| 배경 및 상황 |

대산 종사는 원기52년(1967) 9월 9일 '정성과 정진'에 대하여 말씀하였다. 또한 『대산종사법문집』 3. 제7편 법훈. 98. 정성과 정진이라고 하였다. 그런데 법어 윤문 과정에서 '정성'이 빠지고 '정진 적공'이라고 하였다. '정성과 정진'을 원문대로 살렸으면 아쉬움이 든다. 원기98년(2013) 2월 5일 자문판에는 '정진'이라고 하였다. 이 자문판을 보고 '정성'을 빼고 '정진 적공'이라고 한 것 같다. 본래 원문을 자세히 살피지 않아서인지 모르겠다.

| 용어 풀이 |

○ **정진(精進)** 일심(一心)으로 불도를 닦아 게을리하지 않음.

○ **적공(積功)** ① 오래오래 수행 정진하는 것. 삼학 수행을 병진하여 삼대력을 갖출 때까지 심고·기도·염불·좌선 등으로 심공(心功)을 쌓기 위해 용맹 정진하는 것. ② 어떠한 일을 성취하기 위해 많은 공을 들이는 것. 덕을 베풀고 공(功)을 이루어 많은 공적을 쌓는 것을 말한다.

○ **모리배(謀利輩)** 온갖 수단과 방법으로 자신의 이익만을 꾀하는 사람. 또는 그런 무리.

㊹ 남을 벌주려면 상을 줄 능력을 갖추라

대산 종사 말씀하시기를 "남을 벌주려면 상을 줄 능력을 갖춰야 하고, 남을 가르치려면 내가 먼저 배워야 하느니라." 〈교훈편 54장〉

| 출처 |

56. 남을 벌주려면 상줄 능력을 갖춰야 하고, 남을 가르치려면 내가 먼저 배워야 한다. 〈『대산종사수필법문집』 2. p.1903. 원기52년 5월 박은국 수필본〉

| 배경 및 상황 |

대산 종사가 원기52년(1967) 5월경 영산성지에 주재할 때 향타원 박은국 교무가 수필한 법훈편편 114편 중 '남을 벌주려면 상을 줄 능력을 갖추라'는 것이다.

| 용어 풀이 |

○ **상벌(賞罰)** 상과 벌을 아울러 이르는 말.

⑮ 자신 먼저 참되라

대산 종사 말씀하시기를 "남에게 믿음을 구할 것이 아니라 먼저 스스로 참될 것이요, 세상에 공명을 구할 것이 아니라 먼저 스스로 옳은 일을 하면 얻을 것이니라." 〈교훈편 55장〉

| 출처 |

60. 남에게 믿음을 구할 것이 아니라 스스로 먼저 참될 것이요, 세상에 공명을 구할 것이 아니라 스스로 먼저 옳은 일을 할 것이다.

〈『대산종사수필법문집』 2. p.1904. 원기52년 5월 박은국 수필본〉

| 배경 및 상황 |

대산 종사가 원기52년(1967) 5월경 영산성지에 주재할 때 향타원 박은국 교무가 수필한 법훈 편편 114편 중 '자신 먼저 참되라'라는 것이다.

| 용어 풀이 |

○ **공명(功名)** 공을 세워서 자기의 이름을 널리 드러냄. 또는 그 이름.

⑯ 법이 영원히 살아나려면

대산 종사 말씀하시기를 "큰 법문은 일체중생이 다 받들고 업장을 녹이게 되므로 오직 정성을 다해 설해야 하나니, 그 법문을 받드는 사람이 한 사람이라도 있으면 그 법은 영원히 살아날 것이니라." 〈교훈편 56장〉

| 출처 |

산책하시며 말씀하시기를

큰 법문은 모이는 대중의 수에 관계하는 것이 아니다. 삼천대천세계의 일체중생이 다 받들고 업장을 녹이게 되므로 오직 정성을 다하여 쏟기만 하는 것이다.

〈『대산종사수필법문』 2. p.221. 원기66년 5월 10일〉

큰 법문은 일생에 한 번만 듣는다고 하셨다. 대법문은 한 사람이라도 받아 갈 사람과 알아듣는 사람이 있어야 쏟아지지 그렇지 아니하면 안 나오는 법이다.

〈『대산종사수필법문』 1. p.612. 원기57년 5월 8일〉

| 배경 및 상황 |

대산 종사는 원기66년(1981) 5월 10일 영산성지에서 산책하시며 말씀하시기를 "큰 법문은 삼천대천세계의 일체중생이 다 받들고 업장을 녹인다. 그 법을 한 사람이라도 받아 갈 사람이 있으면 영원히 살아날 것이다."라고 하였다.

| 용어 풀이 |

○ **일체중생(一切衆生)** ① 이 우주 안에 있는 모든 생명. 생명 있는 모든 것. 만생령. 일체 유정. ② 모든 사람. 전 인류. (3) 깨치지 못한 범부 중생. 부처님의 구제 대상이 되는 모든 생령.

○ **삼천대천세계(三千大千世界)** 불교의 세계관에서 말하는 전 우주. 한량없는 세계를 나타내는 말.

57 교운 시대의 주인

대산 종사 말씀하시기를 "교운 시대의 주인이 되려면 교전 공부와 훈련으로 정진을 해야 하나니, 교전이 내 마음이 되고 내 몸이 되며 교전과 함께 나이를 먹어야 그 힘을 탈 수 있느니라. 이렇게 실천하는 사람이라야 그 재주가 천하의 재주가 되고 그 앎이 천하의 앎이 되며 그 힘이 천하의 힘이 되어 천하의 주인이 될 수 있느니라." 〈교훈편 57장〉

| 출처 |

편편 법어

1. 전 교도들에게 교운 시대 선언에 대한 나의 뜻을 계속 강조하고 자각시키도록 하라. 그래서 자력을 세우는 적공을 하도록 교도들을 훈련해야 한다.
2. 또한, 꼭 새 마음 새 몸으로 나이를 먹게 하고 새 생활로 교운 시대의 주인이 되게 하자. 그러기로 하면 교전 공부와 훈련으로 정진하게 해야 한다.

우리는 모두 교전(教典)의 마음이 되고, 교전의 몸이 되며, 교전의 나이를 먹어 교전의 힘을 타서 교전의 생활이 되게 하자. 이렇게 실천하는 사람의 재주는 천하의 재주가 되고, 앎도 천하의 앎이 되고, 힘도 천하의 힘이 되어, 이 사람이 천하의 사람이 된다.

〈『대산종사수필법문집』 2. p.1534. 원기77년 6월 편편법어〉

| 배경 및 상황 |

대산 종사는 원기77년(1992) 6월경 '편편법어'를 내렸다. 그중 '교운 시대의 선언'에 대하여 말씀하시기를 "교운 시대의 주인이 되려면 새 마음 새 몸으로 나이를 먹게 하고 생활을 하자. 그러기로 하면 교전(教典) 공부와 훈련으로 정진하게 해야 한다. 우리는 교전의 마음과 몸이 되며, 교전의 나이를 먹어 교전의 힘을 타서 교전의 생활이 되게 하자. 이렇게 실천하는 사람의 재주는 천하의 재주가 되고, 앎도 천하의 앎이 되고, 힘도 천하의 힘이 되어, 이 사람이 천하의 사람이 된다."라고 하였다.

| 용어 풀이 |

○ **교운(敎運)** 교단의 미래에 대한 운수(運數) 또는 전망(展望).

○ **교전(敎典)** ① 종교의 경전 또는 법식. 종교의 궁극적 체험을 구세이념(救世理念)으로 결집한 책이다. 교조의 종교적 체험이나 교설(敎說)을 비롯하여 신앙·수행·규범·의례 등 종교 교의를 수록함으로써 숭신하는 교인들에게는 절대적인 권위를 갖게 된다. ② 원불교에서는 1962년에 결집된 『원불교교전』의 약칭으로 사용되며, 이에는 『정전』과 『대종경』이 합본되어 있다.

58 천지와 성인의 화육법

대산 종사 말씀하시기를 "천지가 아무도 모르게 바람을 일으켜 무위이화로 만물을 화육하듯, 성인들도 아무도 모르게 자비 바람을 일으켜 그 은덕으로 만 생령을 화육하느니라." 〈교훈편 58장〉

| 출처 |

천지가 동서남북 어디서나 만물이 모르게 바람을 불어 만물을 무위이화(無爲而化)로 화육(化育)시키듯이 성인들의 하시는 일도 무엇을 어떻게 하시는지만 생령이 모르나 그 은덕에 화육 되는 것이다.

〈『대산종사수필법문집』 1. p.1405. 원기61년 5월 7일〉

| 배경 및 상황 |

대산 종사는 원기61년(1976) 5월 7일 '천지와 성인의 화육법'에 대하여 말씀하시기를 "천지는 동서남북 어디서나 아무도 모르게 만물을 화육시키고 성인들도 아무도 모르게 자비 바람을 일으켜 그 은덕으로 만 생령을 화육한다."라고 하였다.

그리고 "대종사께서 마령과 도양교당에서 법문하시는데 못 알아듣고 직접 시비하고 따지는 사람이 있었다. 자기 소견으로만 보니 알 수가 없다."라고 말하였다.

| 용어 풀이 |

○ **무위이화(無爲而化)** 함이 없이 되어짐을 뜻하는 도가철학 용어. 우주 대자연은 인위나 조작이 없이 그대로 두어도 저절로 이루어진다. 노자는 인간이 지(知)와 욕(欲)에 의해서 무엇인가를 하려고 하면 오히려 세상에 대위(大僞)와 대란(大亂)을 초래하는 계기가 되므로 대자연의 저절로 이루어지는 진리에 따라야 한다고 했다.

○ **화육(化育)** 천지자연의 이치로 만물을 만들어 기름.

㉟ 인화·지화·천화

대산 종사 말씀하시기를 "평화를 이루기 위해서는 안으로는 심화(心和)·기화(氣和)·행화(行和)를 해야 하고, 밖으로는 인화(人和)·지화(地和)·천화(天和)를 해야 하느니라. 과거에는 천화·지화·인화의 순서로 이루어졌으나 양 시대에는 인화·지화·천화의 순서로 이루어지나니, 한결같은 마음으로 인화하면 지화가 되고 천화가 되어 모든 일이 자연히 다 이루어지느니라." 〈교훈편 59장〉

| 출처 |

평화에 여섯 가지가 있다.

내적인 것으로 ① 심화(心和) ② 기화(氣和) ③ 행화(行和)

외적인 것으로 ① 천화(天和) ② 지화(地和) ③ 인화(人和)

〈『대산종사수필법문집』 1. p.359. 원기53년 편편법문〉

삼동원 숙사[30간] 신축 공사를 10월 중순경에 시작하여 12월 말을 기해 완공 단계에 이른 것을 보시고

"그간 날씨가 봄같이 따스워 일이 빨리 진행되고 있다. 노무자들이 한결같이 내 일 같이하니 보통 있는 일이 아니니라. 인화가 아주 잘되었다. 그러니 지화(地和)가 되고 천화(天和)까지 이루어진다. 과거는 천화, 지화, 인화의 순서였는데 양 시대에는 인화, 지화, 천화가 이루어진다. 모든 일에 인화를 주장하여야 한다." 〈『대산종사수필법문집』 1. p.1827. 원기62년 12월 21일〉

| 배경 및 상황 |

대산 종사는 원기53년(1968) 편편법문에서 평화에는 여섯 가지가 있으니 내적으로 심화(心和), 기화(氣和), 행화(行和)이고 외적으로 천화(天和), 지화(地和), 인화(人和)가 있다고 하였다. 원기62년(1977) 12월 21일에는 삼동원 숙사 30간 신축 공사를 10월 중순경에 시작하여 12월 말을 기해 완공 단계에 이른 것을 보시고 말씀하시기를 "그간 날씨가 봄같이 따스워 일이 빨리 진행되고 있다. 노무자들이 한결같이 내 일 같이하니 보통 일이 아니다. 인화가 아주 잘되었다. 그러니 지화(地和)가 되고 천화(天和)까지 이루어진다. 과거는 천화, 지화, 인화의 순서였는데 양시대는 인화, 지화, 천화 순서로 이루어진다. 그런데 모든 일에는 인화를 주장하여야 한다."라고 하였다.

| 용어 풀이 |

○ **심화(心和)** 마음이 항상 온화하고 화목하고 화기애애하다는 뜻. 세상 만물을 화기(和氣)에 찬 상생 상화의 마음으로 상대한다는 말. 한 물건도 미워하거나 버리지 않고 아끼고 사랑하는 불보살의 마음.

○ **기화(氣和)** 사람의 정신 기운이 부드럽고 온화한 것. 사람의 정신 기운은 여러 가지이다. 맑은 기운, 탁한 기운, 부드러운 기운, 딱딱한 기운, 악한 기운, 선한 기운, 살벌한 기운, 화목한 기운 등 갖가지다. 수행자의 기운은 항상 부드럽고 온화해서 대하는 인연마다 상생 상화의 선연을 맺고, 가는 곳마다 동남풍을 불리는 것이다.

○ **행화(行和)** 사람이 몸으로 실행하여 남에게 미치는 덕스러운 기운.

○ **천화(天和)** 하늘은 만물을 다 덮어 주고 화기롭고 평화로운 기운으로 만물을 살리는 기운.

○ **지화(地和)** 땅은 만물을 다 실어 주고 길러 주어 화육하여 살리듯 따듯하고 온화한 기운.

○ **인화(人和)** 사람과 사람 사이에 서로 갈등·대립·투쟁하지 않고, 화목하고 화합하는 것. 상생상화·상부상조·융통 화합하는 것. 항상 상생 선연을 맺는 것. 큰 도인은 심화(心和)·기화(氣和)·인화(人和)하여 항상 동남풍을 불리며 한 물건도 버리지 않는다. 사람의 기술 중에서 인화를 잘하는 것이 가장 큰 기술이다.

○ **양시대(陽時代)** 밝은 시대. 양세계와 같은 의미. 과거 막히고 어둡던 시대를 음시대라고 한 데 대하여 오늘의 밝은 개방 시대를 가리키는 말이다.

⑥⓪ 세상에서 가장 영리한 사람과 어리석은 사람

대산 종사 말씀하시기를 "세상에서 가장 영리한 사람은 평화를 이루는 데 앞장서서 협력하는 사람이요, 세상에서 가장 어리석은 사람은 싸워 이기고 힘으로 빼앗으려는 사람이니라." 〈교훈편 60장〉

| 출처 |

중공이 소련에 불가침조약 논의 제안을 했다는 보고 말씀을 들으시고

세상에서 가장 영리하고 가장 큰 승리를 거두는 사람은 평화 건설에 앞장서 협력하는 자이니라. 전쟁으로 이기고 빼앗으려고 하는 사람은 가장 멍청하고 못난 사람이니라. 〈『대산종사수필법문집』 1. p.996. 원기59년 11월 9일〉

| 배경 및 상황 |

대산 종사는 원기59년(1974) 11월 9일 중공[중국]이 소련[러시아]에 불가침조약 논의 제안을 했다는 보고 말씀을 들으시고 말씀하시기를 "세상에서 가장 영리하고 가장 큰 승리를 거두는 사람은 평화 건설에 앞장서 협력하는 자요. 전쟁으로 이기고 빼앗으려고 하는 사람은 가장 멍청하고 못난 사람이다."라고 하였다.

| 용어 풀이 |

○ **소련(蘇聯)** 유럽 동부와 아시아 북부에 있었던 연방 공화국. 1917년의 10월 혁명이 성공하여 생긴 최초의 사회주의 국가이다. 옛 제정 러시아의 대부분과 우크라이나를 비롯한 15개 공화국으로 이루어진 다민족 국가였으나 1991년 사회주의가 붕괴되고 연방이 해체되었다. 수도는 모스크바, 면적은 2240만 ㎢.=소비에트 사회주의 공화국 연방.

○ **불가침조약(不可侵條約)** 나라와 나라 사이에 서로 침략하지 않을 것을 약속하는 조약.

61 대인과 소인

대산 종사 말씀하시기를 "대인일수록 은혜를 발견하여 안전한 생활을 하고, 소인일수록 원한을 발견하여 불안한 생활을 하느니라." 〈교훈편 61장〉

| 출처 |

3) 대인(大人)일수록 은혜를 발견하여 안전한 생활을 하고 소인일수록 원한을 발견하여 불안한 생활을 한다. 〈『정전대의』 7. 사은 6) 보은의 필요 p.34.〉

| 배경 및 상황 |

대산 종사는 『정전대의』 사은(四恩) 장 6) 보은의 필요 조항에서 "대인은 은혜를 발견하여 안전한 생활을 하고 소인은 원한을 발견하여 불안한 생활을 한다."라고 하였다. 원기64년(1979) 신년법문에서 "이 세상에서 제일 잘 사는 길은 은혜를 발견하여 감사생활하는 것보다 더 큼이 없고 제일 못 사는 길은 해를 발견하여 원망생활하는 것보다 더 큼이 없으며 복 있는 사람은 원수도 은혜로 돌려서 낙생활을 하고 복 없는 사람은 은혜도 원수로 돌려서 고(苦)생활을 하는 것입니다."라고 하였다.

| 용어 풀이 |

○ **대인(大人)** 말과 행실이 바르고 점잖으며 덕이 높은 사람.

○ **소인(小人)** 도량이 좁고 간사한 사람.

⑥② 자신의 일을 남에게 미루면 복이 그 사람에게 옮겨간다

대산 종사 말씀하시기를 "자신이 할 수 있는 일을 남에게 미루면 그 힘과 복이 그 사람에게 옮겨가느니라." 〈교훈편 62장〉

| 출처 |

③ 자신이 할 수 있는 일을 남에게 미루면 그 힘과 복이 그 사람에게 옮겨간다.

〈『정전대의』 8. 사요. 1) 자력양성 (2) 필요 p.35.〉

| 배경 및 상황 |

대산 종사의 『정전대의』 사요(四要) 장 1) 자력양성 (2) 필요 조항에 나오는 법문이다. 자력양성의 필요성을 강조한 말씀이다.

⑥③ 세상에 제일 높은 어른

대산 종사 말씀하시기를 "세상에 제일 높은 어른은 천하에 이익을 가장 많이 주고 가신 분이니라." 〈교훈편 63장〉

| 출처 |

④ 세상에 제일 높은 어른은 천하에 제일 이익을 많이 주고 가신 분이다.

〈『정전대의』 8. 사요. 4) 공도자 숭배 (2) 필요 p.38.〉

| 배경 및 상황 |

대산 종사의 『정전대의』 사요(四要) 장 4) 공도자 숭배 (2) 필요 조항에 나오는 법문이다. 공도자 숭배에 대하여 "세상에 제일 높은 어른은 천하에 제일 이익을 많이 주고 가신 분이다."라고 한 말씀이다.

| 용어 풀이 |

○ **천하(天下)** 하늘 아래 온 세상.

64 특별히 세 가지 어려운 일

대산 종사 말씀하시기를 "공부인에게 어려운 세 가지 일이 있나니, 하나는 바른 스승을 만나서 마음을 밝히기가 어렵고, 둘은 마음을 밝힌 후 실행에 옮기기가 어렵고, 셋은 자신 제도를 마친 후 널리 중생을 제도하기가 어려우니라." 〈교훈편 64장〉

| 출처 |

특별히 세 가지 어려운 것

1. 정사(正師)를 만나서 마음을 밝히기가 어렵고
2. 마음을 밝힌 후 실행에 옮기기가 어렵고
3. 자신 제도를 마친 후 널리 중생을 제도하여 주기가 어렵나니라.

〈『정전대의』 수신강요 1. 26. 특별히 세 가지 어려운 것. p.76.〉

| 배경 및 상황 |

대산 종사의 『정전대의』 수신강요 1. 26. 특별히 세 가지 어려운 것에 대한 법문이다.

| 용어 풀이 |

○ **정사(正師)** 바른 스승. 법위(法位)가 법강항마위에 오른 분.

○ **제도(濟度)** 불보살이 범부 중생들을 생사 고해에서 건져 성불 해탈하는 열반의 피안으로 인도해 주는 것. 여기에서 다른 사람을 제도하기 전에 자기 자신을 먼저 제도하는 것이 더 중요하다. 자신을 제도하는 것을 자도(自度)라 하고, 다른 사람을 제도하는 것을 타도(他度)라 한다.

65 세 가지 안 되는 진리

대산 종사 말씀하시기를 "집착으로 구하면 멀어지고, 크려고만 하면 작아지고, 가지려고만 하면 없어지느니라." 〈교훈편 65장〉

| 출처 |

삼부득진리(三不得眞理)

1. 구하면 멀어진다.
2. 크면 적어진다.
3. 있으면 없어진다. 〈『대산종사수필법문집』 2. p.1893. 원기50년 9월경〉

1. 구하면 멀어지나니라.

명예욕이 떨어진 분은 떨어질수록 큰 명예가 오는 것이로되 명예를 구하는 이는 구할수록 멀어지고 오지 않는 것이다.

2. 크면 작아지나니라.

3. 있으면 없어지나니라.

〈『정전대의』 수신강요 1. 37. 세 가지 안 되어지는 진리 p.82.〉

| 배경 및 상황 |

대산 종사는 원기50년(1965) 9월경 삼부득진리(三不得眞理)에 대하여 1. 구하면 멀어진다. 2. 크면 적어진다. 3. 있으면 없어진다고 말씀하였다.

다시 『정전대의』 수신강요 1. 37. 세 가지 안 되어지는 진리에 대하여 1. 구하면 멀어지나니라. 명예욕이 떨어진 분은 떨어질수록 큰 명예가 오는 것이로되 명예를 구하는 이는 구할수록 멀어지고 오지 않는 것이다. 2. 크면 작아지나니라. 3. 있으면 없어지나니라고 하였다.

| 용어 풀이 |

○ **명예욕(名譽慾)** 명예를 얻으려는 욕심.

66 참사람을 찾는 시대

대산 종사 말씀하시기를 "지금은 참사람을 찾는 시대라 참사람이 많이 나와야 하나니, 참사람을 알아보고 참사람을 따르고 참사람을 길러내는 데 더욱 힘써야 하느니라." 〈교훈편 66장〉

| 출처 |

대종사께서 많은 인류 중 참사람이 드물다 하고 참사람 되기를 수 없이 말씀하였다. 지금은 참사람 찾는다. 사람들이 또 정치가들이 많은 사람을 대하여 보고, 함지사지 당하니 참사람 없더라 탄식하고 원불교 교도 한 분이 생사를 같이하며 참사람 노릇하더라고 우리 교단을 깊이 알고 이해하며 감명받았다 한다. 세상 별것 많으나 참사람이 많이 나와야 하나니 참사람을 알아보고 참사람을 따르고 참사람을 길러 내자.

〈『대산종사수필법문집』 1. pp.406~407. 원기54년 12월 1일〉

| 배경 및 상황 |

대산 종사는 원기54년(1969) 12월 1일 '참사람을 찾는 시대'라고 말씀하시기를 "'대종사님은 많은 인류 중 참사람이 드물다고 하시며 참사람 되자'고 하였다. 지금은 참사람 찾는 시대다. 사회 일반에서 죽을 고비를 당하니 참사람 없더라고 탄식하고 원불교 교도 한 사람이 참사람 노릇을 한다고 감명받았다고 하였다. 참사람을 알아보고 참사람을 따르고 참사람을 길러 내자"고 하였다.

| 용어 풀이 |

○ **함지사지(陷之地地)** 목숨이 위태로운 처지에 빠짐.

○ **참사람** 마음이나 행동이 진실하고 올바른 사람.

67 부부의 도

대산 종사, '부부의 도'에 대해 말씀하시기를 "첫째 서로 오래 갈수록 공경심을 놓지 말 것이요, 둘째 서로 가까운 두 사이부터 신용을 잃지 말 것이요, 셋째 서로 근검하여 자력을 세워 놓을 것이니라." 〈교훈편 67장〉

| 출처 |

부부간 영원히 잘 사는 세 가지 법

1. 서로 오래 갈수록 공경심을 놓지 말 것이요
2. 서로 가까운 두 사이부터 신용을 잃지 말 것이요
3. 서로 근검하여 자력을 세워 놓을 것이니라.
이 세 가지 신조만 잘 지켜나가면 평생에 잘 사는 길이 되나니라.

〈『정전대의』 수신강요 1. 47. 부부간 영원히 잘 사는 세 가지 법. p.906.〉

| 배경 및 상황 |

대산 종사는 '부부의 도'를 '부부간 영원히 잘 사는 세 가지 법'이라고 말씀하였다.
1. 서로 가까운 두 사이일수록 공경을 놓지 말 것이요.
2. 서로 가까운 두 사이부터 신용을 잃지 말 것이니, 신용이 생명이다. 신용을 약속해 놓고 못 지키게 생겼으면 물러버려야 한다. 부득이 못 했으니 용서해 달라고 하고 물려버려야지, 그렇지 않고 슬쩍 감추면 자식을 낳아도 무신자(無信者)만 난다.
3. 서로 근검하여 자력을 세워 놓을 것이다. 대종사께서 하신 말씀이 있다. 앞으로 시대가 밝아지면 남편 사는 집이 있고, 아내 사는 집이 있어, 세탁이나 식사는 세탁소, 음식점에서 할 것이다. 사람은 서로 가까울수록 허물이 생기는데, 멀수록 오래 갈 수가 있으니까 경제생활을 분립해야 한다고 하셨다. 그래서 과거와 같이 여자가 남자에게 의존하여 돈을 주시오 하면 항시 천인 거지밖에 못 된다. 평생 살아도 거지다.

| 용어 풀이 |

○ **공경심(恭敬心)** 공손히 받들어 모시는 마음.
○ **근검(勤儉)** 부지런하고 검소함.
○ **신조(信條)** 굳게 믿어 지키고 있는 생각.

⑥⑧ 우리 생활 표준 세 가지

대산 종사 말씀하시기를 "몸은 낮게[平等無我], 마음은 넓게[慈悲圓滿], 즐거움은 함께[與人同樂]하라." 〈교훈편 68장〉

| 출처 |

우리 생활 표준 세 가지

1. 몸을 나직이[평등무아(平等無我)]
2. 마음은 넓게[자비원만(慈悲圓滿)]
3. 즐거움은 일반과 같이[여인동락(與人同樂)]

〈『정전대의』 수신강요 1. 88. 우리 생활 표준 세 가지. p.112〉

| 배경 및 상황 |

대산 종사는 '우리 생활 표준 세 가지'를 몸은 낮게, 마음은 넓게, 즐거움은 함께라고 하였다.

| 용어 풀이 |

○ **평등무아(平等無我)** 권리, 의무, 자격 등이 차별 없이 고르고 한결같으며 자기의 존재를 잊음.

○ **자비원만(慈悲圓滿)** 남을 깊이 사랑하고 가엾게 여김. 또는 그렇게 여겨서 베푸는 혜택으로 성격이 모난 데가 없이 부드럽고 너그러움.

○ **여인동락(與人同樂)** 남과 더불어 즐김.

⑥⑨ 큰 스승의 자격 세 가지

대산 종사 말씀하시기를 "큰 스승은 크게 깨쳐야 하고, 항마를 해야 하고, 중화(中和)의 도를 써야 하느니라." 〈교훈편 69장〉

| 출처 |

법위승급식(法位昇級式) 법문

오늘 이 자리에서 '큰 스승의 자격 세 가지'를 강령적으로 밝히는 바이니, 각자의 공부 표준으로 삼으시기를 바랍니다.

첫째, 크게 깨쳐야 큰 스승의 자격이 있습니다. 크게 깨치기로 하면 사량 계교 없이 골똘히 삼학 일심으로 들어가야 합니다.

둘째, 항마를 하여야 큰 스승의 자격이 있습니다. 항마를 하기로 하면 발원이 굳세고 커야 합니다.

셋째, 중화(中和)의 도를 써야 큰 스승의 자격이 있습니다. 중화의 도를 쓰기로 하면 도덕을 갖추어 마음을 넓고 크게 써야 합니다.

이 세 가지를 다시 몰아 말하면, 크게 깨고 보면 마음이 밝아져서 인천 대중을 선도할 수 있고, 항마를 하고 보면 천하의 재색명리를 맡아서 활용할 수 있고, 또한 중화의 도를 쓰고 보면 천하의 인심을 고루 화해서 넓은 세상과 많은 사람에게 유익을 끼쳐 주는 큰 스승의 자격이 갖추어질 것입니다. 따라서 삼세제불과 인천 대중의 인가를 얻어 삼계의 대도사가 되고 사생의 자비스러운 부모가 될 것입니다. 〈『대산종사수필법문집』 2. p.1702. 원기79년 5월 10일〉

〈『정전대의』 수신강요 1. 89. 큰 스승의 자격 세 가지. p.112.〉

| 배경 및 상황 |

대산 종사는 원기79년(1994) 5월 10일 법위승급식에서 '큰 스승의 자격 세 가지'를 말씀하시기를 "첫째, 크게 깨쳐야 큰 스승의 자격이 있습니다. 둘째, 항마를 하여야 큰 스승의 자격이 있습니다. 셋째, 중화(中和)의 도를 써야 큰 스승의 자격이 있습니다."라고 밝혔다.

| 용어 풀이 |

○ **사량계교(思量計較)** ① 대도정법과 바른 스승을 의심하고 저울질 하는 것. ② 인의 대도를 버리고 권모술수를 좋아하는 것. ③ 대도 정법을 놓고 사도(邪道)나 사술(邪術)에 마음을 빼앗기는 것. ④ 모든 일에 대해서 어느 것이 나에게 이익인가 손해인가를 헤아리고 비교하여 저울질하는 것. 사량계교는 분별심이나 분별망상심에서 나오는 것이기 때문에 사량계교심으로는 진리를 깨칠 수 없다.

○ **항마(降魔)** ① 악마를 항복시키는 것. 이 말의 유래는 석가모니불이 보리수 아래에서 도를 이루려 할 때 마왕 파순이 나타나서 난폭하게 위압하고 괴롭게 굴며 그럴듯한 말로 유혹했으나, 석가모니불은 이것을 모두 항복 받았으므로 항마라 하게 되었다. ② 자기 마음속에서 일어나는 온갖 나쁜 마음을 물리치는 것. 정심(正心)이 사심(邪心)을 물리치고, 이성(理性)이 감정을 통제하는 것.

○ **중화(中和)** 치우침이 없고 올바른 상태. 덕성(德性)이 중용을 잃지 아니한 상태. 유교의 윤리 사상.

⑩ 세 가지 표준생활

대산 종사 말씀하시기를 "세 가지 표준을 가지고 살아야 하나니, 첫째, 욕심에 물들지 않는 것이요, 둘째, 법의 등불을 밝히는 것이요, 셋째, 세상에 즐거움을 주는 것이니라." 〈교훈편 70장〉

| 출처 |

세 가지 표준생활

1. 욕심에 물들지 말고 삽시다.

내 마음이 희어져야 저 검은 마음을 희게 하여 줄 수 있다. [물들이는 곳과 물 빼는 곳]

※ 방법: 기도, 선[정기선과 상시선], 참회[사부훈육(師傅訓育)]

2. 마음에 법의 등불을 켜고 삽시다.

내 집에 불이 밝혀져야 남의 집 불을 밝혀 줄 수 있고, 어둠이 없어져야 금생과 내생이 전도되지 않는다.

※ 방법: 청법, 간경, 자각

3. 세상을 즐겁게 하여 주고 삽시다.

내 마음이 먼저 즐거워야 남의 마음을 즐겁게 하여 줄 수 있고, 마음에 가시를 없애야 고루 즐겁게 하여 줄 수 있다.

※ 방법: 심덕, 언덕, 행덕

〈『정전대의』 수신강요 2. 19. 세 가지 표준생활. pp.168~169.〉

| 배경 및 상황 |

대산 종사는 사람이 세상을 살아가려면 '세 가지 표준생활'을 가져야 한다고 말씀하시며 '첫째는 욕심에 물들지 않는 것이요, 둘째는 법의 등불을 밝히는 것이요, 셋째는 세상에 즐거움을 주는 것이다.'라고 하였다. 그리고 각각 그 방법으로 첫째 조항에 기도, 선, 참회, 둘째 조항에 청법, 간경, 자각, 셋째 조항에 심덕, 언덕, 행덕을 표준 삼아야 한다고 하였다.

| 용어 풀이 |

○ **사부훈육(師傅訓育)** 스승이 제자를 위해 품성이나 도덕 따위를 가르쳐 기름.

○ **전도(顚倒)** ① 범부 중생이 무명 업장에 가리어서 진리를 거짓으로, 거짓을 진리로 바꾸어 보는 것. ② 본말(本末)·주객(主客)·상하(上下)·전후(前後)가 서로 뒤바뀌는 것. ③ 엎어져서 넘어지는 것.

○ **청법(聽法)** 불보살이나 스승이 설법하는 것을 경건하게 경청함.

○ **간경(看經)** ① 종교의 경전을 읽는 것. 원불교에서 간경은 대개 새벽 좌선이 끝난 후나 법회 시간에 한다. ② 선종(禪宗)에서 사용하는 말로서 경계를 피해 고요한 곳에서 소리를 내지 않고 마음속으로 불경을 읽은 것. 처음에는 풍경[諷經, 소리내어 불경을 읽는 것]과 상대되는 말로 사용했으나, 뒤에는 풍경·근행(勤行)·독경 등과 같은 뜻으로 사용되었다.

○ **자각(自覺)** 자기 자신이 진리를 깨닫는 것. 스승의 지도 없이 자신의 발심·수행으로 우주와 인생의 근본진리를 깨치는 것.

○ **심덕(心德)** 마음을 쓰는 데서 나타나는 덕.

○ **언덕(言德)** 항상 부드럽고 온화하고 법도 있고 희망적이고 긍정적인 말로써, 남을 칭찬해주고 용기를 주고 희망을 주어 잘되도록 이끌어주는 덕

○ **행덕(行德)** 수행한 공덕으로 인하여 몸에 갖추어지는 덕.

71 대치 공부의 표준

대산 종사 말씀하시기를 "나는 다음과 같은 대치 공부를 표준으로 잡고 살았나니, 첫째는 절대(絕對) 공부요, 둘째는 무심(無心) 공부요, 셋째는 지선(至善) 공부요, 넷째는 무루지 통달(無漏智通達) 공부요, 다섯째는 무위법(無爲法) 공부니라." 〈교훈편 71장〉

| 출처 |

수위단 회의[제2대 63회 정기수위단회 개회사]에서 말씀하시기를 "우리가 살다보면 누구나 좋다 하면 좋고, 나쁘다 하면 싫은 감정이 일어나기 마련이다. 그러므로 이런 감정을 대치할 수 있는 공부법이 있어야 한다. 내가 처음 회상에 들어와서 주산 종사께 『수심결』을 배웠는데 그때 대치공부를 해야 한다고 하시므로 나는 그때부터 다음과 같은 대치공부를 표준잡고 살았다.

첫째, 절대공부(絕對工夫)이다.

상대를 끊는 것이 대인(大人)이 되는 공부이다. 나는 상대심이 날 때 절대심을 생각하며 십육세로 돌아가서 나는 소자(小子)요 소제(小弟)요 소동(小童)이다. 그러니 새롭게 대종사님의 정전심인(正傳心印)을 받드는 참된 제자가 되어 영겁을 모시고 다녀야 하겠다는 마음을 갖고 반성한다.

둘째, 무심공부(無心工夫)이다.

이 회상을 이끌어나갈 때는 별별스러운 재주가 있다고 하더라도 혼자서는 못하는 것이다. 그러므로 합의동지(合意同志)와 충고동지(忠告同志)가 있어야 하는 것이다. 충고동지가 충고할 때는 나를 사람 만드는 충고로구나 하여 무심으로 감사하고 기쁘게 받아들이고, 합의해서 힘을 북돋아 주는 동지가 있으면 또한 감사하고 기쁘게 생각하여 항상 무심공부를 표준해서 적공하였다. 그랬더니 처음에는 꿈에서도 막히던 동지가 나중에는 꿈에서도 기운이 확 트이고 평심(平心)이 되었다. 그때 이 공부가 영겁에 인과업보(因果業報)를 다 풀어버리는 마음공부 길이구나 하고 깨쳤다.

셋째, 지선공부(至善工夫)이다.

우리가 항상 소선(小善) 소사(小事)에 만족하여 잘했다는 상(相)이 있기 때문에 우리를 크게 만들지 못하는 것이다. 그렇게 되면 평생 화분 속에 심은 나무밖에 안 된다. 지선하여 상생(相生)의 인연이 되는 것이 큰 선이 된다. 선의 뿌리가 오히려 악의 뿌리가 되기 쉽다. 위선에 조심해야 한다. 조그만 선을 행하고 상을 내면 그것이 반드시 악의 뿌리가 되고 만다. 악이 따로 없다. 그러니 지선공부를 하여야 하겠다.

넷째, 무루지 통달공부(無漏智通達工夫)이다.

도덕문하에 들어온 사람은 무루지를 얻어야 한다. 무루지를 통달하여 천리(天理)를 직관(直觀)하는 지혜가 되어야 한다. 무루지를 통달하려면 심공(心功)을 쌓는데 정성을 다하여야 한다. 무루지를 얻어 영겁토록 원천수가 되어 목마른 사람들에게 목을 적셔 주는 일을 해야 한다.

다섯째, 무위법공부(無爲法工夫)이다.

행(行)에 있어서는 무위법, 무위행을 하여야 천지대행(天地大行)에 합하여진다."

〈『대산종사법문집』 3. 제3편 수행 37. 대치 공부의 표준 pp.141~142.〉

〈『대산종사수필법문』 1. pp.870~875. 원기59년 3월 27일〉

| 배경 및 상황 |

대산 종사는 원기59년(1974) 3월 27일 제2대 63회 정기수위단회 개회사에서 대치공부의 표준으로 '절대공부, 무심공부, 지선공부, 무루지통달공부, 무위법공부'를 밝혔다.

정산 종사는 "탐진치(貪瞋癡)를 대치하는데 염(廉)·공(公)·명(明) 세 가지가 필요하나니, 청렴은 탐심을 대치하며, 공심은 진심을 대치하며, 명심은 치심을 대치한다."[『정산종사법어』 법훈편 17]라고 했다.

| 용어 풀이 |

○ **대치공부(對治工夫)** 경계를 당해서 마음이 끌려가지 않고 일어난 번뇌를 끊어 바른 공부를 해 나가는 방법.

○ **절대공부(絕對工夫)** 어떤 대상과 비교하지 아니하고 그 자체만으로 존재하며 상대를 끊는 대인(大人)이 되는 공부이다.

○ **무심공부(無心工夫)** 무심의 경지에 이르는 공부. 이(理)와 사(事)간에 분별 주착을 벗어나 초연한 마음 지키기를 공부 삼음. 마음공부의 네 단계 가운데 하나인 무심의 경지에 도달하는 공부를 말한다.

○ **지선공부(至善工夫)** 선악을 초월한 최고의 선(善), 최상의 선. 유교에서는 천지의 밝은 덕을 이어받은 선한 본성을 가리킨다. 불교에서는 일체 번뇌가 사라진 자성청정심(自性淸淨心)을 지선이라 할 수 있다. 소태산 대종사는 "선과 악을 초월한 경지를 지선"[『대종경』 성리품 2]이라고 말한다. 여기서도 성품의 본연 청정한 상태를 가리키는 공부를 말한다.

○ **무루지(無漏智)** 번뇌를 해탈한 성자의 지혜. 진리를 깨쳐 일체의 번뇌 망상을 다 끊어버린 크고 밝은 지혜. 부처님의 지혜. 무루복이 아무리 써도 다함이 없는 것처럼, 무루지를 얻으면 아무리 써도 줄어들지 않는다.

○ **통달(通達)** 사리에 통하여 걸리고 막힐 것이 없는 것

○ **무위법공부(無爲法工夫)** 인연을 따라 이루어진 것이 아니며 생멸(生滅)의 변화를 떠나 상주 불변하는 참된 법을 깨치는 공부를 말한다.

72 어진 인재를 맞아들이는 법

대산 종사, '어진 인재를 맞아들이는 법'에 대해 말씀하시기를 "첫째, 온 마음을 다해 반갑게 맞이하고, 둘째, 먼저 몸소 실천하고, 셋째, 언제나 고락을 함께하고, 넷째, 후하게 보내 인연을 두텁게 해야 하느니라."

〈교훈편 72장〉

| 출처 |

어진 이를 맞아들이는데 네 가지 도

1. 반갑게 맞고 [전심환영(全心歡迎)]

2. 몸소 먼저 실천하고 [궁행실시(窮行實示)]

3. 같이 즐겨하고 [동고동락(同苦同樂)]

4. 후하게 보내자 [후송결연(厚送結緣)]

※ 위천하급구현(爲天下急求賢)

〈『정전대의』 수신강요 1. 105. 어진 이를 맞아들이는 네 가지 도 p.127.〉

인재육성의 한 방법으로 우리는 다음과 같은 심법을 가져야 한다.

①전심환영(全心歡迎) [누구든지]

②궁행실천(窮行實踐) [본인 각자]

③후송결연(厚送結緣) [노인들]

〈『대산종사수필법문』 1. p.525. 원기56년 5월 30일〉

| 배경 및 상황 |

대산 종사는 『정전대의』에서 '어진 이를 맞아들이는 네 가지 도'는 전심환영, 궁행실시, 동고동락, 후송결연이라 하였다. 이는 천하를 위하여 급히 어진 이를 구하는 법이라고 하였다. 또한, 인재육성의 한 방법으로 누구든지 전심환영하고, 본인 각자는 궁행실천하고, 노인들에게는 후송결연을 하라고 하였다.

| 용어 풀이 |

○ **전심환영(全心歡迎)** 온 마음으로 오는 사람을 기쁜 마음으로 반갑게 맞음.

○ **궁행실시(躬行實示)** 몸소 실행하여 실천으로 보여줌.

○ **동고동락(同苦同樂)** 괴로움도 즐거움도 함께함.

○ **후송결연(厚送結緣)** 후하게 보내고 인연을 맺음.

⑬ 여섯 가지 물음

대산 종사, 여섯 가지 물음으로 늘 스스로를 살피시기를 "첫째, 네가 신심이 있는 것같이 생각하니 영겁 다생에 불퇴전할 만한 신심을 가졌느냐. 둘째, 네가 큰 공부를 하는 것같이 생각하니 마음을 허공같이 지키느냐. 셋째, 네가 무엇을 얻은 것같이 생각하니 자가 마니보주(自家摩尼寶珠)를 얻었느냐. 넷째, 네가 무슨 능력이 있는 것같이 생각하니 생사거래를 자유할 만한 능력을 가졌느냐. 다섯째, 네가 포부를 가진 것같이 생각하니 시방 일가의 살림을 벌일 만한 역량이 있느냐. 여섯째, 네가 깨끗한 것같이 생각하니 시방 국토를 맑힐 만한 청정심을 갖추었느냐."

〈교훈편 73장〉

| 출처 |

여섯 가지 물음[六問]

1. 네가 신심(信心)이 있는 것같이 생각하니 영겁다생(永劫多生)에 불퇴전(不退轉)할 만한 신심을 가졌느냐?
2. 네가 큰 공부를 하는 것같이 생각하니 마음을 허공(虛空-眞空妙有)과 같이 지키느냐?
3. 네가 무엇을 얻은 것같이 생각하니 너의 자가 마니보주(自家摩尼寶珠)를 얻었느냐?
4. 네가 무슨 능력이 있는 것같이 생각하니 생사 거래(生死去來)를 자유(自由)할 만한 능력이 있느냐?
5. 네가 포부(抱負)를 가진 것같이 생각하니 시방일가(十方一家)의 살림을 벌릴 만한 역량이 있느냐?
6. 네가 깨끗한 것같이 생각하니 시방국토(十方國土)를 맑힐만한 청정심(淸淨

心)이 되었느냐? 〈『대산종사법문집』 2. p.413. 제12부 법문 수편〉

| 배경 및 상황 |

대산 종사, 원기34년(1949)경 원평에서 정양하던 중 육문이란 주제로 적공하였다. 이 '여섯 가지 물음[六問]'의 '네가'라는 단어는 청자(聽者)의 상대방에만 해당하는 물음이 아니고 화자(話者)도 마찬가지이다. '네가'가 '내가'인 셈이다. 자아인 나에게 묻는 물음이다. 그러니까 대산 종사의 여섯 가지 물음이자 우리 모두의 깨달음을 향한 의두요목이다.

| 용어 풀이 |

○ **영겁다생(永劫多生)** 영원한 세월 동안 몸을 받아 살아온 수많은 생. 세세생생과 같은 말이며, 다생겁래와 비슷한 말. 육신은 죽어 없어져도 영혼은 없어지지 아니하고 끊임없이 새 몸을 받아 생을 이어가게 되는데 그러한 생을 통틀어 영겁다생이라고 한다.

○ **마니보주(摩尼寶珠)** 여의보주라고 함. 용의 턱 아래에 있는 영묘한 구슬. 이것을 얻으면 무엇이든 뜻하는 대로 만들어 낼 수 있다고 한다.

○ **시방일가(十方一家)** 시방세계가 한량없이 넓고 많지만, 불보살들은 우주 전체를 한집안 삼는다는 말. 광대무량하고 대자대비한 불보살의 마음을 시방세계에 비유하는 말이다.

○ **청정심(淸淨心)** 맑고 깨끗한 우리의 본래 마음. 곧 자성을 가리킴.

제12 거래편 去來編

거래편은 대산 종사가 생사 거래와 인과 원리 등을 중심으로 열반한 영가들을 위하여 내린 천도법문과 생사대사와 수시 생사 법설 등 총 55장을 수록하였다. 거래는 생사 거래를 함의하고 있다.

❶ 생사 연마하는 길

대산 종사 말씀하시기를 "잠시 외출을 하려 해도 준비가 있어야 하거늘 준비 없이 죽음을 당하면 얼마나 당황스럽겠는가. 태어나는 길도 어려우나 죽음의 길은 더 어렵나니 평소 생사 준비를 잘해야 하느니라. 생과 사의 거리는 가깝기로 하면 백지 한 장 사이도 되지 않으나 멀기로 하면 거리를 헤아릴 수 없나니, 만일 가까운 줄만 알고 먼 줄을 모르면 밑 없는 함정에 빠지게 될 위험천만한 길이므로, 평소 생사의 거리는 얼마나 되고 떠날 시간은 얼마나 남았으며 준비는 얼마나 되었는가를 자주 연마하면서 살아야 하느니라." 〈거래편 1장〉

| 출처 |

매사에 준비가 있어야 경계를 당해서 당황하거나 단촉한 처사로 일을 그르치지 아니하고 여유 있고 완전한 처사로 그 일을 무난히 마칠 수 있을 것입니다. 그러므로 불과 몇십 리 하룻길을 나설 때도 며칠 전부터 준비를 서두르거늘 이생과 내생을 바꿈질하는 그 길에 나설 준비를 소홀히 할 수가 있겠습니까. 생과 사의 거리가 가깝기로 말하면 백지장 하나의 사이도 없으나 멀기로 말하면 그 거리를 헤아릴 수 없이 머나니 만일 가까운 줄만 알고 먼 줄을 모르면 자칫 잘못하여 밑 없는 함정에 빠지게 될 위험천만한 길이 그 길이며, 가시가 있어도 헤쳐 가지 못할 가시가 얽혀 있고 철문이 있어도 열 수 없는 철문이 굳게 닫혀 있는 무서운 길이 그 길인 것입니다.

〈『대산종사법문집』 4. 열반법문 p.36.〉

| 배경 및 상황 |

대산 종사는 "'생사 연마하는 길'은 평소에 생사의 도를 늘 연마하여 실력을 쌓아야 한다. 매사에 준비가 있어야 경계를 당해서 당황하거나 단촉한 처사로 일을 그르치지 아니하고 여유 있고 완전한 처사로 그 일을 무난히 마칠 수 있다. 잠시 외출하려 해도 준비가 있어야 한다. 생사 준비 없이 죽음에 이르면 당황할 수밖에 없다."고 하였다.

| 용어 풀이 |

○ **바꿈질** 물건과 물건을 바꾸는 일. 생과 사를 비유적으로 이른 말.

○ **연마(研磨本鄕)** ① 갈고 닦음. 나무·돌·옥·쇠 등으로 물건을 만들기 위해 다듬고 광택이 나게 하기 위해 가는 것. 절차탁마(切磋琢磨)와 같은 뜻. ② 학예(學藝)나 기술을 깊이 연구하고 익힘. ③ 사리(事理)를 연구하는 것. 의두(疑頭)를 단련하는 것. 진리를 알기 위해 생각하고 또 생각하는 것.

❷ 한 물건은 길이 신령스럽다

대산 종사 말씀하시기를 "색신의 생사는 사대 오온(四大五蘊)이 모이고 흩어지는 것에 불과하나 실제 모습인 한 물건은 길이 신령스러워 하늘과 땅을 덮나니 이 자리는 생멸 성쇠도 없고 부처와 중생도 없는 자리니라. 이러한 진리를 깨치고 닦지 아니하면 부처와 중생의 구별이 있게 되어 생사의 길을 걸어갈 때 불보살은 밝은 대낮에 탄탄대로를 걷듯 하고 범부 중생은 칠흑같이 어두운 밤에 험한 가시밭길을 헤매듯 하느니라."

〈거래편 2장〉

| 출처 |

이 색신의 생사라 하는 것은 사대오온(四大五蘊)의 이합집산에 불과한 것이요, 오히려 실상된 일물(一物)은 장령(長靈)하여 개천개지(蓋天蓋地)하고 있는 것이니, 이 자리는 생멸도 성쇠도 없어서 부처와 중생이 따로 없으나, 이러한 진리를 깨치지 못하며 닦고 닦지 아니한 데에 따라서 부처와 중생의 구별이 있게 되어, 불보살은 생사의 길을 백주(白晝)에 탄탄대로를 걸어가듯 하나 범부 중생은 칠통같이 어두운 밤중에 가시밭 험한 길을 헤매는 것 같은 것입니다.

〈『대산종사법문집』 4. 열반법문 p.37.〉

| 배경 및 상황 |

1장에 이어서 말씀하시기를 "색신의 생사라 하는 것은 사대 오온의 이합집산에 불과한 것이요, 오히려 실상된 일물은 장령(長靈)하여 개천개지(蓋天蓋地)하는 것이다. 이 자리는 생멸 성쇠도 없어서 부처와 중생이 없지만 진리를 깨치지 못해 구별이 있고 불보살은 백주에 탄탄대로요 범부 중생은 칠통 같은 어두운 밤중에 가시밭길을 헤맨다."라고 하였다.

| 용어 풀이 |

○ **색신(色身)** ① 빛깔과 형상이 있어서 눈으로 볼 수 있는 몸. 인간의 육신. ② 불보살의 상호신(相好身). 빛깔도 형상도 없는 법신(法身)에 대하여 빛깔과 형상이 있는 신상(身相).

○ **사대(四大)** 인간의 육신을 비롯한 일체의 물질을 구성하는 지·수·화·풍(地水火風)의 네 가지 원소를 말한다.

○ **오온(五蘊)** 존재에 대한 인식 활동. 인간의 육신과 정신 또는 우주 만유를 구성하는 다섯 가지 기본 요소. 오음(五陰), 오취(五趣)라고도 한다.

○ **이합집산(離合集散)** 헤어졌다가 만나고 모였다가 흩어짐.

○ **실상(實相)** 실제의 모양이나 상태.

○ **일물장령개천개지(一物長靈 蓋天蓋地)** 사람의 색신은 생멸이 있어서 죽으

면 지수화풍 사대로 흩어져 없어지지만, 사람의 법신, 곧 본래 마음은 허공 같아서 생멸이 없기 때문에 불생불멸하고 부증불감하여 소소영령하게 이 우주에 가득 차 있다는 말.

○ **탄탄대로(坦坦大路)** 험하거나 가파른 곳이 없이 평평하고 넓은 큰길.

○ **칠통(漆桶)** ① 옻을 담는 통. ② 무한겁 이전부터 무명 번뇌가 쌓여 본래부터 갖추어 있는 불성을 감추고 있는 것을 비유하는 말. ③ 불법을 모르는 불교 수행자를 꾸짖는 말.

❸ 생사 연마의 도

대산 종사, '생사 연마의 도'에 대해 말씀하시기를 "첫째, 착심 없는 마음을 길들여 세상 욕심에 묶여 살지 말 것이이요, 둘째, 생사를 거래로 알아 죽음의 공포에서 벗어나는 해탈 공부를 부지런히 할 것이요, 셋째, 마음에 정력(定力)을 쌓아 자유자재하는 공부를 끊임없이 할 것이요, 넷째 평소에 큰 원력을 세워 크고 거룩한 서원의 종자를 심을 것이니라."

〈거래편 3장〉

| 출처 |

첫째, 착심 두는 곳이 없이 걸림 없는 마음을 늘 길들여야 할 것입니다. 세상을 살아가기로 하면 자기도 모르는 사이에 미워하는 데에 사로잡히거나 탐욕에 사로잡히는 생활을 반복하여 일생을 허덕이다가 끝마치기 쉬운 것이며, 이처럼 묶여서 사는 그 길 앞에 부딪히는 파란 고해는 헤아릴 수 없으니, 평소의 세욕(世慾)에 묶여 살지 않는 공부를 하여야 할 것입니다.

둘째, 생사가 거래인 줄을 알아서 늘 생사를 초월하는 마음을 길들여야 할 것입니다. 백학명 스님이 임종 시에 이르러 평소에 좋아하던 글을 제자에게 읽도록 하고 들으시며 '좋다, 좋다, 참 좋다.' 하면서 홀연히 열반에 드셨다 하니 죽어 가는 길에도 이처럼 태연자약하고 오히려 기쁜 마음으로 떠나는 것은 생사일여한 이치를 알기 때문이니, 평소에 생사 없는 열반의 진경을 깨달아 죽음의 공포에서 벗어나는 해탈의 공부를 부지런히 하여야 할 것입니다.

셋째, 마음에 정력(定力)을 쌓아서 자재하는 힘을 길러야 할 것입니다. 먼 길을 나설 때는 여비가 제일 아쉽듯이 죽음길을 나설 때 제일 아쉬운 것은 정력이며, 정력이 있어야 자유로이 소요하다가 태어나고 싶은 곳에 임의로 태어날 수 있나니, 그러므로 평소에 필요 없이 사용하는 육근을 늘 멈추어서 함축하는 공을 끊임없이 이어가야 할 것입니다.

넷째, 평소에 큰 원력을 세워 놓아야 할 것입니다. 종자가 좋고 완실하여야 그 열매도 완실하고 좋은 것이며, 서원이 크고 철저하여야 그 공덕 또한 크고 완실한 것이니, 평소에 불보살 성현들과 같이 크고 거룩한 서원의 종자를 지닌 분에게 접을 붙여서라도 좋은 서원의 종자를 선택하여 굳게 세워 놓아야 할 것입니다. 〈『대산종사법문집』 4. 열반법문 pp.37~38.〉

| 배경 및 상황 |

대산 종사, 이어서 '생사 연마의 도 네 가지'를 말씀하였다.

1. 착심 두는 곳이 없이 걸림 없는 마음을 길들일 일.

무원착(無怨着) 무애착(無愛着) 무탐착(無貪着)

※ 세욕에 묶여 살고 가지 말 일

2. 생사를 거래로 알아 늘 생사 초월하는 마음을 길들일 일.

생사 해탈

※ 생사 없는 영생을 보아 사의 공포에서 벗어날 일.

3. 마음에 정력(定力)을 쌓아서 자유하는 힘을 기를 일.

정력 양성

※ 육근을 늘 멈추어서 함축할 일.

4. 평소 큰 원력을 세워 놓을 일.

평소 소원

※ 평소 좋은 서원의 종자를 선택할 일.

| 용어 풀이 |

○ **착심(着心)** ① 사물에 집착하는 마음. 사랑하는 것, 갖고 싶은 것, 하고 싶은 것, 좋아하는 것, 등에 집착하는 마음. ② 재색명리·처자권속·부귀영화 등 세속적 가치에 마음을 빼앗기는 것. 착심을 떼지 못하면 죄업의 바다에 빠지게 된다. 착심 떼는 공부가 생사 해탈 공부다.

○ **백학명(白鶴鳴, 1867~1929)** 본명은 낙채(樂彩). 법명은 계종(啓宗). 법호는 학명(鶴鳴). 한국 근대불교의 대표적인 고승의 한 사람. 반농반선(半農半禪)을 주장한 선사로, 월명암과 실상사에 주석하며 소태산 대종사와 친교가 깊었고, 소태산과 선문답을 자주했다. 1867년 전남 영광에서 출생, 1886년 불갑사에서 출가했으며, 내소사·월명암·내장사 주지를 지냈다. 1988년(원기73) 명예대호법으로 추서했다.

○ **해탈(解脫)** 일체의 심적(心的) 구속과 속박으로부터 벗어나 자유롭게 되는 것.

○ **정력(定力)** 정신수양으로 마음에 요란함이 없이 정신 통일이 된 상태를 통해 얻게 되는 힘. 선정(禪定)으로 마음을 적정(寂靜)하게 이끄는 힘이다. 또한 동적으로 천만 경계에 부딪혀서도 정신이 흔들리지 않는 힘을 말한다.

○ **원력(願力)** 부처에게 빌어 원하는 바를 이루려는 마음의 힘. 정토교에서는 아미타불의 구제력(救濟力)을 이른다.

○ **완실(完實)** 완전하고 확실함.

❹ 세 가지 바쁜 공부

대산 종사, '세 가지 바쁜 공부'에 대해 말씀하시기를 "첫째, 현실 속에 존재하는 모든 것은 내 것이 아니라 마지막에 이르러서는 반드시 공(空)인 것을 깨달아 마음의 애착 탐착을 떼는 공부를 바삐 할 것이요, 둘째, 천하에 제일 귀한 이 생명이 호흡 한 번 하는 사이에 있는 줄 알아서 무량수를 발견하여 생사 해탈 공부를 바삐 할 것이요, 셋째, 현실의 잘되고 못되는 것이 다 내가 지어 받는 줄 알아서 앞으로 잘 짓는 공부를 바삐 할 것이니라."

〈거래편 4장〉

| 출처 |

세 가지 바쁜 공부

1. 현실의 일체유(一切有)는 내 것이 아닌 필경 공(空)인 것을 생각하여 마음에 애착·탐착을 떼는 공부를 바삐 할 것이요.
2. 천하에 제일 귀한 이 생명이 한 번 호흡하는 사이에 있는 줄을 알아서 무량수(無量壽)를 발견하여 생사에 해탈하는 공부를 바삐 할 것이요.
3. 현실에 잘되고 못 되는 것이 다 내가 지어 받는 줄을 알아서 앞으로 잘 짓는 공부를 바삐 할 것이니라.

〈『정전대의』 1. 수신강요 1. 23. 세 가지 바쁜 공부 p.75.〉

| 배경 및 상황 |

대산 종사는 원기62년(1977) '중도(中道)·해탈(解脫)·보은(報恩)의 생활'이라는 제목으로 신년법문을 내렸다. 고집멸도 사제법문을 전하며 멸(滅)의 진경에 들려면 '세 가지 바쁜 공부'를 표준하라고 하였다.

"첫째는 우리가 사는 현실의 일체유(一切有)는 필경, 공(空)으로 돌아가는 것을 알아서 중도생활(中道生活)을 하여야 하겠습니다.

둘째는 천하에 제일 귀한 이 생명이 숨 한 번 쉬는 사이에 없어지는 것을 알아서 일체 해탈(一切解脫)하는 생활을 하여야 하겠습니다.

셋째는 잘되고 못 되는 것이 남에게 있는 것이 아니라 다 내가 짓고 내가 받는 것임을 알아서 고를 받을 때는 달게 받고 갚을 때는 남에게 해를 끼치지 않을 결심으로 일체 고의 종자를 심지 않는 보은 감사생활을 하여야 하겠습니다. 우리는 이 진리를 깨닫고 이 길을 닦아야 할 것이니 탐하는 마음인 욕심[食慾·睡眠慾·男女慾·財慾·名譽慾·遊逸慾·因緣慾]을 극복하고 조절하여 중도(中道)를 실천하되 때로는 특별히 금욕 기간을 두고 수도 정진을 하여 천하 생령의 어두운 마음을 밝혀 줄 힘을 얻기로 다 같이 서원하고 다짐합시다."라고 하였다.

| 용어 풀이 |

○ **애착(愛着)** 몹시 사랑하거나 끌리어서 떨어지지 아니함. 또는 그런 마음.

○ **탐착(貪着)** 만족할 줄 모르고 탐하는 마음을 버리지 못함.

○ **무량수(無量壽)** 헤아릴 수 없이 오랜 수명.

❺ 십이인연

대산 종사, '십이인연'에 대해 말씀하시기를 "삼세 모든 생령의 윤회하는 현상을 살펴보면, 직업도 천종 만종이요 사는 것도 천차만별이나, 이를 두 가지로 나누어 보면 하나는 집착의 세계요 다른 하나는 해탈의 세계니라. 집착의 세계는 탐·진·치의 지배 아래서 밝은 정신을 어둡게 하고 순일하고 온전한 정신을 흩어 버리며 내일은 어찌 될지언정 오늘만 좋게 하려는 죄짓는 재미로 사는 세계요, 해탈의 세계는 계·정·혜의 지배 아래서 정신을 차려 흩어진 정신을 모으고 어두워진 정신을 밝히며 오늘은 괴로우나 내일을 위해서 복 짓는 재미로 사는 세계니라. 탐·진·치 삼독심으로 일생을 허덕이다가 죽게 된 사람은 죽는 찰나에 어두운 무명 하나가 빠져나와서[無明], 갈 길을 모르고 방향 없이 돌아다니다가[行], 다시 새 몸을 받게 될 때는 무명인지라 사람은 우마육축(牛馬六畜)으로 보이고 우마육축은 화려한 사람으로 보여[識], 마침내 음욕을 타고 아무렇게나 수태되느니라. 또 그 태어난 대로 태중에서 얼마를 지내면 정신과 육신이 나타나고[名色], 또 얼마 뒤에는 육근이 제대로 갖추어지며[六入], 다시 얼마가 지난 뒤에는 태중에서 나와 이 천지 대기를 접촉하게 되고[觸], 접촉한 뒤에는 한서와 기근을 받아들이게 되고[受], 한서와 기근을 받아들인 뒤에는 차차 증애심이 나게 되고[愛], 증애심이 일어난 뒤에는 취사하려는 마음이 생기고[取], 취사하려는 마음이 생긴 뒤에는 좋은 것은 쌓아 두려는 욕심이 생겨서[有], 일생을 그 욕심의 지배 아래서 살다가[生] 늙고 죽고 또 낳게 되어[老死], 그 무명의 업식 하나가 무량세계 무량겁을 십이인연을 따라 굴러다니게 되느니라. 그러나 계·정·혜가 주장하는 불보살 세계에서는 일생을 마음을 챙기고 살므로 설사 죽는다 할지라도 사는 것은 낮과 같고 죽는 것은 밤과 같아서, 밤이 설사 어둡다 하더라도 전등이나 불을 가지면 낮과 같지는 못하나 무엇에 걸리고 고랑에 빠지지 않는 것과 같이, 밝은 마음 덩어리 하나가 홀로 드러나 몸을 받게 될 때는 음욕으로 들지 아니하고 빈집을 잡아 들어가듯 부모에게 의탁하여 영식이 입태 되고, 또 순서를 따라서 세상에 나타나 법 있게 살다가 법 있게 죽으면 또 법 있게 나게 되느니라. 이처럼 밝은 영식 하나가 무량세계 무량겁을 자유자재하게 십이인연을 굴리고 다니게 될 것이니, 이러한 불보살 세계의 재미는 어떠하며 십이인연에 끌려다니는 중생 세계의 고해는 어떠할 것인가. 그러므로 부처님께서

십이인연을 설하셨나니 과거 현재 미래에 자주력을 얻지 못한 일체 동포는 다음 법문으로 해탈의 길을 얻기 바라노라. 마음을 깨치면 십이인연을 굴리고 마음이 어두우면 십이인연에 끌려다니느니라[心悟轉十二因緣 心迷十二因緣轉]." 〈거래편 5장〉

| 출처 |

(원문과 동일하여 생략함)

| 배경 및 상황 |

대산 종사는 '십이인연' 법문을 설하면서 결론적으로 "마음을 깨치면 십이인연을 굴리고 마음이 어두우면 십이인연에 끌려다닌다[심오전십이인연(心悟轉十二因緣) 심미십이인연전(心迷十二因緣轉)]."라고 하였다.
덧붙이자면 마음을 깨달으면 자율 의지로 십이인연을 '굴린다[轉]'는 뜻이고, 마음이 어두우면 타율 의지로 십이인연에 '끌려다닌다[掣]', 또는 십이인연에 '굴러다닌다'로 해석해도 무방할 듯하다.

| 용어 풀이 |

○ **십이인연(十二因緣)** 불교의 중요한 기본 교리의 하나로 십이연기·십이지연기(十二支緣起)라고도 하며, 12지 곧 12항목으로 된 연기의 원리. 중생세계의 삼세에 대한 미(迷)의 인과를 열두 가지로 나누어 설명하는 말. 과거에 지은 업에 따라서 현재의 과보를 받고, 현재의 업을 따라서 미래의 고(苦)를 받게 되는 열두 가지 인연을 말한다. 십이인연법 또는 십이연기법(十二緣起法)이라고도 한다. 중생과 세계가 생겨나는 이치를 말한 것으로 모든 것은 인연으로부터 일어났다가 인연이 다하면 멸한다는 뜻. 연기의 법칙은 "이것이 있으면 그것이 있고 이것이 없으면 그것도 없다."라고 하는 '이것'과 '그것'의 두 개 항목에 대해서 그 두 가지가 연기

관계(緣起關係)에 있다고 하는 상태를 나타내는 것이다. 십이연기는 다음과 같다. ① 무명(無明): 미(迷)의 근본이 되는 무지(無知). ② 행(行): 무지로부터 다음의 의식작용을 일으키게 되는 동작. ③ 식(識): 의식작용. ④ 명색(名色): 이름만 있고 형상이 없는 마음과, 형상이 있는 물질. 곧 사람의 몸과 마음. ⑤ 육입(六入): 안·이·비·설·신·의의 육근(六根). ⑥ 촉(觸): 육근이 사물에 접촉하는 것. ⑦ 수(受): 경계로부터 받아들이는 고통, 또는 즐거움의 감각. ⑧ 애(愛): 고통을 버리고 즐거움을 구하려는 마음. ⑨ 취(取): 자기가 욕구하는 것을 취하는 것. ⑩ 유(有): 업(業)의 다른 이름. 다음 세상의 과보를 불러올 업. ⑪ 생(生): 몸을 받아 세상에 태어나는 것. ⑫ 노사(老死): 늙어서 죽게 되는 괴로움.

❻ 중생과 불보살의 생사의 차이

대산 종사 말씀하시기를 "중생과 불보살의 생사에는 큰 차이가 있나니, 중생은 진리를 모르고 살므로 현실에만 쫓겨 좋은 의식주를 얻기 위한 희망과 재미로 살며, 복과 죄가 어느 곳으로부터 오는지 원인을 모르고 살며, 나와 너의 국한과 한 가정의 범위를 벗어나지 못하고 살며, 죽을 때에도 무명의 업력에 끌려 착심에서 벗어나지 못한 채 죽으며, 전도 몽상으로 헤매다 부자유와 속박에서 헤어나지 못한 채 죽게 되느니라. 그러나 불보살은 일심을 모으고 일원에 계합하는 재미로 살며, 진리를 하나하나 알아가고 사리 간에 걸림 없이 아는 재미로 살며, 아는 것을 실행하고 하고 싶은 대로 해도 법도에 어긋나지 않는 재미로 살며, 죄와 복이 다 자기가 짓고 받는 이치를 알고 살며, 천하를 한 집안 삼고 육도사생을 한 권속 삼아 무슨 방면으로든지 혜복의 문로를 열어 주고 진급은 시키되 강급이 되지 않게 하는 재미로 사느니라. 또한, 죽을 때도 지혜의 등불을 밝혀 청정 일념으로 길을 떠나며, 정견을 얻어 헤매지 않고 바르게 떠나며, 탐·진·치를 항복 받아 시방 삼계를 자유로 가고 오느니라."

〈거래편 6장〉

| 출처 |

보통 사람들의 살고 죽는 것과 도인들의 살고 죽는 데는 커다란 차이가 있는 것이다. 보통 사람들의 사는 것은 진리를 모르고 순전히 사는 데에만 급급하니 그 실례를 들자면, 첫째, 좋은 음식을 먹는 재미로 살고 또는 좋은 음식을 먹기 위한 희망으로 살며, 둘째, 좋은 의복을 입는 재미로 살고 또는 좋은 의복을 입기 위한 희망으로 살며, 셋째, 좋은 집에서 사는 재미로 살고 또는 좋은 집에서 살기 위한 희망으로 살며, 넷째, 복과 죄가 어느 곳으로부터 오는 원인을 모르고 살며, 다섯째, 자타의 국한과 한 가정의 범위를 벗어나서 사는 사람이 귀하며, 여섯째, 재색명리 이외의 딴 재미를 가진 사람이 극히 귀하나니 그의 일생에 하는 일은 마음은 다 도적 맞아 버리고 깨끗한 정신은 다 흩어 버리는 재미로 산다고 하여도 틀림이 없다.

또한 죽는데도, 첫째, 무명의 업력에 끌려서 착심으로 죽게 되며, 둘째, 전도 몽상으로 헤매다가 죽게 되며, 셋째는 부자유하게 속박으로 죽게 된다.

그러나 도인들의 살고 죽는 것은 그와 정반대로 진리로써 생활하고, 생활 가운데서 진리를 찾나니 그 사는 데 있어서의 실례를 들자면, 첫째, 일심을 모으는 재미로 살고, 한 걸음 더 들어가면 일원에 계합하는 재미로 살며, 둘째, 진리를 하나하나 알아 가는 재미로 살고 한 걸음 더 들어가면 사리 간에 걸림 없이 아는 재미로 살며, 셋째, 아는 것을 실행하는 재미로 살고 한 걸음 더 들어가면 마음 하고 싶은 대로 해도 법도에 어긋나지 아니 하는 재미로 살며, 넷째, 죄와 복이 다 제가 짓고 제가 받는 이치를 알고 살며, 다섯째, 천하를 한 집안 삼고 삼천대천 세계의 육도 사생을 한 권속으로 여겨서 무슨 방면으로든지 그들에게 복혜의 문로를 열어 주어서 위로 진급을 시키고 아래로 강급이 되지 않게 하는 재미로 사는 것이다.

죽는데도 범인과는 정반대이니 첫째, 지혜의 등불을 밝힘으로써 청정 일념으로 길을 떠나게 되며, 둘째, 정견이 됨으로써 헤매는 바가 없이 바르게 떠나게 되며 탐·진·치를 항복 받음으로써 시방 삼계를 자유로 가고 오나니, 보통 사람의 살고 죽는 것과 도가 있는 사람의 살고 죽는 것을 비교하면 어떠한 차이가 있는가를 가히 알 수 있을 것이다.

〈『대산종사법문집』 4. 생사의 도 pp.34~35.〉

| 배경 및 상황 |

대산 종사는 '생사의 도'에서 보통 사람[중생]과 도인[불보살]들의 죽고 사는 데 차이가 있다고 하였다. 중생은 죽을 때에도 무명의 업력에 끌려 착심에서 벗어나지 못한 채 죽으며, 전도몽상으로 헤매다 부자유와 속박에서 헤어나지 못한 채 죽게 된다. 반면에 불보살은 죽을 때에도 지혜의 등불을 밝혀 청정 일념으로 길을 떠나며, 정견을 얻어 헤매지 않고 바르게 떠나며, 탐·진·치를 항복 받아 시방 삼계를 자유로 가고 온다고 하였다.

| 용어 풀이 |

○ **전도몽상(顚倒夢想)** 전도는 모든 사물을 바르게 보지 못하고 거꾸로 보는 것. 몽상은 헛된 꿈을 꾸고 있으면서도 그것이 꿈인 줄을 모르고 현실로 착각하고 있는 것. 무명 번뇌에 사로잡힌 중생들이 갖는 잘못된 견해.

○ **계합(契合)** 부합, 사물이나 일이 조금도 틀림없이 서로 꼭 들어맞음. 자기가 뜻하는 바와 합치하거나 상통하게 됨.

○ **육도사생(六道四生)** 육도와 사생을 합해 부르는 말. 육도는 육취(六趣)라고도 하며 중생이 사집(邪執)·번뇌(煩惱)·선업·악업 등으로 인하여 죽어서 머무른다는

장소를 여섯 가지로 나눈 것. 곧 지옥·아귀·축생·수라·인도·천도를 가리킨다. 육도는 욕계·색계·무색계의 3계와 함께 중생이 윤회 전생하는 범위로 인정된다. 육도 가운데 앞의 3도를 3악도(惡道), 뒤의 3도를 3선도(善道)라고 하는 설도 있다. 사생은 불교용어로 생물이 태어나는 4가지 유형으로 태생(胎生)·난생(卵生)·습생(濕生)·화생(化生) 등이다. 태생은 사람과 같이 모태에서 태어난다는 것이고, 난생은 새와 같이 알에서 태어난다는 것, 습생은 벌레와 같이 습기에서 생기는 것, 화생은 벌레가 나비가 되는 것처럼 형태를 스스로 변화시켜 생기는 것을 가리킨다.

○ **권속(眷屬)** 한집에 거느리고 사는 식구.

○ **정견(正見)** 팔정도의 하나. 사제(四諦)의 이치를 알고, 제법(諸法)의 참된 모습을 바르게 판단하는 지혜이다.

❼ 인과송

대산 종사, '인과송'을 지으시니 "원인이 결과가 되니 주는 자가 받는 자로다. 달게 받아 다시 갚지 말고 선업으로 인연을 맺으라. 금생에 업력에 끌려다니면 내생에 그 과보가 다시 돌아오고, 금생에 업력을 굴리고 다니면 내생에 그 과보가 생기지 아니하도다[原因結果 與者受者 甘受不報 善業結緣 今生業力轉 來生果還生 今生轉業力 來生果不生]." 〈거래편 7장〉

| 출처 |

인과송(因果頌)

원인이 결과가 되니

주는 자가 곧 받는 자로다

달게 받아 다시 갚지 말고

선업으로 인연을 맺으라.

금생에 업력에 끌려다니면

내생에 그 과보가 다시 돌아오고

금생에 업력을 굴리고 다니면

내생에 그 과보가 생기지 않도다.

원인결과 여자수자(原因結果 與者受者)

감수불보 선업결연(甘受不報 善業結緣)

금생업력전 내생과환생(今生業力轉 來生果還生)

금생전업력 내생과불생(今生轉業力 來生果不生)

※ 영생을 원수 안 짓고 잘 사는 법 〈『대산종사법문집』 4. pp.21~22.〉

| 배경 및 상황 |

대산 종사는 '인과송'을 짓고는 "영생을 원수 안 짓고 잘 사는 법"이라고 하였다.

| 용어 풀이 |

○ **인과송(因果頌)** 인과의 이치를 시 형식으로 찬미하거나 밝힌 글.

○ **금생(今生)** 현재 살아있는 이 몸, 또는 살고 있는 이 세상. 과거생 현재생 미래생을 삼생 또는 삼세라 하는데, 금생은 눈앞에 전개되고 있는 현재생을 말한다. 과거생이나 미래생보다 현재생이 가장 중요하다.

○ **내생(來生)** 한번 죽은 후에 다시 태어나는 세상. 후생 또는 내세라고도 한다.

○ **업력(業力)** 과보를 이끄는 업의 큰 힘. 업력은 마치 자기력(磁氣力)과 같아서, 자기가 좋아하는 대로 또는 지은 대로 끌려간다.

○ **과보(果報)** 인과응보의 줄임말. 원인이 되는 업으로 초래된 결과. 상생의 선업을 지으면 선과를 받게 되고, 상극의 악업을 지으면 악과를 받게 된다. 과거에 지은 업은 현재에 받게 되고, 현재에 지은 업은 미래에 받게 된다.

❽ 생사송

대산 종사, '생사송'을 지으시니 "생사가 둘 아니니 가는 자가 오는 자로다. 남이 없는지라 멸함도 없고 멸함이 없는지라 남이 없도다. 나서 옴에 남이 아니요 죽어서 감에 죽음이 아니로다. 남이 없는 고로 멸함이 없고 멸함이 없는 고로 남이 없도다[生死不二 去者來者 不生不滅 不滅不生 生來生不生 死去死不死 不生故不滅 不滅故不生]." 〈거래편 8장〉

| 출처 |

(원문과 동일하여 생략함)

〈『대산종사법문집』 4. p.21.〉

| 배경 및 상황 |

대산 종사는 '생사송'을 짓고는 "생사는 둘이 아니고 불생불멸하다"는 뜻으로 일원상의 진리를 밝혀 생에 대한 애착과 사에 대한 공포와 두려움을 벗어나 생사 대사의 큰일을 해결하자고 염원한 게송이다.

| 용어 풀이 |

○ **생사송(生死頌)** 생과 사의 진리가 둘이 아니라는 뜻을 시 형식으로 찬미하거나 밝힌 글.

○ **불생불멸(不生不滅)** ① 일원상의 진리를 표현하는 말. 일원의 진리는 생멸거래에 변함이 없으므로 불생불멸이라 한다. ② 생겨나지도 않고 또한 없어지지도 않아서 상주불변하는 진여의 실상. 상주불변하는 진리의 본질. 진리는 불생불멸하여 여여자연한 것이다.

❾ 생사와 인과

대산 종사 말씀하시기를 "생사는 가고 오는 것이니 해탈하여 영생을 준비하고, 인과는 주고받는 것이니 달게 받고 다시 갚지 아니하여 은혜를 심어야 하느니라."
〈거래편 9장〉

| 출처 |

생사(生死)는 거래(去來)니 해탈(解脫)하고 준비하자.

인과(因果)는 여수(與受)니 감수(甘受)하고 종은(種恩)하자.

| 배경 및 상황 |

대산 종사는 원기62년(1977) 5월 7일 하섬해상훈련원에서 감각을 말씀하시기를 "첫째는 생사는 거래니 해탈하고 준비하자. 생사, 죽었다 살았다 하는 것은 범계(凡界)에서 말하는 것이지, 불계(佛界)에서 오계(悟界)에서는 가고 오는 것 거래로 알아 버린다. 누구든지 왔다 가는 것이니 준비해야 한다. 둘째는 인과는 여수(與受)니 감수(甘受)하고 종은(種恩)하자. 인과는 주고받는 것이다. 내주면 반드시 받는 것이니 선을 주면 선을 받을 것이고, 악을 주면 악을 받을 것이다. 우리는 어리석다. 악을 주면서 선을 받기를 바라고, 선을 안 주고 아끼거든. 중생이, 보통 범부가 영리한 것 같아도 어리석다. 주기는 나쁜 것 주면서 좋은 것을 구하기를 바란다. 그런 진리는 없다."라고 하였다.

| 용어 풀이 |

○ **생사(生死)** 죽살이. 삶과 죽음을 아울러 이르는 말.

○ **인과(因果)** 선악의 업에 따라 그에 해당하는 과보(果報)를 받는 일.

⑩ 천도에만 힘쓸 것이 아니라 태교에도 힘을 쓰자

대산 종사 말씀하시기를 "가는 인연을 위해 천도에만 힘쓸 것이 아니라 오는 인연을 위해 태교에도 힘을 써야 하나니, 항상 대인을 흠모하고 닮는 공부를 할 것이요, 심고 생활로 진리의 정기를 받는 공부를 할 것이요, 신용을 지키는 공부를 할 것이니라." 〈거래편 10장〉

| 출처 |

원기54년도 교무강습 법훈편편

5. 가는 인연은 정성을 다하여 천도하여야 하거니와 오는 인연은 태중부터 태교의 정성을 다 하여 맞이하여야 하겠다. 앞으로 우리 회상에 수 없는 인재가 필요하니 오고가는 인연에 선업결연(善業結緣)하도록 관심을 기울이라.

〈『대산종사수필법문집』 2. p.1940. 원기54년도 교무강습〉

정토회원에게 하여 주신 법문

태교를 잘하라. 우리가, 또 삼세제불과 제성이, 역시 그 배를 빌리는 것이니 당신들 알아서 부처님 낳고 싶거든 태교 잘하라. ㉠ 항상 대인들을 흠모하는 공부. ㉡ 항상 닮는 공부. ㉢ 심고 생활로 진리의 정기를 받도록 하는 공부. ㉣ 신용 지키는 공부 하되 못 지킬 때는 물러서 원상으로 회복시켜라.

〈『대산종사수필법문집』 1. pp.419~420. 원기55년 1월 12일〉

| 배경 및 상황 |

대산 종사는 원기55년(1970) 정토 회원들에게 말씀하시기를 "삼세제불제성이 배를 빌리는 것이니 부처님 낳고 싶거든 태교 잘하라"고 하시며 내린 법문이다. 원기54년도 교무강습 때 내린 법훈편편에 "가는 인연은 정성을 다하여 천도하여야 하거니와 오는 인연은 태중부터 태교의 정성을 다하여 맞이하여야 하겠다."라고 한 말씀과 종합한 법문이다.

| 용어 풀이 |

○ **천도(薦度)** 죽은 사람의 넋이 정토나 천상에 나도록 기원하는 일. 불보살에게 재(齋)를 올리고 독경, 시식(施食) 따위를 한다.

○ **태교(胎教)** 아이를 밴 여자가 태아에게 좋은 영향을 주기 위하여 마음을 바르게 하고 언행을 삼가는 일.

⑪ 자신이 수양하여 제도 받을 능력을 갖추자

대산 종사 말씀하시기를 "수양에 취미를 붙이고 사는 사람이 가장 욕심이 많은 사람이요, 물욕에 집착하여 사는 사람이 가장 어리석은 사람이니라. 물욕에 가려 한번 어두워지면 죽어 갈 때 전도(顚倒)가 되어 우마육축에 떨어지고, 욕심이나 음욕에 빠지면 금사망보를 받게 되나니, 지옥은 오히려 빠져나올 기회가 있으나 금사망보는 수천만 년을 갈 수도 있느니라. 사후에 천도를 위하여 주위 인연들이 간절히 심고를 올리고 축원하면 진급할 수 있으나 그것은 쉬운 일이 아니므로 평소에 자신이 수양을 많이 하여 스스로 제도 받을 수 있는 능력을 갖추어야 하느니라."

〈거래편 11장〉

| 출처 |

부산진교당 교도들에게 심령과학을 소개한 후

제일 욕심 많은 이가 수양에 취미 붙인다. 제일 못난이가 물욕계에 집착한다.

한번 어두워 버리면 죽어 갈 때 자기는 좋은 것으로 아는데, 짐승 같은 것이 거꾸로 보인다. 남녀욕에 강한 이는 짐승이나 우마 육축으로 떨어져 버린다. 수양 많이 한 이는 바로 보고 들어간다. 정견으로 보니 '짐승이다, 사람이다' 하고 다 볼 수 있다.

여러분이 턱 보고 이런 집에 들어오듯이 부산에서 삼동원에 와 며칠 쉬었다 간다. 그런데 수양이 없는 사람은 와도 갈 줄을 모르고, 가도 간다는 것이 도둑질한다든지 나쁜 데로 가는 데도 좋은 곳으로 가는 줄 알고 그리 가서 살아 버린다.

또 소개 후 말씀하시기를

매양 주고받는 것이 맨 그 욕심밖에 없다. 그러면 나중에 음한 데로 떨어져서 금사망보를 쓴다. 그런데 지옥으로는 오히려 나올 기회가 있으나 금사망보를 한 번 쓰면 그것은 수천만 년 갈 수 있다.

또 말씀하시기를

사후에 자녀가 되었거나 동지가 되었거나 간절히 심고 올리는 동지를 두었다든지 동지가 돌아가면 다 심고 올린다. 그게 쉬운 것 같아도 그것이 진급하는 길이다.

그래서 한국 천지는 진급이 된다. 그런데 자기 혼자 제도 받아 갈 수 있는 능력이란 보통 어려운 것이 아니다.

또 영에도 육신을 받은 영도 있고 안 받은 영도 있다. 그런데 현실계보다 많이 있는 것이다. 땅이 많이 있어도 풀 난 땅이고 안 난 데 있지 않던가 그 같은 것이다. 땅이라고 어디 다 풀 나던가?

수양길을 대종사님처럼 밝힌 데가 없다. 그러니 우리는 백 년을 앞당겼다. 성현이 아니시면 우리가 알 수 있겠느냐?

〈『대산종사수필법문집』 1. p.1290. 원기60년 12월 18일〉

| 배경 및 상황 |

대산 종사는 원기60년(1975) 12월 18일 삼동원에서 시자에게 '심령과학'을 소개한 후 부산진교당 교도들에게 말씀하시기를 "제일 욕심 많은 이가 수양에 취미 붙인다. 제일 못난이가 물욕계에 집착한다. 물욕에 가려 한번 어두워지면 죽어 갈 때 전도되어 우마육축에 떨어지고 음욕으로 금사망보에 빠진다. 사후에 천도를 위하여 주위 인연들이 간절히 심고하고 축원하면 진급할 수 있다. 그러므로 평소에 자신이 수양하여 제도를 받을 수 있는 능력을 갖추어야 한다."라고 하였다.

| 용어 풀이 |

○ **심령과학(心靈科學)** 신비하고 불가사의한 심적 현상을 연구하는 학문.

○ **전도(顚倒)** 모든 사물을 바르게 보지 못하고 거꾸로 보는 것.

○ **우마육축(牛馬六畜)** 말과 소를 아울러 이르는 말과 집에서 기르는 대표적인 여섯 가지 가축. 소, 말, 양, 돼지, 개, 닭을 이른다.

○ **금사망보(金絲網報)** 금색 그물 무늬를 몸에 두른 구렁이로 태어나는 과보. 탐욕이 많은 사람이 금사망보를 받기 쉽다고 하며, 세속적 쾌락에 탐닉하고 수행을 잘못한 말세 수도인들이 보통 사람들보다 금사망보를 더 많이 받게 된다고 한다.

○ **음욕(淫慾)** 음란하고 방탕한 욕심.

⑫ 성주는 묵묵히 마음으로 통하여 깨닫자

대산 종사 말씀하시기를 "성주(聖呪)는 묵묵히 아는 가운데 마음으로 통하며 한 생각 한 생각 잊지 않아야 깨달을 수 있나니, 영천영지 영보장생(永天永地 永保長生)하여 천·지·인 삼재에 합일하며, 만세멸도 되더라도 독생·독존·독로한 자리에 살며[萬世滅度常獨露], 거래의 도를 깨쳐 만세에 무궁한 일원화를 피워서[去來覺道無窮花], 걸음걸음이 크고 넓고 밝은 대성경 대현전을 이루자[步步一切大聖經]는 뜻이니라."

〈거래편 12장〉

| 출처 |

청년 훈련 결제 법설[성주(聖呪)에 대하여]

성주는 해석하는 글이 아니다. 묵식심통(默識心通)해서 외우고 염념불망(念念不忘)하는 것이지만 내가 50년을 통해 여러분에게 처음으로 성주를 해석해 주겠는데 강연이 말하자면 대종사님 깨신 점이 이 점이시다. 이 진리를 깨셔서 모든 중생에게 이 진리를 가르쳐 주시어 알려 주시려는 것이 근본 문제이다.

영천영지영보장생(永天永地永保長生)을 통하여 천지인(天地人) 삼재(三才)에 합한 사람이 되며, 만세멸도하여 소천소지(燒天燒地)가 되더라도 독생 독존 독로한다. 거래의 대도를 깨치고 보니 만세에 무궁무진한 일원화(一圓花)가 피도다. 보보일체가 천삼라지만상(天森羅地萬象)이라. 크고 넓고 밝은 대성경(大聖經) 현전(賢典)이로다.

〈『대산종사법문집』 4. p.40~47.〉

〈『대산종사수필법문집』 1. p.1194~1196. 원기60년 8월 3일〉

| 배경 및 상황 |

대산 종사는 원기60년(1975) 8월 3일 무주 구천동에서 열린 전국청년훈련 결제식에서 '성주에 대하여' 법문하였다. 앞서 7월 30일부터 8월 2일까지 청년 지도자 훈련을 하였고 8월 2일부터 4일까지 제3회 전국청년훈련을 하였다. 소태산 대종사님의 성주를 전하며 "성주는 해석하는 글이 아니다. 묵식심통(默識心通)해서 외우고 염념불망(念念不忘)하는 것이지만 내가 50년을 통해 여러분에게 처음으로 성주를 해석해 주겠는데 강연이 말하자면 대종사님이 깨달은 점이 이것이다."라고 하였다.

| 용어 풀이 |

○ **성주(聖呪)** 열반인을 위한 천도재나 기도에서 사용하나 성주의 유래를 보면 선 수행과 함께 수양의 방법으로 소태산 대종사가 직접 지어 제자들이 독송하게 한 것이다.

○ **묵식심통(默識心通)** 말없이 마음속으로 알아 마음속으로 느껴 통함.

○ **염념불망(念念不忘)** 자꾸 생각이 나서 잊지 못함

○ **영천영지 영보장생(永天永地 永保長生)** 영원한 하늘과 영원한 땅 곧 하늘과 땅이 영원하므로 그 속에 사는 모든 만물이 영원히 장생을 보존한다.

○ **만세멸도상독로(萬世滅度常獨露)** 만세에 멸도 되더라도, 곧 소천소지(燒天燒地)가 되더라도 항상 홀로 드러나 있다는 것이다.

○ **거래각도무궁화(去來覺道無窮花)** 가고 오는 도를 깨고 보니 그것이 무궁한 꽃 즉 불생불멸하는 꽃이다.

○ **보보일체대성경(步步一切大聖經)** 걸음걸음 일체 즉 천지삼라만상(天地森羅萬象)이 대성경(大聖經)을 펼쳐 보이는 것과 같다.

○ **삼재(三才)** 중국의 고대 사상에서 우주의 세 가지 근원을 뜻하는 말로, 하늘(天)·땅(地)·사람(人)을 가리킨다.

○ **독생(獨生)** 홀로 태어남. 예수를 독생자라고도 함.

○ **독존(獨尊)** 홀로 존귀하다는 말. 시방삼세에서 부처님만이 가장 존귀하다는 말. '천상천하 유아독존(天上天下唯我獨尊)'의 준말. 독존하는 우리의 본래마음, 곧 청정자성심이 이 세상에서 가장 존귀한 것이다. 누구나 마음을 깨쳐 일원의 위력을 얻고 일원의 체성에 합하면, 그 사람이 곧 천상천하 유아독존이 되는 것이다.

○ **독로(獨露)** 전체를 나타내 보이는 것. 있는 그대로 다 드러내는 것. 화신불의

나타나 있는 모습을 표현하는 말.

○ **소천소지(燒天燒地)** 하늘과 땅이 불타서 없어져 버린다는 말. 곧 우주의 종말과 파멸을 의미한다. 성주괴공의 사겁(四劫) 중 괴겁(壞劫)에 해당한다. 그러나 천지는 불생불멸이라 영원히 존재하기 때문에 부분적으로 이곳저곳에서 소천소지의 현상이 늘 일어나고 있으나, 우주가 일시에 또는 영원히 소천소지가 되지는 않는다.

○ **천삼라지만상(天森羅地萬象)** 삼라만상. 우주 안에 있는 형형색색으로 나열된 온갖 현상.

⑬ 천도재를 지낼 때 영가를 위해 정성을 다하자

대산 종사 말씀하시기를 "정성 없이 재를 지내면 영가에게 아무런 힘도 미치지 못하나니, 천도재를 지낼 때는 영가를 위해 정성을 다해야 하느니라. 자기가 지은 죄업을 소멸하려면 안으로 자성이 공한 자리를 깨달아 죄업을 진실로 참회하여 청정한 마음을 기르고, 밖으로 무상 보시를 통하여 복락을 많이 장만하고 꿈에라도 죄짓는 생활을 하지 않아야 천지 기운이 돌아와 제도를 받을 수 있느니라." 〈거래편 13장〉

| 출처 |

故 한은복(韓恩福) 종재 때 말씀

지은 죄로 그 벌을 받아 가게 되었고, 일생 지은 복으로 오늘과 같이 복 자리가 된다. 백여 교역자가 모인 곳에서 식이 된다. 빈말, 빈 기도, 빈 재(齋)가 되면 미치는 힘이 없다. 이 기간에 그를 위해서 노력하고 정성을 대어야 한다.

3종의 살, 도, 음이 있으니 육신, 말, 마음으로 짓는다. 분등(分等)은 있으나 그 정업은 같다. 사면하는 방법으로는 몸과 입과 마음으로 부지런히 노력해서 미개지를 개척해야 한다. 꿈에도 범죄 없는 생활이 되도록 호념하고 빌어주는 사람이 돼라.

물질로 계문으로 진참회(眞懺悔)하고 보면 천지 기운이 돌아오나, 헛된 기도가 되면 오히려 큰 해가 미칠 것이다. 이것이 대중 종교요, 삼학팔조 사은사요가 실천되면 선사[先師, 정산 종사]나 사중은(四重恩)에 보답이 될 것이다. 영로에 복이 되리라. 〈『대산종사수필법문집』 1. pp.74~75. 원기49년 1월〉

| 배경 및 상황 |

대산 종사가 원기49년(1964) 1월경 고 한은복 영가 종재 때 내린 법문이다. "빈말, 빈 기도, 빈 재(齋)가 되면 영가에게 미치는 힘이 없다."라고 하였다. 영가를 위해 정성으로 천도재를 지내라는 말이다. 영가 또한 죄업을 소멸하려면 진참회를 하면 천지 기운이 돌아와 제도를 받을 수 있다는 뜻이다.

| 용어 풀이 |

○ **무상보시(無相布施)** 마음속에 아무런 상(相)이 없이 베푸는 보시. 보시를 할 때에 내가 누구에게 무엇을 주었다는 생각이 없이 텅 빈 마음으로 베푸는 보시. 오직 베풀기만 할 뿐 보답을 바라지 않는 보시. 무상보시라야 무루복이 되고 유상보시(有相布施)는 유루복이 된다.

○ **청정(淸淨)** 더럽거나 속되지 않고 맑고 깨끗함. 죄가 없이 깨끗함. 계행이 조촐함. 우리의 자성(自性)은 원래 청정하여 죄복이 돈공(頓空)하고 고뇌가 영멸(永滅)했다. 수행의 목적은 청정한 자성을 회복하자는 것이다.

⑭ 열반의 길을 떠날 때 필요한 세 가지

대산 종사 말씀하시기를 "사람이 열반의 길을 떠날 때 필요한 세 가지가 있느니라. 첫째는 큰 빛인 대서원이니 반드시 부처를 이루어 모든 중생과 생령들을 제도하고 이 세상을 낙원으로 만들겠다는 굳은 서원이요, 둘째는 큰 보물인 대신심이니 영겁을 통하여 물러나지 않고 변하지 않을 굳은 신심이요, 셋째는 큰 열쇠인 대참회이니 얽히고 묶인 업의 덩어리를 대반성으로 풀어내 한 생각 조촐하고 고요한 본래의 마음으로 떠나는 것이니라." 〈거래편 14장〉

| 출처 |

명산(明山) 송일환(宋日煥) 선생님에 대한 열반 법문

사람이 세상을 떠나 열반의 길에 들 때는 큰 빛과 가벼운 보배[경보(輕寶)]와 푸는 것[해원(解寃)]이 있어야 한다. 그것은 대서원과 대신심과 대참회이니라.

세상에는 광명의 종류가 여러 가지이다. 그중에서 대체로 말하면 전기의 빛과 달의 빛과 태양의 빛이 있어, 그 빛의 크기에 따라 비추어 주는 정도가 다른 것이다. 그러나 더 밝아서 동서고금과 일체생령에게 영겁을 통해서 고루 비추어 주는 빛이 있으니 그것이 대서원인 것이다. 대서원은 바로 성불제중 제생의세의 일이다. 사람이 열반에 들 때 큰 서원을 세우고 가지고 가면 영이 뜨면서 환한 빛의 길이 나타나는 것이다.

그러나 욕심으로 서원을 세우면 위험하다. 가벼운 보배는 영겁불퇴전의 신심만이 된다. 복은 일시적으로 받으면 끝나는 것이다. 그러나 신심은 돈 한 푼 안 들이고 합격하며 따라다닐 수 있다. 석가 부처님께서는 연등불에게 바친 그 신심으로 법을 받고 이었다. 그 신심은 영겁토록 불변하는 것이다.

그러므로 푸는 것은 내가 어느 때 언제 무슨 죄를 지었는지 모르는 것이며, 또

남의 가슴에 불덩어리를 남겨주고 가면 안 되는 것이다. 그 죄가 크며, 받을 때는 수천수만 배 더하여 받는다. 그러므로 대참회 대반성을 하여야 한다. 그리고 일념 청정한 본심으로 떠나야 한다.

명산 선생이 지금 색신이 죽어서 못 듣고 있으리라 생각할지 모르나 실은 전부 듣고 있다. 잘 들으시고 마음 더욱 든든히 하여야 한다. 내가 서울에서 생사의 기로에서 정양할 때에 금강월이라는 여자가 새벽마다 와서 '생사본무상(生死本無常) 애착탐착(愛着貪着) 마십시오.' 하고 집 주위를 돌면서 송경하더라. 그 후 3개월간 아침 그 시간만 되면 그 법문이 귀에 쟁쟁하게 들리며 떠오르더라. 법문의 힘이라는 것이 그렇게 큰 것이다.

〈『대산종사수필법문집』 1. p.589. 원기56년 2월 25일〉

| 배경 및 상황 |

대산 종사는 원기56년(1971) 2월 24일에 열반한 명산 송일환 선진 영전에 다음날 열반법문을 내렸다. 『대산종사수필법문집』과 『대산종사 법문집 4[열반법문집]』에는 원기57년 2월 25일 열반법문을 내린 것으로 되어 있으나 오기이다. 대산 종사는 명산에게 "사람이 세상을 떠나 열반 길에 들 때는 큰 빛과 가벼운 보배와 푸는 것[解冤]이 있어야 한다. 그것이 대서원과 대신심과 대참회"라고 하였다.

또한 "사람이 열반에 들 때 큰 서원을 세우고 가지고 가면 영이 뜨면서 환한 빛의 길이 나타나는 것이다. 그러나 욕심으로 서원을 세우면 위험하다. 가벼운 보배는 영겁불퇴전의 신심만이 된다. 그러므로 푸는 것은 내가 어느 때 언제 무슨 죄를 지었는지 모르는 것이며, 또 남의 가슴에 불덩어리를 남겨주고 가면 안 되는 것이다. 그 죄가 크며, 받을 때는 수천수만 배 더하여 받는다. 그러므로 대참회 대반성을 하여야 한다. 그리고 일념 청정한 본심으로 떠나야 한다." 라고 하였다.

| 용어 풀이 |

○ **송일환(宋日煥, 1896~1971)** 본명은 창환(昌煥). 법호는 명산(明山). 전북 진안군 마령면 평지리에서 부친 상기와 모친 김관수화의 2남매 중 장남으로 출생. 담박 온유한 성격에 재질이 총명했다. 한문사숙에서 4년간 수학하다가 부친이 장병으로 신고하자 가사를 돌보게 되었다. 13세에 독다리에 사는 전계요와 결혼하여 가사에 종사하던 중 부친상을 당하고, 모친도 병으로 신고하매 지성으로 간병하여 건강을 회복하게 하였다. 원기14년(1929) 육촌 동생 송혜환의 지도로 입교하여 전무출신을 발원했으나 가사 형편으로 뜻을 이루지 못하고 출장소 설립에 적극 합력하여 토지 5두락을 희사하여 마령출장소의 기초를 삼게 했으며, 매년 여름 보리 거두고 가을 타작 곡물을 모아[하모추조(夏牟秋粗)] 저축하자고 제안하여 교당 유지금을 적립하여 유지답을 마련했다.

원기20년(1935) 마령지부장에 선임되고, 원기31년(1946) 51세에 출가하여 신태인교당 교무로 부임했다. 한국전쟁 중인 원기36년(1951)에 고향으로 돌아와 교당을 수호했다. 원기37년(1952)에는 보화당 외무, 원기38년(1953)에는 수계농원에 근무하고 원기45년(1960) 64세에 중앙수양원에 입원하여 만년 수양에 적공하다가 75세에 열반했다. [교사별록 19]

⑮ 생사는 진리계에 맡기고 이 회상을 떠나지 않으리라

대산 종사 말씀하시기를 "내가 깊은 병으로 원평에서 요양 중일 때 '천하가 나를 버리더라도 생사는 진리계에 맡길 뿐 수만 겁을 통하여 이 회상을 떠나지 않으리라. 나에게 큰 병을 준 것은 반드시 곡절이 있을 것이니 오직 진리를 믿고 대종사의 일원 대도를 받들며 언제든 스승의 큰 뜻을 천하에 펼치리라.' 하는 서원과 신심을 가지고 살았노라." 〈거래편 15장〉

| 출처 |

독실한 교도 한 사람이 자식들이 먼저 간 것을 탄식하니 들으시고 말씀하시기를[원평에서]

원평은 나의 은생지(恩生地)요 마음의 고향이다. 그것은 내가 해방 후 서울 정각사(正覺寺)에서 출장소의 일을 보다가 큰 병에 걸려 양·한의가 모두 불치의 병이라 진단하여 이제 죽을 날짜만 기다리게 된 처지이므로, 실은 내가 여러 면으로 살핀 후 그때 죽으러 원평에 내려갔다. 이때 나는 다음과 같은 서원과 신조를 지녔노라. 생사는 진리계에 맡기고 천하가 나를 다 버리더라도 나는 나 자신을 수만 겁을 통하여 절대 버리지 않고 진리만 믿고 살리라. 나에게 큰 병을 주어 죽이려 할 때는 반드시 크게 살리려는 것이다. 살아서나 죽어서나 일이 있다면 반드시 곡절이 있는 것이니, 생사는 법계에 맡기고 오직 진리만 믿고 대종사님의 일원대도를 받들며 언제든지 내가 천하에 스승의 뜻을 펴 보리라 하고, 서원을 더욱 굳게 세웠다.

〈『대산종사수필법문집』 1. p.471. 원기55년 9월 6일〉

| 배경 및 상황 |

대산 종사가 원기55년(1970) 9월 6일 원평에서 독실한 교도 한 사람이 자식들이 먼저 간 것을 탄식하니 들으시고 말씀하시기를 "정법에 인연을 맺고 갔으니 앞에 가나 뒤에 가나 염려할 것 없다. 다만 크게 염려된다면 인연은 되었다 해도 씨를 못 맺고 갔다면 큰일인데 다 씨를 맺고 갔으니 안심하고 더욱 정법에 적공하라."라고 하였다.

그리고 "원평은 나의 은생지(恩生地)요 마음의 고향이다. 내가 원평에서 요양 중[원기34년 4월~35년 6월]일 때 '천하가 나를 버리더라도 생사는 진리계에 맡길 뿐 수만 겁을 통하여 이 회상을 떠나지 않으리라. 나에게 큰 병을 준 것은 반드시 곡절이 있을 것이니 오직 진리를 믿고 대종사의 일원 대도를 받들며 언제든 스승의 큰 뜻을 천하에 펼치리라.' 하는 서원과 신심을 가지고 살았노라."라고 하였다.

대산 종사는 독실한 교도에게 원평은 나의 은생지요 법생지라고도 하였다. 마음의 고향인 원평에서 생사를 진리계에 맡기고 이 회상을 떠나지 않겠다는 서원을 다짐하고 나에게 큰 병을 준 것도 반드시 곡절이 있듯이 자식이 먼저 죽은 뜻이 있을 것이니 안심하고 더욱 정법에 적공하라고 당부하였다.

| 용어 풀이 |

○ **독실(篤實)** 믿음이 두텁고 성실함.

○ **정각사(正覺寺)** 일제강점기 정토종에서 세운 와카쿠사간논지(若草觀音寺). 일찍이 대한제국의 고종황제가 조선인의 기상을 상징하는 서울 목멱산[南山] 기슭에 신하들의 충렬을 기려 제단을 만들고 이를 장충단(奬忠壇)이라 했다. 이에 일제 식민지개척의 선봉에 서 있던 일본 조동종과 정토종은 장충단의 기를 꺾기 위해 이곳[현 신라호텔 자리]에 사찰을 세웠다. 일본 조동종에서는 조선을 강점하는데 공이 컸던 이토 히로부미의 기념사찰 히로부미지(博文寺)를 건립했고, 일본 정토종은 와카쿠사간논지를 건립하고 사이토 총독의 사적을 기렸다.

남산 기슭에 1만여 평이 넘는 임야를 차지한 와카쿠사간논지에는 기미년 만세운동 이후 교묘한 술책으로 이른바 문화정치를 표방하며 조선을 통치한 사이토 미노루(齋藤實) 총독의 업적을 기려 세운 송덕비가 있다. 일본이 패망하자 사정이 다급해진 한남동 와카쿠사간논지의 주지 오오쿠보(大久保)는 일본으로 돌아갈 준비를 서둘면서 절을 잘 수호해 줄 단체를 찾다가 불교신문사 사장 나까무라 겐타로(中村健太郎)를 통하여 불법연구회 서울지부장 최명부[본명 炳濟]와 선이 닿게 되었고, 서울지부 주무 황정신행과 성의철에게 입수되어 인수하게 되었다. 불법연구회는 이 적산가옥에 전재구호사업의 일환으로 전재고아를 돌보는 시설인 보화원(普和園)을 운영했다. 불법연구회는 이 절을 정각사로 개칭하고 이곳에 총부 서울출장소를 발족하기도 했다.

○ **원평(院坪)** 김제시 금산면 원평을 말한다. 현재 원평교당이 아니라 당시는 금산과원이라 불렸다. 금산과원은 전무출신 요양기관 겸 자선병원을 설립하기 위해 원기34년(1949) 4월에 보화당의 자금으로 전북 김제 모악산 아래 오리알터의 배밭을 매입하여 금산과원이라 이름하고 이를 바탕으로 운영할 금산요양원을 설립하게 되었다. 그러나 금산과원부지가 원기38년(1953)에 금산수리조합에 편입되어 수몰될 상황에 처하여 보상금을 받고 철수했으며,[현재 금평저수지] 요양원은 총부로 이전하여 이듬해 4월에 중앙요양원 설립을 보게 되었다.

⑯ 과거의 도인과 현재 도인의 표준

한 제자 사뢰기를 "대종사님께서도 사리가 나왔으면 좋았을 것입니다." 하니, 대산 종사 말씀하시기를 "사리를 남기거나 죽을 날을 미리 알리거나 영을 날려 먼저 가는 것은 큰 도인들이 하는 일이 아니니라. 과거에는 사리나 서기나 방광 등으로 도인을 평가했으나 대종사께서는 많은 중생을 제도하고 세상에 많은 유익을 주는 것으로 도인의 표준을 삼으셨느니라." 〈거래편 16장〉

| 출처 |

한 제자[이혜정(李慧定)]**가 말하기를 "대종사님 열반 시 사리(舍利)가 나왔으면 더 좋았을 것을 그랬습니다."하고 말씀드리니 답하여 주시길**

"사리를 남기고 사망 일시를 알고 영을 날려 먼저 가는 것은 조무래기 도인들이 하는 짓이다. 그까짓 것 사리 하나 자취를 못 감추고야 공부한다고 하겠느냐? 녹여버려야지. 그것 부러워하지 말고 수도하라. 죽을 날짜 아는 것은 웃 없는 사람이 오랜만에 새 옷 입는 것 같은 것이다. 옷이 많은 사람은 이 옷 저 옷 갈아입어도 아무런 관심 없이 평상 그대로일 것이지만, 사리 하나 감당 못 하는 사람은 어린애가 콧물 하나 감당 못 하는 격이니, 도인은 오직 중생 제도하는 적공만 있을 뿐이니라."

〈『대산종사수필법문집』 1. p.281. 원기53년 1월 11일〉

| 배경 및 상황 |

대산 종사는 원기53년(1968) 1월 11일 이혜정 교무가 "대종사님도 열반할 때 사리가 나왔으면 더 좋았을 것입니다."라고 아뢰니 말씀하시기를 "사리를 남기거나 영을 날려 죽는 사람은 조무래기 도인들이 하는 짓이다. 과거에는 사리나 서기나 방광 등으로 도인을 평가했으나 대종사께서는 많은 중생을 제도하고 세상에 많은 유익을 주는 것으로 도인의 표준을 삼았다."라고 하였다.

| 용어 풀이 |

○ **사리(舍利)** 유골(遺骨) 또는 유체(遺體)를 의미하는 산스크리트어의 샤리라(śarira)의 음역. 본래 의미는 단지 '육체'의 의미로 사체(死體)를 가리키는 것이었으나 불교에서 불보살이나 성자의 유골(遺骨)을 의미하게 되며, 불사리(佛舍利)·신골(身骨)·유신(遺身)·영골(靈骨)이라고도 한다. 석가모니불 입멸 후 다비(荼毘)했을 때 구슬과 같은 모양의 것이 나온 것으로부터 그 유래를 찾는다. 보통 전신(全身)사리·쇄신(碎身)사리·생신(生身)사리·법신(法身)사리의 네 가지로 구분한다.

○ **서기(瑞氣)** 상서로운 기운.

○ **방광(放光)** 지혜의 광명을 두루 비추는 것. 방(放)이란 연다(開)는 뜻으로, 지혜의 힘으로 중생의 어두운 마음을 밝게 열어 비추어 준다는 뜻에서 방광이라 한다.

⑰ 큰 도인은 허공 법계에 많은 생을 지내기도 한다

대산 종사 말씀하시기를 "한 생이나 백 생이 숨 한 번 쉬는 사이에 있느니라. 큰 도인은 일을 하다가 쉬고 싶으면 숨 한 번 거두고 허공 법계에 머물러 많은 생을 지내기도 하나니, 그러기로 하면 평소에 거두고 내는 것을 마음대로 하는 공부를 잘해야 하느니라." 〈거래편 17장〉

| 출처 |

일생이나 백 생이 숨 한 번 쉬는 사이이다. 큰 도인들은 일하시다 숨 한 번 거두어 버려 도솔천[허공법계]에 머무르시면서 많은 생을 지내신다. 이것이 자유자재 아닌가. 거두고 내는 것을 마음대로 하는 공부를 잘하여라.

〈『대산종사수필법문』 1. p.316. 원기53년 5월 19일〉

| 배경 및 상황 |

대산 종사는 원기53년(1968) 5월 19일 익산 금강리에서 말씀하시기를 "한 생이나 백 생이 숨 한 번 쉬는 사이에 있다. 큰 도인은 일을 하다가 쉬고 싶으면 숨 한번 거두고 허공 법계에서 많은 생을 지내기도 한다. 그러려면 평소에 거두고 내는 것을 마음대로 하는 공부를 잘하라."라고 하였다.

| 용어 풀이 |

○ **허공법계(虛空法界)** 보이지 않는 진리를 텅 빈 허공에 비유한 말. 진리는 허공과 같아서 텅 비어 있으되 모든 법과 조화를 다 포함하고 있다.

⑱ 교통사고로 사망한 영가의 유족에게 당부

대산 종사, 교통사고로 사망한 영가의 유족에게 말씀하시기를 "그 시간에 그곳에 있지 않았으면 죽지 않았을 텐데 하겠지만 그것은 안 될 말이라. 성현들은 생사를 자유로 하므로 그 시간을 넘길 수 있지만 중생들은 그럴 수가 없나니, 자식을 잃은 슬픔도 크겠지만 이제 영가의 완전한 해탈 천도를 위해 정성을 들이라. 영가는 가족들의 정성 여부를 모두 알고 있지만 힘이 없어 떠나지 못하는 것이므로 49일 동안 정신적으로 기원하고 물질적으로 불공하며 축원해 주어야 완전한 해탈 천도를 받을 수 있느니라."

〈거래편 18장〉

| 출처 |

동산선원 권우경 예비교무의 동생인 고 권혁찬 영가의 삼우제를 맞아 유족들에게 말씀하시기를

"인간은 한 번 태어나면 언젠가는 꼭 죽는다. 아이들을 잃은 어머니의 슬픔도 형제를 잃은 형제의 슬픔도 크겠지만 이제 영가의 완전한 해탈 천도를 위해 정성을 들이는 길밖에 없다." 하시며 구류중생을 설명케 하신 후 "인연 가운데 부처님과 인연을 맺게 하는 것이 가장 중요하다. 경제적으로 부유하고 권세가 있는 사람과의 인연도 중요하지만, 영생을 통해 나의 생명을 밝혀줄 수 있는 부처님과 인연을 맺으면 내가 어두운 길로 가려고 하면 밝은 길로 인도하시고 굽은 길로 가려 하면 바른길로 인도하여 주신다. 그렇기 때문에 오늘 권혁찬 영가 자신도 노력해야 하겠으나 가족 친지들도 정성을 들여 기원해야 하겠다."

이어서 말씀하시기를

남녀노소 누구든지 죽을 때 천도를 잘해줄 수 있는 부모나 가정을 만났다는 것은 큰 복이다. 영혼은 정성을 다하는지 그렇지 않은지를 모두 알고 있다. 비록 몸이 없어서 모를 것 같지만 모든 것을 보고 듣고 있다. 하지만 자기는 힘이 없으니 떠나지 못한다. 그러니 주위에서 자주 기원해 주고 49일 동안 정성을 들여 축원하여 영가가 완전한 해탈 천도를 할 수 있게 해주어야겠다.

부모는 49일 뿐 아니라 일생을 잊지 못하나 그 슬픔보다 영가를 위해 기도하는 것이 더 낫다. 정신적으로 기원을 하여 주고 물질적으로 불공을 하여 영가의 천도를 축원해야겠다. 이렇게 되면 영가 자신에게도 좋지만, 영가가 바로 이 세상에 와서 자녀가 되고 형제가 될 것이다.

인간의 생사는 마음대로 하지 못한다. 죽을 시간을 당하여 그 시간을 넘긴다는 것은 보통 어려운 일이 아니다. '죽을 시간에 그곳에 가지 않았으면 죽지 않았을 텐데', '그 차를 타지 않았으면 죽지 않을 것을'이라고 하지만 그것은 안 될 소리이다. 성현들은 생사를 자유로 하므로 그 시간을 넘기지만 중생들은 넘기지 못한다. 〈『대산종사수필법문집』 2. p.1307. 원기74년 4월 25일〉

| 배경 및 상황 |

대산 종사는 원기74년(1989) 4월 25일 동산선원 권우경 예비교무의 동생인 고 권혁찬 영가의 삼우제를 맞아 유족들에게 말씀하시기를 "자식을 잃은 슬픔도 크겠지만, 이제 영가의 완전한 해탈 천도를 위해 정성을 들이는 길밖에 없다. 인간의 생사는 마음대로 하지 못한다. 죽을 시간을 당하여 그 시간을 넘긴다는 것은 보통 어려운 일이 아니다. '죽을 시간에 그곳에 가지 않았으면 죽지 않았을 텐데', '그 차를 타지 않았으면 죽지 않을 것을'이라고 하지만 그것은 안 될 소리이다. 성현들은 생사를 자유로 하므로 그 시간을 넘기지만 중생들은 넘기지 못한다."라고 하였다.

| 용어 풀이 |

○ **삼우제(三虞祭)** 장사를 지낸 후 세 번째 지내는 제사. 흔히 가족들이 성묘를

한다.

○ **구류중생(九類衆生)** 과거 생에 지은 선악의 행위에 따라 금생에 몸을 받을 때 아홉 가지의 형태로 태어나게 되는 중생의 모습. 구류생(九類生) 또는 구류지생(九類地生)이라고도 하며, 『금강경』에 나오는 말이다.

① 태로 태어난 태생(胎生). ② 알로 태어난 난생(卵生). ③ 습한 곳에서 태어난 습생(濕生). ④ 변화하거나 스스로 업력에 의하여 갑자기 화성(化成)하는 화생(化生). ⑤ 빛이 있어 태어난 유색(有色). ⑥ 빛이 없이 태어난 무색(無色). ⑦ 생각이 있어 태어난 유상(有想). ⑧ 생각이 없이 태어난 무상(無想). ⑨ 생각이 있지도 없지도 않게 태어난 비유상비무상(非有想非無想)을 말한다.

⑲ 영가와 원진을 푸는 법

한 제자 여쭙기를 "살아 있는 사람과의 원진은 이제 다 풀었사오나 이미 돌아가신 영가와의 원진은 어떻게 해야 풀 수 있나이까?" 대산 종사 말씀하시기를 "산 사람과 똑같이 하되 진리적으로는 늘 심고와 참회 반성으로 풀며, 현실적으로는 영가의 몫으로 사회에 유익 주는 일을 많이 하라. 남에게 물 한 모금을 떠 주어도 그 공덕을 영가에게 돌리면 자연히 풀리는 법이 있느니라." 〈거래편 19장〉

| 출처 |

종로교당 교도 이성은화(李成恩華)가 "원진(怨嗔)으로 얽혀 헤어진 인연 중 생존한 분들은 이제 다 먼저 풀었습니다마는 사별한 분은 어떻게 하여야 풀 수 있으오리까?" 하고 물으니, 답하시기를 "산 사람과 똑같이 하되 진리적인 참회와 반성으로 풀고, 즉 심고로 항상 풀고 빌며 현실적으로 그분 몫으로 좋은 일과 사회에 유익 주는 일을 많이 하라. 가령 남에게 물 한 모금 떠 주어도 그 분 앞으로 돌려드리도록 하면 자연 풀리는 법이 있으니라."

〈『대산종사수필법문집』 1. p.393. 원기54년 8월 20일〉

| 배경 및 상황 |

대산 종사는 원기54년(1969) 8월 20일 종로교당 이성은화(李成恩華) 교도가 "원진(怨嗔)으로 얽혀 헤어진 인연 중 생존한 분들은 이제 다 먼저 풀었습니다마는 사별한 분은 어떻게 하여야 풀 수 있으오리까?"라고 여쭈니 물음에 답하며 내린 말씀이다.

산 사람과 똑같이 하되 진리적으로 심고와 참회하고, 현실적으로 영가의 몫으로 사회에 유익 주는 일을 하여 그 공덕을 영가에 돌리면 자연히 풀리는 법이라고 하였다.

| 용어 풀이 |

○ **원진(怨瞋)** 남을 미워하고 원망하고 화를 잘 내는 마음. 사은사요의 신앙이 부족하면 원망을 잘하게 되고, 삼학팔조의 수행이 부족하면 화를 잘 내게 된다.

○ **영가(靈駕)** 영혼의 다른 말. 중음신(中陰身)의 상태로 있을 때의 사람의 영(靈). 이생에서 삶을 마치고 떠난 영혼이 다음 생의 생명을 받기 이전까지의 상태를 말한다. 이 기간에 영혼은 새 몸을 받을 곳을 찾아가게 되는데 이때 미혹되어 그릇된 길로 빠지지 않고 바른길을 찾도록 이끌어주기 위해 천도재를 올린다. 가(駕)는 탈것, 수레를 뜻하는 말로 영혼이 갈 길을 찾아 움직이는 존재임을 나타내기 위해 영가라고 이름한다.

○ **사별(死別)** 죽어서 이별함.

⑳ 외아들을 잃은 교도에게

대산 종사, 외아들을 잃고 슬픔에 잠겨 있는 교도에게 말씀하시기를 "세상에서는 자식이 먼저 가면 악연이라 하나 그대는 다행히 이 회상 만나 대종사님 법으로 공부할 때 자식이 갔으므로 좋은 인연으로 다시 올 것이니 슬퍼 마라. 외아들이 먼저 감으로써 그대의 신심과 공부심이 더욱 견고해졌으니 아들은 그 기운과 공으로 제도를 받고 영생에 좋은 인연이 될 것이니라." 〈거래편 20장〉

| 출처 |

수덕(水德)의 현타원(玄陀圓) 조추연(趙秋淵)에 관한 이야기를 들으시고

[독자가 서울법대 재학 중 불국사 某 산 등산 중 사망]

세상에서는 아들이 그렇게 가면 악연이겠지만 현타원이 수도할 때 그랬으므로 좋은 인연이다. 독자가 먼저 감으로써 현타원의 신심과 공부심 더욱 견고하여졌고, 현산(玄山) 황도영(黃道永)도 그로 인하여 마음공부하게 되었으니, 그 아들은 그 기운과 그 공으로 제도 받고 영생 좋은 인연이 될 것이다.

〈『대산종사수필법문집』 1. p.441. 원기55년 5월 28일〉

| 배경 및 상황 |

대산 종사가 원기55년(1970) 5월 28일 현타원 조추연과 현산 황도영의 외아들 황해룡이 서울법대 재학 중 불국사 근처 산에 등산 중 사망하여 슬픔에 잠겨 있는 이야기를 듣고 말씀하시기를 "세상에서는 아들이 그렇게 가면 악연이겠지만 현타원이 수도할 때 그랬으므로 좋은 인연이다. 독자가 먼저 감으로써 현타원의 신심과 공부심 더욱 견고하여졌고, 현산(玄山) 황도영(黃道永)도 그로 인하여 마음공부하게 되었으니, 그 아들은 그 기운과 그 공으로 제도 받고 영생 좋은 인연이 될 것이다."라고 위로하였다.

황도영·조추연 교도 부부는 외아들 해룡의 선연(善緣)을 추모하며 해룡중·고등학교 설립에 정재를 희사하였다. 황도영 교도가 광주지방검찰청 목포지청장의 직위에 있을 때 그의 헌신적인 노력으로 설립된 해룡중·고등학교는 명실상부한 명문 사학으로 성장해 지역 사회 발전에 기여하고 있다.

현산 황도영은 중앙교의회부의장을 역임하였고 해룡중고등학교 설립 이사로 활동하였다. 현타원 조추연은 마포교당 교도회장을 지냈다. 대산 종사는 원기 59년(1974) 7월 21일 현산 황도영이 열반하고 종재 후 9월 10일 추타원이 방문하자 "현산은 공사로 유익을 많이 끼친 분이니 앞으로 복 많이 받을 것이다. 또한, 앞으로 천해룡 만해룡이 나올 것이다. 어떤 인연으로 이런 큰일을 하였는지 복이 많다. 참고 넘기면 별것 없다. 생각 말고 해탈하라."고 미망인에게 위로의 말씀을 전하였다.

| 용어 풀이 |

○ **악연(惡緣)** 나쁜 일을 하도록 유혹하는 주위의 환경. 좋지 못한 인연.

㉑ 불보살도 결정보를 함부로 세우지 않는다

한 제자 요절한 자녀의 종재를 앞두고 사뢰기를 "올 수만 있다면 저에게 다시 왔으면 좋겠습니다." 대산 종사 말씀하시기를 "불보살도 결정보는 함부로 세우지 않나니 미리 결정은 하지 마라. 먼저 가는 데에는 다 그만한 이유가 있고 급한 일이 있을 수 있으므로 다만 좋은 곳에 태어나기를 축원하면서 다시 태어나도 좋은 인연이 되기를 기원하라. 어렵고 고단할 때 부모만 한 후원자가 누가 있겠는가. 자기가 천지 밖으로 나갈 재주가 있다면 모르거니와 천지 안에 있는 이상 반드시 축원 공덕이 미치리라."

〈거래편 21장〉

| 출처 |

대전(大田) 교도 배시현(裵時玄) 씨에게 [장녀 요절, 49종재 앞두고]

문: 될 수만 있다면 다시 나에게로 태어났으면 합니다.

답: 미리 결정은 하지 마라. 더 급한 데가 있으면 곤란하다. 큰 부처님들은 결정보는 안 세운다. 다 이유가 있고 급한 데가 있을 수 있는데, 다만 기원하는 가운데 좋은 곳에 태어나되 인연이 되었으면 하는 것은 괜찮다. 어렵고 고단할 때 부모만 한 후원자가 누가 있는가. 제가 천지밖에 나갈 수 있다면 몰라도 천지 안에 있는 이상 반드시 축원의 공덕이 미칠 것이다.

〈『대산종사수필법문집』 1. p.624. 원기57년 7월 2일〉

| 배경 및 상황 |

대산 종사는 원기57년(1972) 7월 2일 대전교당 배시현(裵時玄) 교도가 요절한 자녀의 종재를 앞두고 사뢰기를 "올 수만 있다면 저에게 다시 태어났으면 좋겠다."라는 말씀에 "불보살도 결정보는 함부로 세우지 않나니 미리 결정은 하지 마라."고 말씀하며 내린 법문이다.

| 용어 풀이 |

○ **요절(夭折)** 젊은 나이에 죽음.

○ **결정보(決定報)** 과보를 받는 것과 과보를 받는 과정이 결정되고, 그 시기까지도 완전히 결정된 행업(行業). 과거에 지은 업은 무겁고 먼저 지은 것부터 차례로 받게 된다. 가벼운 업은 먼저 지었다 할지라도 뒤에 지은 중한 업에 밀려나서 훨씬 뒤에 받는 경우도 있다. 결정보에는 두 가지 방향이 있다. 하나는 전생에 지은 것

을 그대로 받게 되는 것으로 부처나 중생이나 다 같이 피하지 못하고 그대로 받아야 한다. 이를 정업난면(定業難免) 또는 정업불면(定業不免)이라 한다. 다른 하나는 자신의 선택에 따라 다음 생의 업을 받게 된다. 이를 인과자유(因果自由)라 한다. 이 경우 부처는 원을 세운 대로 이루게 되나 중생은 그렇지 못한다. 따라서 불보살은 이 세상을 안주처로 삼기도 하고, 사업장으로 삼기도 하며, 유희장으로 삼기도 한다. 법강항마위 이상의 법력을 갖거나, 불·법·승 삼보에 대하여 신앙심과 향상심을 가지고 보시를 많이 한 사람은 다음 생에 결정보를 받게 된다.

㉒ 자녀의 죽음으로 안정을 얻지 못한 교도에게

대산 종사, 자녀의 죽음으로 안정을 얻지 못하는 교도에게 말씀하시기를 "먼저 간 자식을 애착하거나 미워해도 영가에게 해가 되나니 자기 인연 따라가는 것이므로 이쪽에서 너무 붙들지 말아야 하느니라. 다음 생에는 다시 이런 일이 없도록 이 법으로 천도를 하고 미래를 개척해 주는 일이 중요하나니 법력 있는 스승이나 동지를 모시고 정성스럽게 천도재를 지내도록 하라. 특히 이 영가는 일찍 갔으므로 종재를 마치더라도 백 일이나 천 일은 부모가 정성을 들여 천도해야 하나니, 긴 시간은 아니더라도 집에서 5분, 10분 재를 지내는 것도 좋으니라."

〈거래편 22장〉

| 출처 |

딸의 죽음을 보고 안정을 얻지 못하여 종법사께 마음 안정할 수 있는 법문을 해주실 것을 간청하는 구례교당 교도 내외분께 말씀해 주시기를

간 딸에 대해 애착해도 좋지 않고 미워해도 안 된다. 그 사람은 자기 인연 따라

가는데 이쪽에서 너무 붙들어도 그 사람에게는 해가 된다. 또 미워해도 해가 된다. 그러기 때문에 7.7로 해서 49일간을 천도해 준다. 요즘 심령과학에서도 사람의 영혼이 머무는 것을 말했다. 진리로 과학으로 발명하여 사진을 찍는다. 이제는 미래를 어떻게, 다음 생에는 그런 일이 없도록 천도하느냐 이게 문제이다. 그러기 때문에 부모님이 도로써 법으로써 잘 살 것 같으면 천도가 잘될 것이다. 그러므로 자녀를 잘 둔 부모가 천도 잘할 수 있는 법력을 갖추었다든지 신력(神力)을 갖춘 어른의 가정은 행복스러운 가정이다. 허다한 세상에 부모가 자녀를 보낼 수도 있지 없는 것은 아니다. 그럴 때 부모로서 자녀를 어떻게 천도를 잘 시키느냐 해서 법 있게 천도시키는 방법이 남아 있다.

과학적으로도 증명이 되고 부처님들이 증명하는 것이 되기 때문에 남은 문제는 49일 동안 법 있는 동지나 스승님 모시고 49재를 잘 드려 줘라. 49일이 아니라 다 살지 못하고 간 영혼이 되기 때문에 백 일이나, 천 일이나 한다든지 해서 너무 많은 시간은 잡지 말고 한 십분 한다든지 가정에서는 한 5분 정도만 해도 좋다. 〈『대산종사수필법문집』 1. p.1363. 원기61년 3월 3일〉

| 배경 및 상황 |

대산 종사는 원기61년(1976) 3월 3일 딸의 죽음을 보고 안정을 얻지 못하여 종법사님께 마음 안정할 수 있는 법문을 해주실 것을 간청하는 구례교당 교도 내외분께 말씀해 주시기를 "먼저 간 자식을 애착하거나 미워해도 영가에게 해가 되나니 자기 인연 따라가는 것이므로 이쪽에서 너무 붙들지 말아야 한다. 특히 이 영가는 일찍 갔으므로 종재를 마치더라도 백 일이나 천 일은 부모가 정성을 들여 천도해야 하나니, 긴 시간은 아니더라도 집에서 5분, 10분 재를 지내는 것도 좋으니라."라고 하였다.

| 용어 풀이 |

○ **애착(愛着)** ① 사랑·사랑하는 사람·사랑하는 물건에 대한 지나친 집착. 애는 은애(恩愛)·친애, 착은 집착·염착(染着)의 뜻. 매우 끊기 어려운 애욕의 번뇌. ② 사랑하고 아끼는 마음을 끊고 단념하지 못하는 것. ③ 자기의 소견이나 소유물을 지나치게 아끼고 집착하는 것.

○ **천도(薦度)** 죽은 사람의 영혼을 바른길로 인도하고, 악한 사람을 선한 사람으로 전환시키며, 자기 자신을 진급시키는 노력을 하는 것.

㉓ 염라국과 명부사자

대산 종사 말씀하시기를 "대종사께서는 염라국이 바로 자기가 살고 있는 집 울안이요 명부사자가 바로 가족과 친척들이라고 하셨나니, 열반을 당하였을 때 가족들이 정성을 다해 독경과 기원을 올리면 염라국이 극락이 되고 명부사자가 천도 법사가 되어 영가를 인도하게 되느니라."

〈거래편 23장〉

| 출처 |

열반 후 삼우제를 맞이하여 찾아오는 열반인의 가족들에게 말씀하여 주시기를

예로부터 말씀에 염라국이 있고 명부 사자가 있다고 하셨다. 대종사께서는 자기 집 울안이 염라국이라 하셨다.

그렇다. 염라국이 따로 멀리 있는 것이 아니라 자기가 사는 집이 바로 염라국이다. 또 지옥 사자가 따로 있는 것이 아니라 가족 친척들이 지옥 사자이다. 영가가 열반을 당하였을 때 가족들이 정성을 다하여 독경도 하여 주고 기원도 올려서 영가를 잘 이끌어 줄 것 같으면 염라국이 극락이 되고 지옥 사자가 천도 법사가 되는 것이다.

그러니 가족들은 어쩌든지 가볍게 생각하지 말고 평생을 가정을 위해서 몸을 바친 영가를 위해서 정성을 다하도록 하라. 그러하면 너희 가정 염라국이 천당 극락이 될 것이요, 친척 가족 자녀들이 모두 천도 법사가 되어 버린다. 그렇게 되면 영가께서도 다시 법연을 따라서 오시게 될 것이요, 너희 가정은 극락이 되고 너희 모두는 공부가 진급하여 법사가 될 것이다.

〈『대산종사수필법문집』 2. p.1410. 원기75년 9월경〉

| 배경 및 상황 |

대산 종사는 원기75년(1990) 9월경 열반 후 삼우제를 맞이하여 찾아오는 열반인의 가족들에게 말씀하여 주시기를 "대종사께서는 염라국이 바로 자기가 살고 있는 집 울안이요 명부사자가 바로 가족과 친척들이라고 하였다, 평생을 가정을 위해서 몸을 바친 영가를 위해서 정성을 다하도록 하라. 그러면 염라국이 극락이 되고 명부사자는 천도 법사가 되어 영가를 인도하게 된다."라고 하였다.

| 용어 풀이 |

○ **염라국(閻邏國)** 염라대왕(閻羅大王)이 다스린다는 저승. 인도 신화에 근거를 두고 도교·불교적 요소가 가미되어 형성된 민속신앙으로 사람이 죽은 후 간다는 세상을 말한다. 소태산 대종사는 염라국이 다른 데가 아니라 자기 집 울타리 안이며 명부사자(冥府使者)가 다른 이가 아니라 곧 자기의 권속이라 했다[『대종경』 천도품 18].

○ **명부사자(冥府使者)** 명부의 사자. 명부는 명토(冥土)·저승, 염라대왕(閻羅大王)이 있는 곳. 사자는 염라대왕의 심부름으로 사람의 죽은 혼을 저승으로 잡아간

다는 귀신인 명관(冥官). 방위에 따라 동·서·남·북·중앙 명관이 따로 있고, 또 직업에 따라 농가에는 제석명관(帝釋冥官), 수렵가에는 산신명관(山神冥官), 바다에는 용왕명관(龍王冥官), 배에는 선왕명관(船王冥官) 등이 있다고 한다. 염라대왕 앞에 잡혀간 인간의 영혼은 생전의 지은 바 선악 업보에 따라 심판을 받고 천상이나 지옥으로 보내지게 된다고 믿었다. 이러한 내세관은 동양 고대사회에서부터 있어 왔고 도교·불교사상과 결합하여 십대왕, 사찰의 명부전(冥府殿) 등으로 구체화하기도 했다.

○ **삼우제(三虞祭)** 〈거래편 18장〉 용어 풀이 참조.

㉔ 낙태는 살생과 다름없다

대산 종사 말씀하시기를 "낙태는 본능적으로 의지하려고 하는 태아의 생명을 끊는 것이므로 살생과 다름이 없나니, 태아로 인해 산모가 생명을 위협받는다든가 할 경우에는 부득이 심고와 기도를 올리고 가족회의와 법적인 절차를 밟아 처리할 수는 있지만, 이것은 불가피한 일이요 원칙은 아니니라. 뱃속에서 천심으로 자라나는 생명을 죽이는 것은 보통의 살생보다 더 큰 죄가 되느니라." 〈거래편 24장〉

| 출처 |

서울교구 대학생 연합회원과 문답

앞으로 산아(産兒) 문제도 하나나 둘은 두고 셋부터는 자발적으로 제한을 시키고 잉태된 것을 살생시키는 것은 살생과 일반이다.

자기도 모르는 가운데 어디에 의지하려고 하는 생명을 탁 끊는 것은 그것 못할 일이다. 그러나 어느 교도가 나한테 질문하기에 내가 그랬다. 복중에 있는

애 때문에 부모가 생명을 잃게 되고 식구가 셋이나 넷이 위험을 당하기 때문에 그럴 때는 법적으로 심고 올리고 가족회의를 하여서 처리하여야 할 것이다. 이것은 불가피한 일이지 원칙은 아니다. 그러기 때문에 미리 산아제한을 하고 살생을 안 하는 것이 좋다. 남을 죽인다. 배 속에 든 아무것도 모르는 성품만 있는 생명을 죽인다는 것은 장정 열 사람 죽이는 것이다. 아무 사량계교 없이 크기 때문에 그런 죄를 지을 것이 없다.

〈『대산종사수필법문집』 2. p.471. 원기68년 12월 21일〉

| 배경 및 상황 |

대산 종사가 원기68년(1983) 12월 21일 서울교구 대학생 연합회원과 문답 법문 중 산아제한 문제와 낙태에 대해 문답에 답하시기를 "산아(産兒)제한 문제도 하나나 둘은 두고 셋부터는 자발적으로 제한을 시키고 잉태된 것을 살생시키는 것은 살생과 일반이다. 낙태는 본능적으로 의지하려고 하는 태아의 생명을 끊는 것이므로 살생과 다름이 없나니, 태아로 인해 산모가 생명을 위협받는다든가 할 경우에는 부득이 심고와 기도를 올리고 가족회의와 법적인 절차를 밟아 처리할 수는 있지만 이것은 불가피한 일이요 원칙은 아니니라. 뱃속에서 천심으로 자라나는 생명을 죽이는 것은 보통의 살생보다 더 큰 죄가 된다."라고 하였다.

| 용어 풀이 |

○ **낙태(落胎)** 태아가 달이 차기 전에 죽어서 나옴. 인공 유산과 자연 유산이 있다.

○ **산아제한(産兒制限)** 사회적 인구 문제의 해결, 우생학적 사회 개량 따위의 목적을 달성하기 위하여 인공적인 피임 방법을 통해 수태와 출산을 제한하는 일.

○ **천심(天心)** 선천적으로 타고난 마음씨. 하늘의 마음.

㉕ 예수제

대산 종사, 예수재(豫修齋)를 올리고자 찾아온 교도에게 말씀하시기를 "예수재는 생전에 미리 갈 길을 닦는다는 뜻으로 예수재의 종류에는 수행 예수재와 보은 예수재가 있느니라. 수행 예수재를 지내는 뜻은 마음을 깨치고 정력을 쌓아 경계에 부동하며 계문을 지키고 금욕을 함으로써 부처님과 영생을 같이하기 위함이요, 보은 예수재를 지내는 뜻은 보은 불사로 공중에 유익을 주어 영생의 복락을 장만하기 위함이니, 장차 우리는 수행 예수재와 보은 예수재를 아울러 지내 영생 예수재가 되도록 해야 하느니라." 〈거래편 25장〉

| 출처 |

부안 김남영화(金男永華) 노인 교도[81세]가 와서 예수재(豫修齋)를 올리고자 종법사님을 뵈러 왔다고 말씀드리니 종법사께서 법문하시기를

예 자는 미리 예(豫) 자이고, 수 자는 닦을 수(修) 자인데 생전에 미리 갈 길을 닦는다는 뜻이다.

그러기로 하면 먼저 마음을 깨야 한다. 그 마음을 모르고 닦는 것은 예수재가 될 수 없다. 그러니 먼저 마음을 깨야 한다.

다음은 정력(定力)을 쌓아서 팔풍(八風)의 외침에 부동(不動)해야 한다.

다음은 계문(戒文)을 지키되 금욕(禁慾)해야 한다. 이것이 예수의 길이며 부처님과 영생 같이하는 길이 된다. 그리고 또 보은 예수도 있어야 하나니, 오늘 나에게 준 시봉금 10만 원은 삼동원 정문 만드는 데 쓰도록 해서 보은 불사를 하도록 하자.

그래서 수행 예수재와 보은 불사의 예수재를 아울러 해서 영생에 예수재가 되게 하는 데 큰 뜻을 갖자. 〈『대산종사수필법문집』 1. p.1902. 원기63년 5월 10일〉

| 배경 및 상황 |

대산 종사는 원기63년(1978) 5월 10일 부안교당 김남영화(金男永華) 노인 교도[81세]가 와서 예수재를 올리고자 여쭈니 말씀하시기를 "예수재는 생전에 미리 갈 길을 닦는다는 뜻으로 예수재의 종류에는 수행 예수재와 보은 예수재가 있으니 장차 우리는 수행 예수재와 보은 예수재를 아울러 지내 영생 예수재가 되도록 해야 한다. 예수재를 지내려면 마음을 깨달아야 한다. 다음은 정력을 쌓아서 팔풍(八風)의 외침에 부동해야 한다. 그리고 계문을 지키되 금욕을 해야 한다. 오늘 나에게 준 시봉금 10만 원은 삼동원 정문 만드는 데 쓰도록 해서 보은 불사를 하도록 하자."라고 하시며 내린 법문이다.

| 용어 풀이 |

○ **예수재(豫修齋)** 죽어서 극락왕생하기 위해서 생전에 불전에 올리는 재(齋). 죽은 후에 고인을 천도하는 재를 생전에 미리 올리는 일. 예수재를 통해 살아생전에 경전을 공부하여 지혜를 닦고 복을 짓겠다는 다짐과 서원을 올리는 의미가 있으며, 그러한 실행을 하는 것도 넓은 의미의 예수재라 할 수 있다. 정산 종사는 "실지의 공덕이 없이 죽을 임시에 큰 재 한번 지낸 복이 어찌 큰 공덕이 되리요"[『정산종사법어』 경의편 56]라고 하여 생전에 공덕을 쌓아야 천도 받을 수 있음을 밝히고 있다.

○ **팔풍(八風)** 수행인의 마음을 흔들어 시끄럽게 하는 8가지 종류의 경계를 바람에 비유한 표현. 이(利)·쇠(衰)·훼(毁)·예(譽)·칭(稱)·기(譏)·고(苦)·낙(樂)을 말한다. 나에게 이익이 되는 것을 이, 수행자의 정신을 쇠약케 하는 것을 쇠, 남으로부터 훼방을 받거나 비난과 욕설을 듣는 것을 훼, 명예스러운 일을 예, 남으로부터 칭찬 듣는 것을 칭, 남으로부터 비방을 받거나 속임을 당하는 것을 기, 괴로운 일을 고(苦), 즐거운 일을 낙이라 한다.

㉖ 대원, 대체, 대의 공부에 끊임없이 정진하자

대산 종사, 이호춘(李昊春) 영가에게 고하시기를 "사람이 법문(法門)에 결연하여 큰 공부와 큰 사업을 이루기로 하면 먼저 대원(大願)을 세우고 대체(大體)를 밝히고 대의(大義)를 잡아야 하나니, 대원을 세워야 그일 그일에 참 정성이 나고, 대체를 밝혀야 그일 그일에 밝음이 솟고, 대의를 잡아야 그일 그일에 고루 바름을 얻을 수 있기 때문입니다. 그러므로 항산(恒山) 동지께서는 그동안 적공한 대원, 대체, 대의 공부에 더욱 끊임없이 정진하여 세세생생에 더욱 큰 공부 큰 사업의 영원한 주인공이 되기를 부탁하나이다." 〈거래편 26장〉

| 출처 |

항산(恒山) 이호춘(李昊春) 선생 영가에게

사람이 법문에 결연하여 큰 공부와 사업을 이루기로 하면 먼저 대원(大願)을 발하여야 그일 그일에 참 정성이 나는 것이요, 먼저 대체에 밝아야 그일 그일에 두루 밝음이 솟는 것이요, 먼저 대의를 잡아야 그일 그일에 고루 올바름을 얻는 것인바, 항산 동지께서는 그동안 적공한 대원, 대체, 대의 공부에 더욱 끊임없이 정진하여 세세생생에 더욱 큰 공부 큰 사업의 영원한 주인공이 되시기를 부탁하는 바입니다.

〈『대산종사수필법문집』 1. p.208. 원기52년 1월 22일〉

| 배경 및 상황 |

대산 종사는 원기51년(1966) 12월 5일 열반 후 원기52년(1967) 1월 22일 항산 이호춘 종재식 법문에 "사람이 법문(法門)에 결연하여 큰 공부와 큰 사업을 이루기로 하면 먼저 대원(大願)을 세우고 대체(大體)를 밝히고 대의(大義)를 잡아야 한다."라고 영로를 밝혔다.

| 용어 풀이 |

○ **이호춘(李昊春, 1902~1966)** 본명은 재천(載天). 법호는 항산(恒山). 1902년 2월 13일, 전남 영광군 묘량면 신천리 신흥에서 부친 이홍범(李洪範)과 모친 김태상옥(春陀圓 金泰相玉)의 4남매 중 장자로 출생했다. 관향은 함평(咸平)이요, 본명은 재천(載天)이다. 어려서부터 천성이 강의정직(剛毅正直)하고 지견이 영특 총명하여 장부의 기상이 엿보였다. 집안이 빈한한데다 부친이 또한 일찍 열반하여 학업은 짧았으나 통달한 견해와 조리 있는 담론은 매양 중인의 경복을 받았으며, 12세에 일가의 호주가 되어 능히 가계를 진흥시켰다. 20세에 군내 군서면 가사리 광산 김장신갑[載陀圓 金長信甲]과 결혼했다. 21세 되던 이듬해 종형(從兄) 이동안을 따라 소태산 대종사를 만나고 다시없는 신성을 바치기 시작했다. 이동안의 부탁으로 그의 사가 일을 5년간 일임하여 맡았으며, 영산의 저축조합을 본떠 신흥에 창설한 '묘량수신조합'의 일원으로 신흥지부 창설에도 솔선 참여했다. 원기12년(1927) 정묘동선에 입선한 후 전무출신을 발원하여 원기13년(1928)부터 5년간 총부 농공부, 총부 감원, 농업부 주무, 농업부장 등을 역임했다.

김기천(三山 金幾千)과 은부자의 의를 맺었으며, 지나친 정진으로 건강을 상하게 되어 32세 되던 원기18년(1933) 3월에 종명을 받들어 환가했다. 그해 아우 이재문(穩山 李載文)을 전무출신케 했고, 신흥지부 발전에 협력하여 이듬해 이흥사(驪興寺) 옛터를 매입하고 과수원 개설을 발의하여 7년간 개척 주무로서 노력했으며, 원기25년(1940)에는 장자인 공전(空田)을 전무출신 시켰다. 그 후 영광지방 총대(總代), 신흥지부 재가순교, 신흥지부 고문 등을 역임했다. 원기47년(1962) 2월 회갑식을 마친 후 얼마 지나지 않아 숙환이 점차 침중해졌으나 단 10분이라도 새벽 좌선에 정성을 잊지 않고자 했다. 원기51년(1966) 가을부터는 열반의 시기가 임박했음을 자각한 듯 가산에 대한 일을 미리 다 처결하고 '자손만대 신심불변, 전무출신 속출, 의인 도인 많이 나라'는 유훈을 친히 써서 전한 후 12월 5일 열반에 들었다. 자녀 공전·현조와 장손 정원이 전무출신했다.

○ **영겁(永劫)** 무시무종의 영원한 세월. 겁(劫)은 이 세상이 한번 이루어졌다가 없어지는 긴 시간을 말하는데 그 겁이 영원히 계속된다는 의미.

○ **결원(結怨)** 서로 원수가 되거나 원한을 품음.

○ **음덕(陰德)** 남에게 알려지지 아니하게 행하는 덕행.

○ **해원(解冤)** 원통한 마음을 풂.

㉗ 이동진화 열반기념제를 맞이하여

대산 종사, 이동진화(李東震華) 열반 기념제에서 추모하시기를 "회상의 새벽 머리 동쪽이 진동하였어라. 순치 황제 버금의 출가, 거룩할사 육타원(六陀圓) 이동진화 종사여! 왕가의 새 각시 곱게 단장한 채 걸어서 만덕산을 찾았음이라. 한 마음 돌려 바치고 올린 그 큰 서원 큰 신성, 대종사님 정산 종사님 주산 종사님께 일관하셨고, 상하좌우로는 자비 어머니셨네. 나에게는 부모의 위치였으나 영겁의 신맥을 가졌으니 그 심법 광대 무량하심이여! 하늘에 솟고 땅에 퍼져 가득함이로다. 육근이 육진 중에 출입하되 물들지도 섞이지도 아니함이요, 육합(六合)하였도다. 육도 자유하심이여, 성자의 대불사로다. 나라에 서중백(西仲伯)과 이모(李某)가 생명을 나누어 구국함이었으니, 한국전쟁 시 살신성인으로 동지들을 구하셨네. 빛날 손 그 큰 공덕이여, 긴 하늘 긴 땅 기리리라! 기리리라!"

〈거래편 27장〉

| 출처 |

(원문과 동일하여 생략함)

〈『대산종사수필법문집』 2. p.792. 원기71년 3월 15일〉

| 배경 및 상황 |

육타원 이동진화 종사는 원기53년(1968) 1월 18일 열반하였고 원기71년(1986) 3월 15일 대산 종사는 이동진화 열반기념제에서 추모사를 지어 그의 공로를 위로하였다.

| 용어 풀이 |

○ **이동진화(李東震華, 1893~1968)** 본명은 경수(慶洙). 법호는 육타원(六陀圓). 법훈은 종사. 1893년 5월에 경남 함양군 마천면 삼정리에서 부친 화실(和實)과 모친 김(金)씨의 2남 3녀 중 3녀로 출생했다. 천성이 인자 고결 침착 과묵했고, 일찍 부친을 사별했다. 18세에 이왕가(李王家) 종친 댁으로 출가(出嫁)하여 상당한 부귀를 누렸으나, 세속생활의 재미보다는 종교적 수양생활을 마음 깊이 동경했다. 원기9년(1924) 봄, 서울 당주동 성성원(成聖願)의 집에서 박사시화(朴四時華)의 소개로 소태산 대종사를 만나게 되었고, 이 자리에서 성불제중이 가장 큰일이라는 말씀에 큰 충격과 감동을 받았다.

그해 여름 침모 김삼매화(金三昧華)를 대동하고 만덕산에서 초선(初禪)을 열고 있던 소태산을 다시 만났다. 이 자리에서 동진화(東震華)란 법명을 받고 초선에 참석했다. 이때부터 출가(出家)를 결심하고, 원기10년(1925) 4월 가산을 정리하고 총부로 와서 전무출신을 시작했다. 이때 교단에 희사한 서울 창신동 가옥은 서울교당의 시초가 되었다. 원기16년(1931) 여자수위단 시보단을 조직할 때 건방(乾方) 단원으로 내정되었고, 뒤에 정식으로 수위단이 발족할 때 이방(離方) 단원이 되어 평생을 수위단원으로 봉직했다.

많은 이들이 관세음보살로 숭배했으며, 여자계의 대표적 수행자로 존경받는 인물이 되었다. 말 없는 가운데 교단 구석구석에 자비와 사랑의 손길을 베풀었다. 광복이 되자 전재동포구호사업을 후원하면서 서울지방 교세 발전에 전력했다. 춘천에 출장교화를 하는 한편 당시 개성교당의 이경순과 함께 북한교화 개척의 계획도 세웠다. 그러다가 한국전쟁을 맞았는데 다른 동지들을 피난하도록 도와주면서 점령 치하의 서울교당을 지켰다. 서울 수복 후에는 금산요양원장의 책임을 맡아 교단 요양사업의 기반 수립에 노력했다.

금산요양원은 뒤에 동화병원·원광한의원 등으로 개편되었고 교단 병원사업의 시초가 되었다. 원기40년(1955)부터는 총부교감·교령으로 금강원(金剛院)에 주재하면서 인욕수행과 무시선(無時禪)의 실천에 정진했다. 이때부터 자비보살이요, 교단의 어머니로서 교역자들을 두루 보살폈다. 소태산에 대한 신성이 투철했음은 말할 것도 없지만, 나이가 아래인 정산 종사에 대해서도 신성을 다해 받들었다. 이동진화는 이완철과 함께 건강이 좋지 못했던 정산을 보필하는 교단 남녀계의 두 기둥이었다.

대산 종사에 대해서도 어머니의 나이였으나 소태산과 정산을 받들 때처럼 신성을 다해 보필하고 받들었다. 원기53년(1968) 1월 어느 날, 좌우 동지 후진들에게 "진리는 무상하여 만물은 쉬지 않고 변화한다. 영원무궁한 일원(一圓)의 진리를 잘 배우고 닦아서 고락을 초월하자."라는 최후 법문을 남기고, 1월 18일 75세의 세연(世緣)을 마치고 열반에 들었다. 원기62년(1977) 출가위의 법위와 종사의 법훈이 추서되었다.

○ **순치황제(順治皇帝)** 중국 청(淸)나라의 제3대 황제. 묘호(廟號)는 세조(世祖). 휘는 복림(福臨). 명(明)나라를 완전히 평정하고 18년간 제위에 있으면서 청나라가 중국을 지배할 수 있도록 국력을 확장하였다. 중국을 통치하면서 명나라의 정치체제를 계승하고 한인(漢人)을 등용하였으며, 명나라 말기의 부패한 정치를 개혁하여, 청나라가 중국을 지배할 수 있는 기초를 닦았다. 그러나 18년간 황제로 있

다가 스스로 제위를 버리고 출가 수행하였다.

○ **육합(六合)** 육근과 육진 중에 출입하여 합하여 물들지 않고 섞이지도 아니함.

○ **서중백(西仲伯)과 이모(李某)** 중국 초나라의 서중백[西仲伯, 의형]과 이모[李某, 의제]가 사신으로 다녀오다 둘이 얼어 죽게 생겨 하나라도 살아야 했다. 형이 동생에게 가라고 하면서 옷을 벗어준다고 하니 동생이 말하기를 "형님은 일국의 신하이니 형님이 살아야 합니다."라고 했다. 국사의 임무를 맡은 형 서중백은 어쩔 수 없이 동생 이모의 옷을 입고 살아나서 공사를 잘 마무리하고 임금에게 돌아가 그 일을 상세히 보고했다. 임금은 크게 감동하여 같이 가보자고 하였다. 그곳에 당도해보니 이미 동생인 이모는 선 채로 죽어있었다. 이모의 팔 모양이 어서 가라는 손짓 그대로였다. 임금이 이러한 이모의 정신을 높이 사서 장사를 크게 후히 치르도록 했다.

㉘ 양하운 대사모의 열반을 앞두고

대산 종사, 양하운(梁夏雲) 대사모의 열반을 앞두고 말씀하시기를 "생사는 가고 오는 것이니 일체 해탈하시고 인과는 주고받는 것이니 먼저 푸십시오. 그러면 천지가 내 집이요 일체 생령이 내 권속이 되어 어디를 가나 넉넉한 곳이 되고 일체중생의 어머니가 될 것입니다. 병을 이기는 데 있어서나 영생을 준비하는 데 있어서 제일 좋은 것은 마음을 안정하고 일체를 해탈하는 것입니다. 사람이 일생을 살다 보면 이런 일 저런 일이 있는 것이니 해탈을 제일 보배 삼으시고 안정을 제일 보배 삼으소서. 애착 탐착이 본래 적으셨지만 더욱 더 없도록 하시어 일체 해탈, 일체 안정하는 그 마음, 그 서원만 가지시면 되나이다." 〈거래편 28장〉

| 출처 |

십타원(十陀圓) 양하운(梁夏雲) 대사모님 문병 시

생사는 가고 오는 것이니 일체 해탈하시고 인과는 주고받는 것이니 내가 먼저 푸십시오. 그러면 천지가 내 집이고 일체생령이 내 권속이 되어 천지 어디를 가나 넉넉한 장소가 되고 어머니는 일체중생의 어머니가 되실 것입니다.

부처님 법문하시기를, 생사는 가고 오는 것이고 인과는 주고받는 것이 우주의 진리인데 사람이 명을 다해서 일찍 가나 늦게 가나 보통 사람의 영은 다 숨 떨어지면서 바로 애착심을 둔 데로 가며 49일간 머무는 영이 아주 드물다고 하였습니다. 그러나 자유자재할 수 있는 부처님이나 성인들은 천생 만생 머무는 것을 일 분이나 한 시간이나 하루 같이 알고 거래하시고 주하기도 하십니다. 그러나 자유자재 못하는 보통 영들은 49일 내지 100일간 자녀나, 동지나, 수도인들이 기도를 올려 주며 정성을 들여주면 천업을 돌파하며, 삼세의 죄업으로 혹 타락할 수 있을 때라도 천도와 제도를 받는다고 하였습니다.

그러나 49일간이나 100일간 자녀나, 동지들이 정성을 들이기가 어렵다고 하시었으나 어머님께서 혹 열반에 드신다고 하여도 저희가 있어 정성을 모을 것이고 병이 나아지시면 기회 따라 좋아하시던 영산에 모시고 갈 것입니다.

병이나 영생에 있어서 제일 좋은 것은 마음 턱 안정하시고 일체 해탈하는 것입니다. 사람이 일생 살다 보면 이런 일 저런 일이 있으며 가고 오는 것이 있으니 해탈을 제일 보배 삼으시고 안정을 제일 보배 삼으십시오. 앞으로 백세 상수 하실지라도 결국 어느 때인지 가시게 될 것이니 항상 생각나시면 최후 일념을 굳게 가지심으로써 영생 좋고 평안하고 보배가 될 터이니 조금도 걱정하지 마십시오. 이렇게 자녀들이 수십만이 있습니다. 금생에도 일체중생의 어머니가 되셨지만, 내생에는 아버지가 되시려면 아버지, 어머니가 되시려면 어머니가 되시어 큰일 하십시오.

금강리에서 '내가 먼저 풀고 마음 안정하는 것이 제일 큰 공부라.' 하시면서

‘공부하신다.’ 하였으니 그 마음 꼭 챙기시어 애착, 탐착이 본래 적으셨지만, 더욱더 없으시도록 하시어 일체 해탈하는 것, 일체 안정하는 마음, 그 서원 갖추시면 됩니다. 〈『대산종사수필법문집』 1. p.658~659. 원기57년 11월 15일〉

| 배경 및 상황 |

대산 종사는 원기57년(1972) 11월 15일 십타원(十陀圓) 양하운(梁夏雲) 대사모님 문병 때 “생사는 가고 오는 것이니 일체 해탈하시고 인과는 주고받는 것이니 내가 먼저 푸십시오. 그러면 천지가 내 집이고 일체생령이 내 권속이 되어 천지 어디를 가나 넉넉한 장소가 되고 어머니는 일체중생의 어머니가 되실 것입니다.”라고 하며 내린 법문이다.

| 용어 풀이 |

○ **양하운(梁夏雲, 1890~1973)** 본명 미상. 법호는 십타원(十陀圓). 법훈은 대호법. 1890년 음력 12월 3일 전남 영광군 백수면 홍곡리에서 부친 하련(河蓮)과 모친 박현제화(朴玄濟華)의 딸로 출생. 소태산 대종사의 정토, 원불교에서는 대사모(大師母)라 부른다. 소태산의 구도 당시 뒷바라지는 물론, 3남 1녀의 자녀 양육과 살림살이 등 사가일을 전담하여 소태산이 오롯이 새 회상 창업에 헌신할 수 있도록 내조하여 원불교 정토(正土) 제1호가 되었다.

원불교의 창립기에 심신을 오로지 교단 발전을 위해 헌신 봉공하는 전무출신을 내조하는 권장부인 정토의 삶의 태도와 표준정신을 실천하였다.

소태산 열반 후 교단은 한결같이 발전했고 자녀들이 학업을 마치고 교단과 사회에 봉사하는 것을 보면서 오직 낙도생활로 만년을 보내다가 84세를 일기로 1973년 1월 7일 열반했다. 장녀 박길선은 송도성과 결혼했고, 장남 박광전은 전무출신하여 수위단 중앙단원과 원광대학교 총장을 역임했다.

원기73년(1988) 9월 제124회 수위단회에서는 2대말 성업의 결산기를 맞아 그의 호법공덕을 깊이 추모하면서 대호법의 법훈을 추서키로 결의했고, 원기100년 (2015) 12월 제218회 임시 수위단회에서는 종사의 법훈을 추서키로 결의하였다.

ㅇ **권속(眷屬)** 한집에 거느리고 사는 식구.

㉙ 신도형 영가에게 고하기를

대산 종사 신도형(辛道亨) 영가에게 고하시기를 "각산(覺山)은 젊어서 갔으나 그 판국이 여래라. 여래의 기틀을 다 잡고 갔으므로 영생이 걱정 없나니 깨달을 각(覺) 자가 명예로 내린 법호가 아니요 깨쳤기 때문이니라. 영가는 남이 없는 법의 근본 자리를 깨쳐 얻었고 새지 않는 지혜의 도를 통달하였으니, 일원 대도 영겁 법자로 속히 갔다 속히 돌아와 미진한 큰 일을 다 이루기 바라노라[覺得無生法印 無漏智道通 一圓大道 永劫法子 大事未盡 速往速來]." 〈거래편 29장〉

| 출처 |

신도형(辛道亨)의 열반 비보를 받으시고

큰 판국이었다. 대중이 다 말하더라. 헌거롭기가 그 판국이 여래이다. 나이가 아직 어리나 큰 판국이었고 장하였다. 젊어서 갔으나 저야 여래의 기틀 다 잡고 갔으니 영생 걱정 없다.

〈『대산종사수필법문집』 1. p.694. 원기58년 2월 2일〉

각득무생법인(覺得無生法印) 무루지도통(無漏智道通) 일원대도 영겁법자(一圓大道 永劫法子) 대사미진 속왕속래(大事未盡 速往速來)

〈『대산종사수필법문집』 1. p.694. 원기58년 2월 4일〉

| 배경 및 상황 |

대산 종사는 원기58년(1973) 2월 1일 각산(覺山) 신도형(辛道亨)의 급병(急病) 소식을 전해 들으시고 "천력(天力)을 빌려야 하겠으니 정성 들여 심고 올리고 앞으로는 사람들을 숨어서 키우고 진력을 못 하게 하고 순서 있게 나가게 하여야 하겠다. 이번에 영생의 업력이 하나 풀리는 것 같다. 우리가 과거 수없이 회상을 열고 다닐 때나 정치에 나가 일할 때 사기를 눌렀을 터이니 그것이 한 번에 밀려오는 듯하다."라고 하였다. 그리고 2월 2일 열반 비보를 듣고는 "큰 판국이었다. 대중이 다 말하더라. 헌거롭기가 그 판국이 여래이다. 나이가 아직 어리나 큰 판국이었고 장하였다. 젊어서 갔으나 저야 여래의 기틀 다 잡고 갔으니 영생 걱정 없다."라고 하였다.

2월 4일 신도형 발인식 영전에서 "각득무생법인(覺得無生法印) 무루지도통(無漏智道通) 일원대도 영겁법자(一圓大道 永劫法子) 대사미진 속왕속래(大事未盡 速往速來)"라고 염원하였다.

| 용어 풀이 |

○ **신도형(辛道亨, 1936~1973)** 본명 학규(學珪), 법호 각산(覺山). 법훈은 종사. 총부 예무, 불목교당 교무, 총부 순교무, 교무과장, 법무실 법무, 동산선원 교무 등을 역임했다. 전남 영광 출생. 원기42년(1957) 출가, 그가 처음 출가할 때 정산 종사는 큰 법기가 왔다고 매우 기뻐하였다. 원광대학교에서 수학 도중에 병을 얻어 학업을 중단하였다. 요양하면서 수행 정진하여 큰 법력을 얻었다. 동산선원에서 후진을 가르치면서 교리 공부에 새로운 경지를 개척하였다. 10여 년의 출가수행에서 많은 가능성을 후진들에게 보여주었다. 출가위 법훈을 받았고, 그의 열반 후 『교전공부』가 발행되어 후진들의 교리 공부에 많은 도움을 주었다. "일원대도 영겁법자인 각산 신도형 영가여 중생 제도의 큰일이 남아 있으니 속히 갔다가 속히 오소서"라 했다. 원기76년(1991) 3월 제11회 수위단회에서는 대종사탄생100주

년성업봉찬기념대회를 맞아 신도형의 법위를 정식 출가위로 추존하고 종사의 법훈을 추서하기로 결의했다. 아들 명덕이 전무출신했다.

㉚ 백지명 영가에게 고하기를

대산 종사, 백지명(白智明) 영가에게 고하시기를 "천타원(天陀圓)은 짧은 일생이나마 크게 살았고 법 있게 잘 살았도다. 영천 영지에 큰 광명과 큰 복록이 무량할 것을 믿고 모든 동지와 마음 아파하면서 축원하노니, 불법의 힘을 빌려 생사의 바다를 뛰어넘고, 불법의 힘을 빌려 인과의 끈을 다 풀지어다." 〈거래편 30장〉

| 출처 |

천타원(天陀圓) 백지명(白智明) 정사(正師)

천타원 정사여!

영가는 큰 서원으로 대도 정법에 입참하여 십여 개 성상을 지내는 동안 큰 신성과 공부심으로 일관하여 때 묻지 않는 도인으로서 진옥(眞玉)과 같았고, 법을 위하여 몸을 잊고 공을 위하여 사를 놓은 성스럽고 장한 생애였으니 짧은 일생이나마 잘 살았고 크게 살았고 법 있게 살았도다. 그러므로 모든 동지와 법계는 영가의 그 장하고 성스러운 생애를 증명하고 남을 것이다.

천타원 정사여!

공자께서는 아침에 도를 듣고 저녁에 세상을 떠나더라도 좋다[朝聞道夕死可也]고 말씀하시었으니 영가는 비록 사십 미만의 짧은 생애였으나 대도에 영생의 신근(信根)이 확립되었으니 무슨 여한이 있으리오마는, 이때를 당하여 정신을 더욱 가다듬고 세세생생 성불제중의 대서원을 굳게 할지어다. 생사는 가고 오는 것으로써 공포로 가는 것과 웃음으로 가는 것은 영겁의 속박과 해탈의 큰 차이가 있는 것이니, 웃음으로 생사의 바다를 넘어설 것이요, 인과는 주고받는 것으로 삼세에 지은바 모든 업을 졸연히 면할 수 없나니 오직 달게 받아 다시 갚지 말며 대서원 아래 잘 지어서 영생에 밝고 큰 새 생활을 개척할 것을 믿고, 다음 구(句)로써 영생의 법연을 더욱 깊게 하고자 하는 바이다.

불법력(佛法力)을 빌려서 생사해(生死海)를 뛰어넘고

불법력을 빌려서 인과승[因果繩, 인과의 사슬]을 다 풀지어다.

〈『대산종사수필법문집』 1. pp.747~748. 원기58년 6월 30일 종재 법문〉

| 배경 및 상황 |

대산 종사는 원기58년(1973) 5월 13일 영산성지에서 백지명의 열반 소식을 들었다. 5월 12일 영산성지를 참배하고 1주일 동안 주재하였다. 이 법문은 6월 30일 종재 법문이다. 그 요지는 "불법력(佛法力)을 빌려서 생사해(生死海)를 뛰어넘고 불법력을 빌려서 인과승(因果繩)을 다 풀지어다."라고 하였다. 백지명 영가의 49재 동안 여러 차례 영가를 위해 법을 설하였다. 또한, "10년간을 사(私) 없이 살고 간 순일한 공부심과 법을 위하여 몸을 잊고 공(公)을 위하여는 사(私)를 놓은 성스러운 생애를 대지와 허공과 인류와 온 법계(法界)는 증명하고도 남을 것이다. 짧은 일생이나마 크게 살았고 잘 살았고 법 있게 살았다. 영천영지(永天永地)에 대광명과 대복록(大福祿)이 무량할 것을 믿고 모든 동지가 마음 아파하면서 아낌없이 축복을 올린다."라고 하였다.

| 용어 풀이 |

○ **백지명(白智明, 1937~1973)** 본명은 승희(承喜). 법호는 천타원(天陀圓). 1937년 12월 충남 당진에서 부친 운흠(運欽)과 모친 송달준(宋達俊)의 외동딸로 출생했다. 이화여대 약대와 대학원 졸업. 원기32년(1947) 모친 송달준의 인도로

입교하고, 원기46년(1961)에 출가하여, 원광대학교에서 가정학과와 약학과 교수로 10여 년간 봉직하면서 따르는 대학생들로 '삼동회(三同會)'를 조직하여 농어촌 봉사, 고아원·양로원 위문, 일선장병에게 위문품 보내기, 장학금 보내기 등 정산 종사의 삼동윤리 실천에 앞장섰다. 이러한 봉사활동으로 대통령상, 국무총리상, 문교부장관상을 받았다. 대학의 강단에 있으면서도 투철한 수행과 봉사의 삶으로 청년 학생들을 감화시켰고 그들의 사표가 되었다. 원기58년(1973) 5월 13일 37세를 일기로 열반했다. 열반 후 그가 남긴 편편의 시를 모아 발간한 유고시집 『조각사(彫刻師)』가 있다.

○ **성상(星霜)** 별은 일 년에 한 바퀴를 돌고 서리는 매해 추우면 내린다는 뜻으로, 한 해 동안의 세월이라는 뜻을 나타내는 말.

㉛ 조전권 영가에 고하기를

대산 종사, 조전권(曺專權) 영가에게 고하시기를 "공혜(空兮)여, 공혜(公兮)여, 텅 비고 다북 찼음이여, 거친 풍랑 반세기에 물욕상(物慾相)도 꺾어버리고, 남녀상도 꺾어버리고, 명예상도 꺾어버려 시방을 내 살림 삼았도다. 새 천지 열린 새 회상에 정녀도 제일 먼저, 여자 전무출신도 제일 먼저, 여자 교무는 제2호로 새 역사의 장을 이루었도다. 공타원(空陀圓) 종사여! 하늘 땅 그 사람 되시기 서원해서 세세생생 이 회상 주인 되시어 도명 덕화(道明德化)하시고 만 중생 건지시는 운전사가 되소서."

〈거래편 31장〉

| 출처 |

공타원(空陀圓) 조전권(曺專權) 원정사(圓正師) 영전에

불불(佛佛)이 계세(繼世)하고 성성(聖聖)이 상전(相傳)하면서 회상을 여실 때는 그 제자를 만나야 그 뜻을 펴실 수 있는 법입니다. 공타원 원정사는 대종사께서 새 회상을 펴실 때 숙겁의 깊은 인연으로 제자 되어 오셨습니다.
더욱이 정녀로는 제일 먼저 오셨고, 여자 전무출신으로도 제일 먼저 오셨으며, 여자 교무로는 제2호로 나가시어 여자 회상의 문을 여셨습니다.
이와 같이 공타원 원정사는 새 회상 초창기에 오시어 대신성과 대공심과 대서원으로 일관하셨을 뿐 아니라 법기로도 국이 트인 분이시오, 남녀상이 떨어진 분이시며, 시방일가 사생일신의 법의 표준을 보여 주신 분이었습니다. 이처럼 어느 기관, 어느 처소, 어느 일에나 국집과 고집이 없어 시방을 내 살림 삼으셨고, 남녀상을 초월하여 사생을 한 권속으로 아시고 만 중생을 구제하시기에 바쁘셨습니다. 또한 이 회상을 위해서는 천신만고 함지사지를 당하여도 여한과 여념이 없이 오직 대종사님의 큰 뜻을 받드신 성스러운 생애였습니다.
그러므로 공타원 원정사는 대종사님과 이 회상에 큰 효성을 다하신 보은자로서 우리 교단의 동량적(棟梁的) 주인이 되시었습니다. 이에 다음 한 게(偈)로써 공타원 원정사의 영로를 위로 하고자 하는 바입니다.

〈『대산종사수필법문집』 1. p.921. 원기59년 7월 4일〉

| 배경 및 상황 |

대산 종사는 원기61년(1976) 5월 27일 공타원 조전권 원정사 영전에 열반법문을 내렸다. "공혜(空兮)여, 공혜(公兮)여, 텅 비고 다북 찼음이여"라고 하였다. 대산 종사는 5월 24일 19시 20분경 공타원 원정사의 임종을 지키며 "첫째, 국집(局執)이 없었고, 당신 고집(固執)이 없으셨고, 둘째, 남녀상이 떨어졌고, 셋째, 시방을 내 살림 삼아 편벽되시지 아니하셨다."라고 하였다. 공타원 원정사가 열반하자 빈소에서 조문을 마치고 영로를 위로하며 "공부만 잘하고 사업을 아니 하면 공(空)은 되었으나 공변되지 못하므로 공(空)에 떨어져서 조무래기 도인이 되고 사업만 잘하고 공부를 등한시하면 공(公)에 떨어져서 참다운 공(空)이 되지 못한다. 공부와 사업을 같이해야 즉 공(空)과 공(公)이 아울러져야 출가위가 될 수 있다. 공(空)과 공(公)을 원만히 하지 않고는 출가위가 될 수 없다."라고 조문객들에게 말씀하였다.

| 용어 풀이 |

○ **조전권(曺專權, 1909~1976)** 본명 옥순(玉順). 법호 공타원(空陀圓). 전북 김제시 금산면 원평리에서 출생. 원기12년(1927), 당시 기독교의 독실한 장로였다가 원불교에 귀의한 부친 조송광을 찾으러 항의차 익산 총부에 왔다가, 소태산 대종사를 뵙고 그 자리에서 입교하고 출가하였다. 이로부터 초기 교단에 크게 공헌하였고, 특히 교도 교화에 뛰어난 역량을 발휘하였다. 가는 곳마다 법풍을 불리고, 교리훈련을 통하여 많은 교도를 입교시켰다. 정녀 무녀리, 여자교무 제2호로서 '설통(說通)' '좋다 보살'이란 말을 들었다. 동산선원과 중앙훈련원 설립에 획기적 전기를 만들었고, 소태산 대종사·정산 종사·대산 종사를 한결같이 받들었다. 종사법훈을 받았다.

○ **정녀(貞女)** 원불교에 출가하여 결혼하지 않고 독신으로 오직 공익사업을 위해 일생을 바친 여자 전무출신을 말한다. 반대로 남자는 정남(貞男)이라고 한다.

○ **도명덕화(道明德化)** 도로써 중생의 마음을 밝혀 주고, 덕으로써 일체중생을 교화한다는 말. 일원의 진리로써 중생의 무명 번뇌를 밝혀 지혜를 빛나게 해주고, 도덕행으로써 중생을 구제하는 것. 이는 불보살이 하는 일이요, 대도 정법이 지향하는 길이다.

○ **원정사(圓正師)** 원불교 법계(法階)의 하나. 법위가 출가위인 분을 이르는 말. 또는 사람에게 원만하고 바른 스승이 된다는 뜻. 모든 원만구족한 대도 정법을 가르쳐주는 스승이 된다는 뜻에서 원정사라 한다. 이 경지에 이르면 원융무애하고 호호탕탕한 심법과 시방일가 사생일신의 정신으로 일체중생을 두루 원만하게 제

도한다.

○ **불불계세 성성상전(佛佛繼世 聖聖相傳)** 수많은 부처가 시대에 따라 이 세상에 출현하여 일체 생령을 널리 제도하고, 성현과 성현이 서로 법을 전해 주고받아 한없는 세월에 길이 유전된다는 말. 삼세 제불이 서로서로 몸을 바꾸어 가면서 이 세상에 출현하고, 성현과 성현이 이심전심으로 법을 전해 한없이 이어가게 된다는 말.

㉜ 오종태 열반 전의 최후 문답

오종태(吳宗泰) 사뢰기를 "이번에 꼭 먼 길을 떠나게 될 줄 알고 생사에 대해 연마도 하고 결산을 하니 그렇게 평안하고 안심되며 마음이 환해지는 것을 느껴 거래에 대한 심증을 얻었나이다." 대산 종사 말씀하시기를 "그 마음이 열반묘심(涅槃妙心)이라. 마음은 마음인데 묘한 마음이니 이번에 형타원(亨陀圓)이 한고비 넘겼도다." 〈거래편 32장〉

| 출처 |

새로 지은 중앙수양원(中央修養院)으로 형타원(亨陀圓) 오종태(吳宗泰) 법사 문병 가시어 말씀하시기를

형타원 법사께서 "이번에는 꼭 가게 된 줄 알고 생사에 대해 연마도 하고 결산하니 그렇게 평안하고 안심될 수 없었습니다." 말씀드리니 종법사께서 "그 마음이 열반묘심(涅槃妙心)이다. 마음은 마음인데 묘한 마음이지. 이번에 형타원과 원타원(圓陀圓) 송원철(宋圓徹)이 한고비 넘겼다."

형타원 법사께서 "마음이 환해지는 것을 느껴 거래에 대한 심증을 얻었습니다."라고 하니 …. 〈『대산종사수필법문집』 1. p.1244. 원기60년 10월 11일〉

| 배경 및 상황 |

대산 종사는 원기60년 10월 11일 신축한 중앙수양원(中央修養院)으로 형타원(亨陀圓) 오종태(吳宗泰) 법사에게 문병하러 가서 문답한 법문이다.

형타원 오종태 대봉도는 원기61년(1976) 9월 6일 열반하였다.

| 용어 풀이 |

○ **오종태(吳宗泰, 1913~1976)** 본명은 효순(孝順). 법호는 형타원(亨陀圓). 법훈은 대봉도. 1913년 12월 20일 전북 진안군 마령면 평지리에서 부친 송암(松庵)과 모친 윤황운(尹黃雲)의 7남매 중 4녀로 출생했다. 어려서부터 천성이 총명하고 강직했으며, 13세에 마령공립보통학교에 입학했으나 가정 형편상 15세에 중퇴했다. 18세 되던 원기15년(1930)에 최도화의 연원으로 입교를 하고 총부에서 입선(入禪)했으나 교단 초창기의 어려움 때문에 공부 비용을 마련키 위해 전주·이리 등지에서 공장 생활을 하면서 틈나는 대로 공부에 주력했다.

원기20년(1935) 남부민지부 서기로 임명되어 교화현장에 첫발을 내디딘 것을 시작으로 초량·당리·도양·중길리·용암·봉동·장수교당 등 주로 어려운 농촌 교당에서 교화에 전력했으며, 감찰원 부원장, 총부 순교감, 영산선원장 등을 역임하기도 했다. 용암교무 재직 시에 한국전쟁을 맞이했는데 무고한 혐의를 받고 4일간 감금을 당한 일이 있었다. 원기62년(1977) 중앙총부 순교감 때는 이 교당 저 교당에서 교리강습을 날 때마다 "우리의 삼학팔조 사은사요는 때와 곳을 가리지 않고 인간생활의 천만 가지에 다 쓰는 인생철학이며, 마음 잘 쓰는 법"이라고 설법했다. 특히 설법 중 인거하는 예화나 표현 등이 너무도 감동적이고 적절하여 대중들이 깊이 감동하는 등 곳곳에서 법풍을 불러일으켰다. 평생 좌우명은 '시시신우시신(時時新又時新)'으로 "한 시를 보내고 한 시를 맞이할 때 새로워야 하고 시간 시간이 송구영신하고 나날과 다달이 송구영신 되어야 한다"는 일념으로 평생을 일관했다. 원기54년(1969)부터 열반 전까지 영산선원장으로 후진양성에 전력하면서 후진들에게 남긴 신성과 공심은 후학들에게 길이 귀감이 되었다. 원기61년(1976) 9월 6일 "생사는 여행이요, 옷 갈아입는 것이니 푹 쉬었다 오겠다"는 말을 남긴 채 훌훌 열반의 길을 떠나니 세수는 64세였으며, 법랍 46년으로 공부성적은 예비출가위였다. 그 후 원기70년(1985) 제108회 수위단회에서 대봉도(大奉道)의 법훈을 추서키로 결의했다.

○ **열반묘심(涅槃妙心)** 열반의 경지를 크게 깨친 경지이기 때문에, 곧 불생불멸의 진리와 인과보응의 이치를 절묘하게 깨친 마음이라는 뜻에서 열반묘심이라 한다.

㉝ 정광훈 영가에게 고하기를

대산 종사, 정광훈(丁光薰) 영가에게 고하시기를 "중산(中山) 은제(恩弟)여, 천하 사람들이 다 속박에서 태어났다 죽었다 하지만 우리는 세세생생 해탈로 거래하기를 서원하고, 천하 수도인들이 다 무애(無礙)로 끝을 마치지만 우리는 걸림 없는 가운데 은법 결의(恩法結義)로 부모로 형제로 유애(有礙)의 줄을 놓지 말아서 여래로 응현 자재(應現自在)하는 자재불이 되기를 서원하며, 천하 사람들이 다 시비 이해를 가리는 데에 바쁘나 우리는 대소 유무를 통달하는 진리의 눈이 밝아지기를 서원해야 하느니라. 그러므로 이러한 원리를 깨달아 일원 대도를 세계만방에 고루 전하는 정법 사도가 되길 기원하며 다음 법구로 중산 은제의 영로를 밝히노라. 걸림이 있는 가운데 걸림이 없고, 걸림이 없는 가운데 걸림이 있어서, 걸림도 없고 걸리지 않음도 없어야 이것이 곧 참으로 걸림이 없는 것이로다[有礙中無礙 無礙中有礙 無礙無不礙 是卽眞無礙]."

〈거래편 33장〉

| 출처 |

오호라 중산 은제(恩弟)여!

천하 사람들이 다 속박에서 출생입사(出生入死)하지마는 우리는 세세생생 해탈 거래하기로 서원하고, 천하 수도인들이 걸림이 없는데[無礙]로 끝을 마치지마는 우리는 무애한 가운데 은법(恩法) 부모 형제에 줄을 놓지 않는 유애의 줄을 놓지 말아서 세세생생 무애무불애(無礙無不礙)해서 여래로 응현자재하는 자재불이 되기를 서원할 것이로다. 또한 천하 사람이 세상에 사는 도리에 밝아서 시비이해에만 분명하지마는, 우리는 진리의 대소유무에 통달하는 진리의 눈이 밝기를 서원할 것이로다.

출가위의 첫 조항에 대소유무의 이치를 알아서 인간의 시비이해를 건설하는 것이라 하셨으니 이 원리로 복혜양족의 원천을 뚫는 것임을 알 것이며, 또는 사사무애(事事無礙)의 법계를 통달하여 전세계를 선법화(禪法化) 불은화(佛恩化)하는 대종사님의 참된 제자가 되고, 일원대도를 세계만방에 고루 전하는 대법 사도가 되기를 현제(賢弟)의 영전에 비는 바로다.

유애중무애(有礙中無礙)하고 무애중유애(無礙中有礙)하여

무애무불애(無礙無不礙)라사 시즉진무애(是則眞無礙)로다.

〈『대산종사법문집』 4. pp.109~110. 원기62년 1월 20일〉

| 배경 및 상황 |

대산 종사는 원기62년(1977) 1월 20일 고 중산 정광훈 정사 영전에 내린 열반 법문으로 “오호라 은법제여! 천하 사람들이 다 속박에서 출생입사하지만 우리는 세세생생 거래하기를 서원하고, 천하 수도인들이 다 무애(無礙)로 끝을 마치지만 우리는 걸림 없는 가운데 은법 결의(恩法結義)로 부모로 형제로 유애(有礙)의 줄을 놓지 말아서 여래로 응현 자재(應現自在)하는 자재불이 되기를 서원하자. 영전에 다음 법구로 비는 바로다.”라고 하시며, “유애중무애(有礙中

無礙)하고 무애중유애(無礙中有礙)하여 무애무불애(無礙無不礙)라사 시즉진 무애(是則眞無礙)로다."라고 하였다.

| 용어 풀이 |

○ **정광훈(丁光薰, 1917~1977)** 본명 학선(鶴善), 법호 중산(中山). 전남 영광에서 출생, 원기15년(1930) 모친 김동수의 인도로 입교하고 원기20년(1935)에 출가. 이후로 교단의 중책을 두루 역임하면서 남다른 정열로 교단의 창립과 발전에 헌신하였다. 『예전』 편찬, 개교반백년 기념사업 추진, 서울회관 건립, 하섬수양원 창설과 개척, 원광중·고등학교의 위기 수습과 발전 등에 그는 남다른 노력으로 헌신 봉공하였다. 교단이 위기에 봉착할 때마다 그는 앞장서서 위기 극복에 노력하였다. 그는 항상 스스로 못났다고 겸손해하면서도 교단의 발전을 위해서는 자신을 아낌없이 헌신하였다. 항상 청년같은 패기와 젊음이 넘쳤고, 8·15와 6·25의 어려운 시기에도 총부를 지키기에 앞장섰으며, 교단의 행정체제 확립에도 공헌하였다. 또한 남자 정화단 창립에도 주역을 담당하였다. 대봉도 법훈을 받았다.

○ **은제(恩弟)** 은법 결의((恩法結義)로 맺은 아우.

○ **출생입사(出生入死)** 태어났다 죽음.

○ **무애(無礙)** 무엇에도 방해받지 않고 자유로움. 모든 장애(障礙)에 거리낌이 없음.

○ **은법결의(恩法結義)** 은부자·은모녀의 의(義)를 맺는 것. 이는 교도 가운데 재가출가를 막론하고 공부와 사업을 서로 권장하고 정신과 육신을 서로 보호하여 [『예전』 교례편] 상생의 법연을 길이 유지하기 위한 것이다. 은법결의를 하면 한 가족의 관계로서 일생에 그 의무를 다 이행한다.

○ **응현자재(應現自在)** 불보살이 중생을 제도하기 위하여 기연에 따라 몸을 나타내기를 자유자재함.

○ **영로(靈路)** 사람이 죽어서 영혼이 되어 가는 길.

㉞ 이운외 대희사 영가에게 고하기를

대산 종사, 이운외(李雲外) 대희사 영가에게 고하시기를 "준타원(準陀圓) 대희사는 숙겁에 큰 서원과 깊은 인연으로 정산 종사와 주산 종사 두 분 성자를 생육하여 대종사 문하에 바쳤으며, 정산 종사를 따라 이 회상에 입참한 이래 마음은 항상 대의에 어긋남이 없었고, 살림은 비록 간고하였으나 그중에서 오히려 심락(心樂)을 찾았으며, 일신의 안일을 위하여 회상을 잊은 적이 없으셨고, 평생을 회상의 걱정과 기쁨을 자신의 걱정과 기쁨으로 삼았나이다. 준타원 대희사의 대의와 신성과 자비는 길이 후진 만대의 사표가 될 것이니, 세세생생 이 회상에 동참하여 일원 대도 수행에 크게 적공하시기를 깊이 축원하옵고 다음 법구로써 마음을 연하고자 하나이다. 생사가 둘 아니니 가는 자가 오는 자로다. 생함이 없는 고로 멸함이 없고 멸함이 없는 고로 생함도 없도다."

〈거래편 34장〉

| 출처 |

(원문과 동일하여 생략함)

| 배경 및 상황 |

대산 종사는 원기52년(1967) 8월 28일에 이운외(李雲外) 할머님의 열반 소식을 접하시며 심고로 영로를 기원하신 후 "내가 가서 문상을 못 하니 마음이 아프구나. 내가 사람 노릇 다 못한다. 선 법사님과 주산 종사님의 처지로 보더라도 내가 꼭 가야 하는데, 건강이 이러니 안타깝구나!"라고 하였다. 이때 대산 종사는 신도안 삼동원에서 주재하고 있었다. 그 후 8월 31일에 발인식에 열반 법문을 내렸다.

"다음 법구로써 마음을 연하고자 하나이다. 생사가 둘 아니니 가는 자가 오는 자로다. 생함이 없는 고로 멸함이 없고 멸함이 없는 고로 생함도 없도다."라고 하였다.

| 용어 풀이 |

○ **이운외(李雲外, 1872~1967)** 본명은 말례(末禮). 법호는 준타원(準陀圓). 법훈은 대희사. 1872년 1월 24일 경북 금릉군 구성면 하원리에서 부친 병균(柄均)과 모친 거창신씨(居昌愼氏)의 2남 4녀 중 막내딸로 태어났다. 21세인 1892년 송벽조[久山 宋碧照]와 결혼하여 정산 종사와 송도성을 원불교 교단에 희사하여 대희사위에 올랐다. 어려서부터 장자 정산이 대도에 발심하여 스승 찾아 방황할 때 그 구도에 많은 힘이 되어 주었다. 정산이 소태산 대종사에 귀의하자 부군과 함께 소태산 곁으로 이사하여 영광으로, 익산으로 이사 다니면서 살았다. 그 뒤부터 전무출신 사가의 간고함을 인내와 법열과 안분으로 극복하면서 희사권장(喜捨勸奬)의 도를 다했다.

남편 구산과 두 아들 그리고 손자 손녀들까지 전무출신 시켜 공도사업에 헌신케 했다. 원기9년(1924) 4월 29일 입교했으며, 원기32년(1947) 5월 12일 준타원의 법호를 받았다. 원기52년(1967) 8월 28일 96세로 열반에 들었다. 어려서부터 성품이 인자하고 중후하며 여성다운 맵시를 지니고도 남자 이상으로 대범하기도 했다. 고담청수(枯淡淸秀)한 의용(儀容)과 대범의연(大凡毅然)한 처사와 인자곡진(仁慈曲盡)한 부촉(附囑)으로 많은 후진들을 격려 인도했다. 『대종경』 실시품 31장에 나온다.

○ **대희사(大喜捨)** 대각여래위에 오른 분의 부모에게 드리는 법훈(法勳). 원불교에서 희사위(喜捨位)는 법강항마위 이상 된 분의 부모에게 드리는 존호로서 법강항마위 된 분의 부모에게 소희사(小喜捨), 출가위 된 분의 부모에게 중희사(中喜捨), 대각여래위 된 분의 부모에게 대희사(大喜捨)의 존호를 드린다. 무엇보다 소

중한 자녀를 희사심으로 이 공도(公道)에 내놓아 일하게 하심에 대하여 교단적으로 예우(禮遇)하는 것이다.

㉟ 여청운 영가의 종재 법문

대산 종사, 여청운(呂清雲) 영가의 종재식에서 설법하시기를 "진리의 본래 자리에는 거래가 없어 이생 내생이 따로 없으나, 진리의 나타난 면으로 볼 때는 거래가 분명하고 이생 내생이 분명한지라 중타원(中陀圓)께서 열반하신 지 49일이 되어 오늘은 그 종재식에 당하였나이다. 49일 전에는 중타원님의 열반에 대중이 애도에 처했으나 오늘은 교단과 세계의 경사로 맞이하나니, 불보살들은 천지 대공사에 의하여 임무 따라서 오고 가시므로 중타원께서 중음(中陰)을 옮기시는 오늘, 큰 임무를 맡아 다시 오실 것을 알기 때문이옵니다. 이제 다시 본래 세우셨던 그 큰 서원 더욱 굳게 하시어 오는 세상에 대도 대덕 갖추시기를 빌면서 다음 법구를 드리나이다. 대명(大明)은 무명(無明)하되 천하를 크게 비출 것이며, 대성(大聲)은 무성(無聲)하되 만 생령에게 큰 소리를 터트릴 것이며, 대현(大顯)은 무현(無顯)하되 천하에 나타나지 않음이 없을 것입니다."

〈거래편 35장〉

| 출처 |

(원문과 동일하여 생략함)

| 배경 및 상황 |

대산 종사는 원기63년(1978) 12월 19일 여청운 영가의 종재식에서 설법하였다. "대명(大明)은 무명(無明)하되 천하를 크게 비출 것이며, 대성(大聲)은 무성(無聲)하되 만 생령에게 큰 소리를 터트릴 것이며, 대현(大顯)은 무현(無顯)하되 천하에 나타나지 않음이 없을 것입니다."라고 하시며 영로를 위로하며 법구를 내렸다.

| 용어 풀이 |

○ **여청운(呂淸雲, 1896~1978)** 본명은 귀선(貴仙). 법호는 중타원(中陀圓). 법훈은 종사. 정산 종사의 정토. 1896년 (음)4월 3일 경북 성주군 금수면 광산동에서 부친 여병규[憬庵 呂昞奎]와 모친 노대선(盧代宣)의 3남 2녀 중 장녀로 출생했다. 성산여씨(星山呂氏)의 명문가에서 태어나 5세 시에 모친을 여의었으나, 좌우 인연이 좋아 사랑과 보호 속에 성장했다. 유시로부터 성품이 조용하고 대범했으며, 고결하고 청아한 심경은 마치 오랜 시일 동안 수도한 도인인 듯한 품위를 지녔다. 전통 유가에서 예의범절을 배우며 부덕(婦德)을 닦아 오다가 17세 되던 1912년 정월에 같은 고을 30리 밖 초전면 소성동 송씨(宋氏) 가문의 맏며느리로 출가했다. 이어 시아버지인 송벽조[久山 宋碧照]도 아들을 만나기 위해 영광을 찾아 소태산에게 귀의했다.

원기4년(1919) 9월 온 가족이 영광으로 이사했으며, 이때부터 말할 수 없는 고생을 겪어야 했다. 경상도에 있을 때는 가만히 집에 앉아 옷이나 지어 입고 밥이나 하고 했는데 이제는 밭도 매고 나무도 하러 다녀야 했다. 시어머니 이운외(李雲外)와 함께 나무하러 갈 때는 갈퀴가 하나뿐이라 며느리는 갈퀴질하고 시어머니는 손으로 나뭇가지를 주워 모았다. 하지만 "경상도 있을 때는 항상 가는 곳이 샘길밖에 없었는데, 종사님 덕분에 나무도 해 본다"며 고부간에 마냥 좋기만 했다고 한다.

숨어서 조용히, 그러면서도 크고 밝게 산 상 없는 큰 도인으로, 전무출신의 권장부로 살다가 원기63년(1978) 10월 12일 83세에 열반했다. 원기73년(1988) 5월 제

122회 수위단회에서 법위를 출가위로 추존하고 종사(宗師)의 법훈을 추서했다. 두 딸 송영봉·순봉이 전무출신했다.

○ **중음(中陰)** 사람이 죽은 뒤 다음 생의 몸을 받아 날 때까지의 영혼의 상태. 중유(中有)·중온(中蘊)이라고도 한다. 죽는 순간[死有]부터 다음의 생을 받기[生有]까지의 존재[有]와 비존재[無]의 중간적 상태로서 『능가경』·『구사론』 등에서 윤회의 과정을 설명하기 위해 사용한 개념이다. 사람이 죽은 뒤 49일 동안은 중음의 상태로 있다가 다음 생의 몸을 받게 된다는 설에서 발전하여 사후 7일마다 독경을 하며 명복을 빌고, 7번째가 되는 49일째에 천도재를 올리는 불교 의례가 생겨났다.

㊱ 이경순 영가에게 고하기를

대산 종사, 이경순(李敬順) 영가에게 고하시기를 "색신 여래는 지수화풍으로 산화되었으나 법신 여래는 천지 일월과 더불어 무궁하여 동고동락하실 것이라, 최후일각까지 순정기(純正氣) 순공심(純公心) 순신성(純信誠)으로 모든 교역자의 가슴에 성자의 상을 세워 주셨나이다. 항타원(恒陀圓) 종사여! 대인의 심법으로 살다 가셨으니 올 때도 대인으로 오소서."

〈거래편 36장〉

| 출처 |

항타원(恒陀圓) 이경순(李敬順) 원정사(圓正師) 발인식 법문

최후일각까지 순정기(純正氣) 순공심(純公心) 순신성(純信誠)으로 일관하신 법사님은 언제나 사무여한의 불길이 활활 타오르시어 대정기(大正氣) 대공심만 나투시었습니다.

그러나 항상 허공과 같이 비어 있었습니다. 그러므로 대중들은 법사께서 졸도

하신 그 순간 '이 교단의 큰 어머님이 웬일입니까. 이제 누가 우리를 바로 잡아 주십니까. 앉아만 계시더라도 교단을 바로 세워 주실 수 있으니 꼭 회생하셔야 합니다.'하고 간절히 바랐던 것입니다.

그러나 수한은 한정이 있고 누구나 오면 가고 가면 오는 것이 정칙인지라, 진리 따라 법사님의 색신 여래는 가시었으나 법신 여래는 대중의 가슴 가슴에 영원히 자비 보살의 혼과 성자의 탑을 세워주실 것입니다. 대인은 천지와 더불어 그 덕(德)을 합(合)하고 일월(日月)과 더불어 그 명(明)을 합하고 사시(四時)로 더불어 그 차서(次序)를 같이하고 귀신과 더불어 그 길흉을 같이한다고 하셨으니 법사님은 바로 그 거룩하신 생애였습니다.

항타원 법사님이시어!

다시 이 회상에 오실 때에는 본래 세우셨던 성불 제중의 크신 서원을 더욱 굳게 하시어 대도대덕(大道大德)을 갖추시길 빕니다.

〈『대산종사수필법문집』 1. p.106. 원기49년 편편법문〉

| 배경 및 상황 |

대산 종사가 원기63년(1978) 11월 13일 항타원 이경순 원정사 영전에서 내린 열반법문이다. 그 요지는 "대인(大人)은 여천지(與天地)로 합기덕(合其德)하고 여일월(與日月)로 합기명(合其明)하고 여사시(與四時)로 합기서(合其序)하고 여귀신(與鬼神)으로 합기길흉(合其吉凶)합니다."라고 하며 다시 대인으로 오시기를 염원하였다.

앞서 항타원 이경순 원정사가 총부 대각전에서 교정위원회 회의 중 고혈압으로 넘어지시어 전주 예수병원 특별 간호실에 입원하고 계시다가 8일 만에 병원 측 의사와 교단 간부님들과 가족 친지들의 합의에 따라 퇴원하시어 이리에 오셔서 원광대 한방병원에 잠시 입원하시었다가 총부 보은원으로 모셔 오게 되었다. 종법사께서는 11월 11일 저녁 7시 30분에 친히 보은원에 나가시어 항타원님을 맞으시고 방으로 들어가시어 대중과 함께 정좌하신 후 '대인 법문으로 후송결연을 잘하자.'고 하였다. 향타원 종사는 이틀 후 11월 13일에 열반상을 나투었다.

| 용어 풀이 |

○ **이경순(李敬順, 1915~1978)** 본명 경화(慶和), 법호 항타원(恒陀圓). 경북 금릉에서 출생하여 7세 때 부친 이춘풍을 따라 전 가족이 부안 봉래정사 부근으로 이사했다. 이때 소태산 대종사를 처음 뵙고 직접 가르침을 받기 시작했다. 원기14년(1929)에 출가하여 처음에는 제사공장에 여러 해 다니기도 했다. 어려서부터 성리 연마에 관심이 깊었고, 소태산 대종사로부터 '사기(邪氣)가 떨어진 도인'이라고 칭찬을 받기도 했다. 영산학원에서 수학할 때부터 뛰어난 법력과 굳센 신성이 대중들로부터 인정받았다. 일선 교당에서는 항상 솔선수범하여 교도들을 감화시켰고 '관음보살'이란 칭송을 들었다. 개성교당에서 많은 교도들을 길러내었고, 이들이 뒤에 월남하여 여러 교당의 창립요인이 되었다. 대구지방의 교세 발전에도 크게 기여했고, 부산회관 신축에도 결정적 역할을 했다. 소태산 대종사·정산 종사·대산 종사를 한결같이 받들었고, 뛰어난 교화력을 발휘했으며, 언제나 법통과 대의를 밝혔다.

원기63년(1978) 11월 4일 교정위원회의에서 "변화하는 시대, 발전하는 교세에 대비해서 우리 교역자는 훈련을 철저히 해야겠습니다. 훈련 제일주의의 정신으로 대종사께 크게 보은해야겠고, 교단의 장래를 튼튼한 반석 위에 올려놓아야겠습니다."라는 마지막 법문을 남기고, 동년 11월 11일 밤, 총부의 취침 종소리 따라 편안한 열반락(涅槃樂)을 얻었다. 1978년 수위단회의 결의로 출가위(出家位)의 법위 사정과 종사(宗師)의 법훈을 추서했다.

○ **색신여래(色身如來)** ① 부처님의 몸. 부처님의 마음을 법신여래, 부처님의 몸을 색신여래라 한다. 소태산 대종사나 석가모니불의 육신이 곧 색신여래이다. ②

모든 사람의 육신, 시방삼세를 통해서 본다면 사람은 누구나 언제인가는 부처가 될 수 있으므로 사람의 육신은 곧 색신여래이다. 또한 공즉시색(空卽是色)이므로 사람의 육신 그대로가 색신여래이다.

○ **지수화풍(地水火風)** 사람의 육신이나 일체 만물을 구성하는 네 가지 기본 요소로서, 사대(四大)라고도 한다. 불교에서는 우주 만물은 이 지수화풍의 이합·집산으로 생겨나기도 하고 없어지기도 한다고 한다. 땅[地]은 굳고 단단한 성질을 바탕으로 하여 만물을 실을 수 있고 또한 재료가 된다. 물[水]은 습윤을 성질로 하여 만물을 포용하고 조화하여 성장시키는 바탕이 된다. 불[火]은 따뜻함을 성질로 하여 만물을 성숙시키고, 바람[風]은 움직이는 것을 성질로 하여 만물을 키우는 바탕이 된다. 사람의 육체도 죽으면 다시 지수화풍으로 흩어지게 된다고 한다. 그러므로 불교에서는 사람의 죽음을 사람의 육신이 지수화풍 사대로 흩어지는 것일 뿐 결코 슬퍼할 일이 아니라고 한다. 여기에서 생사해탈 사상이 등장한다. 지수화풍에다가 공(空)을 보태어 오대(五大)라고도 하고, 다시 식(識)을 더 보태어 육대(六大)라고도 한다.

○ **법신여래(法身如來)** ① 법신불 일원상의 진리를 깨친 분. 곧 법신을 증득한 분을 법신여래라 하고, 보통 사람은 색신여래라 한다. ② 진리를 깨친 분의 마음을 법신여래라 하고, 그분의 몸을 색신여래라 한다. 우리 모든 사람은 법신여래와 색신여래를 다 갖추고 있다.

○ **순정기(純正氣)** 순수하고 지극히 공변되고[至公], 지극히 크고[至大], 지극히 바른[至正] 천지의 으뜸되는 기운[元氣].

○ **순공심(純公心)** 순수한 공익심. 순수하여 자기 개인보다 교단 전체, 인류 전체를 우선하고 헌신 봉공하는 마음.

○ **순신성(純信城)** 순수하고 믿음에 대한 지극한 정성. 정성스럽게 믿는 마음. 진리와 법과 스승과 회상에 대해 정성 다해 믿고 받드는 것.

㉷ 김구 선생 영전에 보낸 조사

대산 종사, 김구(金九) 선생의 영전에 조사(弔詞)를 보내시니 "나라와 동포를 위하여 헌신한 백범 선생의 열반을 애도하며 다음 글귀로 영로를 위로하고 밝은 천도를 염원하나이다. 의로운 비는 삼천리강토에 흡족히 내리고, 덕스러운 비는 삼천만 동포를 훈훈히 적시도다. 오호라. 만년 대계는 헛되이 돌아가지 않으리니, 원컨대 도솔천궁에 머무시어 혼을 청정히 날리소서[義雨洽足三千里疆土 德雨薰濛三千萬同胞 嗚呼 萬年大計不歸虛 伏願 兜率天宮魂淸飛]." 〈거래편 37장〉

| 출처 |

(원문과 동일하여 생략함)

| 배경 및 상황 |

대산 종사가 김제 원평에서 요양 중일 때 1949년 6월 26일 백범 김구 선생이 경교장에서 육군 현역 장교 안두희가 쏜 총탄을 맞고 서거했다. 백범의 서거 소식을 듣고 조전을 보냈다. 앞서 대산 종사는 1946년 4월부터 1949년 3월까지 총부 서울 출장소장으로 한남동 정각사에 주재하고 있었다. 그때 황정신행의 부군 강익하의 스승인 김구와 교류하였다. 또한 이승만과 김성수, 조봉암, 미군 고급 관리 등 정치가들과도 교제하였다. 그러다 폐결핵이 재발하여 1949년 4월 경 정산 종사의 하명으로 김제 원평에서 정양하던 중 김구 선생의 서거 소식을 듣고 그의 혼을 위로하고자 조사를 백범 영전에 보낸 것이다.

| 용어 풀이 |

○ **김구(金九, 1876~1949)** 독립운동가·정치가. 자는 연상(蓮上). 호는 백범(白

凡)·연하(蓮下). 본명은 창수(昌洙). 동학 농민 운동을 지휘하다가 일본군에 쫓겨 만주로 피신하여 의병단에 가입하였고, 3·1 운동 후 중국 상하이(上海)의 임시정부 조직에 참여하였다. 1928년 이시영 등과 함께 한국 독립당을 조직하여 이봉창, 윤봉길 등의 의거를 지휘하였다. 1944년 임시정부 주석으로 선임되었고, 8·15 광복 이후에는 신탁 통치와 남쪽 지역의 단독 총선을 반대하며 남북협상을 제창하다가 1949년 안두희(安斗熙)에게 암살당하였다. 저서에 『백범일지』가 있다.

○ **조사(弔詞)** 죽은 사람을 슬퍼하여 조문(弔問)의 뜻을 표하는 글이나 말.

38 박정희 대통령 특별천도재 법문

대산 종사, 박정희(朴正熙) 대통령의 특별 천도재에서 설법하시기를 "새마을운동은 가난에 찌들어 고통받던 이 겨레를 잘살게 하였고, 새마음운동은 충효열의 도덕을 부활시키고 단군 성조의 개국 혼(開國魂)을 다시 이어 세계 속의 부강한 한국으로 이끌어 주셨으니 이는 모두 대종사의 개교 동기와 부합하는 것이었습니다. 영가께서는 살아서도 큰일 하셨고, 가셔서도 큰일 하시니, 그 하신 일과 자취는 영원히 죽지 아니할 것입니다. 생사는 가고 오는 것이요 인과는 주고받는 것이니, 앞으로 부처님의 무량수를 증득하시어 영천 영지 복혜의 문로가 크게 열리시기를 축원하는 바입니다."

〈거래편 38장〉

| 출처 |

박 대통령의 서거로 상통(喪痛)을 금치 못하심에 잠기시고 추도사로 위안하시다.

오호라! 이 웬 청천벽력의 서거입니까?

새마을 운동으로 가난에 찌들이며 쓰라림을 받던 이 겨레를 잘살게 하였고, 눌리어 억울함만 겪던 이 나라가 부강한 나라로 세계 어디를 가나 어깨를 겨루는 도중으로 자부와 긍지를 갖게 하였으며, 남의 나라에 도움만 받던 이 나라가 도움을 주는 떳떳한 나라가 되었고, 바다를 막고 산을 깎고 둑을 쌓아 국토를 변경시키어 살기 좋고 아름다운 금수강산을 만들었습니다.
또한 새마음 운동으로 충효열의 도덕을 부활시킴으로써 단군 성조의 개국 혼을 다시 이어져 세계 속의 한국, 한국 속의 세계가 되도록 부강한 나라, 도덕이 있는 나라, 놀라운 나라로까지 이끌어 이제 세계의 지도국으로 탈바꿈하는 마당에까지 이르렀습니다.
각하의 뜻과 우리 대종사님의 뜻이 크게 같아 우리 교단에서 실시하고자 하는 정교동심의 대불사에 음으로 양으로 합력하여 이 나라를 찾아주신 새 세상에 새 주세불의 나라에 축복받게 하였습니다.
각하이시여!
생사는 거래요 인과는 여수(與受)니
앞으로 부처님 무량수를 증득하시어
영천영지 복혜의 문로가 크게
열리기 축원하는 바입니다.

〈『대산종사수필법문집』 1. pp.2015~2116. 원기64년 10월 27일〉

| 배경 및 상황 |

대산 종사는 원기64년(1979) 10월 26일 박정희 대통령이 서거하자 급서(急逝)에 조전을 보내고 추도사[특별천도재]로 위안 삼았다. 무엇보다 새마을 운동과 새마음 운동에 대해 업적을 치하하고 법구로 영로를 위로하였다.
생사는 거래요 인과는 여수(與受)니
앞으로 부처님 무량수를 증득하시어

영천영지 복혜의 문로가 크게
열리기 축원하는 바입니다.

| 용어 풀이 |

○ **박정희(朴正熙, 1917~1979)** 군인·정치가. 호는 중수(中樹). 1961년에 육군 소장으로 5·16 군사 정변을 주도하여 최고 권력 기관인 국가 재건 최고 회의 의장이 되었으며, 1963년에 예편하여 민주 공화당 총재로 제5대 대통령에 취임하였다. 1972년에 10월 유신(維新)을 단행하였고, 1979년 9대 대통령 재임 중에 중앙정보부장의 총격으로 사망하였다.

○ **서거(逝去)** 죽어서 세상을 떠남. '사거'의 높임말.

○ **상통(喪痛)** 죽어서 마음이 몹시 아픔.

○ **추도사(追悼辭)** 추도의 뜻을 표하는 말이나 글.

○ **새마을운동** 새마을 정신을 바탕으로 생활 환경의 개선과 소득 증대를 도모한 지역 사회 개발 운동. 1970년에 박정희 대통령의 제창으로 시작하였다.

○ **새마음운동** 새마을 운동은 사회 개발 운동이라면 새마음 운동은 정신 또는 마음 계발 운동이라고 할 수 있다.

39 이병은 영가의 열반 후 법문

대산 종사, 이병은(李炳恩) 영가의 열반 후 대중에게 말씀하시기를 "동산(東山)의 성격으로 보나 금생의 일로 보아 병고로 고생할 사람이 아닌데 그렇게 고생하는 것은, 이생의 업이 아니라 여러 생 여러 겁을 대장(大將)으로 다니며 남의 생명을 눌렀기에 받는 것인바, 과거에 지은 업을 안 받을 수 없으므로 깨끗이 받아버리자고 했더니 '제가 그런 것 같나이다.'라고 하더라. 그러므로 우리가 '나는 이렇게 지은 바가 없는데 왜 이런 어려운 일이 생기는가.' 할 때는 반드시 전생의 업을 받는 것이라. 지은 것을 안 받고 누구에게 줄 것인가. 동산을 표준으로 해서 우리 앞길에 공부 사업의 진로가 만겁에 열리기를 빌자. 동산은 내가 없기에 나 아님이 없어서 사생이 참 나가 되었고, 내 집 없기에 내 집 아님이 없어서 시방을 내 집 삼았느니라[無我無不我 四生是眞我 無家無不家 十方是本家]." 〈거래편 39장〉

| 출처 |

동산(東山) 이병은(李炳恩) 법사 영전에서[추모 법회 시]

동산, 성격으로 봐서 여러 생 여러 겁 중에 대장으로 다녀서 남의 생명을 눌러 버렸기 때문에 그런 것 같네. 여러 가지로 봐서 그 고생을 아니 할 사람인데 그런 고생하는 것은 이생의 업이 아니라 전겁(前劫) 중에 있는 것 같네. 정업은 난면이라고, 과거 지은 것 내가 안 받을 수 없으니 깨끗이 받아버리자고 했더니 제가 그런 것 같다고 말을 하더라.

그러니 우리가 나는 이렇지 않았는데 왜 이런 어려운 일이 있는지는 전겁 중에 있던 것을 반드시 받는 것이다. 지은 것을 안 받고 누구에게 줄 것인가 동산을 우리가 시범해서 우리 앞길에 공부 사업 진로가 만겁에 열리기를 빌자.

〈『대산종사수필법문집』 2. p.99. 원기65년 8월 10일〉

동산 이병은 법사 발인식 법문

동산 법사 영가여, 대도인들의 일생 생애를 살펴본다면 무아무불아(無我無不我)라 사생시진아(四生是眞我)며 무가무불가(無家無不家)라 시방시본가(十方是本家)로다. 〈『대산종사수필법문집』 2. p.100. 원기65년 8월 11일〉

| 배경 및 상황 |

대산 종사는 원기65년(1980) 8월 8일에 동산 이병은 법무실장이 열반하자 발인식 전까지 사흘 동안 빈소를 찾아 영전에 열반법문을 하였다. 법무실장으로 최측근에 계시면서 시봉하였던 동산을 추모하며 정의(情誼)를 건넸다. “내가 동산에게 어제 오전에 갔다 왔다. 알뜰히 백 년이나 천년을 같이 살아도 좋을 사람을 가게 된다고 해서 법문을 해주기가 마음이 언짢아 생각은 있어도 해주지 못하다가 이래저래 하다가 가게 되면 섭섭하겠기에 해줄 말을 다 해주었다.” 대산 종사는 빈소에서 추모 법회를 마치고 종법실 2층 침실로 올라가며 “어허! 이럴 수가? 어허! 이럴 수가? 그 사람이 가다, 그 사람이 가다.”라고 하였다. 스승과 제자의 사제정의(師弟情誼)를 함축한 말이었다.

대산 종사는 8월 11일 동산 이병은 발인식 법문 법구로 영로를 밝히며 “동산 법사 영가여, 대도인들의 일생 생애를 살펴본다면 무아무불아(無我無不我)라 사생시진아(四生是眞我)며 무가무불가(無家無不家)라 시방시본가(十方是本家)로다.”라고 하였다.

| 용어 풀이 |

○ **이병은(李炳恩, 1925~1980)** 본명 병목(炳穆), 법호 동산(東山), 법훈은 종사. 1925년 4월 9일 전남 영광군 대마면 복평리에서 부친 칠현(七現)과 모친 양성녀(梁姓女)의 4형제 중 4남으로 출생. 원기26년(1941) 7월 송벽조의 인도로 입교하고 이어서 출가하여 보화당 부이사장, 총부 재무부장, 신도교당 교무, 삼동원장, 법무실장, 수위단원 등을 역임했다. 강직한 성품과 의리로 일생을 살았다. 하섬 개발에 노력하였고, 특히 삼동원 개척에 혈성을 다 하였다. 대봉도 법훈을 받았다. 슬하의 경중·경원·경열이 전무출신했다. 원기70년(1985) 3월 제103회 수위단회에서는 소태산대종사탄생100주년 성업봉찬 기념대회를 맞아 이병은의 법위를 정식출가위로 추존하고 종사의 법훈을 추서키로 결의했다.

○ **정업난면(定業難免)** 자기가 이미 지어 놓은 업에 대해서는 어느 사람도 피하기가 어렵다는 말. 인과보응의 법칙에 따라서 전생에 지은 업은 선업이든 악업이든 누구나 다 받게 된다. 악업의 경우에도 부처님도 받게 된다. 그러나 불보살은 선업을 많이 지었기 때문에 비록 전생에 지은 악업을 현생에 받게 된다고 할지라도 별다른 고통을 느끼지 않고 받게 된다.

40 김영신 영가에게 고하기를

대산 종사, 김영신(金永信) 영가에게 고하시기를 "융타원(融陀圓)은 만년에 일체 도방하(都放下)로 해탈하고 내생을 준비하였으니, 큰 신성과 큰 서원으로 원적 무별(圓寂無別)한 청정 법계에 머물다가 일념 만년 우만년(一念萬年又萬年)의 정성으로 정진하기 비나이다. 항상 정일한 생각이 끊임없는 정성이 되게 하시고, 늘 여유 있는 행을 하여 다함이 없는 마음을 쓰소서[恒念精一不斷之精誠 常行有餘不勤之用心]."

〈거래편 40장〉

| 출처 |

융타원(融陀圓) 김영신(金永信) 법사 영전

말년에는 일체도방하(一切都放下)로 해탈해서 내생 준비를 하였습니다. 순일한 정성으로써 마음은 대종사께 바치고 몸은 회상과 후진에게 바쳐서 천신만고(千辛萬苦)와 모든 역경을 감내하고 초탈하시어 때로는 남으로 때로는 북으로 때로는 서로 오고 가시며 무아봉공의 정신으로 교화의 발판을 튼튼히 하시었으니 융타원 법사의 그 빛나는 일생은 한 말로 "형설지공(螢雪之功) 만대사표(萬代師表)"였습니다.

융타원 법사시여!
이제 저 원적무별(圓寂無別)한 청정법계(淸淨法界)에 편히 쉬시다가 오시어 대신성과 서원으로 스승님의 경륜과 포부를 시방세계에 두루 펴는 주인공 되시고 일념만년우만년(一念萬年又萬年)의 정성으로 더욱 정진하시길 빌며 다음 법구로써 영생 길이 열리도록 기원합니다.
항념정일(恒念精一) 부단지정성(不斷之精誠)하고,
상행유여(常行有餘) 불근지용심(不勤之用心)하소서.
항상 정일한 생각이 끊임없는 정성이 되게 하고,
늘 여유 있는 행동을 하여 다함이 없는 마음을 쓰소서.

〈『대산종사수필법문집』 2. p.100. 원기65년 8월 11일〉

| 배경 및 상황 |

대산 종사는 원기69년(1984) 12월 10일 융타원 김영신 대봉도의 열반법문에서 '초창 교당 기초 다진 여자교무 제1호'라고 하였다.
"융타원 법사시여! 이제 저 원적무별(圓寂無別)한 청정법계(淸淨法界)에 편히 쉬시다가 오시어 대신성과 서원으로 스승님의 경륜과 포부를 시방세계에 두루 펴는 주인공 되시고 일념만년우만년(一念萬年又萬年)의 정성으로 더욱 정진하시길 빌며 다음 법구로써 영생 길이 열리도록 기원합니다.
항상 정일한 생각이 끊임없는 정성이 되게 하고, 늘 여유 있는 행동을 하여 다함이 없는 마음을 쓰소서."라고 하며 영로를 밝혀 주었다.

| 용어 풀이 |

○ **김영신(金永信, 1908~1984)** 법호 융타원(融陀圓). 서울에서 출생. 경기여고를 졸업하고 원기10년(1925) 10월, 모친 이성각, 이모 이공주, 외조모 민자연화 등과 함께 소태산 대종사를 뵙고 제자가 되었다. 원기13년(1928) 4월에 출가, 원

기19년(1934) 26세에 부산 남부민출장소 교무로 부임, 여성으로서는 최초로 원불교 교무가 되었다. 이어 원기20년(1935)에는 초량 교무로 발령, 3년간 근무하며 교당을 신축하고 부산 일대 교화의 기초를 다졌다. 원기23년(1938)에는 개성 교무가 되었고, 원기26년(1941)에는 총부 공익·육영부장으로 1년간 근무했다. 이어 원평 교무, 신태인 교무로 근무하고, 해방 이듬해에는 전주교당 교무로 근무하던 중 한국전쟁을 겪는다. 이후 총부 교정원 교무부장을 거쳐 동래교당 교무, 총부 순교감을 역임한 후, 원기56년(1971)부터 중앙수양원 교감으로 봉직했다.

원기69년(1984) 12월 7일 열반했으며, 원기73년(1988) 11월 6일 대봉도의 법훈이 추서되었다. 김영신이 소태산과 원불교 불공법에 관하여 문답한 내용으로 『대종경』 교의품 16장이 있고, 원기17년(1932) 9월에 발간된 《월보(月報)》 제40호에 소태산과 김영신이 문답 형식으로 설한 '선후본말을 알라'는 법문이 『대종경』 교의품 28장에 실리게 되었다. 송도성, 전음광 등과 더불어 소태산의 총애를 받으며 총부를 젊게 했던 김영신은 신학문을 한 신여성답게 문학적 소양도 깊었다. 《회보》, 《원광》 등 교단 기관지에 '카페여성을 보고', '종소리', '매화와 용자(勇者)' 등 20~30편의 각종 글을 발표하여 교단의 문화의식을 고양했다. 교단 초창기 정녀 2호, 여자교무 1호로서 교화일선에서 크게 활약하였다. 조전권·오종태 등과 더불어 여자교무로서 교리훈련의 명강사로 이름을 날리며 법풍을 불렸다. 대봉도 법훈을 받았다.

○ **도방하(都放下)** 마음속에서 일체의 분별시비, 사량계교를 다 놓아버리는 것. 선악죄복·염정미추·시비이해·극락지옥·부처중생·빈부귀천·동서남북 등 일체의 상대적인 분별심을 다 놓아버리고 텅 빈 마음[大空心]이 되는 것. 도방하 하지 않고서는 삼독 오욕을 항복 받을 수도 없고, 청정자성심을 찾을 수도 없다.

○ **원적무별(圓寂無別)** ① 마음속에 번뇌 망상을 다 끊어버리고 청정무구한 열반의 세계에 들어가서 일체의 사량 분별이 잠자는 상태. 선정(禪定)을 잘하면 원적무별한 자성을 찾아서 진리와 합일된 경지에 들어가게 된다. 원불교에서는 살아서

의 원적무별한 청정자성심 얻기를 강조한다. ② 원적, 곧 열반을 얻으면 모든 차별이 없어진다는 말.

○ **청정법계(清淨法界)** 일체의 더러운 것과 속된 것이 없는 진리의 세계. 곧 허공법계를 말한다. 인간의 현실 세계는 온갖 더러움과 죄악이 가득 차 있으나, 진리의 세계인 허공법계에는 더러운 것도 속된 것도 죄악도 없이 청정한 그대로이다. 마음이 자성청정심이 되었을 때, 현실 세계는 그대로 청정법계가 된다.

○ **일념만년우만년(一念萬年又萬年)** 일념은 만년의 세월을 포함하고 있다는 뜻으로, 시간에 있어서 일념과 만년이 상즉 상융하는 이치를 말하고 또 만년을 간다는 말이다.

○ **정일(精一)** 정밀하고 자세하여 한결같음.

㊶ 오철환 영가에게 고하기를

대산 종사, 오철환(吳喆煥) 영가에게 고하시기를 "희산(喜山)은 모든 사람의 표본이 되고 귀감이 되는 중인의 스승이며 어버이였으니, 진리계의 현묘난측(玄妙難測)한 경지와 여래의 응현 자재(應現自在)한 법도를 알아 크고 크고 작고 작고, 넓고 넓고 좁고 좁고, 있고 있고 없고 없고, 가고 가고 오고 오고, 동하고 동하고 정하고 정하는 진리를 터득하여 자유자재하는 여래의 만능을 갖추소서." 〈거래편 41장〉

| 출처 |

희산(喜山) 오철환(吳喆煥) 대호법 영전

희산 정사는 모든 사람의 표본이 되고 귀감이 되는 중인의 스승이며 어버이였습니다. 또한 해탈 자재의 대정진은 시방을 불국정토로 건설하고 무념무상의 대 공덕은 이 세계를 일원의 희산으로 만들 것입니다.

이제 희산 정사가 가도 희산이고 그 일이며 와도 희산이고 그 일일 것입니다. 그러니 생전에 약속하고 서원했던 그 일들을 다시 당부하면서 다음 법구로써 영로를 위로하고 밝히는 바입니다.

희산 정사는

일원의 원만한 진리를 깨쳤고, 사은의 원만한 신앙으로 봉공하였으며 삼학의 원만한 수행으로 몸소 실행하였고 사요의 원만한 치국평천하를 실천하다 가셨으니 돌아오는 세상에는 대불과(大佛果), 대불과, 대불과를 뜻대로 이루시리로다.

진리계의 현묘난측(玄妙難測)한 경지, 여래의 응현자재(應現自在)한 법도를 우리가 알아야 합니다. 이 우주의 진리는 크고 크고, 적고 적고, 넓고 넓고, 좁고 좁고, 있고 있고, 없고 없고, 가고 가고, 오고 오고, 동(動)하고 동하고, 정(靜)하고 정하는 진리가 있기 때문에 여래의 응현자재한, 여래의 현묘난측한 경지를 영계에서도 잊지 말고 정성을 들여서 기약 있게 가고 기약 있게 오는 희산 법사가 되시길 오늘 전 동지, 전 교도, 전 국민, 전 인류와 함께 기원하는 바입니다. 〈『대산종사수필법문집』 2. pp.801~802. 원기71년 3월 31일〉

| 배경 및 상황 |

대산 종사는 원기71년(1986) 3월 29일 열반한 희산 오철환 대호법 영전에 말씀하시기를 "이제 희산 정사가 가도 희산이고 그 일이며 와도 희산이고 그 일일 것입니다. 그러니 생전에 약속하고 서원했던 그 일들을 다시 당부하는 바입니다.

그리고 발인식 전에서 말씀하시기를 "우주의 진리는 크고 크고, 적고 적고, 넓고 넓고, 좁고 좁고, 있고 있고, 없고 없고, 가고 가고, 오고 오고, 동(動)하고 동하고, 정(靜)하고 정하는 진리가 있으므로 여래의 응현자재한, 여래의 현묘난측한 경지를 영계에서도 잊지 말고 정성을 들여서 기약 있게 가고 기약 있게 오는 희산 법사가 되시길 염원합니다."라고 그의 영로 밝혔다.

| 용어 풀이 |

○ **오철환(吳喆煥, 1912~1986)** 본명 판규(判奎), 법호 희산(喜山). 전북 임실에서 출생. 원기38년(1953) 군산교당에서 입교. 한약업을 경영하여 상당한 성공을 거두었다. 군산교당의 발전과 교화사업회의 창설·발전에 크게 공헌하였다. 여러 개의 초창 교당 창설에 크게 후원하였다. 남자 재가교도로서 종사 1호·대호법 1호의 업적을 쌓았다. 원기62년(1977) 제71회 수위단회에서는 대봉도의 법훈을 서훈하였다. 원기71년(1986) 3월 29일 희산 종사는 노환으로 거연히 열반했다. 시방일가 사생일신을 몸소 실천한 희산 종사의 열반은 교단의 큰 손실이었다. 원기73년(1988) 5월 제122회 수위단회에서는 법위를 출가위로 추존하고 종사의 법훈을 추서키로 결의했다.

○ **현묘난측(玄妙難測)** 도(道)의 본체는 현묘하여 사람의 지견으로써는 헤아리기가 매우 어렵다는 말.

○ **응현자재(應現自在)** 불보살이 중생을 제도하기 위하여 기연에 따라 몸을 나타내는 것. 응화(應化)와 같은 뜻으로 자유자재함을 이름.

㊷ 홍인천 영가의 특별천도재 법문

대산 종사, 홍인천(洪仁天) 영가의 특별 천도재에서 설법하시기를 "국산(國山)은 정치·경제·언론·법조·문화계에서 큰일을 했으니 오는 생에는 자리바꿈하여 수도문에 들도록 큰 서원을 세우소서. 일생을 볼 때 도인의 모습이었으니, 수많은 생에 수도계로 나와서 일체 생령을 위해 제도 사업하시기 바라나이다. 공사에 지치셨던 심신을 원적 무별한 열반의 진경에서 편히 쉬었다가 다시 이 세상에 오실 때는 평소 닦으셨던 밝은 지혜와 큰 덕으로 큰 서원 세우시고 큰일 하러 오실 것을 당부하며 대각의 네 단계인 사반야지(四般若智)와 사법계(四法界) 법문을 드리니, 이 공부로 성불 제중하는 큰 성자가 되소서." 〈거래편 42장〉

| 출처 |

국산 홍인천 선생 영전에

원남교당 발인 및 종재식에서 내려주신 법문[오전 11시]

국산님의 일생 지낸 일을 살펴보면 오는 생에는 자리바꿈할 것 같은 생각이 든다. 아마 수도문에 들것 같다. 이생에서는 정치, 경제, 언론, 법조, 문화 거의 다 해봤다.

몸 바꾸어 길 한 번 바꾼다는 것 어렵고 어려운 일이다. 보통 큰 서원과 불연이 아니면 안 되는 일이다. 몇 생 그냥 그렇게 거래하다 진흙 속 어둠에 빠지고 마는 것이다. 부처님은 왕궁가의 태자로 태어났으나 그 국왕 위를 버리고 수도문에 들으셨다. 몇 번 죽기는 쉬워도 이 일은 못 하는 일이다.

자녀들이 아버님의 일생 생활하는 모습을 본다면 도인이시지 정치인 냄새 안 났지. 그러므로 내생에는 정치계로 안 나가고 수도계(修道界)로 나올 것이다. 가정 사회 교단 인연이 좋으므로 앞으로 많은 생에 수도계로 나오셔 한 나라에 그치지 않고 일체생령을 위해 제도 사업하실 것이다.

공사에 지치셨던 심신을 원적무별(圓寂無別)한 열반의 진경(眞境)에 편히 쉬었다가 다시 이 세상에 오실 때에는 영가께서 평소 닦으셨던 밝은 지혜와 큰 덕으로 큰 서원 세우시고 큰일 하러 오실 것을 당부드립니다.

〈『대산종사수필법문집』 2. pp.887~888. 원기71년 8월 30일〉

국산(國山) 홍인천(洪仁天) 백재 법문
대각의 4단계

(사반야지와 사법계 생략)

〈『대산종사수필법문집』 2. pp.888~891. 원기71년 10월 20일〉

| 배경 및 상황 |

대산 종사, 원기71년(1986) 7월 13일 열반한 국산 홍인천 명예대호법의 영로를 위로하기 위한 열반법문이다. 원남교당에서 국산 명예대호법의 발인식 및 종재식[8월 30일] 때 내린 법문과 동년 10월 20일 백재법문[특별천도재]으로 '대각의 4단계[사반야지와 사법계]'를 설하여 국산의 영로를 밝혔다.

| 용어 풀이 |

○ **홍인천(洪仁天, 1917~1986)** 본명은 진기. 국산 홍인천(國山 洪仁天) 명예대호법은 1917년 3월 13일 경기도 고양군 한지면 하왕십리에서 부친 홍성우(洪性佑) 선생과 모친 이복연화(李福緣華) 선생의 2남 중 맏아들로 출생하였다.

국산 명예대호법은 경성제대 법학부와 상법연구원을 거쳐 법무부차관, 내무부차관, 동양방송사장, 중앙일보회장 등 공직 생활과 언론 인사로 국가 발전에 크게 공헌하였다.

아내인 김혜성 종사의 연원으로 원기54년(1969) 9월 8일 원남교당에서 입교한 국산은 이후 대산 종사를 찾아뵙고 원불교야말로 새 시대의 바른 종교임을 깊이 이해하였으며, 대산 종사의 깊은 덕화에 많은 감명을 받았다. 그는 세파의 분주한 생활 속에서도 선(禪)을 통한 수행의 공덕을 지성으로 닦았다. 매양 『원불교교전』을 봉독하면서 새 시대의 참 종교임을 더욱 깊이 깨달았다. 이외에도 《원불교신보》와 《원광》誌까지도 빠짐없이 챙겨 보기도 하고 특히 불경(佛經)도 두루 공부하며 깊은 법열에 심취하였다.

국산의 이러한 신성은 그가 '중앙일보' 회장으로 재직할 때 중앙일보를 통해 새 회상 원불교의 유래와 교법, 대종사의 일생 등을 상세하게 특집기사로 게재함으로써 토착화되지 못한 새 회상의 참 면모를 인식시키는 계기가 되었다. 그 후 다시 대산 종사와의 대담 특집기사를 통해 교단이 지향하는 경륜과 미래에의 전망을 게재함으로써 새 회상의 교법을 널리 드러내는 기회가 되었다. 이로써 서울지역의 교화 활성화가 크게 이루어지기도 하였다.

국산 명예대호법은 원기71년(1986) 7월 13일 갑자기 열반하였다. 아내인 신타원 종사와 그의 자녀들은 평소 부친의 뜻을 받들어 부모의 법호 글자를 따 '國信장학회'를 설립하고 전무출신 인재양성에 쓰이도록 교단에 희사했다.

그는 선비이자 불법의 정수를 알아 대종사의 교법을 크게 두호한 호법주였다. 원기73년(1988) 9월 제124회 수위단회에서는 2대말 성업의 결산기를 맞아 그의 높은 호법공덕을 추모하면서 명예대호법의 법훈을 추서키로 결의했다.

○ **사반야지(四般若智)** 사지(四智)라고 함. 유식학(唯識學)에서 말하는 네 가지 종류의 지혜. 범부의 팔식[八識··阿賴耶·末那·意·身·舌·鼻·耳·眼識]을 전환해서 얻게 되는 지혜로서, 대원경지(大圓鏡智)·평등성지(平等性智)·묘관찰지(妙觀察智)·성소작지(成所作智)를 말한다.

○ **사법계(四法界)** 화엄종에서 전 우주를 네 가지 방향으로 관찰해서 설명하는 것. ① 사법계(事法界): 우주만유가 낱낱이 개별로 나뉘어 있는 세계. 곧 차별의 현상세계. ② 이법계(理法界): 우주만유의 근본이 되는 본체, 곧 절대 평등의 세계. ③이사무애법계(理事無碍法界): 이(理)와 사(事)가 낱낱이 독립된 것이 아니고, 사상즉본체(事象卽本體)요 본체 즉 사상이라고 보는 것. ④ 사사무애법계(事事無碍法界): 사법계와 이법계가 서로 융통 무애할 뿐만아니라, 현상 차별세계 사이에도 서로 융통 무애하다고 보는 것.

㊸ 박광전 영가의 발인식 법문

대산 종사, 박광전(朴光田) 영가의 발인식에서 설법하시기를 "숭산(崇山) 동생, 이 어인 청천벽력이오! 이럴 수가 있단 말인가. 하늘이 무심함인가, 우리의 정성이 부족함인가. 대종사와 정산 종사 성령 전에 무엇으로 위로의 말씀을 드릴 수 있을까. 대종사께서 '너는 큰아들이고 광전은 작은아들이다.'라고 하신 말씀을 지금까지 잊은 바가 없었소. 우리는 아버님의 크신 경륜을 받드는 형제의 정의를 다하였지요. 숭산 종사여! 대휴대헐(大休大歇)로 크게 쉬고 크게 편안히 쉬었다가 대종사님 큰 뜻 받들어 생자(生子) 은자(恩子) 법자(法子)로, 출가위를 넘어 여의자재한 여래로 세세생생 거래하기를 서원합니다. 아, 장하고 거룩하다! 숭산이라, 우러러 받드는 높고 높은 뫼이오. 광전이라. 밝고 빛나는 중생의 복전이로다. 하늘같이 높고 땅같이 길이 빛날 역사의 장을 열었도다."

〈거래편 43장〉

| 출처 |

숭산(崇山) 박광전(朴光田) 종사(宗師) 영전

숭산 동생!

동생이 이 어인 청천벽력이요!

이럴 수가 있단 말인가. 하늘이 무심함인가, 우리의 정성이 부족함인가. 아버님, 선 종법사님 성령 전에 무엇으로 위로의 말씀을 드릴 수 있을까? 아버님께서 '대거(大擧) 너는 큰아들이고 광전(光田)은 작은아들이라'고 말씀하시며 특별히 당부하신 바가 계셨기에 나는 그 말씀 잊은 바가 없었소.

그러므로 우리는 아버님의 크신 경륜을 받드는데 정해주신 천륜의 형제지의와 법형제의 정의를 다 하였었지요.

대종사님과 삼세 제불제성께서 다 인증하시고 교단 역사가 빛나게 기록하고 후래 만대에 사표 할 것이오. 우리 대종사님의 큰 뜻 받들어 세세생생 생자(生子)로 은자(恩子)로 법자(法子)로 거래할 것을 다시 한번 서원합니다. 숭산 종사의 일생 성적은 대종사께서 법위에 밝혀 주신 시방일가 사생일신으로 위법망구(爲法忘軀) 위공망사(爲公忘私)의 거룩한 생애이었소.

아! 장하고 거룩하다.

숭산이라. 우러러 받드는 높고 높은 뫼이고,

광전(光田)이라. 밝고 빛나는 중생의 복전(福田)이라.

하늘같이 높고 땅같이 길이 빛날 역사의 장을 열었도다.

〈『대산종사수필법문집』 2. p.908~908. 원기71년 12월 3일〉

숭산 종사 발인식[원광대학교 대운동장]

숭산 종사께서는 대휴대헐(大休大歇) 크게 쉬고 크게 쉬어서 편안히 쉬셨다가 1갑자, 2갑자 3, 4, 5갑자에 아주 혈통으로, 법통으로, 생자로, 은자로, 법자로, 세세생생 큰 서원을 세우소서.

〈『대산종사수필법문집』 2. p.911. 원기71년 12월 6일〉

| 배경 및 상황 |

대산 종사는 원기71년(1986) 12월 3일 숭산 종사가 열반하였다는 소식을 전해 듣고 경악과 비통함을 금치 못하며 "이럴 수가 있단 말이냐. 어허, 이럴 수가 있단 말인가. 회복할 줄 알았는데, 이럴 수가 있단 말인가. 그간 너무 지쳐 쉴 수가 없어 이런 변을 당했구나."라고 하시며 숭산 종사 영전에 열반법문을 내렸다.

"숭산 종사의 일생 성적은 대종사께서 법위에 밝혀 주신 시방일가 사생일신으로 위법망구 위공망사의 거룩한 생애이었소."

| 용어 풀이 |

○ **박광전(朴光田, 1915~1986)** 본명 길진(吉眞). 법호 숭산(崇山). 전남 영광군 백수읍 길용리에서 소태산 대종사의 장남으로 출생. 배재고등학교와 일본 동양대학 철학과를 졸업. 원기26(1941)부터 전무출신을 서원하여 교단에 봉직하기 시작하여 일생을 특히 원광대학교의 설립과 발전에 헌신하였다. 교무부장·교정원장·원광대학교 총장·수위단회 중앙단원·개교반백년 기념사업회장 등 교단의 중책을 역임하였다. 대산 종법사의 종교연합운동에 적극 호응하여 원광대학에 해외포교연구소와 원불교사상연구원을 앞장서 설립하고 적극 후원하였다. 세계 불교도 우의회, 아시아종교인 평화회의, 세계종교인 평화회의 등 각종 국제종교회의에도 교단대표 또는 한국대표로 여러 차례 참석하였다. 한편 『대종경 강의』 『일원상과 인간과의 관계』를 비롯한 많은 저술을 통해 원불교 교리연구의 체계화 작업을 앞장서 개척하였다. 그는 원광대학교뿐만 아니라 교단의 전반에 걸쳐 헌신 봉공하였다. 그의 『대종경』 해설 강의는 명강으로 이름이 높았다. 그는 대외적으로도 동국역경원 역경위원, 대한불교 학술원 고문, 한국 문화재 보호협회 이사, 대한 적십자사 조직위원, 한국 대학총장협의회 회장 등으로 참여하여 적극적인 사회활동도 전개하였다. 그는 소태산 대종사 열반 이후 정산 종법사·대산 종법사를 받들면서 교단의 한 축을 이루어 교단의 발전에 헌신하였다. 원기71년(1986) 12월 제111회 수위단회에서는 그의 법위를 출가위로 사정하고 종사의 법훈을 추서키로 결의했다.

○ **청천벽력(靑天霹靂)** 맑게 갠 하늘에서 치는 날벼락이라는 뜻으로, 뜻밖에 일어난 큰 변고나 사건을 비유적으로 이르는 말.

○ **대휴대헐(大休大歇)** 일체의 사량 분별·번뇌 망상·사심 잡념 등을 다 놓아버리고 텅 빈 마음이 된다는 말. 이렇게 되면 천만 경계에도 마음이 끌려가지 않고, 언제나 마음이 편안해지며, 악업을 짓지 않게 된다. 크게 쉰다는 것은 수행을 쉬지 않는다는 것이 아니라, 악업 짓기를 다 쉬어버린다는 뜻이다.

44 지해원 영가의 발인식 법문

대산 종사, 지해원(池海元) 영가의 발인식에서 설법하시기를 "근산(根山)의 일생은 대인고(大忍苦)의 정진과 백절불굴의 의지와 신의 일관(信義一貫)한 신성과 정맥 정통의 생애였나이다. 대종사께서 수계농원을 개척하실 때 '앞으로 많은 도인이 나올 것이다.' 하신 말씀과, 정산 종사께서 '안 난 폭 잡고, 죽은 셈 치고 이곳을 지켜 교단의 기본 인재를 양성하자.' 하신 말씀을 받들어 지금까지 정성을 다했나이다. 열반에 이르러 '오늘도 그 마음, 내일도 그 마음, 항상 여여한 그 마음으로, 영생을 여여하게 살리라. 여여하게 살리라.' 하며 해탈의 심경으로 홀연히 떠났으니, 이 여여한 마음으로 거래 자재하소서. 빛날 손 장할 손 뿌리 깊은 산이라, 큰 나무가 자라고 뭇 새와 뭇 짐승이 노닐도다. 바다의 으뜸이요 흐름의 근원이라, 물고기가 노닐도다." 〈거래편 44장〉

| 출처 |

故 근산(根山) 지해원(池海元) 정사 발인식

근산 법사의 일생은 대인고(大忍苦)의 정진과 백절불굴의 의지와 신의일관(信義一貫)과 정맥정통(正脈正統)의 생애였도다. 수계농원의 첫발이 맨주먹의 시작이었으니 헐벗고 헐입으며, 닭장에서 돼지 막에서 잠을 이루시고, 병아리를 품으며, 사료로 식량을 하며 농원을 복구시켜 오늘에 이르게 하셨다.

대종사께서 수계농원을 개척하실 때 "앞으로 누에들이 막잠 자고 나서 섶에 올라 집을 짓듯 이곳에서 많은 도인이 나올 것이다."라고 하셨고, 선 종법사께서는 "안 난 폭 잡고, 죽은 셈 치고, 백천만 번 지켜 교단의 기본 인재를 양성시켜라"는 큰 당부를 지금까지 근산 법사께서는 한 번도 잊으신 바 없었도다.

영육쌍전 이사병행의 새 회상 훈련장으로 그 일을 수행할 때 생사의 기로를 수

없이 넘겼으며, 결국은 대수술을 하고 다시 또 들어가 오직 스승님들의 그 말씀만 받들었도다. 아, 그 장한 위법망구(爲法忘軀) 위공망사(爲公忘私)의 봉도정신을 뉘라서 찬양하지 아니하리오.

빛날 손 장한 손 뿌리 깊은 산이라, 큰 나무가 자라고 뭇 새와 뭇 짐승이 노닐도다. 바다의 으뜸이여! 흐름의 근원이라 물고기가 노닐도다.

근산 법사이시여! 근래 남북에 화합의 기운이 트이는 때에 앞으로 할 일이 많이 있는데 생각할수록 그 아쉬움 크도다.

근산 법사이시여! 후인들에게 마지막으로 "나를 잘살았다 찬양하지 말고 오직 수계농원을 위해서 정성을 다해 달라."고 당부하시고 "오늘도 그 마음 내일도 그 마음 항상 여여한 그 마음으로 영생을 여여하게 살리라. 여여하게 살리라." 하시고 홀연히 떠나셨으니 여여히 가셨다가 여여히 오시어 여여한 그 마음으로 영생 성불제중 제생의세의 대불과를 성취하소서!

〈『대산종사수필법문집』 2. p.971. 원기72년 3월 9일〉

| 배경 및 상황 |

대산 종사는 원기72년(1987) 3월 7일 열반한 근산 지해원 원정사 영전에 열반법문을 내렸다. 3월 9일 근산 원정사의 발인식에서 설법하시기를 "근산 법사는 열반에 이르자 '오늘도 그 마음 내일도 그 마음 항상 여여한 그 마음으로 영생을 여여하게 살리라. 여여하게 살리라.' 하시고 홀연히 떠나셨으니 여여히 가셨다가 여여히 오시어 여여한 그 마음으로 영생 성불제중 제생의세의 대불과를 성취하소서!"라고 하였다.

대산 종사는 근산 원정사의 위법망구 위공망사한 봉도정신을 찬양하며 다음과 같은 법구로 영로를 위로하였다.

빛날 손 장한 손 뿌리 깊은 산이라,
큰 나무가 자라고 뭇 새와 뭇 짐승이 노닐도다.

바다의 으뜸이여!

흐름의 근원이라 물고기가 노닐도다.

| 용어 풀이 |

○ **지해원(池海元, 1912~1987)** 본명은 동석(洞石). 법호는 근산(根山). 법훈은 종사. 1912년 8월 2일 전남 완도군 청산면 청계리에서 부친 상호(尙鎬)와 모친 이성의화(李聖義華)의 3남 2녀 중 장남으로 출생했다. 5세 때부터 한문을 수학했고, 완도공립보통학교 5학년에 재학하면서 식민지교육 철폐를 위한 동맹휴학을 선도하다가 일경에 체포되고 퇴학을 당하게 되었다. 출감 후 농촌문맹퇴치운동을 전개하다가 1932년 일본으로 건너가 노동조합운동을 전개하기도 했다. 해방 후 건국준비위원회를 조직 치안유지에 노력하다가 선친이 물려준 소작답 백여 두락을 소작인들에게 무상으로 분배해주고 고향을 떠났다.

원기35년(1950) 광주에서 정성의행(鄭聖義行) 연원으로 입교하여 정산 종사를 만난 후 이듬해 출가하여 전무출신했다. 출가 후 산업부원으로 근무하다가 "수계농원은 대종사께서 점지한 곳이니 자네가 책임지소"하는 정산의 명을 받아 수계농원 근무를 시작했다. 정산이 내려준 신심·공심·공부심을 원훈으로 황무지 개간·양계·양잠·양돈·양토·인삼재배 등 농원을 운영하면서 이사병행 하는 선도량(禪道場)으로 가꾸었다. 아울러 이곳을 원불교 인재를 육성하는 인재육성 도량으로 만들어 수계농원 출신의 전무출신이 수십 명에 달했다. 이처럼 그는 전무출신을 한 후 일생을 수계농원에서 봉직하며 농원의 발전과 인재육성에 심혈을 기울였다. 수행에 철저했고 특히 성리연마(性理鍊磨)에 크게 적공하다가 원기71년(1986)에 퇴직, 그 이듬해 3월 7일에 세수 75세로 열반했다. 원기76년(1991) 종사위로 추서되었다. 자녀 성인이 전무출신했다.

○ **수계농원(岫溪農園)** 전북 완주군 삼례읍 수계리 417번지에 소재한 원불교 산업기관. 일제강점기 때는 삼례과원, 한국전쟁 이후에는 삼창과원으로 불리다가 삼

창공사가 실패로 돌아가면서 원기37년(1952)부터 '수계농원'이라는 이름으로 산업기관으로서의 체제를 정비했다. 삼례과원은 각 지방 교당 및 총부 유지 대책의 한 방안으로 세운 기관이다.

○ **백절불굴(百折不屈)** 어떠한 난관에도 결코 굽히지 않음.

○ **신의일관(信義一貫)** 믿음과 의리가 처음부터 끝까지 한결같음.

○ **정맥정통(正脈正統)** 법맥을 바르게 이어서 바르게 계통을 이어가는 것.

45 성정철 영가의 발인식 법문

대산 종사, 성정철(成丁哲) 영가의 발인식에서 설법하시기를 "성산(誠山) 은법형(恩法兄)은 대종사님이 주세불이시고 이 회상이 대도 정법 회상임을 깨닫고 두 마음 없이 출가를 단행하였나이다. 온갖 어려움 속에서도 열반하는 그날까지 신의는 고금을 일관하였고 경륜은 우주에 두루한 심법이었나이다. 대종사께 세세생생 심인(心印)을 찍으셨고, 정산 종사와 삼세제불 제성과 모든 동지의 마음에 도장을 찍으셨으므로, 그 도장은 수만 겁을 가더라도 없어지지 않을 것이나이다. 성산 종사여! 제생의세 성불 제중의 화신으로 시방 일가 사생 일신이 되고 이 회상 일원불 도량의 불탑신(佛塔身)이 되었으니 길이길이 받들고 모시겠나이다."

〈거래편 45장〉

| 출처 |

故 성산(誠山) 성정철(成丁哲) 종사 교회전체장

대종사님을 뵙고 대종사님이 주세불이시고 이 회상이 대도정법 회상임을 바로 깨닫고 두 마음 없이 귀의하고 출가를 단행하였습니다. 어제의 재무부장이 오늘은 밭에 나가 손수 일하는 일꾼이 되고 어머니 건타원 법사와 정토회원 인타원(忍陀圓) 이칠성(李七星) 법사는 남의 집에 일을 보아주며 생활을 유지하고 그것도 안 되어 때로 고향에 돌아가 있게 될 때도 있었으나 죽어도 이 집 떠날 수 없다 하시며 그대로 생사고락을 같이할 뿐이었습니다.
그처럼 온갖 간고한 형극(荊棘)의 길이었으나 한마음 변함없이 열반하는 그날까지 성(誠) 그 마음으로 일관하였으니 신의(信義)는 관고금(貫古今)하심이요, 경륜(經綸)은 통우주(通宇宙)하신 심법이었습니다.
하늘의 성(誠)과 땅의 성(誠)이 성산의 위법망구 위공망사의 성이 되시어 제생의세 성불제중의 화신으로 시방일가 사생일신이 된 이 회상 일원불 도량의 불탑신(佛塔身)이 되셨으니 길이길이 받들고 모실 거룩한 성자의 일생이셨습니다. 〈『대산종사수필법문집』 2. p.998. 원기72년 4월 29일〉

성산 종사 입장식

성산 종사님께서는 60년 전 병인년에 이 회상에 오셔서 주세불이신 대종사님께 세세생생 심인(心印)을 찍으셨기 때문에 1갑자, 2갑자 3, 4, 5갑자 백천만 무량갑자 선천 후천 수만 겁에 그 도장이 없어지지 않을 것입니다. 성산 종사님은 대종사님과 선 종법사님과 삼세 제불제성과 전 동지에게 그 마음에 심법에 도장을 찍으셨기 때문에 그 도장은 수만 겁을 가더라도 없어지지 않고 거름이 되기 때문에 앞으로 거룩한 영겁 영생이 되길 빌겠습니다.

〈『대산종사수필법문집』 2. p.999. 원기72년 4월 29일〉

| 배경 및 상황 |

대산 종사가 원기72년(1987) 4월 29일 故 성산 성정철 종사 교회전체장 발인식에서 내린 열반법문이다. 대산 종사는 성산 종사에게 은법형이라고 칭하였다. 교단 초창기에 온갖 고난과 생사고락을 같이하였던 분으로 생사의 갈림길에서 정의가 두터웠기에 감회가 남달랐을 것이다.

"성산 종사는 '나를 보고자 할진댄 따로 찾지 말고 일원상을 모시어라. 또 그것만 해서는 안 된다. 제중하는 것이 나를 보는 것이다.' 하시었으니 이는 출가위의 거룩한 심법입니다."

또한, "정산 종사는 형산, 성산 두 분을 한산과 습득에 비유하여 그 성자의 모습을 우리에게 가르쳐 주셨습니다. 두 분은 대종사님과 선 종법사님께 남김없이 다 바치시어 위법망구 위공망사에 조금이라도 흠과 부끄러움이 있을까 봐 그 효심을 잊으신 바가 없으셨습니다."

끝으로 대산 종사는 성산 종사 영전에 영생을 이 공부 이 사업하고자 다음 법구로 약속하였다.

창해만리허(蒼海萬里虛) 무아무인천(無我無人天)

암상일화신(岩上一化身) 안중시방현(眼中十方現)

| 용어 풀이 |

○ **성정철(成丁哲, 1901~1987)** 본명은 정호(丁鎬). 법호는 성산(誠山). 법훈은 종사. 1901년 6월 21일 경남 창녕군 유머면 부곡리에서 부친 재민(載珉)과 모친 손학경[建陀圓 孫學敬]의 2남 3녀 중 차남으로 출생했다. 성정철은 형수 조창환을 따라 사돈인 조철제(趙哲濟)의 교단에 합력하다가, 원기10년(1925)에 조창환·손학경·성철석·이칠성 등의 가족과 함께 불법연구회에 입회하고, 원기13년(1928)에 전무출신을 서원했다. 일생 익산총부와 영산성지 서무부장과 재무부장 등 교단의 사업계에 봉직하면서 초기교단의 어려운 경제적 여건을 타개하는 데 공헌했다. 소태산 대종사에게 천진도인이라고 칭찬을 받았다.

한국전쟁 때 영산성지 책임자로서 수호하며, 교단이 경제적으로 큰 어려움을 당할 때마다 그 일의 뒷수습을 도맡아 하면서도 동지의 허물이나 자신의 공을 숨기고 선후진 대중을 오직 대의로 뭉치게 하는 심법이 뛰어났다. "오늘도 나를 찾고 내

일도 나를 찾자. 오늘도 나를 놓고 내일도 나를 놓자"라는 좌우명을 몸으로 실천하며 정성과 투철한 공심으로 공부와 사업을 병행했다. 말년에 총부 송대에 머물며 김홍철과 함께 대산 종사를 보필했다. 1987년 5월 13일 세수 86세로 열반했으며, 수위단회에서는 종사 법훈으로 추존했다. 사위 류기현, 생질 하일성과 조카 정재·인종·도종·시종·명종이 전무출신했다.

○ **심인(心印)** 마음으로 인증한 경지. 주로 선가(禪家)에서 언어나 문자에 의하지 아니한 불타의 내심(內心)의 실증(實證). 수행자가 언어·문자로 표현할 수 없는 궁극의 경지를 성취했음을 스승이 마음으로 인증함을 표현하는 말이다.

○ **제생의세(濟生醫世)** 일체생령을 도탄으로부터 건지고 병든 세상을 치료한다는 뜻. 자기 자신을 먼저 제도하고, 병든 세상을 구제한다는 뜻.

○ **불탑신(佛塔身)** 몸이 불탑이 되었다는 뜻으로, 몸이 불탑으로 화하여 대중들에게 참배받는다는 말이다.

46 김홍철 영가의 발인식 법문

대산 종사, 김홍철(金洪哲) 영가의 발인식에서 설법하시기를 "형산(亨山) 은법형은 출가 후 대종사를 모시고 정진하였고, 8·15 광복과 한국전쟁의 혼란 중에도 성산 종사와 함께 영산을 지켰나이다. 은법형께서 제2차 방언공사의 총책을 맡아 그 추진 정신을 '구인정신 재차흥기(九人精神 再次興起)'로 표명하였기에 나는 '사부도덕 선양무궁(師傅道德 宣揚無窮)'이라 화답하였고, 정산 종사께서 '천난만난(千難萬難)을 당하더라도 그곳에서 돌아오지 마라.' 하시었을 때 '예' 하고 대답한 그 마음으로 혈심 혈성을 다하여 9인 선진들의 사무여한 정신을 재현하시었나이다. 은법형이시여, 형산이라 형통하시고 형통하심이여! 상하좌우 사방팔방으로 막힘이 없이 넓게 터져서 두루 통하고 화하며 바치고 바쳐서 세상을 구원하고 중생을 제도하시옵소서." 〈거래편 46장〉

| 출처 |

형산 은법형님께서는 팔산 대봉도님 출가 이후 장남으로서 가사를 책임져야 할 처지였으나 일도양단(一刀兩斷)의 대결심과 서원으로 출가하여 혈기 왕성한 청년 시절 3년간 사가에 가지 아니하고 대종사님을 모시고 익산 총부 건설 때 주경야독의 대정진을 하였습니다. 이는 부설 거사의 우오추간(又五秋間)의 대정진과 버금가는 교단적인 불공이었습니다.

정산 종법사님 모시고 일정 말의 그 간난했던 시기와 8·15해방 이후의 혼란, 6·25 전란을 겪으며 성산(誠山) 성정철(成丁哲) 종사와 더불어 영산성지에서 2~30년간 교대로 근속하시면서 위법망구 위공망사로 이 회상을 사수하고 보호하면서 교단 청년들을 지켜 주시어 뒷날 그 청년들이 교단에 크게 기여하게 하시었으니 큰일을 하시었습니다.

형산 은법형님이시여! 은법형님께서 제2차 방언공사의 총책으로 임하여 그 추진 정신을 스스로 구인정신 재차흥기라 하시었기에 나는 "사부도덕 선양무궁케 하소서" 한 바 있었고, 선 종법사께서는 "천난만난을 당하더라도 그곳에서 죽어 돌아오지 말라."고 하시었던바 은법형님께서는 '예' 대답한 그 마음으로 혈심 혈성을 다하여 그야말로 구인선진님들의 사무여한(死無餘限)의 대 정신을 재현시키셨습니다.

은법형님이시여!

형산이라 형통하시고 형통하심이여, 상하좌우, 사방팔방으로 막힘이 없이 넓게, 넓게 터져서 두루 통하고 화하며 바치고 바쳐서 세상을 구원하고 중생을 제도하시었습니다.

〈『대산종사수필법문집』 2. pp.1149~1150. 원기72년 12월 18일〉

| 배경 및 상황 |

대산 종사는 원기72년(1987) 12월 15일 형산 김홍철 종사가 열반하자 12월 18일 발인식에서 형산 김홍철 은법형님 영전에 열반법문을 내렸다. 성산 성정철 종사와 함께 대산 종사의 좌우 보필로 교단의 기강을 세우고 대의에 합한 어른이었다.

대산 종사는"형산이라 형통하시고 형통하심이여 상하좌우, 사방팔방으로 막힘이 없이 넓게, 넓게 터져서 두루 통하고 화하며 바치고 바쳐서 세상을 구원하고 중생을 제도하시었습니다.

다음 법구로 영로(靈路)를 위로하는 바입니다.

구인정신(九人精神) 재차흥기(再次興起)

사부도덕(師傅道德) 선양무궁(宣揚無窮)하소서."라고 하였다.

| 용어 풀이 |

○ **김홍철(金洪哲, 1902~1987)** 본명은 충렬(忠烈). 법호는 형산(亨山). 법훈은 종사. 중앙총부 농업부 감원을 시작으로 총부와 영광에 주로 근무하며 총부 순교감, 원광사 사장, 총부 예감, 총부 교령, 수위단원 등을 역임했다. 1902년 9월 19일 전남 영광군 백수면 길룡리에서 부친 광선[八山 金光旋]과 모친 신정랑(辛正浪)의 7남매 중 장남으로 출생했다. 그는 어렸을 적부터 대의와 의리를 세우고 결단과 실행이 분명했다. 부친과 소태산의 특별한 인연 관계로 인해 교단 창립과정을 가까운 거리에서 지켜보고 참여했으며, 몸소 체험한 소태산의 가르침을 다양하게 전하고 있다. 방언공사에서는 갖은 심부름을 하고, 모친과 함께 법인기도에 조력하다가 영촌 앞 시냇물에 빠졌다가 구조된 그에게 소태산은 입고 있던 두루마기를 벗어서 감싸 주면서 "천명지위성(天命之謂性)이요, 솔성지위도(率性之謂道)요, 수도지위교(修道之謂教)라"고 천명과 관련된 『중용』의 대의를 일러주었다.

형산 종사는 구인제자로 투철한 신심과 공심을 가진 부친과 권장부로 성의를 다

한 모친의 영향 아래서 원불교의 창립과정을 직접 지켜본 인물이다. 소태산은 "우리 회상에 특색 있는 도인들이 많이 있느니라. 그중에 박세철의 겸양과 전삼삼의 공경과 정일지의 정결과 김홍철의 의기와 성정철의 순진과 송혜환의 공심과 서대인의 대의도 다 후대 도인들의 모범이 될 만하다."[『대종경선외록』 교화기연장 2]고 한 것처럼 그의 의기는 일세를 풍미했다.

원기55년(1970) 총부 예감을 겸임하면서 성정철[誠山 成丁哲]과 함께 중앙총부의 원로 역할을 수행했다. 원기63년(1978) 총부 교령으로 추대되어 총부 송대에서 낙도하다가 원기72년(1987) 12월 15일에 열반에 들었다. 세수 86세, 법랍 57년이며, 제120회 수위단회에서는 법위를 출가위로 사정하고 종사의 법훈을 추서했다. 『팔산·형산종사문집』이 전하며, 자녀 대심·대관·대현·정심과 손자 덕상이 전무출신했다.

원기56년(1971) 서울회관 건립과정에서 발생한 인장(印章)사건에 대한 상벌 관련 등 교단적 대안을 제시하여 기강을 바로 세운 것도 그의 역할이었다. 원기62년(1977) 그는 〈인생 여덟 마당〉을 한시로 엮었는데, '자손에게 주는 교훈'에서는 "너희 자손들 선조를 이어 모두 지혜 갖추어라. 만물의 영장되어 무슨 일할까? 견성하고 항마하라[警戒子孫. 咄爾子孫承祖未 人人具有密波羅 自稱靈長由何事 見性之時又降魔]."〈『팔산·형산종사문집』〉고 이르고 있다.

○ **사부도덕(師傅道德)** 자기를 가르쳐서 인도하는 사람의 도덕. 스승님이 가르친 도덕.

○ **선양무궁(宣揚無窮)** 명성이나 권위 따위를 널리 떨쳐서 끝이 없음.

○ **천난만난(千難萬難)** 천만 가지의 어려움.

○ **혈심혈성(血心血誠)** 진심에서 우러나오는 정성.

○ **사무여한(死無餘恨)** 죽어도 여한이 없음. 정당하고 가치 있는 일을 위해서는 죽어도 아무런 한이 없다는 말.

㊼ 김성학 영가에게 고하기를

대산 종사, 김성학(金成學) 영가에게 고하시기를 "세산(世山) 영가는 티끌세상에 있었으나 티끌을 벗어났고, 욕심 세계에 있었으나 욕심을 뛰어넘어 위법망구(爲法忘軀)하고 위공망사(爲公忘私)한 불보살의 삶이셨으므로, 다음 생에는 자유자재의 마음으로 거래하여 동지(同志) 동행(同行) 동사(同事)할 것을 약속하나이다. 선하되 선악을 초월한 지선(至善)으로 선하시고, 즐기되 고락을 초월한 극락으로 즐겨하시고, 마음을 쓰되 유무를 초월한 묘유로 마음을 쓰시고, 임하되 생사를 초월한 열반으로 임하소서." 〈거래편 47장〉

| 출처 |

세산(世山) 김성학(金成學) 대호법 영전

불보살들은 진리의 간섭에 의하여 거래되는지라 옴도 감도 큰 뜻이 있는 것입니다. 그러므로 세산 대호법 영가가 옛 영산회상에서 약속하고 세웠던 그 큰 뜻을 그대로 이생에 이어왔습니다. 대종사께서 새 회상을 여시어 옛 법연들을 찾을 기연을 만드실 때 남 먼저 충청도에서 옛 약속의 불연을 찾아 새 회상의 창립주가 되었습니다.

그리하여 오늘의 대전교구 교세를 있게 하였으니 그 공덕 빛나며 큽니다. 내가 충청도 교화를 염원하고 세산 대호법님의 사가에 머물며 공사하였던 그 불사를 일이관지의 신의를 다하신 것을 생각하면 남다른 정의가 마음에 새겨 있으며 열반 소식을 전해 듣고 섭섭한 마음 금할 수 없습니다. 더욱이 며칠 남지 않는 2대 말 성업봉찬 기념대회를 앞두고 가시니 더욱더 그러합니다. 그러나 법사는 일생을 위법망구 위공망사로 거진출진하신 그 업적을 대호법위의 법훈으로 길이 받들게 되었으니 장하고 거룩한 성자의 생애이셨습니다. 그러니 이에 무엇이 마음에 걸리고 막히리오! 자유자재 거래하는 한마음에 머물러 다시 한번 동지(同志), 동행(同行), 동사(同事) 약속합니다.

끝으로 다음 법구로 영로를 위로하는 바이며 오는 생에는 더욱 대정진 대적공으로 대불과를 얻고 능력 갖추시기를 바랍니다.

"선(善)하시되 선악을 초월한 지선(至善)으로써 선하시고,
즐겨 하시되 고락을 초월한 극락으로써 즐겨 하시고
마음을 쓰시되 유무를 초월한 묘유로써 마음을 쓰시고
임하시되 생사를 초월한 열반으로써 임하소서."

〈『대산종사수필법문집』 2. p.1243. 원기73년 10월 20일〉

| 배경 및 상황 |

원기39년(1954) 8월 어느 날 당시 교정원장으로 재직 중이던 대산 종사는 충청도 교화를 염두에 두고 범산 이공전, 균산 정자선, 헌타원 정성숙 등 일행이 4일간 세산 대호법의 집에서 머물고 간 후 이어 동네 유지들의 친목계 모임에 정성숙 교무를 초빙하여 원불교에 관한 소개를 하도록 주선했다. 밤이 깊도록 진지하게 이루어진 이 모임이 계기가 되어 그의 집에서 당시 장수교당 교무였던 균산 정자선 대봉도를 초청하여 첫 출장법회를 보게 되었고, 원기40년(1955) 전세를 얻어 제원선교소를 설립하였다. 이로써 교화 불모지에 교화장이 열리는 효시를 이루었다.

대산 종사는 이날의 감회를 새기며 원기73년(1988) 10월 18일 열반한 세산 김성학 대호법의 발인식[10월 20일]에서 영전에 열반법문을 내리며 "끝으로 다음 법구로 영로를 위로하는 바이며 오는 생에는 더욱 대정진 대적공으로 대불과를 얻고 능력 갖추시기를 바랍니다.

선(善)하시되 선악을 초월한 지선(至善)으로써 선하시고,
즐겨 하시되 고락을 초월한 극락으로써 즐겨 하시고

마음을 쓰시되 유무를 초월한 묘유로써 마음을 쓰시고
임하시되 생사를 초월한 열반으로써 임하소서."라고 하며 그의 영로를 위로하였다.

| 용어 풀이 |

○ **김성학(金成學, 1914~1988)** 일원의 법종자가 하나도 뿌려지지 않았던 불모지 충청도에 일원의 씨앗을 뿌리고 교화의 발판을 이루며 충청도 교화의 문을 활짝 연 호법사도 세산(世山) 김성학(金成學) 대호법. 그는 1914년 2월 19일에 충남 금산군 제원면 제원리에서 부친 김종호(金鐘湖) 선생과 모친 최원명심(崔圓明心) 여사의 3남매 중 막내로 출생하였다.

그는 일찍이 대종사를 친견한 문타원(門陀圓) 정유진(丁有鎭) 대호법과 종앙총부 대각전에서 신정예법으로 결혼식을 올렸다. 주세성자인 대종사로부터 친히 설법을 받드는 영광을 누렸고 결혼 후 정유진 정사의 연원으로 원기30년(1945) 4월 3일에 입교하였다.

그 후 형님이 열반하자 고향 제원으로 돌아가 부모님을 모시고 그동안 하던 가업을 계승하게 되었다. 이에 부인 문타원 대호법이 시골인 고향으로 이주하는 조건으로 교당을 설립해 줄 것을 청하자 쾌히 승낙하였다. 이것이 교화의 불모지 충청도에 첫 교당이 설립되는 기연이 되었다. 세산 대호법이 설립과 후원한 교당은 금산, 제원, 추부, 유성, 영동교당 등이었다. 이외에도 그의 교화 일념은 공주, 청주, 논산, 부여 등 충청도 교화 터전 마련에 정성이 끊이지 않았으며 최초로 시카고에 교당이 설립될 때도 협력을 아끼지 않았다.

단아한 선비의 기품을 지닌 그는 수행의 적공 또한 깊어 가업인 양조장을 운영하면서도 철저한 계행으로 걸림 없는 성품을 단련하였으며 진흙 속의 연화같이 진세(塵世) 중에 자비를 실천하여 주위에서는 '법 없이도 살 도인'이라고 칭송했다. 주도면밀한 가운데 겸손을 겸비한 그의 원력 또한 특별하여 새벽에 부인과 나란히 교당에 나가 심고와 좌선으로 하루를 시작하여 사리연구는 물론 당하는 일마다 삼학 공부로 대조하며 불공과 적공을 하여 다복한 가정을 이루어 주위의 모범이 되었다. 교단의 중요사업에도 성의를 다하여 교화사업회 이사, 동산선원 후원회 이사 등을 역임하며 그 발전에 협력했다. 대종사의 높고 깊은 뜻을 헤아려 교법이 미치지 않는 곳을 찾아 법음 전하기를 간절히 발원하였다.

원기73년 10월 18일 거연히 열반한 세산 대호법은 거진출진의 표본으로서, 전법의 사도로서 새 회상의 창립에 빛나는 공덕을 쌓은 장한 호법주였다. 동년 10월 제125회 수위단회에서는 2대말 성업의 결산기를 맞아 그의 높은 호법공덕을 추모하면서 대호법의 법훈을 추서키로 결의했다.

○ **위법망구 위공망사(爲法忘軀 爲公忘私)** 법을 위해 몸을 잊고 공을 위해 사를 잊는다는 뜻. 곧 대도 정법회상의 발전을 위해서는 자기 몸을 돌보지 아니하고 열심히 노력하며, 공중사를 위해서는 개인의 사사로움을 돌보지 아니하고 심신을 다 바친다는 의미이다.

48 김태흡 스님의 열반 법문

대산 종사, 김태흡(金泰洽) 스님의 열반을 당하여 법문을 보내시니 "새 회상이 열리는 새벽 머리에 개벽의 큰 불사에 큰 합력과 큰 불공을 하였으니, 새 회상이 열려갈수록 그 불과(佛果)가 한량없을 것입니다. 우리 회상에서는 스님의 그 큰 공덕을 높이 기리기 위해 명예 대호법의 성스러운 법훈을 수여합니다. 영생을 통하여 불연과 법연이 끊임없이 이어지기를 간절히 바라며 다음 게송으로 영로를 밝혀드리는 바입니다. 영천영지 영보장생(永天永地 永保長生) 건승불사 공덕무궁(建承佛事 功德無窮) 자성청정 대원정각(自性淸淨 大圓正覺)." 〈거래편 48장〉

| 출처 |

김대은(金大隱)[태흡(泰洽)] 큰 스님 종재 법문

영산회상 옛 법연의 그 신성(信誠) 그 서원이 불불계세(佛佛繼世) 성성상전(聖聖相傳) 법법상법(法法相法) 심심상련(心心相連)하여 당래불 미륵불 용화회상 열리는 이 땅에서 다시 만나 새 일대겁이 열리는 새벽 머리에 개벽의 대불사에 대합력 대불공하였으니 새 천지, 새 세상, 새 회상 열려갈수록 그 불과 무궁할 것이며 실지실견(悉知悉見)하시는 부처님께서 영겁을 통하여 실인실득(悉認悉得)케 하여 일체 동포의 큰 스승 되게 할 것입니다.

그러므로 원불교에서는 수위단회의의 결의에 따라 김태흡 큰스님에게 대호법위의 대 법훈을 수여하였습니다. 영생영겁의 불연과 법연을 다시 한번 더 굳게 맺으며 다음 법문으로 영로를 더욱 밝혀드리는 바입니다.

태흡 큰 스님이시여.

영천영지 영보장생토록 천·지·인 삼재(三才)에 합한 삼계에 뛰어난 대 수도인이 되시어 만세멸도하여 소천소지(燒天燒地)가 되더라도 유아독존(唯我獨尊) 유아독생(唯我獨生) 유아독로(唯我獨露)하시고 거래각도(去來覺道)하시며 우담 일원화 무궁화를 피우시어 보보일체(步步一切)가 대성경현전(大聖經賢典)이 되게 하소서.

〈『대산종사수필법문집』 2. pp.1319~1320. 원기74년 5월 31일〉

김태흡(金泰洽) 스님 열반 조전

영천영지(永天永地) 영보장생(永保長生)

건승불사(建承佛事) 공덕무궁(功德無窮)

자성청정(自性淸淨) 대원정각(大圓正覺)

〈『대산종사수필법문집』 2. p.1299. 원기74년 4월 14일〉

| 배경 및 상황 |

대산 종사는 원기74년(1989) 5월 31일 김태흡 스님 종재 법문과 명예 대호법의 법훈을 수여하였다. "새 회상이 열리는 새벽 머리에 개벽의 큰 불사에 큰 합력과 큰 불공을 하였으니, 새 회상이 열려갈수록 그 불과(佛果)가 한량없을 것입니다."라고 하시며 스님 영전에 법구로 영로를 밝혔다.

영천영지(永天永地) 영보장생(永保長生)

건승불사(建承佛事) 공덕무궁(功德無窮)

자성청정(自性淸淨) 대원정각(大圓正覺)

| 용어 풀이 |

○ **김태흡(金泰洽, 1889~1989)** 김대은(金大隱) 또는 석대은(釋大隱)으로도 불린다. 일제강점기부터 활동한 한국의 불교 인물이다. 김태흡은 일본에 유학하여 도쿄(東京)에서 인도철학과 종교학을 장기간 공부한 뒤, 1928년 귀국하여 조선불교중앙교무원에서 포교사로 일했다. 김태흡은 일본 유학중 1923년의 관동대지진 때 조선인 수만 명이 살육되는 재난 속에서 간신히 살아나는 체험을 하고, 《불교》 제35호(1927. 5. 1)에 '임진병란과 조선승병의 활약'이라는 글을 발표하여 일부가 삭제되는 등 반일성향을 드러내기도 했다.

그러나 그는 1928년 귀국 후 조선불교중앙교무원 초대 중앙포교사로 활동하다가 1935년 8월에 《불교시보》를 창간[1944년 4월 종간]하면서 급격하게 친일파로 변모해 갔다. 《불교시보》는 9년 동안 발행했는데, 이 기간 중 친일 활동에 앞장섰다. 《불교시보》는 조선총독부의 황민화 정책의 일환인 심전개발운동을 적극적으로 홍보하고 보도했으며, 김태흡은 심전개발과 관련하여 전국을 다니며 많은 강연을 했다.

특히 중일 전쟁과 아시아태평양전쟁 기간에는 일본의 침략 전쟁을 옹호하는 기사와 사설을 《불교시보》에 다수 실었고, 시국 강연을 병행하며 전쟁 지원에 앞장섰다. 스스로 금산태흡(金山泰洽)으로 창씨개명을 한 뒤, 창씨개명 홍보와 이를 뒷받침하는 논리 개발에 적극 나섰다. 이런 활동으로 인해 '조선 제일의 친일 포교사'였다는 평도 있다. 광복 후에는 『팔만대장경 교역』·『관음경 강화』·『석가여래 일대기』·『신앙의 등불』·『피안의 메아리』·『구도에의 길』 등 많은 저술을 남겼다.
일제말기 불교시보사 사장으로 있을 때 소태산 대종사를 만나고 이때부터 대종사를 깊이 숭배하게 되었다. 일제의 탄압에서 원불교 교단을 적극 옹호해 주었고, 『불교정전』도 그의 이름을 빌려서 조선 총독부 당국의 허가를 얻어 발행하게 되었다. 소태산 대종사 열반 발인식 때에는 주례를 맡아 주기도 했다. 8·15 광복 이후에 대승사·법주사·화운사 조실을 역임했고, 대한불교달마회 지도법사, 동국 역경원 역경위원도 역임했다.

○ **불과(佛果)** ① 삼학을 수행하여 얻은 결과, 곧 법강항마위·출가위·대각여래위의 법위를 얻는 것. ② 불도 수행으로 얻는 부처의 경계. 소승불교에서는 일불설(一佛說)을 주장하여 제자들의 수행 결과는 무루지가 생기는 수다원과(須陀洹果)·사다함과(斯陀含果)·아나함과(阿那含果)·아라한과(阿羅漢果)의 소승사과(四果)만 말할 뿐 불과는 말하지 않는다. 대승불교에서는 다불설(多佛說)을 주장하여 법신불·보신불·화신불의 삼신불을 다 갖추어 화현한 존재를 불과라 한다. 따라서 보살행을 닦아 불성(佛性)을 개현(皆現)한 사람은 누구나 다 부처가 될 수 있다고 한다.

49 이운권 영가에게 고하기를

대산 종사, 이운권(李雲捲) 영가에게 고하시기를 "대종사께서 '네가 올 줄 알았다. 일체중생의 먹구름인 삼독 오욕을 다 거두어 제도하라.' 하시매 옛 약조대로 서원을 올리고 신성을 바치며 출가하였고, 그 씨앗이 심어져 가문에서 수없는 불보살이 이어 나와 교단의 구석구석에서 창립의 역할을 다하고 있으니, 고산(高山) 종사의 일생은 참으로 거룩한 성자의 생애였나이다. 고산 종사여! 흰 구름 허공에 흩어지니 흰 구름 하늘이요, 밝은 달 물에 잠기니 밝은 달빛 시내로다. 불조의 단적인 뜻을 알고자 하니 해가 가고 해가 옴에 또 해가 지나더라[白雲散空白雲天 明月揷水明月川 欲知佛祖端的意 年去年來又歷年]." 〈거래편 49장〉

| 출처 |

고산(高山) 이운권(李雲捲) 종사 영전

영산회상에서 법연으로 약조하였던 고산 종사님. 새 주세불 대종사께서 기다리고 찾으셨다가 "네가 올 줄 알았다. 운권(雲捲)이다." 하시고 "앞으로 일체중생의 삼독오욕인 먹구름을 다 거두어 제도하라." 하시며 맞이하심에 종사께서는 옛 약조대로 서원을 올리고 신성을 바치며 출가했습니다.

그러니 영계에서 이로 인한 우리의 법연 약속을 다시 한번 더합시다. 고산 종사께서 출가 초 영산 7년 근무 시 30리 거리의 신흥리 가정을 두고 할애출가(割愛出家)로 금욕난행(禁慾難行)의 대불공을 하였으니 이는 구인선진님들이 보이신 백지혈인(白指血印)의 실천적 산 사표이었습니다. 이 대 희생의 씨앗은 그 가문에서 수 없는 불보살들이 이어 나와 이 교단의 구석구석에서 창립의 역할을 다하고 있으니 고산 종사의 일생은 참으로 거룩한 성자의 일생이었습니다.

고산 종사님 다음 법구로 영로를 위로하는 바입니다.

백운산공백운천(白雲散空白雲天)

명월삽수명월천(明月揷水明月川)

욕지불조단적의(慾知佛祖端的意)

연거년래우역년(年去年來又歷年)

〈『대산종사수필법문집』 2. p.1380. 원기75년 1월 26일〉

| 배경 및 상황 |

대산 종사는 원기75년(1990) 1월 26일 고산 이운권 종사 영전에 열반법문을 내리며 다음 법구로 영로를 위로하였다.

흰 구름 허공에 흩어지니 흰 구름 하늘이요,
밝은 달 물에 잠기니 밝은 달빛 시내로다.
불조의 단적인 뜻을 알고자 하니
해가 가고 해가 옴에 또 해가 지나더라

| 용어 풀이 |

○ **이운권(李雲捲, 1914~1990)** 본명은 운행(雲行). 법호는 고산(高山). 법훈은 종사. 원평교당 교무, 동산선원장, 중앙선원장, 교정원장, 수위단원, 교령을 역임했다. 그는 1914년 5월 3일 전남 영광군 묘량면 신천리에서 부친 형기(亨基)와 모친 신이경(辛以耕)의 4남 2녀 중 3남으로 출생했다. 5세부터 서당에서 한문을 배웠으며 고향에서 초등학교를 졸업했다.

이운권은 소태산을 뵙고 바로 제자가 되기를 원하자 소태산은 "네가 이곳에 올 줄 알고 기다리고 있었다. 부친이 출가하지 못할 형편이니 네가 두 숙부의 뒤를 이어 출가하는 것이 좋겠다."라고 허락하여, 원기18년(1933) 1월에 동선(冬禪)에 참가하고, 4월 1일에 출가했다.

어느 날 좌선이 끝나고 소태산은 '운권이가 맑은 기운이 많이 솟았다', '육신의 키보다는 정신의 키가 커야 한다'라고 했고, 그는 평생 이 말을 잊어본 일이 없다고 한다. 이후 이운권은 영산에서 정산 종사를 7년, 송도성을 3년 모시고 살며, 『금강경』·『도덕경』 등 많은 경전을 배웠고, 선서(禪書)·선화(禪畵)도 익혀 상당한 실력을 쌓고, 선교(禪敎)를 겸전하는 공부를 계속했으며, 고경(古經) 해석에 일가견을 이루었다. 원기28년(1943) 중앙총부의 공익부장으로 1년간 봉직한 후, 원평교당 교무로 근무하며 금산요양원 설립의 기초를 세웠다.

원기31년(1946)에 다시 총부교감, 감찰원부원장, 순교감, 감찰원장 등을 역임했다. 원기38년(1953)에 동산선원이 개원되자 초대원장 겸 교감으로 부임했다. 한편 한국전쟁으로 중단되었던 《원광》의 복간에 정성을 쏟아, 보화당의 송혜환이 발행이 되고 그가 주간이 되어 복간했다.

국제화시대를 대비하여 총부서울사무소가 원기50년(1965) 개설되자 초대소장으로 부임하여 서울출장소 주관으로 6대종교협의회[불교·천주교·기독교·유교·천도교·원불교]를 탄생시켰고, 《종교계》를 창간했다. 원기56년(1971) 4월 교정원장에 취임했으나, 얼마 후 서울회관의 건축 문제가 난관에 봉착하여 큰 어려움을 겪기도 했다.

원기59년(1974) 이후 이운권은 교령의 직책을 가지고 지방에 순회 설법도 하며 수행삼매의 정진을 계속했다. 원기61년(1977)에는 『삼가정수(三家精髓)』를 저술하여 후진들의 경전 공부의 길잡이가 되게 했다. 이운권은 원기75년(1990) 1월 24일 77세로 열반했다. 슬하의 영인, 건인이 전무출신했다. 원기73년(1988) 5월 제122회 수위단회에서는 2대말 성업의 결산기를 맞아 이운권의 법위를 정식출가위로 사정하고 종사 법훈을 서훈키로 결의했다.

50 유청사 영가에게 고하기를

대산 종사, 유청사(柳青史) 영가에게 고하시기를 "청산(青山) 영가는 불연과 법연이 지중하여 큰마음으로 왔다가 큰마음으로 살고 큰마음으로 갔으니, 한 마음의 흔적이나 한 일의 그림자도 남기지 말고 본래 고요하고 맑으며 크고 밝은 자성에서 편히 쉬었다가 큰마음 큰 인연으로 만날 것을 간절히 부탁하나이다." 〈거래편 50장〉

| 출처 |

고 청산(靑山) 유청사(柳靑史) 정사(正師) 영전 법문

청산 법사의 열반 소식을 받고 섭섭한 마음, 마음 깊이 하였습니다.

법사께서는 여러 가지 부족한 것이 없었던 처지였으나 뜻하신 바 있어 가사 정리를 완전히 하고 말년에 내생을 준비하기 위해 신도안 삼동원에 자리 잡고 수도 정진하였습니다.

내생을 준비하며 대서원하에 대정진하는 것은 아무나 하지 못하는 것으로 불생불멸과 인과보응의 진리를 환히 알고 활용하는 불보살만이 하는 일로 교단, 국가, 세계, 인류와 일체생령의 소중한 소망이고 경사가 되는데, 법사께서는 그 일을 하셨습니다. 이는 불연과 법연 따라 큰마음으로 왔다, 큰마음으로 살다, 큰마음으로 가는 것입니다.

그러므로 법사께서는 세세생생 거래 간에 한마음 큰마음 밝은 마음입니다. 이 얼마나 자랑스럽고 거룩하며 빛나는 일입니까?

법사께서는 특히 정산 종법사님과는 숙겁에 법연이었던지라, 선사님께서 남원과 장수교당에서 정양 중이실 때는 모시고 받들며 남원교당 발전에 창립주가 되셨고, 또한 선사님의 마지막 큰 뜻을 남긴 삼동원 발전에는 10여 년을 동산(東山) 이병은(李炳恩) 대봉도와 같이 내가 삼동원에 있든 없든 혈심혈성 다하여 수호하고 발전시켜 오늘날의 삼동원이 있게 하는 주인이었습니다. 법사의 이 혈심혈성의 공덕은 날이 갈수록 교단과 더불어 크고 빛날 것입니다.

청산 정사이시여!

이제 이생에 모든 인연과 일들은 다 청산되었으니 한마음의 흔적도 한 일의 그림자조차 남기지 말고 본래 고요하고 맑으며 크고 밝은 자성에서 편히, 편히 쉬었다, 큰마음 큰 인연으로 만날 것을 간절히 부탁합니다.

〈『대산종사수필법문집』 2. p.1409~1410. 원기75년 9월 9일〉

| 배경 및 상황 |

대산 종사는 원기75년(1990) 9월 9일 청산 유청사 영전에 열반법문을 내렸다. 정산 종사와의 불연으로 시봉의 도를 다 하였고 정산 종사가 신도안 삼동원을 수호하라는 유시를 받들어 삼동원으로 이주하여 대산 종사의 지도를 받으며 10여 년간 삼동원 발전에 적극적으로 합력하였다.

대산 종사는 "청사 정사는 이제 이생에 모든 인연과 일들은 다 청산되었으니 한마음의 흔적도 한 일의 그림자조차 남기지 말고 본래 고요하고 맑으며 크고 밝은 자성에서 편히, 편히 쉬었다, 큰마음 큰 인연으로 만날 것을 간절히 부탁합니다."라고 그의 영로를 밝히며 위로하였다.

| 용어 풀이 |

○ **유청사(柳靑史, 1900~1990)** 본명은 승권. 법호는 청산(靑山). 1900년 장수에서 출생, 부인 정장국 정사 연원으로 원기31년(1946) 3월 12일 입교하였다. 원기38년(1953) 3월 남원교당 교도회장에 취임한 후 원기40년(1955) 법당 신축을 서원하고 원기45년(1960) 9월 기공식을 거행, 이듬해인 원기46년(1961) 7월 남원시 금암봉에 법당을 완공하여 거교적인 봉불낙성식을 마련한 주인공이었다. 또한 교당의 식수 문제를 해결하기 위하여 2백여 일간 우물 파는 일에 직접 현장감독으로 성원천의 역사를 이룩해 내기도 했다.

정산 종사와 숙겁의 연원으로 남원 산동교당[백우암]과 장수교당에서 정양할 때 시봉의 도를 다하였으며 원기46년(1961) 청산이라는 법호를 받았다. 원기50년(1965) 부인과 함께 신도안으로 이주하여 대산 종사의 하명을 받들어 신도교당 교화 발전을 위하여 물심양면으로 온갖 정성을 다하였다.

원기61년(1976) 11월 다시 남원으로 귀향, 정화극장을 운영하면서 교단의 합동행사에 장소를 제공하였고, 남원교당을 시내로 이전하는 데 일조를 다 했으며, 원기67년(1982) 법강항마위에 오른 후 신앙과 수행이 회상의 발전과 호리도 어긋남이 없이 순일하여 수많은 교도의 존경과 흠모를 받았다.

청산 정사는 원기75년(1990) 91세의 천수를 누리고 9월 6일 숙환으로 열반했다. 공부성적은 정신법강항마위, 사업성적은 정특등, 원성적 준특등에 해당하여 교회 연합장으로 9월 9일 오전 10시 남원교당에서 엄숙히 거행하였다.

51 이공주 영가에게 고하기를

대산 종사, 이공주(李共珠) 영가에게 고하시기를 "구타원(九陀圓) 종사께서는 부처님 문하의 수달장자같이, 공자님 문하의 자공(子貢)같이 이 회상 초창기에 참여하여 그 역할을 하셨으니, 이는 3천 년 전 영산회상의 약조였나이다. 대구장보살마하살(大九長菩薩摩訶薩) 구타원님! 대종사님 법문 굽이굽이 수록한 필적, 모든 사업 곳곳마다 끼치신 자취, 정신·육신·물질 다 바친 전무출신 정신, 하늘 구천 위에 솟고솟고, 땅 구장(九長) 밑에 길이길이, 영세무궁 다시 영세, 무궁혜 닦고 무량복 쌓으셔서 복혜 양족한 큰 불과 이루소서." 〈거래편 51장〉

| 출처 |

구타원(九陀圓) 이공주(李共珠) 원정사(圓正師) 영전

구타원 종사님은 부처님 당시 수달 장자로, 공자님 문하에 자공으로 이 회상 초창기에 기다리고 찾아 만났으니 교단 만대에 역사가 거룩하게 증명하고 길이길이 찬양하고도 남을 영산회상에 약조였습니다.

원기58년 11월 11일 내장사에서

대구장보살(大九長菩薩) 마하살 구타원(九陀圓)님.

대종사님 법문 굽이굽이 수록한 필적(筆跡),
모든 사업 곳곳마다 끼치신 수택(手澤),
정신, 육신, 물질 다 바치신 전무출신 정신,
하늘 구천(九天) 위에 솟고 솟고,
땅 구장(九長) 밑에 길이길이 영세무궁(永世無窮) 다시 영세
무궁혜(無窮慧) 닦고 무량복(無量福) 쌓으셔서
복혜양족(福慧兩足) 구족(具足)한 큰 불과(佛果) 이루소서.

〈『대산종사수필법문집』 2. p.1446. 원기76년 1월 4일〉

| 배경 및 상황 |

대산 종사가 원기76년(1991) 1월 5일 구타원 이공주 원정사 영전에 열반법문을 내렸다. "구천(九天)에 솟는 그 대신성(大信誠)은 삼세의 법연이고 시방에 다북차 두루 한 그 대서원은 공주(共珠)일레라. 그 신성 그 서원은 법랑(法囊)이 되어 도화만개(道花滿開)할 것이니 대종사님 기뻐하심 여기에 더함이 어디 있으리까?
끝으로 대종사께서 구타원 종사께 내려주셨던 법문처럼 거래각도무궁화(去來覺道無窮花)하시고 보보일체대성경(步步一切大聖經) 할 것을 기원하며 구타원 종사께서 '우희본무종(憂喜本無種)이나 자심수경기(自心隨境起)로다 약무심여경(若無心與境)이면 무우역무희(無憂亦無喜)일러라.'를 읊으셨던 이 법구에 의지해서 거래하시어 대불과 성취할 것을 거듭 기원하며 당부하는 바입니다."라고 하였다.

| 용어 풀이 |

○ **이공주(李共珠, 1896~1991)** 본명은 경자(慶子). 법호는 구타원(九陀圓). 법훈은 종사. 필명은 청하(淸河). 1896년 12월에 서울 대조동 112통 8호에서 부친 유

태(裕泰)와 모친 민자연화(閔自然華)의 3남 3녀 중 차녀로 출생. 원불교 초창기의 대표적인 여성교역자의 한 사람. 대한제국의 황실에서 시독(侍讀)을 하는 등의 신구지식을 갖추었다. 원기9년(1924) 서울에서 소태산 대종사를 만나 제자가 된 후 법문 수필 등에 탁월한 역량을 발휘하여 법낭(法囊)이라는 별호를 받았다.

교서 발간 등으로 초창기 교단의 호법주, 경제적 기초 확립과 기관·시설의 창립·후원 등으로 자타가 인정하는 공덕주였다. 전무출신을 서원하여 여자수위단원으로 제1대 성업봉찬회 회장, 감찰원장 등 교단의 요직을 두루 거치며 문화교화 등에 기여했다. 만년의 91세 때인 원기71년(1986)에는 필생사업으로 진행해 오던 『원불교 제1대 창립유공인역사』(전7권)를 편찬하여 자비로 출판했다. 원기76년(1991) 대종사탄생100주년까지 교단발전사의 현장을 지킨 인물로, 일생을 자료의 수집·보관, 사료 정리에 공을 들여 교단사와 관련한 귀중한 유품을 다수 남겼다.

이공주는 글을 해독한 이후 일생을 기록과 함께 했다. 특히 1909년 5월 14일부터 쓰기 시작한 일기는 일생 동안 계속된 데다 고스란히 남아 있어 자신의 생애는 물론 교단사의 정리에 있어서도 매우 유용하다. 그의 저술은 소태산의 법문수필에서부터 시·논설·역사기록 등 다양하며 활자화가 이루어진 것은 물론 수고본(手稿本)에 이르기까지 여러 형태로 남아 있다. 저술은 교단적인 역사물에 위의 『원불교 제일대 창립유공인역사』 7권(1986)·『원불교연혁』(1953) 등이 있고, 자신의 문집에 『한 마음 한 길로』·『금강산의 주인』·『세계가 함께 보는 구슬』(1984), 요절한 장남 박창기(默山 朴昌基, 1917~1950)의 문집인 『묵산정사문집』(1985)이 있다.

구타원종사기념사업회에서는 일기장과 교단사 관련자료를 묶어 『구타원이공주종사 소장 원불교교단사 자료집성(九陀圓李共珠宗師所藏圓佛教教團史資料集成)』 전8권(2005)을 영인 발행하고, 사진첩 『구타원 이공주종사』 2권(2006), 그리고 법문수필집으로 『일원상을 모본하라』·『인생과 수양』(2007), 열반 관련 자료와 후인들의 회고담을 모아 추모문집으로 『새 회상 도덕박사 세계의 큰스승』(2007)을 발행했다. 원불교 초창기 교단사와 함께 전개된 그의 사상은 원불교 교리를 믿고 실천한 신심·공심·공부심의 결과이다.

○ **수달장자(須達長者)** ① 석가모니불과 같은 시대에 인도 사위성에 살던 큰 부호. 기원정사를 지어 석가모니불에게 드렸다고 한다. 자비심이 많아 가난한 사람들에게 혜시를 많이 했으므로 급고독장자(給孤獨長者)라고도 한다. ② 인도의 수달장자에 비유해서 원불교 회상에 물질을 많이 희사한 사람, 곧 사업을 많이 한 사람을 수달장자라고도 한다.

○ **공자(孔子, B.C. 551~B.C. 479)** 중국 춘추 시대의 사상가·학자. 이름은 구(丘). 자는 중니(仲尼). 노나라 사람으로 여러 나라를 두루 돌아다니면서 인(仁)을 정치와 윤리의 이상으로 하는 도덕주의를 설파하여 덕치 정치를 강조하였다. 만년에는 교육에 전념하여 3,000여 명의 제자를 길러내고, 『시경』과 『서경』 등의 중국 고전을 정리하였다. 제자들이 엮은 『논어』에 그의 언행과 사상이 잘 나타나 있다.

○ **자공(子貢)** 중국 춘추 시대 위나라의 유학자(B.C.520?~B.C.456?). 성은 단목(端木), 이름은 사(賜). 공문십철(孔門十哲)의 한 사람으로 언어에 뛰어났으며, 노나라와 위나라의 재상(宰相)을 지냈다.

○ **영산회상(靈山會上)** 영취산(靈鷲山)에서 석가모니가 법화경을 설법하던 자리. 영산회라고도 부른다.

○ **대구장보살마하살(大九長菩薩摩訶薩)** '대'는 큰, '구장'은 구타원 종사와 장로를 줄여 대구장이라 하였다. '보살마하살'은 보살을 높여 부르는 말로 보리살타 마하살타[菩提薩痲摩訶薩痲, bodhisattva-mahāsattva]의 준말. 보리살타는 각유정(覺有情)·도중생(度衆生), 마하살타는 대유정(大有情)·대중생(大衆生)이라는 뜻. 성문·연각·보살을 합쳐서 보살이라 하고, 마하살은 보살만을 의미한다. 마하살타는 보살에 대한 존칭이며, 위대한 뜻을 품은 사람, 큰 지혜를 추구하는 사람에 대한 통칭이기도 한다.

대산 종사는 원기58년(1973) 11월 11일 정읍 내장사에서 구타원 종사를 '대구장 보살마하살'이라고 존경의 의미를 담아 호칭하였다.

○ **복혜양족(福慧兩足)** 어느 한쪽에 치우치지 않고 복과 혜를 고루 갖추는 것. 복족족 혜족족(福足足慧足足)과 같은 의미이다. 과거 수도인은 지혜를 밝히는 데 치중하지만, 인간 생활을 복되게 하는 데에는 어두웠다. 오히려 세간에서 누리는 복락을 금기시했다. 반대로 세속생활을 하는 사람들은 복된 생활에 치중하지만, 지혜를 밝히는 데에는 관심이 없었다. 그러나 지혜와 복을 아울러 닦고 갖추는 것은 제생의세를 실현하는 매우 중요한 요소가 된다. 개벽시대에 알맞은 행복관은 불법시생활, 생활시불법을 통해 복혜양족한 삶을 누리는 것이다.

52 이영훈 영가에게 고하기를

대산 종사, 이영훈(李永勳) 영가에게 고하시기를 "의타원(誼陀圓) 종사여! 크고 넓으며 밝고 발라서 영훈으로 교단 전반에 의(誼)를 다한 불보살의 빛나고 거룩한 생애였습니다. 나와는 정토의 인연이 되어 사가의 운영과 자녀의 교육 등을 책임졌고, 정토회를 통해 교단 발전에 밑받침이 된 법동지(法同志)·심동지(心同志)·은동지(恩同志)였습니다. 내 마음 다하여 위로하고 다음 게송으로 영로를 밝힙니다. 두렷하고 바른 위력 삼천대천세계에 떨치고, 그믐 달빛은 구만리 하늘을 밝게 비치도다. 몸은 다르나 마음은 하나요 그 바탕은 하나이니, 이 마음 만년을 가고 또 만년을 가게 합시다[圓正威振三千界 晦光炯徹九萬天 身異心一同一體 此心萬年又萬年]."

〈거래편 52장〉

| 출처 |

故 의타원(誼陀圓) 이영훈(李永勳) 원정사(圓正師) 영전

의타원 원정사이시여!

크고 넓으며 밝고 발라서 영훈(永勳)으로 교단 전반에 의(誼)를 다한 불보살의 빛나고 거룩한 생애이었습니다.

나와는 영생영겁에 불연과 법연으로 거래하면서 이 회상에 와서는 정토회원의 인연이 되어 의타원(誼陀圓) 종사는 사가의 운영과 자녀의 교육 등을 책임지고 정토회를 통해 교단 발전에 밑받침한 법(法)동지 심(心)동지 은(恩)동지였습니다.

내 마음 다하여 위로하고 우리의 영겁불변의 불연 법연을 다시 굳게 영전에 약속하며 영로를 밝히는 바입니다.

두렷하고 바른 그 위력을 삼천대천세계에 미치게 하고
어둠 지난 빛은 밝게 구만 리 하늘을 비쳤나니
몸은 다르고 마음은 하나이며 그 체는 하나로 하였으니
이 마음은 만년을 가고 또한 만년을 가게 합시다.

〈『대산종사수필법문집』 2. p.1518. 원기77년 3월 19일〉

| 배경 및 상황 |

원기77년(1992) 3월 19일 대산 종사의 정토 의타원 이영훈 종사가 열반하였다. 대산 종사는 "의타원은 사가의 운영과 자녀의 교육 등을 책임지고 정토회를 통해 교단 발전에 밑받침한 법동지(法同志) 심동지(心同志) 은동지(恩同志)"라고 하며 석별의 정을 표하였다.

대산 종사는 3월 21일 의타원 종사의 발인식에는 참여치 못했다. 발인식을 마치고 영구차가 영모묘원 입구로 들어서자 대산 종사는 마지막 가는 길에 평생의 반려자이자 사제지간이요 동지였던 의타원을 위해 법문하였다. 공식적인 열반법문은 이미 발인식에서 하였지만, 마지막 이별의 정을 나누는 마당에서 무슨 법문 말씀을 할지 대중들은 정신을 고누고 숨소리도 멎은 채 지켜보았다. 특히 유가족인 자녀들에게 위로의 말씀과 함께 공중사로 인해 가정을 돌보지 않음에 대한 부부로서의 회한과 석별의 정을 말씀하지 않을까 하는 기대로 열반법문을 청하였다.

대산 종사는 분향하고 "앞으로 종재에 참석 못 할 것 같아 내가 금년 신년에 염원한 바와, 이렇게 되었으면 좋겠다고 하는 생각에 마지막 가는 의타원 종사에게 다시 부탁하고자 합니다."라고 하고는 '세계평화 삼대제언'을 말씀하였다. 일반적인 열반법문이 아니었기에 대중들은 '어떻게 법문을 할까?' 하는 호기심과 놀라움으로 법문을 받들었다.

대산 종사의 정토로, 동지로 함께했던 정이 필부필부(匹夫匹婦)의 회한과는 달랐다. 끝까지 이 공부 이 사업을 하고 '두렷하고 바른 그 위력을 삼천대천세계에 미치게' 하자는 도인 부부의 위력이 생사의 갈림길에도 오직 하나였다.

| 용어 풀이 |

○ **이영훈(李永勳, 1913~1992)** 의타원 종사는 1913년 12월 29일 전북 임실군 관촌면 상월리에서 부친 이근만(李根萬) 선생과 모친 조준관(趙準官) 여사의 10남매 중 맏딸로 출생하였다.

의타원 종사는 결혼 후인 원기17년 김성천화를 연원으로 정식 입교를 하였고, 친정에서 묵는 동안 총부에 내왕하면서 선(禪)에 참석하였다. 진안 좌포로 신행(新行)한 후 금광사업 등으로 기울어가는 시댁 살림살이를 하게 되었다. 이때 대산 종사는 잠시 휴가를 얻어 처음이자 마지막인 사가 살림을 정리, 부모님만 고향에 남고 의타원 종사 등 식구가 모두 총부 구내로 이사를 하게 되었다. 의타원 종사는 어려워진 가계를 도맡아 이끌어야 하는 무거운 짐을 지게 되었다. 그렇지만 조금도 흐트러짐 없이 예물로 받았던 금반지·금비녀 등을 친정아버지에게 팔았고, 처녀 때 저축한 돈을 합해 4백 원을 가지고 복숭아밭을 시작했다.

어느 날 처음으로 대산 종사에게 논 6백 평에 대한 처리 문제를 상의했다. 그러나 대산 종사는 "왜 나에게 묻소? 알아서 하지."라는 간단한 대답뿐이었다. 그 후 의타원 종사는 사가 살림에 대해 일절 입을 열지 않았고, 혼자 힘으로 이끌어갔다. 다만 건강이 좋지 않은 대산 종사의 건강에 필요한 약이나 의복만을 마련해서 드릴뿐이었다.

항상 무시선법을 표준하여 '일이 없을 때는 잡념을 제거하고 일심을 양성하며 일이 있을 때는 불의를 제거하고 정의를 양성한다'는 표준으로 정진했다. 지병으로 앓아오던 가슴앓이가 48세 때에 담석으로 진단이 내려져 동화병원에서 대수술을 할 때 이미 전탈전여(全奪全與) 생사 해탈이란 초월의 심경을 체득하였다.

의타원 종사는 "권장부 노릇 잘하라"는 정산 종사의 유지를 받들어 원기48년(1963) '정토회' 창설의 디딤돌이 되었다. 언제나 정토회의 선두 기러기로 후진 정토회원들의 든든한 의지처가 되어서 때로 어머니로 형님으로 고락을 함께했고, 막히고 어려운 일의 해결에 앞장서는 헌신 봉공의 모범을 보였으며, 대의에 따르는 선공후사의 투철한 정신으로 생의 보람을 삼았다.

새 회상 초창에 대종사를 비롯한 많은 어른을 모시고 법열로 살아온 의타원 종사. 평범 속에 닦아 온 심력은 두루 대중의 사표가 되었다.

원기73년(1988) 5월 제122회 수위단회에서는 법위를 출가위로 사정하고 종사의 법훈을 서훈키로 결의했다.

○ **삼천대천세계(三千大千世界)** 소천, 중천, 대천의 세 종류의 천세계가 이루어진 세계. 이 끝없는 세계가 부처 하나가 교화하는 범위가 된다.≒삼천 대계, 삼천대천, 삼천 세계, 일대 삼천 대천세계, 일대 삼천 세계.

(53) 성철 종정의 열반 법문

대산 종사, 조계종 성철(性徹) 종정의 열반을 당하여 법문을 보내시니 "동하여도 열반이요 정하여도 열반이며, 살아도 열반이요 죽어도 열반이니, 오는 것도 열반이요 가는 것도 열반이로다. 열반에 들어 적멸의 궁전인 본래의 자성 자리에서, 갈 때도 편안히 가고 올 때도 편안히 오소서. 그리하여 부처님의 광명을 더 밝히고 부처님의 법륜을 끊임없이 굴리소서[動靜涅槃 生死涅槃 去來涅槃 寂滅宮 本然自性 去便安 來便安 佛日增輝 法輪常轉]."

〈거래편 53장〉

| 출처 |

성철 큰스님[조계종 종정] 열반을 맞아 아래와 같이 조전 법문을 보내시다.

이성철(李性徹) 스님 열반 조전

불법의 수난기에 대처하신 성철 종정 스님이시여!

동정열반(動靜涅槃)

생사열반(生死涅槃)

거래열반(去來涅槃)

참 이 열반에서

적멸궁(寂滅宮) 본연자성(本然自性)에

거편안(去便安) 내편안(來便安)하시어

불일증휘(佛日增輝) 법륜상전(法輪常轉)하시기 바랍니다.

원불교 종법사 김대거 합장

〈『대산종사수필법문』 2. p.1658. 원기78년 11월 4일〉

| 배경 및 상황 |

대산 종사는 원기78년(1993) 11월 4일 해인사에서 입적한 조계종 종정 성철 큰스님의 열반을 당하여 조전 법문을 보냈다.

동하여도 열반이요 정하여도 열반이며,

살아도 열반이요 죽어도 열반이니,

오는 것도 열반이요 가는 것도 열반이로다.
열반에 들어 적멸의 궁전인 본래의 자성 자리에서
갈 때도 편안히 가고 올 때도 편안히 오소서.
그리하여 부처님의 광명을 더 밝히고
부처님의 법륜을 끊임없이 굴리소서.

| 용어 풀이 |

○ **성철(性徹, 1912~1993)** 1912년 경상남도 산청군 단성면 묵곡리에서 아버지 이상언(李尙彦)과 어머니 진주 강씨 강상봉(姜相鳳) 사이에 장남으로 태어났다. 속명은 이영주(李英柱)이며 산청 단성초등학교와 진주고등보통학교를 졸업한 이후 진학하지 않고 17세의 나이에 불가(佛家)에 입도(入道)하여 경상남도 합천군에 있는 해인사에 들어가 득도(得道)하였고, 이어서 법명인 '성철(性徹)'을 얻었다. 불가 입도 이후로는 영주라는 이름을 버리고 성철이라는 법명으로 활동하였으며, 속세와의 인연을 끊기 위해 불가의 구도에만 전념하였고 대구 팔공산 파계사(把溪寺) 성전암에서 8년간 장좌불와(長坐不臥)를 하였던 사례를 기록하여 불면(不眠)까지 한 것으로 알려져 있다.
조계종 종단의 분규 와중에 조계종 종정으로 추대되었으나, 이를 거절하고 해인사에서 구도에 힘썼으며 속세에 연연하지 않았다. 그러다가 1981년 전두환 정권이 출범하자 종정이 되어서 조계종을 이끌었다.
말년에 접어들어서는 지병인 심장 질환으로 병고(病苦)를 앓다 1993년 11월 4일 해인사에서 향년 82세 법랍 58세를 일기로 입적하였다.
열반송
生平欺誑男女群하야 彌天罪業過須彌라
活陷阿鼻恨萬端인데 一輪吐紅掛碧山이로다
일생동안 남녀의 무리를 속여서

하늘 넘치는 죄업은 수미산을 지나친다
산 채로 무간지옥에 떨어져서 그 한이 만 갈래나 되는데
둥근 한 수레바퀴 붉음을 내뿜으며 푸른 산에 걸렸도다.

54 박길선 영가에게 고하기를

대산 종사, 박길선(朴吉善) 영가에게 고하시기를 "청타원(淸陀圓) 종사는 심량이 크고 공명정대하였으며, 순박하면서도 부드러워 정토들의 어머니로서 화(和)함을 다하였나이다. 청타원 영가시여, 영산회상 옛 인연이 회상에 다시 이어 대종사님의 혈연과 법연으로 공중 일에 참여하니 그 복혜 참으로 무량하도다. 세세생생 다할 인연, 다시 이 회상에 동참 일꾼으로 오셔서 영겁에 세운 서원을 펼치소서." 〈거래편 54장〉

| 출처 |

故 청타원(淸陀圓) 박길선(朴吉善) 종사 영전

청타원 종사는 심량이 깊고 넓으며 컸었기에 대범하고도 공명정대하였습니다. 또한 정신 육신 물질 삼 방면에 자주·자립·자력의 생활 철학으로 일관하셨고, 근검절약은 몸에 배어 있었습니다. 또한 순박하면서도 분위기를 부드럽게 하는 특성이 있어 정토회원들의 어머니로서 화(和)함을 다하였습니다.

그러므로 우리는 세세생생 떠날 수 없는 법연으로 대종사님 모시고 한 마음·한 뜻·한 삶·한 일로 제생의세의 대업을 해 나갑시다.

청타원 박길선 종사 영가이시여!

영산회상 옛 인연 이 회상에 다시 이어

대종사님 혈연과 법연으로 공중사에 참여하니

그 복혜 참으로 무량하도다.
세세생생 다할 인연
다시 이 회상에 동참 일꾼으로 오셔서
영겁에 세운 서원 펼치소서.

〈『대산종사수필법문집』 2. p.1903. 원기79년 5월 5일〉

| 배경 및 상황 |

대산 종사는 원기79년(1994) 5월 6일 고 청타원 박길선 종사 영전에 열반법문을 내렸다. "청타원 종사는 교단 초창 방언공사로부터 저축조합, 법인기도 등에 직간접으로 동참하였습니다. 법인기도 때 일곱 살의 어린 나이로 참여하였으며, 방언공사 때도 식사 공양에 조력하였습니다. 어린 나이에 무엇을 알아 대종사님의 하시는 일을 따라 하였겠습니까. 세세생생의 인연으로 알든 모르든 불보살의 대열에 참여하였으니 그 복 참으로 무량합니다.
그리고 교단의 신정예법에 따라 주산(主山) 대원정사(大圓正師)님과 총부 공회당에서 결혼식을 올렸습니다. 조촐한 결혼식에 대종사께서 결혼 선물로 사은사요의 법문을 내려주셨습니다. 실은 처음으로 공식 발표를 하였던 것입니다. 이는 인류에게 대감화력과 대평등의 대불공을 올리게 하는 방법을 일러주신 것입니다."라고 하였다.
대산 종사는 청타원 종사의 영로를 위로하며 "영산회상 옛 인연 이 회상에 다시 이어 대종사님 혈연과 법연으로 공중사에 참여하니 그 복혜 참으로 무량하도다. 세세생생 다할 인연, 다시 이 회상에 동참 일꾼으로 오셔서 영겁에 세운 서원 펼치소서."라고 하며 세세생생 인연이 이어지기를 염원하였다.

| 용어 풀이 |

○ **박길선(朴吉善, 1909~1994)** 법호는 청타원(淸陀圓). 법훈은 종사. 송도성의

정토. 1909년 1월 2일 전남 영광에서 소태산 대종사의 장녀로 출생했다. 영산 방언공사 때 식사 공양에 조력했으며, 14세 시 어른들의 약조에 따라 장차 시가(媤家)가 될 야성송씨 집안에 가서 가사를 도우며 구산 송벽조로부터 한학을 익혔다. 16세에 영산선원 식사 일에 조력하다가 총부가 있는 전북 익산 도치동으로 이사했다. 19세 시에 경성 부기 학원에서 수학했으며, 이후 총부에서 전무출신할 뜻으로 선(禪)을 나며 모범적으로 일기를 적어 후인들에게 표본이 되기도 했다.

21세 시에 총부에서 송도성과 신정예법에 따라 결혼했다. 5남 1녀의 교육과 생계를 책임지기 위해 만주로 옷감 장사를 다니는 등 갖은 고초를 겪었다. 해방 후 부군인 송도성이 전재동포 구제사업 도중 갑자기 순직하자 큰 충격 속에서도 좌절하지 않고 과수원을 경영하는 등 가정을 지키기 위해 몸을 아끼지 않았다. 원기39년(1954) 청타원의 법호를 받았다. 1955년 전무출신 권장부들의 모임인 정토회 발기인 및 창립요인으로 기여했고, 원기50년(1965) 정토회 초대 회장에 선임되었다. 원기76년(1991) 종사 서훈을 받았다. 원기79년(1994) 5월 5일 86세를 일기로 열반했다. 송천은·수은·관은 등 3남매가 전무출신했다. 저서에는 원불교출판사 발행 『박길선 일기』가 전한다.

○ **심량(心量)** 마음의 국량, 또는 그릇. 사람·경계·대상을 포용하고 수용할 수 있는 마음의 크기. 번뇌 망상을 일으켜 자기중심적 생각에 그치거나 갖가지로 바깥 경계를 헤아리는 것은 범부의 심량이 되고, 마음이 텅 비어 주관도 객관도 없는 무심의 상태가 되어 일체를 그대로 비추고 응하는 것은 불보살의 심량이 된다.

○ **공명정대(公明正大)** 공명과 정대의 합성어. 공명은 사사로움이 없이 공변되고 명백한 것이며 정대는 바르고 큼을 말한다. 하는 일이나 행동이 공명하고 정대함을 말한다.

㊺ 서대인에게 미리 내린 열반 법문

대사식(戴謝式)을 며칠 앞두고 서대인(徐大仁)이 "종법사님께서 퇴임하시기 전에 저의 열반 법문을 미리 받드는 것이 원이옵니다." 하니, 열반 법문을 보내시기를 "대종사와 숙겁의 불연과 법연을 굳게 하였기에 영생 영겁을 거래할 때 오직 큰마음 큰 뜻만으로 큰 불사하는 생애였습니다. 용타원(龍陀圓)은 용상 대정(龍象大定)의 수행 정진으로 동정 일여(動靜一如)하는 큰 법력과 큰 도력을 갖추어 대종사의 혜명을 크고 굳게 조용히 이으며 대중을 인도하는 표준을 보였고, 또한, 대도 무덕(大道無德)으로 다 실어 주고 덮어 주어 그 인심(仁心)의 무사사(無私邪)함은 모든 사기 악기를 녹이고 구원하였습니다. 이러한 큰 힘과 빛과 법과 도는 바로 나의 힘이요 빛이며 법과 도였으므로, 오늘 나는 인정(人情)·법정(法情)·도정(道情)을 다하여 영생을 위로하는 바입니다. 용타원 종사여! 영생 영겁을 마음과 몸과 뜻을 하나로 하여 두 스승님의 제생 의세하시는 경륜과 포부를 받들고 펼 것이니 대안심하소서. 서가출가 시방일가(徐家出家 十方一家) 대덕무덕 제생의세(大德無德 濟生醫世) 인자무사 사생일신(仁者無私 四生一身) 용상대정 중도세계(龍象大定 中道世界)" 〈거래편 55장〉

| 출처 |

용타원(龍陀圓) 서대인(徐大仁) 종사(宗師)

대종사님과 숙겁의 불연 법연을 굳게 하셨기에 영생 영겁을 거래하실 때, 오직 큰마음 큰 뜻만으로 큰 불사하는 생애이었습니다.

용타원 종사의 그 큰마음 큰 뜻은 정산 종법사님과 나와도 하나로 하나로 하여 일이관지하셨습니다. 생사고락과 천신만고에도 그리하셨습니다.

육타원(六陀圓) 종사, 항타원(恒陀圓) 종사님들이 열반하신 후 나의 좌우 보처로 대중의 어버이로 사표 됨을 다하셨으며, 일생 나와는 말이 필요 없이 뜻으로 다 통하는 사이였습니다.

용타원 종사는 용상대정(龍象大定)의 수행 정진과 적공으로 정중동(靜中動) 동중정(動中靜)하며 동정일여(動靜一如)하는 대법력과 대도력으로 정법정신(正法正信) 정통법맥(正統法脈)할 대종사님의 혜명을 크고 굳게 조용히 이으시며 대중을 인도하는 표준을 보여주셨습니다. 또한 대도무덕(大道無德)으로 그 덕은 다 실어 주시고 다 덮으셨으며 그 인심(仁心)의 무사사(無私邪)함은 모든 사기와 악기를 녹이고 구원하셨습니다.

용타원 종사님의 이러한 큰 힘과 빛과 법과 도는 바로 나의 힘이요 빛이며 법과 도였습니다.

오늘 나는 나의 인정(人情) 법정(法情) 도정(道情)을 다 하여 영생을 정통법맥으로 하여 위로하는 바입니다.

용타원 종사님이시여!

앞으로 영생 영겁을 나의 마음과 몸과 뜻이 용타원 종사의 것이며, 또한 용타원 종사의 마음과 몸과 뜻이 나의 것이어서 두 스승님의 제생의세하시는 경륜과 포부를 오직 하나로 받들고 펼 것입니다.

용타원 종사이시여!

대안심 대안심 하소서.

다음 법구로 송하노니

서가출가(徐家出家) 시방일가(十方一家)

대덕무덕(大德無德) 제생의세(濟生醫世)

인자무사(仁者無私) 사생일신(四生一身)

용상대정(龍象大定) 중도세계(中道世界)

원기79년 10월 28일

대산(大山) 종법사 합장

위의 법문은 용타원 종사님께서 수년 전부터 수차에 걸쳐 용타원 종사 자신의 예수재(豫修齊) 천도 법문을 간절히 성원(誠願)함으로 대산 종법사께서 그 신맥(信脈)에 크게 감복하시며 대사식(戴謝式) 전에 직접 내려주셨다.

황직평 수필(受筆)

〈『대산종사수필법문집』 2. p.1737. 원기79년 10월 28일〉

| 배경 및 상황 |

원기79년(1994) 10월 28일 대사식을 며칠 앞두고 서대인이 사뢰기를 '종법사께서 퇴임하시기 전에 저의 열반법문을 미리 받드는 것이 원이옵니다.'라고 하자, 이에 대산 종사 열반법문을 보냈다.

용타원 종사는 수년 전부터 수차에 걸쳐 자신의 예수재(預修齋) 법문이자 천도법문을 간절히 성원(誠願)함으로 대산 종사는 그 신맥(信脈)에 감복하여 대사식(戴謝式) 전에 직접 내려주셨다.

이 법문을 용타원 종사의 생전 예수재 법문이자, 수행과 보은의 예수재 법문으로 받들고 10여 년간 중앙수도원 2002호 토굴에서 기원문으로 연마하고 서원 올렸음을 대원정사로 증명하고 있다.

| 용어 풀이 |

○ **서대인(徐大仁, 1914~2004)** 본명은 금례(金禮). 법호는 용타원(龍陀圓). 법훈은 종사. 1914년 12월 11일 전남 영광군 법성면 용덕리에서 부친 규석과 모친 박경덕의 1남 7녀 중 5녀로 출생했다. 원기16년(1931) 10월 3일 출가하여 마령·영산·서울교당 교무, 교정원 감사, 육영부장, 감찰원장, 수위단원, 교령을 역임했다. 여성 최초의 대각여래위이다.

서대인은 원기76년(1991) 총회를 마치고 수도원으로 자리를 옮겨 정양에 힘쓰다가 원기89년(2004)에 91세로 열반에 들었다. 원불교 수위단회에서는 서대인의 법력과 덕성을 기려 예비대각여래위로 추존했다. 용타원서대인종사문집으로 『2002호 토굴가』가 전한다.

○ **용상대정(龍象大定)** 나가대정 (那伽大定)의 다른 말로 용정(龍定)·용상정(龍象定). '나가'는 용을 뜻하며 '대정'은 큰 삼매라는 의미. 이를 합쳐서 '용정'이라고 함. 무궁무진한 조화력을 가진 부처님의 큰 정력(定力)을 말한다. 용은 항상 고요한 가운데에서 사심 잡념 없애기를 계속하여 능히 큰 신통 변화를 나타내기 때문에 부처님의 큰 정력에 비유한 것이다. 부처님은 행주좌와 어묵동정 간에 항상 큰 정력을 갖고 있으므로 나가대정이라 한다. 수행인이 나가대정을 얻게 되면 동정일여·동정상안(動靜常安)이 된다. 따라서 어떠한 경계에도 끌려가지 않고 항상 일원의 진리와 합일하게 된다. 그러나 나가대정은 오래오래 정력을 쌓아야 하므로 자칫 잘못하면 소승정(小乘定)에 떨어질 우려가 있다. 인도의 불교철학자 나가르주나를 용수라고 번역하는데 여기에서 '나가'는 용에 해당한다.

제13 소요편 逍遙編

소요편은 대산 종사가 평생 적공하며 소요자적(逍遙自適)한 심경을 읊은 한시(漢詩), 정진문, 발원문, 게송, 우연 자연으로 솟아난 글귀 등 총 27장을 수록하였다.

❶ 정진문

대산 종사, '정진문'을 지으시니 "여기에 한 물건이 있으니 모습도 없고 바탕도 없어서 잡아도 얻지 못하고 놓아도 얻지 못하나, 배우는 사람은 마땅히 정밀하고 깊게 연마하여 눈을 얻으면 그 모습이 모습 아님이 없고 그 바탕이 바탕 아님이 없음이라. 잡아도 얻고 놓아도 얻게 되어 그 소리가 공겁(空劫) 밖에까지 쟁쟁(錚錚)하고 그 빛이 교교(皎皎)히 삼천계를 비추며 천백억 화신으로 나타나 널리 육도로 윤회하는 중생을 제도하나니, 원컨대 모든 배우는 사람은 생사의 큰일을 해결하고자 맹세코 큰 믿음을 발하고 맹세코 너른 서원을 세워서 신명을 아끼지 아니하고 인색하고 탐함을 내지 아니하여 오로지 곧은 한마음으로 용맹정진하고 용맹정진할지어다[有一物於此 無形無體 取也不得 捨也不得 然學者要精深練磨而得眼則 其形無不其形 其體無不其體 取也得 捨也得 其聲錚錚空劫外 其光皎皎三千界 應現千百億化身 廣濟六途迷輪衆 願諸學者 爲解決一大事因緣 誓發大信 誓立弘願 不惜身命 不生慳貪 必以斷斷一直心 勇猛精進 勇猛精進]."

〈소요편 1장〉

| 출처 |

(원문과 동일하여 생략함)

〈『대산종사법문집』 5. 여래장 pp.21~24.〉

| 배경 및 상황 |

대산 종사는 30대 초반에 폐결핵으로 양주에서 정양하고 있었다. 주산 송도성 종사가 전재동포구호사업을 하다 과로로 열반하자, 대산 종사가 그의 후임으로 총부 서울출장소장으로 자리를 옮겨 3년간 근무하였다. 그러나 완전히 병근을 뿌리를 뽑지 못하여 다시 폐결핵이 재발하자 김제 원평으로 정양지를 옮겼다. 이때 오늘은 한 걸음, 내일은 두 걸음, 모레는 세 걸음, 차차 병마와 싸웠지만 병을 잊어버리고 진리에 맡기고 기도와 선생활로 일관하였다. 그러다 시도 때도 없이 우연 자연하게 시가 떠오르고 주문이 솟아나 오히려 수행에 방해가 되어 말문을 닫기도 했다. 정산 종사가 찾아와 '계문은 나에게 맡기고 몸과 마음을 추스르라.'라고 하여, 한때는 곡주를 마셔보기도 했지만 여전하여 더욱 더 보림하였다. 그때 솟아 나온 법문이나 글귀를 모아 놓았으면 팔만장경이라도 부족하였을 것이다. 원평 정양 시절 원상대의, 정진문, 채약송, 수많은 한시 등이 이때 산모가 아이를 낳듯 나온 것이다.

'정진문'도 정법 수행을 하고자 하는 마음으로 붓을 들어 정리하여 정산 종사에게 감정을 받았다. 정산 종사는 양주가 은생지라면 원평이 법생지라고 인증하여 주었다.

| 용어 풀이 |

○ **정진문(精進文)** 일심(一心)으로 불도를 닦아 게을리하지 않고 용맹정진하고자 대산 종사가 한문으로 지은 글. 기원문, 발원문, 서원문 등으로도 일컫는다.

○ **유일물어차(有一物於此)** 여기에 한 물건이 있다. 일물이란 한 물건이다. 흔히 마음을 한 물건이라고 한다. 우리의 본래 성품, 곧 청정자성이다. 일물장령 개천개지(一物長靈盖天盖地)라 한다. 사람의 색신은 생멸이 있어서 죽으면 지수화풍 사대로 흩어져 없어지지만, 사람의 법신, 곧 본래 마음은 허공 같아서 생멸이 없으므로 불생불멸하고 부증불감하여 소소영령하게 이 우주에 가득 차 있다는 말이다. 정진문의 첫머리에 '여기에 한 물건이 있으니'라고 시작하고 무형무체(無形無體)라고 형상도 없고 모습도 없다고 부정해 버린다. 깨친 사람은 '일물'에서 끝나버린다. 그러나 얻으려고 하면 얻지 못하고 놓아도 얻지 못한다고 했다. 그런데 배우는 사람은 한 물건을 얻기 위해 정밀히 공부해야 한다. 그러기로 하면 반드시 한 생각

곧은 마음으로 용맹정진하고 용맹정진하는 대정진을 해야 한다.

○ **일대사인연(一大事因緣)** 매우 크고 중요한 인연이라는 뜻. 부처님이 중생제도를 위하여 이 세상에 출현하는 일. 일대사는 성불 득도와 중생 제도라는 뜻. 인연은 그 바탕이 되는 수행이라는 뜻

○ **서발대신 서립홍원(誓發大信 誓立弘願)** 맹세코 큰 믿음을 발하고 맹세코 넓은 원을 세우라는 것이다.

○ **불석신명 불생간탐(不惜身命 不生慳貪)** 공부나 사업을 하기 위해서는 자기의 몸이나 생명까지도 조금도 아낌없이 다 바쳐버리고 아끼고 인색한 것을 탐하는 욕심을 내지 말라는 것이다.

❷ 자활력이 활생

대산 종사 말씀하시기를 "나는 몸이 아파서 치료할 때 아주 눕지 아니하고 기운을 차려 산에 가서 약을 캐고 자연을 벗 삼아 함께하며 활생(活生)을 하는 것으로 자활력을 얻었느니라." 〈소요편 2장〉

| 출처 |

자활력(自活力) 활생(活生)이라 말씀하시고

내가 삼동원에서 치료할 때에 일을 하면서 활생하고 기운을 챙겨 아주 지쳐 눕지 아니하였다. 나는 병이 생기면 입산하여 등산 겸 산약을 캤다. 그것은 자연과 동화하며 활생함이다. 〈『대산종사수필법문집』 1. p.159. 원기51년 3월 16일〉

| 배경 및 상황 |

대산 종사는 원기51년(1966) 3월 16일 대구 서성로교당에서 정양하던 중 '자

활력이 활생'이라고 말씀하시기를 "나는 삼동원에서 치료할 때 일을 하며 활생하고 기운을 챙겨 아주 지쳐도 눕지 아니했다. 병이 생기면 입산하여 등산 겸 산약을 캐고 자연과 동화하며 활생함이다."라고 하였다.

대산 종사는 당시 3개월간 대구에서 후암내과 권진각 원장의 치료를 받았다. 후두부 근처의 병인(病因)으로 인하여 일체 음식과 물이 넘어가지 않아 코에 엘튜브를 삽입하여 음식물을 주입하였다. 그때의 고통은 이루 말할 수 없었다. 그런데도 되도록 방에서 눕지 아니하고 병마를 다스렸다. 병에 끌려다니면 안 된다는 굳은 의지로 활생하고 자활력을 키워나갔다.

| 용어 풀이 |

○ **활생(活生)** 활동하여 생활함. 생명을 살림.

○ **자활력(自活力)** 자기 힘으로 살아가는 힘.

○ **산약(山藥)** 산이나 들과 야생에서 자란 약초나 약재.

❸ 정양 5칙

대산 종사, '정양 5칙'에 대해 말씀하시기를 "크게 안정함이요, 음식을 절제함이요, 병과 약을 잊음이요, 보고 듣는 것을 끊음이요, 생각을 놓음이니라[大安靜 節飮食 忘病藥 斷見聞 勿思慮]." 〈소요편 3장〉

| 출처 |

치병(治兵)의 정양 5칙 [정전대의 수록]

1. 크게 안정할 일[대안정(大安定)]

마음을 망동하면 일체 병이 더하여지고 마음을 안정하면 일체 병이 쉬어질 것이다. 그러므로 생사가 일여한 것을 믿고 깨달아서 무슨 방법으로든지[심고, 기도, 주송, 염불, 운동, 노동] 해탈과 안정 얻기에 힘쓸 일.

큰 믿음은 능히 큰 안정을 얻고, 큰 안정은 능히 생사를 초월하고 자유로울 수 있는 것이다.

2. 음식을 존절히 할 일[절음식(節飮食)]

한 번 실수가 열 번 잘한 것을 무너뜨린다. 일체 병이 음식 부주의로 발생하는 것이니 절식하는 것을 공부 삼을 일. [음식은 사람의 제일 양약이 되는 동시에 제일 사약이 된다]

3. 병과 약을 잊을 일[망병약(忘病藥)]

큰 병은 약으로 다스리는 힘보다 자강력으로 다스림과 수양으로 다스림이 효력이 큰 것이며 의약을 초월한 심경에서 약을 쓸 일. [병은 장수의 근본이 될 수 있고, 큰 공부의 양우(良友)가 될 수 있나니 너무 겁내고 조급하여지는 것이 치병에 제일 꺼림이 되느니라]

4. 보고 듣는 것을 삼가고 적당한 활동을 할 일[단견문(斷見聞)]

보고 듣는 것을 삼가고 몸에 과로함이 없이 일심으로 취미 있는 일을 할 일. [흙은 일체 약의 원료가 되므로 흙을 가까이 다루는 것이 병을 낫는 영약(靈藥)이 된다]

5. 사려(思慮)를 하지 말 일[물사려(勿思慮)]

생각을 많이 할수록 병은 더 짙어 가는 것이니 치병에 대금물이라 항상 허심을 주장하고 생각을 다 놓아버리는 것으로써 공부로 삼으면 병도 나을 뿐 아니라 그 공력으로 큰 정력을 얻을 수 있는 것이다. [모든 생각을 끊음으로써 불가사의의 위대한 생각을 얻을 수 있다]

이상 5칙을 공부 삼아 하면 대병이라도 큰 효력을 얻을 것이다

〈『대산종사수필법문집』 2. pp.1838~1839. 박은국 수필본〉

| 배경 및 상황 |

대산 종사는 30대 초반에 폐결핵에 전염되어 생사를 넘나드는 지경에 이르러 병마를 극복하였고 그 뒤에 재발하여 정양하였고 평생 병마와 함께하면서 치병하였다. 이때 '크게 안정함이요, 음식을 절제함이요, 병과 약을 잊음이요, 보고 듣는 것을 끊음이요, 생각을 놓음이라'고 하여 정양 5칙으로 건강을 조절하며 살았다.

| 용어 풀이 |

○ **정양(靜養)** 몸과 마음을 안정하여 휴양함.

○ **망동(妄動)** 아무 분별 없이 망령되이 행동함.

○ **존절(存節)** 알맞게 절제함.

○ **자강력(自强力)** 스스로 힘써 몸과 마음을 가다듬는 힘.

○ **영약(靈藥)** 영묘한 효험이 있는 신령스러운 약.

○ **사려(思慮)** 여러 가지 일에 대해 깊게 생각함. 또는 그런 생각.

❹ 보림 적공

대산 종사 말씀하시기를 "내가 스무 살 때 일월이 합치되는 상서로운 꿈과 더불어 심명(心明)이 솟았으나 큰 지혜가 솟은 것은 아니었으므로 더욱 보림(保任)하고 적공하였느니라. 그 후 17년 만에 원평에서 다시 또 마음이 밝아졌으나 그 지혜를 감추고 더욱 연마하였느니라."

〈소요편 4장〉

| 출처 |

내가 20세 시에 일월이 합치하는 몽서(夢瑞)와 더불어 심명(心明)이 솟았으나 큰 지혜가 솟은 것이 아니므로 더욱 보림하고 적공을 했다. 17년 만에 원평에서 다시 또 마음이 밝아졌었다. 그러나 그때도 다 솟은 지혜가 아니므로 더욱 연마하고 지금까지 적공하고 있느니라.

〈『대산종사수필법문집』 1. pp.217~218. 원기52년 3월 17일〉

| 배경 및 상황 |

대산 종사는 말씀하시기를 "내가 20살 때 몽중에 일월이 합치되는 길몽을 꾸었는데 다음 날 아침 바로 육타원(六陀圓) 이동진화 종사와 공타원(空陀圓) 조전권 종사와 나를 갑자기 부르시더니, '이 사람 셋은 교리를 가지고는 걱정할 것이 없다.'고 하시며 견성 인가를 해 주시였다. 그 후 육타원 종사는 정산 종법사님과 주산 종사 두 분과 나를 항상 스승으로 똑같이 모시었고 공타원님은 3년 후 부산으로 출장을 갔을 때 스승으로 모신다고 큰절을 하였다."라고 하였다. 그러나 더욱 중요한 것은 "견성 후 깊은 경지를 투득하려면 깊은 수행을 해야 한다. 견성은 어쩌는지 모르게 오래오래 연마하다 보면 되고, 마음이 환하게 열리는 것인데 보통 수도하는 사람들은 조금 보면 다 된 듯 넘쳐버리고 안 되면 퇴굴심이 나니 걱정이다."라고 하며 견성 후 보림과 적공이 중요함을 강조하였다.

| 용어 풀이 |

○ **상서(祥瑞)** 복되고 길한 일이 일어날 조짐.

○ **몽서(夢瑞)** 상서로운 꿈.

○ **심명(心明)** 마음이 밝아 깨달음을 얻음.

○ **보림(保任)** 불교의 선종(禪宗)에서 깨달은 뒤에 더욱 갈고 닦는 수행법. 수행

인이 진리를 깨친 후에 안으로 자성이 요란하지 않게 잘 보호하고, 밖으로 경계를 만나서 끌려가지 않게 잘 보호하는 공부. 보호임지(保護任止)의 준말. 보호임지란 "안으로 자성이 어지럽지 않게 잘 보호하고, 밖으로 경계에 부딪혀 유혹당하지 않는다[內保自性而不亂 外任境界而不惑]"는 뜻.

❺ 진리가 병을 주어 생사 초탈함

대산 종사 말씀하시기를 "진리가 병(病)을 주어 시험할 때, 병에 끌려다니면 병의 노예가 되고, 병을 손에 넣고 다니면 병을 이기는 주인이 되느니라. 나는 30대에 병을 얻어 한의와 양의가 모두 가망이 없다고 하였으나 모두 진리에 맡기고 생사를 초탈하고 살았나니, 누가 시비를 하면 '죽은 사람이 무슨 말을 듣겠는가.' 하며 시비를 초월하였고, 돈이 없으면 없는 대로 돈이 있으면 있는 대로 이리 가라 하면 이리 가고 저리 가라 하면 저리 가서 조금도 마음이 불안해 본 일이 없었노라."

〈소요편 5장〉

| 출처 |

진리가 병을 주어 시험을 할 때 병에 끌려다니면 병의 자식이고, 내가 병을 보고 손에 넣고 다니면 병의 아버지니라. 나는 30대에 큰 병을 얻어 양·한의 모두가 가망 없다고 하였다. 나는 이 말을 듣고 지금까지 죽은 사람이 되어 살아왔다. 그러니 마음이 평안하더라. 누가 무슨 시비를 하면 '나는 죽은 사람이니 무슨 말을 듣는가.' 하면 안 듣고, 돈 없으면 없는 대로, 이리 가라 하면 이리 가고, 저리 가라 하면 저리 가고 하여 조금도 마음이 불안해 본 일이 없다.

〈『대산종사수필법문집』 1. p.370. 원기54년 1월 7일〉

| 배경 및 상황 |

대산 종사는 원기54년(1969) 1월 7일 익산 금강리 신성마을에 주재하며 내린 법문이다. "나는 30대에 큰 병을 얻어 양·한의 모두가 가망 없다고 하였다. 나는 이 말을 듣고 지금까지 죽은 사람이 되어 살아왔다. 그러니 마음이 평안하더라. 누가 시비를 걸더라도 죽은 사람으로 살았다. 시비를 초월하여 사니 조금도 마음이 불안하지 않았다."

| 용어 풀이 |

○ **한의(韓醫)** 예로부터 우리나라에서 발달한 의술. 한의술과 한약으로 병을 고치는 것을 직업으로 하는 사람.

○ **양의(洋醫)** 서양의 의술. 서양 의술과 양약으로 병을 고치는 것을 직업으로 하는 사람.

○ **초탈(超脫)** 세속적이나 일반적인 한계를 벗어남.

❻ 영생 천지자연과 친하라

대산 종사 말씀하시기를 "계곡을 오르내리며 걷다 보면 발이 뜨거워져 수승화강이 저절로 되고, 계곡물에 목욕하면 일체 망념이 사라져 식망현진이 저절로 되니 이것이 바로 상선(常禪)이요 활선(活禪)이니라. 내가 큰 병(病)을 얻어 양주에서 요양을 할 때 선보(禪步)로 산행을 했는데 처음에는 5분도 제대로 걷지 못했으나 7·8개월이 지나자 갔다 온 줄도 모르게 다녀왔느니라. 사람들은 뱀이나 산 짐승을 두려워하는데 너나 나나 같다 하고 그 자리에 턱 누워버리면 비켜서 갔고 밤이면 노루, 사슴들이 와서 노래하는 소리를 들으며 선정에 들곤 했는데, 어느 날 홀연히 '삼계의 지옥을 벗어나고자 할진대 먼저 삼독심을 벗어버리라[欲脫三界獄 先除三毒心].' 하는 글과 '여의 자재한 늙은이가 천지를 홀로 밟고 다닌다[如意自在翁 乾坤獨步行].' 하는 글이 떠올라 더욱 크게 정진하였느니라. 그러므로 우리가 가장 친할 것은 천지자연이니, 일생뿐 아니라 영생토록 친해야 병을 낫게 하는 영약이 되고 도를 이루는 바탕이 되느니라."

〈소요편 6장〉

| 출처 |

서용추 계곡에서 80여 대중에게 제1차 하계 교역자훈련 시 내려주신 단전주선법에 대한 법문 소개 후 말씀해 주시기를

이 계곡에 왔다 갔다 하는 것이 바로 선(禪)이다. 발이 뜨겁게 왔다 갔다가 하니 불이 오를 새가 없다. 물은 위로 오르고 불기운을 밑으로 내리는 것이 수승화강(水昇火降)이다. 내가 이곳에 데리고 오는 것이 수승화강 하기 위해서다. 될 수 있으면 괴롭게 말고 그냥 법문 한 번 해주지, 쪼그만 법문 한마디 하려고 자꾸 괴롭게 한다. 하지만 내가 괴롭게 하려는 것 아니다. 수승화강 시키려고 발이 뜨겁게 걸어 올라온다.

식망현진(息妄顯眞)이란 것은 망념을 쉬고 진성을 나타내는 것으로 더운데 뜨겁게 왔다가 금방 목욕해서는 안 된다. 좀 몸을 식혀서 목욕하면 일체 망념이 다 사라져 버리고 참이 나타난다. 나타난다고 나타나는 것이 아니라 저절로 되어 버린다. 식망현진하려고 온다.

이것이 선(禪)이다. 예전에는 선방에서 8시간 선을 시킨다. 정진한다는 사람은 턱에 끈 막대기를 걸고 앉아 있다. 그러면 오래 하면 아파 죽겠지. 그게 선이 아니다. 식망현진이 아니다.

그런데 발로 부지런히 와서 목욕 턱 하면 그냥 선이 되어 버린다. 상선(常禪)이다. 산선이고 활선(活禪)이다.

내가 1년만 경험 얻은 것이 아니라, 내가 아파서 서울서 죽게 됐는데 한의나 양의나 다 죽는다고 했다. 죽을 바에는 공기 좋은데 내던지자 해서 양주라는 곳에 가서 1년을 선을 했다. 나보고 병이 낫는다고 고기를 낚으라 하는데, 나도 죽게 생긴 사람이 고기를 낚는다니… 내가 '죽어도 고기를 못 낚겠다.'라고 했다. 또 나 있는 곳에 고기를 사다 놓으면, '나도 갇혀서 병이 곤한데 물고기까지 그러냐. 가져가 버리라.'라고 했다.

그래서 날마다 산에 다녔다. 한 1년 다니는데 그때는 일제강점기 때 모든 것이 귀한 때라. 약 한 첩, 사과 한 쪽, 복숭아 한 쪽 없고 단지 먹는 것이 고추장 한 점 먹는 것이 영약이었다. 고추장을 김치에 비벼서 먹고 혹 별찬을 먹는 것은 산에 가서 더덕 캐어 고추장에 찍어 먹는 것이다.

그때 밥 한 그릇을 못 사 먹는 때여서 내가 산중에 있으니 일곱 달 먹을 것을 황정신행(黃淨信行) 선생이 주었다. 내가 산에 있으니, 총부나 서울서 사람들이 많이 와, 그래도 낮에는 하지감자 세 개, 아침에는 밥 좀 먹고, 저녁에는 죽 끓여 먹고 누가 오든지 평상시와 같다.

여자들이 오시면 꼭 그만큼만 내드린다. 열이 오든지 스물이 오든지 죽 끓여서 먹을 정도로 내놓는다. 하지감자가 영양이 별로 없어도 ….

내가 갈 때 서울서는 굉장한 돈을 들여서 치료했는데 이곳에서는 돈 안 들이고 근수도 늘고 처음에는 5분, 10분을 걷지 못했는데 나중 7, 8개월 되니 붙들 데만 있으면 올라갔다.

선보(禪步)로 간다. 이렇게 턱 갔다가 온다. 산이 참 복된 것이다. 백번 가도 백번 다 환영한다. 맞아 준다. 아무리 친절한 일가라도 세 번만 보러 오면 저 사람이 무엇 하러 와 앉았을까 할 것인데 산은 1년을 있어도 반겨준다.

뱀이나 산짐승을 두려워하는 데 '이거 너나 나나 같다. 네가 날 잡아먹든지…' 그 자리에 누워버리면 비껴간다. 밤에는 노루 사슴들이 와서 노래 부르면 나는 음미했다.

다른 데서는 글을 많이 썼지만, 그곳에서는 몇 자 안 썼다. '여의자재옹(如意自在翁)이 건곤독보행(乾坤獨步行)이라.' 여의 자재한 늙은이가 건곤을 혼자 밟고 다닌다. 천지가 내 천지거든 '욕탈삼계옥(欲脫三界獄)인댄,' 삼계옥을 벗어나고자 할진댄 '선제삼독심(先除三毒心)하라.' 먼저 삼독심만 벗어 버려라. 그러면 천하가 삼계옥 중에 사는 것 같다. 그런데 삼계옥을 벗어난다.

내가 허리에 자극받고 폐에 자극받았는데 3년 뒤에 나았다고 해서 고영순(高永洵) 박사한테 진단해 보니 놀래더라. 응고됐다고, 지금도 폐에 사진을 박으면 멍텅이가 되어 아무것도 없다. 옛날에는 파스니 뭐 약도 없던 때라, 약 한 첩 안 먹고 다 나았다.

나는 큰 병 있으면 무서워 않는다. 나 혼자 보따리 하나 주면 나는 걱정할 것이 없다. 고추장만 있으면 캐서 찍어 먹는다. 밥 있는 사람이 밥을 날 주고 더덕도 캐고 도라지도 캐고 산나물도 해서 먹었다.

우리가 가장 일생에서 친할 것은 지수화풍(地水火風)이다. 흙, 물, 태양, 바람 이것이 일생만 아니라 영생이 친할 것이다. 우리 친절한 동무도 되고 병의 영약도 된다. 〈『대산종사수필법문집』 1. pp.1520~1521. 원기61년 8월 19일〉

| 배경 및 상황 |

대산 종사가 원기61년(1976) 8월 19일 신도안 삼동원 서용추 계곡에서 80여 대중에게 제1차 하계 교역자훈련 시 내려준 '단전주선법'에 대한 법문 소개 후 부연한 법문이다.

이 계곡에 왔다 갔다 하는 것이 바로 선(禪)이다. 걷다 보면 발이 뜨거워져 수승화강이 저절로 되고 계곡물에 목욕하면 일체 망념이 사라져 식망현진이 저절로 되니 이것이 바로 상선이요 활선이다. 또한 선보로 산행하다 보면 선정에 들게 된다. 양주에서 요양할 때 어느 날 홀연히 '여의 자재한 늙은이가 천지를 홀로 밟고 다니니 삼계의 지옥을 벗어나고자 할진대 먼저 삼독심을 벗어버리라[如意自在翁 乾坤獨步行 欲脫三界獄 先除三毒心].' 하는 글이 떠올라 더욱 크게 정진하였다.
여기서 '옹'이란 노인이 아니라 여의자재한 사람이라는 말이다. 늙은이란 대산 종사가 겸손하여 한 말이고 이미 도가 능숙하게 익은 공부인이라는 의미이다. 우리가 가장 친해야 할 것은 천지자연이다. 일생뿐 아니라 영생토록 친해야 병을 낫는 신령스러운 약이 되고 도를 이루는 바탕이 된다고 하였다.

| 용어 풀이 |

○ **수승화강(水昇火降)** 좌선의 원리로, '물기운이 오르고 불기운이 내린다'라는 뜻. 하단전(下丹田)인 신장은 뇌수(腦髓)를 기르고 생식(生殖)과 관련되며 물기운이 머물고 중단전인 심장은 혈맥과 심근(心根)의 중추로 불기운이 머무는데, 호흡과 정신 집중으로 뜨겁고 탁한 불기운을 내리고, 차고 맑은 물기운을 올린다. 이에 의해 번뇌를 가라앉히고 심신을 고요하고 안정되게 갖게 된다.
○ **식망현진(息妄顯眞)** 좌선의 원리로, 망념(妄念)이 쉬면 진성(眞性)이 나타난다는 뜻.
○ **선보(禪步)** 산책하듯 명상하며 오롯하게 일심으로 걷는 선으로 걸음걸음이 여유 있게 선정에 들면 선보삼매(禪步三昧)라고도 함.

❼ 나의 공부 단계

대산 종사 말씀하시기를 "나의 공부 단계를 돌아보면 10대는 서원기요 학문기요 독공기(篤功期)였고, 20대는 고전기(苦戰期)였으며, 30대는 정진기(精進期)였고, 40대는 기도기(祈禱期)로 전 교도와 전 국민, 전 인류와 전 생령, 위급한 동지들과 유주 무주 고혼들의 제도를 위한 기도를 올렸으며, 40대에서 50대까지는 평상심이 되고 지각이 열리고 전심(專心)이 되었으며, 65세 이후는 함장기(含藏期)로 삼아 다시 준비하며 살고 있느니라." 〈소요편 7장〉

| 출처 |

정읍교구 합동법회 시 법문 초(草)

대서원 = 학문, 독공. 10대.

고전(苦戰) = 20~30세.

정진 = 30세. 기도, 채약.

허령 = 40세.

지각 = 40세~50세. 평상심

함장[다시 준비] = 65세.

종법사님 일생 설계

광구천하(匡救天下)의 설계

원평은 마음의 고향, 보은 생각.

1. 10~20대

대서원기, 학문기, 독공기

2. 20~30대

고전(苦戰)-몽중 태양 합치 대종사님으로부터 성리 인증 이후 성리 불언(不言).

그러나 자재력 부족 고심. 역시 독공 학문기.

3. 30~36세

기도, 채약(採藥) - 다 받아 오리

해방 직전 장포동

4. 36~40세

기도, 채약 – 큰 힘 주소서.

30~40세 = 대정진 – 허령. 대종경 초안

38~39세 = 원평.

이후 = 정전대의 = 교리도해. 기타 십상(十相) 등 법문.

5. 40세, 전 출가 동지에게

6. 42세, 전 교도에게

7. 43세, 전 국민에게

8. 44세, 전 인류에게

9. 45세, 전 생령에게

10. 46세, 유주 무주 고혼에게

11. 47세, 급선무 동지들의 일.

12. 40~50세, 평상심, 지각, 전심(專心).

13. 65세, 함장, 다시 준비.

〈『대산종사수필법문집』 2. pp.109~110. 원기65년 8월 19일〉

| 배경 및 상황 |

대산 종사는 일생 설계를 광구천하(匡救天下)의 설계라고 하였다. 10대는 서원기요 학문기요 독공기요. 20대는 고전기, 30대는 정진기, 40대는 기도기, 50대 평상심이요 지각이 열리고 전심, 65세 이후는 함장기로 다시 준비기로 삼고 있다고 하였다.

| 용어 풀이 |

○ **독공(篤工)** 학업에 부지런히 힘씀.

○ **무주고혼(無主孤魂)** ① 제사를 지내거나 무덤을 돌봐줄 후손이 없는 외로운 혼령. 무자귀(無子鬼)라고도 한다. 이러한 혼령은 악귀가 되어 살아있는 사람을 해

치기도 한다고 한다. ② 천도 받지 못하고 허공을 떠도는 외로운 혼령. 이런 영혼을 위해서 특별 천도재를 지내 준다.

○ **광구천하(匡救天下)** 천하의 잘못된 것을 바로잡음.

❽ 천년고사일등명

대산 종사 말씀하시기를 "내가 원평에 있을 때 홀연히 시 한 수가 떠올랐나니, '천년 옛 절에 한 등이 밝은데 노승이 한가로이 앉아 물소리를 듣는구나. 마도 공하고 법도 공하고 공 또한 공하여 마음도 맑고 경계도 맑고 꿈마저 맑구나[千年古寺一燈明 老僧閑坐聽水聲 魔空法空空亦空 心淸境淸夢寐淸].' 하는 글귀라. 그러므로 우리는 이 자리에 비추어 일체 업장과 마군을 다 녹이고 털어버려야 할 것이니라." 〈소요편 8장〉

| 출처 |

마공법공공역공(魔空法空空亦空)이로다. 생각해 보니 마도 공하고 법도 공하고 또 공했다는 그것도 공했다. 다 없어졌다. 다 깨끗이 씻어버렸다. 금산사 물도 좋기는 좋거든 턱 한 번 들어가면 턱 녹아서 삼세 업장이 다 녹아 버리거든. 그래서 심청경청몽매청(心淸境淸夢寐淸)이로다. 마음도 맑고 경계도 맑고 꿈도 잠도 맑아 버린다. 그렇게 되니 천년고사일등명(千年古寺一燈明)이로다. 금산사가 천년고사거든 한 등이 밝혔더라. 이유는 노승한좌청수성(老僧閑坐聽水聲)이로다. 늙은 승이 한가히 앉아 물소리만 듣더라.

〈『대산종사수필법문집』 1. p.2090. 원기64년 8월 23일〉

| 배경 및 상황 |

대산 종사는 원평에서 정양할 때 금산사와 암자를 비롯하여 그 주변 계곡을 선보로 다니면서 바위가 평평한 곳에 앉아 기도하거나 선정에 들기도 하였다. 어떤 때는 무더위에 땀이 나면 시원한 계곡물에 들어가면 온몸이 청량해지고 맑은 기운이 샘솟았다. 홀연히 시 한 수가 떠올랐다. 마음도 맑고 경계도 맑고 꿈도 잠도 맑아 버린 경지였다.

| 용어 풀이 |

○ **업장(業障)** 전생에 악업을 지은 죄로 인하여 받게 되는 온갖 장애, 마장(魔障). 삼독 오욕심이 많다든가, 시기 질투심이 강하다든가, 중상모략을 좋아한다든가 하는 것은 다 업장이 된다. 또 금생에 가난하다거나 게으른 것도 전생의 악업으로 인한 업장이다. 업장이 두터운 사람은 정도 수행을 방해하므로 업장이 다 녹을 때까지 끊임없이 참회 개과하고 수행 정진해야 한다.

○ **마군(魔軍)** 악마들의 군병(軍兵). 정법(正法)을 해롭게 하는 무리. 일에 해살을 놓는 무리. 전통불교에서는 석존이 성도(成道)할 때 욕계를 지배하는 제6 타화자재천(他化自在天)의 마왕 파순[波旬, ppiyas]이 그의 권속들을 거느리고 와서 성도를 방해함에 신통력으로 이들을 모두 항복 받았다고 한다. 또는 불도(佛道)를 방해하는 온갖 악한 일을 모두 마군이라고도 한다.

⑨ 채약송

대산 종사, 원평에서 '채약송(採藥頌)'을 읊으시니 "어떤 사람이 찾아와 모악산에서 하는 나의 일을 묻거늘, 나의 소식을 묻거나 찾지 마라. 낮에는 산과 물에서 노닐고 밤에는 삼매 대적광의 경지에 머무느니라. 소나무는 굽이굽이 홀로 푸르름을 지키고 바위들은 우뚝우뚝 서서 물소리를 듣는구나. 또 이르기를, 때때로 허공 법계의 바른 기운을 머금어 기르고, 산하대지의 정령을 삼켜 늙어감을 알지 못하나니, 나한의 신통한 눈으로 엿보아도 알지 못하나, 나와 너만 알 뿐 사람들은 알지 못하더라. 하하하하[有人來問 母岳山中之事 此間消息 莫問覓 晝遊千山萬水中 夜夢三昧大寂光處 老松曲曲獨守青 怪石兀兀聽水聲 又云 時有涵養虛空法界之正氣 呑下山河大地之精靈 不知老之將至 羅漢之神眼 不能窺知 然余汝相知 不可使人知 呵呵]."

〈소요편 9장〉

| 출처 |

(원문과 동일하여 생략함)

〈『대산종사법문집』 5. 여래장 p.25. 원기34년〉

| 배경 및 상황 |

채약송이란 약초나 약재를 캐거나 뜯어서 거두면서 노래 부르듯 기리는 글이다. 여기에서는 약초 한 뿌리가 나오지 않는다. 약초를 캐다 문득 솟아오른 경지를 칭송한 글이다.

대산 종사의 약초를 캐는 심경을 담은 채약송 두 편을 지었다. 채약송 한 편은 공개되었고 또 다른 한 편은 모악산 채약송(母岳山 採藥頌)이다. 균타원 신제근 종사에게 전하여 비공개로 남은 것을 공개한다.

청산청 유수류(青山青 流水流) 명월명 청풍청(明月明 淸風淸)

생불생 사불사(生不生 死不死) 거즉거 내즉래(去則去 來則來)

푸른 산은 늘 푸르고 흐르는 물은 쉼 없이 흐르나니

밝은 달은 밝고 밝아 부드럽고 맑은 바람이 일어 더욱더 맑도다.

나되 나지도 죽지도 않으며 죽되 죽지도 나지도 아니하니 가매 감이요 오매 옴이니라.

대중에게 공개돼 익히 알려진 채약송 선시(禪詩)와 '모악산 채약송' 두 편의 채약송을 대조하며 공부 삼기를 바란다. 두 편의 채약송 모두 약초를 캐는 과정이나 약초를 복용하여 효용을 보았다는 내용은 눈을 씻고 찾아보아도 없다. 이 무슨 일일까? 약초 뿌리 하나 찾아볼 수 없으니 연구해 볼 일이지 않을까?

| 용어 풀이 |

○ **채약송(採藥頌)** 약초나 약재를 캐거나 뜯어서 거두면서 노래 부르듯 기리는 글.

○ **모악산(母岳山)** 전라북도 김제시와 완주군에 걸쳐 있는 산. 전라북도의 도립공원이다. 높이는 793.5미터.

○ **대적광(大寂光)** 크게 고요하고 빛나는 지혜 광명.

○ **나한(羅漢)** 아라한의 준말. 소승(小乘)의 수행자들, 곧 성문승(聲聞乘) 가운데 최고의 이상상(理想像)을 말한다. 줄여서 나한(羅漢)이라고도 한다. 소승의 교법을 수행하는 성문사과(聲聞四果)의 최고 경지로 온갖 번뇌를 끊고 사제(四諦)의 이치를 밝혀 그 이상 더 배우고 닦을 것이 없는 경지요, 불제자들이 도달할 수 있는 최고의 경지를 말한다.

⑩ 근본 마음의 부동함

대산 종사, 글을 지으시니 "근본 마음의 부동함은 높고 높은 태산과 같아 한량없는 세월에 한결같이 변하지 않고, 성품을 기르는 한가함은 넓고 넓은 큰 바다와 같아 영원한 세월에 활활 자재할지어다[主心之不動 如巍巍泰山 千古而如如不變 養性之閑閑 如洋洋大海 萬古而活活自在]." 〈소요편 10장〉

| 출처 |

주심지부동(主心之不動) 여외외태산(如巍巍泰山) 천고이여여불변(千古而如如不變)
양성지한한(養性之閑閑) 여양양대해(如洋洋大海) 만고이활활자재(萬古而活活自在) 〈『대산종사수필법문집』 1. p.206. 원기52년 1월 10일〉

| 배경 및 상황 |

법타원(法陀圓) 김이현(金理現) 종사는 원기44년(1959) 영산 제2방언공사 경리 담당으로 영산출장소에 발령받았다. 당시 대산 종사는 중앙선원장에 발령받았으나 영산에서 정관평 재방언 사업의 고문으로 참여하게 된다. 이때 법타원은 대산 종사를 3년 동안 모시고 구전심수로 직접 받든 『정전』 공부를 통해 '몸을 내놓고 오롯이 힘쓴다'는 전무출신의 길과 출가의 의미를 깨닫게 되었고 비로소 출가한 지 7년 만에 진정으로 심신 출가를 하게 됐다.
훗날 "공부 표준이 무엇입니까?" 하는 후진의 물음에 법타원은 "양성한한(養性閑閑)하고 운심자재(運心自在)라, 일속에 있으면서도 마음은 언제나 한가하고 한가롭고 마음을 운전하는 것은 자유롭고 또한 자재롭다."라고 하였다.

| 용어 풀이 |

○ **외외(巍巍)** 산 따위가 매우 높고 우뚝함.
○ **천고(千古)** 아주 오랜 세월 동안.

⑪ 한 번 장포에 든 것이 무슨 일이냐

대산 종사, 양주 장포동에서 글을 지으시니 "한 번 장포에 든 것이 무슨 일이냐. 소림 면벽은 내가 구하는 바 아니로다. 다만 한 생각으로 일만 경계를 거두어, 걸리고 막힘없는 채약사가 되리로다[一入藏浦何所事 少林面壁非吾求 但只一念攝萬境 任運騰騰採藥士]." 〈소요편 11장〉

| 출처 |

(원문과 동일하여 생략함)

〈『대산종사수필법문집』 1. p.206. 원기52년 1월 10일〉

| 배경 및 상황 |

대산 종사는 혈기 왕성한 30세에 폐결핵이 전염되어 원기29년(1944)년 가을 무렵 31세에 서울 돈암동에서 요양하였다. 5개월 이상 식사도 못 하는 생사를 넘나드는 투병 생활을 했다. 팔타원 황정신행 대호법의 별장이 있는 양주 장포동으로 정양지를 옮겼다. 장포동에 들어 일체를 천지에 맡겨 버렸다. '내가 필요한 사람이면 진리께서 살려주실 것이고, 만약 살려주신다면 만 생령을 위하여 일할 수 있도록 해주시라'는 간절한 기도를 올렸다.

이때 글을 지으니 "한 번 장포에 든 것이 무슨 일이냐. 달마 대사가 소림사에서 면벽 9년 하듯이 한 것은 내가 구하는바 아니다. 다만 한 생각으로 일만 경계를 거두어, 걸리고 막힘없는 채약사가 되리다."라는 염원뿐이었다.

| 용어 풀이 |

○ **양주군(楊州郡)** 경기도에 있던 군. 2003년 10월 행정 구역 개편 때 양주시로 승격되었다.

○ **면벽(面壁)** ① 좌선의 다른 이름. 벽을 향하고 앉아서 좌선하는 것. 달마 대사의 소림 면벽구년에서 유래하여 좌선을 면벽이라 하게 되었다. ② 세상일을 등지고 두문불출하면서 수행 정진하는 것.

○ **채약사(採藥士)** 약초나 약재를 캐거나 뜯어서 거두면서 사는 사람.

⑫ 부질없이 경서를 읽다

대산 종사, 경서를 좋아하는 학인에게 글을 주시니 "안팎과 중간이 다 이 마음이니 마음 놓고 마음 찾음 가히 옳지 않도다. 부질없이 경서를 읽고 백 년을 허비하니 돌아오는 세상에는 무슨 일을 할 것인가[內外中間總是心 捨心覓心不可行 慢讀經書虛百年 當來世中爲何事]." 〈소요편 12장〉

| 출처 |

시다경학인(示多經學人)

내외중간총시심(內外中間總是心)

사심멱심불가행(捨心覓心不可行)

만독경서허백년(慢讀經書虛百年)

당래세중위하사(當來世中爲何事)

내외 중간이 다 이 마음이니

마음 놓고 마음 찾음 가히 행치 못하도다.

게으르게 경서를 읽고 백 년을 허비하니

마땅히 오는 세상에 무슨 일을 할 것인가?

〈『대산종사법문집』 5. 여래장 p.32.〉

| 배경 및 상황 |

대산 종사는 경서를 좋아하는 학인에게 글을 주었다[시다경학인(示多經學人)]. 마음 놓고 마음 찾음이 옳지 않다. 부질없이 경서를 읽고 백 년을 허비하니 돌아오는 세상에는 무엇을 할 것인가? 하고 꾸짖는 말이다. 경다반미인(經多返迷人)이라, 경이 많으면 오히려 혼란스럽게 한다는 말이다.

| 용어 풀이 |

○ **경서(經書)** 옛 성현들이 유교의 사상과 교리를 써 놓은 책. 『역경』·『서경』·『시경』·『예기』·『춘추』·『대학』·『논어』·『맹자』·『중용』 따위를 통틀어 이른다.

⑬ 염불하는 사람에게 글을 줌

대산 종사, 염불인에게 글을 주시니 "한 생각 깨칠 때 참 부처가 나타나고, 한 생각 미혹할 때 참 부처가 숨느니라. 부처와 중생이 무슨 차별 있으랴, 다만 한 생각 미혹하고 깨친 사이에 있느니라[一念悟時眞佛現 一念迷時眞佛隱 諸佛衆生何等別 但有一念迷悟間]." 〈소요편 13장〉

| 출처 |

염주게(念珠偈)

잊은 마음 다시 찾아 어두운 마음 밝혀내고 그른 마음 바르자.

한 마음 열릴 때 참 부처 나타나고
한 마음 닫힐 때 참 부처 가리나니
부처와 중생이 무엇이 다르리오
다만 한 마음 열리고 닫히는 사이니라.
일념오시진불현(一念悟時眞佛現)
일념미시진불은(一念迷時眞佛隱)

제불중생하등별(諸佛衆生何等別)

단유일념미오간(但有一念迷悟間)

〈『정전대의』 1. 수신강요 2. 50.염주게 pp.210~211.〉

| 배경 및 상황 |

대산 종사는 염불하는 학인에게 글을 주었다. 시염불인(示念佛人), 또는 염주게(念珠偈)라고도 하였다. 염불로써 "잊은 마음 다시 찾아 어두운 마음 밝혀내고 그른 마음 바르자."라고 하였다.

| 용어 풀이 |

○ **염불(念佛)** 아미타불의 명호(名號)를 일심으로 부르면서 부처님의 상호(相好)·공덕을 생각하는 것이고, 나무아미타불(南無阿彌陀佛)을 청정 일심으로 외우는 것이며, 천만 경계를 하나로 모으는 것이며, 천 가지, 만 가지 생각을 한 생각으로 만들고, 그 한 생각을 계속 이어가는 것이다. 붓다하누 스므르띠(Buddhānu-smṛti)의 한역. 염불은 좌선과 함께 불교의 중요한 수행 방법이다.

○ **염주(念珠)** 염불할 때 손으로 돌려서 염불하는 수효를 헤아리는 불구(佛具). 숫자를 헤아린다고 하여 수주(數珠)라고도 한다. 이는 염불할 때나 진언을 외울 때, 또는 절을 할 때 그 수를 헤아리기 위해서 사용하는 것으로 여러 개의 보리자·금강주·모감주·염주나무 등의 열매를 실로 꿰어서 만든다. 또한 염주는 번뇌를 끊는 도구로 활용되기도 한다. 일심이나 본래심을 회복하는 데 도움을 주는 도구로 광범위하게 사용되고 있다.

⑭ 동정삼매

대산 종사, 동정 삼매에 대한 글을 지으시니 "자운산에 귀먹고 말 못하는 비구, 일이 오매 마음이 나타나고 일이 가매 마음이 멸하도다[慈雲山中聾啞比丘 事來心現事去心滅]." 〈소요편 14장〉

| 출처 |

동정삼매(動靜三昧)

자운산중 농아비구(慈雲山中聾啞比丘)

사래심현 사거심멸(事來心現事去心滅)

자운산에 귀먹고 벙어리인 비구

일이 옴에 마음이 나타나고 일이 감에 마음이 멸하도다.

〈『대산종사법문집』 5. 여래장 p.33.〉

| 배경 및 상황 |

8·15광복 후 교단은 전재동포구호사업을 하였다. 주산 종사는 총부 서울출장소장으로 그 일을 진두지휘하다가 갑자기 순직하였다. 그의 후임으로 양주에서 정양 중인 대산 종사가 임명되었다. 교단은 일제강점기 정토종에서 세운 와카쿠사간논지[若草觀音寺]를 불하받았다. 불법연구회는 이 적산가옥에 전재구호사업의 일환으로 전재고아를 돌보는 시설인 보화원(普和園)을 운영했다. 불법연구회는 이 절을 정각사로 개칭하고 이곳에 총부 서울출장소를 발족하였다. 이곳에서 바라보면 남산이 보인다. 남산의 이름이 자운산이었다. 대산 종사는 "자운산 중에 귀먹고 말을 못 하는 비구라 칭하고, 일이 옴에 마음이 나타나고 일이 감에 마음이 멸하도다."라고 하며 동정삼매의 심경을 밝혔다.

| 용어 풀이 |

○ **동정삼매(動靜三昧)** 육근을 동작할 때를 동(動), 육근 동작을 쉴 때를 정(靜)이라 한다. 동정 간에 한 가지 일에 마음을 집중시키는 일. 정신통일·독서삼매·입정삼매·좌선삼매·유희삼매 등의 경지에 드는 것을 삼매라 한다.

○ **자운산(紫雲山)** 파주에 있는 자운산이 있고 전국 곳곳에 자운산이 있다. 그중에 서울 남산[목멱산]을 가리키는 말이다.

○ **전재고아(戰災孤兒)** 전쟁으로 부모를 잃은 아이.

⑮ 높은 산 흐르는 물은 법왕의 몸

대산 종사, 금산사에서 글을 지으시니 "높은 산 흐르는 물은 법왕의 몸이요, 풀과 꽃 피어나니 봄을 보는 눈이 새로워라. 이 사이 소식 찾아 묻지 마라. 한 생각 돌이킨 빛 뛰어나 빛나도다[山山水水法王身 草草花花春眼新 此間消息莫問覓 一念廻光迴超尖]." 〈소요편 15장〉

| 출처 |

(원문과 동일하여 생략함)

〈『대산종사법문집』 5. 여래장 p.34.〉

| 배경 및 상황 |

대산 종사가 원평에서 정양 중일 때 금산사를 참배하였다. 대종사님이 머무시던 송대와 미륵불을 둘러보기도 하였으나 아는 분도 있고 해서 다음부터는 금산사를 에둘러서 암자나 계곡으로 다녔다. 이 시도 금산사를 둘러보고 지은 글이다. 산산수수가 법왕의 몸이고 풀과 꽃들이 피어나니 눈이 새롭다. 산과 흐르는 부처이고 화화초초가 다 여래라는 말이다. 나에게 부처니 중생이니 묻지 말라. 한 생각 돌이키면 중생도 부처이니 속이니 객이니 묻지도 말라. 허름한 옷에 망태기 둘러메고 다닌다고 겉으로 색신만 보지 말라. 그대로가 법신이니 물어 무엇하랴.

| 용어 풀이 |

○ **법왕(法王)** 법문(法門)의 왕이라는 뜻으로, '부처'를 달리 이르는 말.

⑯ 용이 여의주를 삼키니

> 대산 종사, 신년을 맞아 양도신에게 글을 보내시니 "용이 여의주를 삼키니 풍운조화를 일으키고, 한 번 날아 구천에서 노니 모든 중생이 감탄하고 놀라도다[龍呑如意珠 風雲造化生 一飛九天遊 含生皆歎驚]." 〈소요편 16장〉

| 출처 |

(원문과 동일하여 생략함)

〈『대산종사법문집』 5. 여래장 p.35.〉

| 배경 및 상황 |

대산 종사는 신년을 맞아 훈타원 양도신에게 연하장을 보내니 "용이 여의주를 삼키니 풍운조화를 일으키고, 한 번 날아 구천에서 노니 모든 중생이 감탄하고 놀라도다."라고 하였다. 대산 종사가 언제 어느 곳에서 편지를 보내는지는 모르나 내용을 보아 훈타원이 남원교당에서 근무하고 있을 때인 것 같다.

그전에도 "차불법력(借佛法力)하야 도생사고해(度生死苦海)하고 광도중생(廣

度衆生)하소서."라는 글을 김해에서 대의(大醫) 선사[대의도신 대사]에게 보낸 적이 있다. 훈타원의 법명이 도신이므로 우연한 것이 아니라 과거 전생의 4조 도신 대사의 후신이지 않은가? 참으로 가슴 벅찬 일이 아닐 수 없다. 영생 도반이 나를 인정하고 수행심만을 일깨우려는 방편으로 보낸 글이 아니라, 나의 진면목을 찾으라는 깊은 뜻이 담긴 채근의 말씀임을 훈타원은 모를 리 없었다. 그 후 훈타원은 수정같이 맑고 투명한 조그마한 구슬이 치아에서 생사리(生舍利)가 나왔다. 훈타원은 교도들의 축하 속에 치아 '생사리 축하 법회'를 열었다.

| 용어 풀이 |

○ **양도신(梁道信, 1918~2005)** 본명은 소숙(小淑). 법호는 훈타원(薰陀圓). 법훈은 종사. 1918년 8월 2일 부산시 하단동에서 부친 양원국(梁元局)과 모친 이성주화(李聖主華)의 6남매 중 3녀로 출생했다. 천성이 공순·근검·성실했고 고향에서 보통학교를 졸업했다. 불교신자인 부친은 『천수경(千手經)』을 즐겨 읽었으며, 장적조(張寂照)의 인도로 총부에 와서 소태산 대종사를 뵙고 석가모니불을 다시 뵙는 듯 환희용약하는 마음으로 큰절을 하면서 "제가 마음속에 석가모니불을 모신 지 43년 만에야 드디어 생불님을 뵈었습니다."라고 했다.

양도신은 원기18년(1933) 김기천의 연원으로 입교했다. 하단지부에 온 소태산을 몇 차례 뵌 양도신은 차츰 마음속에 출가의 뜻을 세워 당시 당리교무 김기천에게 "저는 일생을 한 가정에서만 머무르지 않고 세상을 위해 좀 더 큰일을 해보고 싶습니다"라고 하여 출가의 뜻을 굳혔다. 김기천이 열반하자 소태산에게 상서를 올려 출가 승낙을 얻었다. 이에 부친은 "전무출신은 성현들이나 하는 일이지 보통사람들이 함부로 하는 일이 아닌데, 도신이가 꼭 하겠다면 조건부로 허락하겠다. 공부하다가 중도에 마음이 변해서 집으로 돌아오려면 오는 길에 철도 자살을 할지언정 집에 와서는 안 된다. 또 세상의 부귀영화를 보고도 마음이 끌리지 않을 만큼 힘을 얻기 전에는 집에 와서도 안 된다. 이 두 가지를 명심하고 자신이 있으면 전무출신해도 좋다. 스스로 잘 생각해보고 결정해라."라고 당부했다.

그리하여 원기20년(1935) 11월 마침 부산지방에 행가했던 소태산을 따라 총부로 와서 전무출신 생활을 시작했다. 처음 총부 선방에서 공부한 뒤, 원기22년(1937) 총부 공양원이 되었고, 원기26년(1941)에 남원 교무로 부임하여 22년간을 봉직했다. 이 기간에 몇 차례나 깨달음의 경지를 맛보는 등 큰 법력을 얻었고, 법당 신축, 방송교화 실시, 연원 교당 개척, 지역사회 교화 등 교화의 꽃을 피웠으며, 이를 계기로 원불교는 지역사회에 튼튼한 뿌리를 내렸다. 원기48년(1963)부터 부산교당에서 8년간 일반교화와 아울러 청년 학생 대학생교화, 방송교화, 사회교화에 노력했다.

원기56년(1971)에는 종로교당으로 옮겨 6년간에 걸쳐 교리강좌, 대법회, 사상강연회, 법당 신축, 직장법회 개설, 5개의 연원 교당 창설 등 교당교화의 마지막을 장식했다. 원기63년(1978)에는 동산선원장으로 부임하여 10년간 인농(人農)의 책임을 맡아 일선 교역 생활의 마지막을 보람으로 끝맺음하면서 태허공(太虛空)과 청풍명월(淸風明月)을 벗 삼아 노후의 수양에 정진하다가 원기95년(2005) 1월 12일 열반에 들었다. 앞서 원기73년(1988) 5월 출가위(出家位)에 승급하여 종사(宗師)의 법훈을 서훈받았다. 저서로는 『대종사님 은혜 속에』(1991)가 있다.

"옛날의 사조(四祖) 도신 대사(道信大師)처럼 큰 도인이 되어, 동정(動靜) 간에 삼학공부를 놓지 않아서 대중에게 항상 유익 주는 사람이 되어라. 삼학공부는 유무식 남녀노소 빈부귀천에도 아무런 상관이 없다. 서원이 지극하고 신심이 철저하면 날을 기약하고 성불할 것이다." 이는 처음 총부로 와서 전무출신을 시작했을 때 소태산의 당부 말씀이었다.

○ **풍운조화(風雲造化)** 바람이나 구름의 예측하기 어려운 천지자연의 변화.

○ **구천(九天)** 가장 높은 하늘. 지구를 중심으로 회전하는 아홉 개의 천체. 일천(日天), 월천(月天), 수성천(水星天), 금성천(金星天), 화성천(火星天), 목성천(木星

天), 토성천(土星天), 항성천(恒星天), 종동천(宗動天)이다.

⑰ 모악산중운

대산 종사, 모악산에 올라 시 한 수를 읊으시니 "천산 만수 선방 삼아 비로봉 정상을 나 홀로 거닐도다. 파랑새 지저귀고 꽃 피어 웃는데 부드럽고 맑은 바람 끝이 없어라[千山萬水爲禪堂 毘盧頂上我獨行 靑鳥喃喃花笑笑 無限淸風無限長]." 〈소요편 17장〉

| 출처 |

모악산중운(母岳山中韻)

천산만수위선당(千山萬水爲禪堂) 천산 만수를 선당을 삼아

비로정상아독행(毘盧頂上我獨行) 비로 정상에 나 홀로 거닐도다.

청조남남화소소(靑鳥喃喃花笑笑) 청조[고지새]는 울고 꽃 피어 웃는데

무한청풍무한장(無限淸風無限長) 맑은 바람 소리는 끝이 없어라.

〈『대산종사법문집』 5. 여래장 p.35.〉

| 배경 및 상황 |

대산 종사는 원평 정양 당시 모악산에 올라 시 한 수를 읊으셨다. 그래서 '모악산중운(母岳山中韻)'이라고 하였다. '천산 만수 선당을 삼으면'이란 무시선 무처선이란 말이다. 모악산 속에 맑게 흐르는 계곡물이 있는 근처와 평평한 바위나 시원한 바람이 부는 나무 그늘이 바로 선당이다. '비로정상아독행'이라. 법신불 일원상 진리를 깨닫고 보니 나 홀로 거닌다는 뜻이다. 새소리 지저귀고 여러 가지 꽃이 피어 웃고 있으며 맑은 바람 소리가 끝이 없다. 이는 선정에 들

어 있으니 천지자연과 하나 되어 거슬리지 않는다 말이다.

| 용어 풀이 |

○ **비로봉(毗盧峯)** 법신불 곧 비로자나불을 상징하는 산봉우리이다.

○ **고지새** 되샛과의 새. 수컷은 머리가 검은 남색이고 어깨깃은 노란 회갈색이다. 꼬리 위 털 깃은 회색에 끝이 남색이고 나머지 깃은 잿빛을 띤 갈색이다. 암컷은 머리가 잿빛을 띤 갈색이고 꼬리 위 털 깃은 흰빛을 띤 잿빛이다. 숲이나 산속 낮은 나뭇가지에 사는데, 한국·동부 시베리아 등지에 분포한다.

○ **남남(喃喃)** 혀를 빠르게 놀려 무슨 말인지 알아들을 수 없게 재잘거림. 또는 그렇게 재잘거리는 소리.

⑱ 창해 만 리가 텅 비었으니

대산 종사, 다대포에서 시 한 수를 지으시니 "넓고 큰 바다 수만 리 텅 비었으니, 나도 없고 사람도 없고 하늘도 없더라. 바위 위에 한 화신이 되니, 눈앞에 시방세계 드러나더라[滄海萬里虛 無我無人天 巖上一化身 眼前十方現]."

〈소요편 18장〉

| 출처 |

내가 30여 년 전인가 대종경을 쓸려고 밥 두 끼니를 싸서 다대포에 가서 지냈다. 생각이 금방 나오는 것이 아니기 때문에 방자연(放自然)해서 내맡겨서 돌아다니다가 생각 하나가 툭 나면 또 쓰고 돌아다니는데 다대포에 좋은 장소가 있는데 사람이 안 다니고 해서 거기서 드러누워서 시를 하나 지은 것이 있다. 창해만리허(滄海萬里虛) 창해 만 리가 텅 비었단 말이다.

무아무인천(無我無人天) 내가 없고 보니 사람도 하늘도 없더라.
암상일화신(岩上一化身) 바위 위에 한 화신이 되어 버렸다.
안전시방현(眼前十方現) 눈앞에 시방세계가 궁굴더라.

누가 날 찾아오는 사람도 없고 찾는 사람도 없고 생각한 일도 없다. 부처님은 백억화신이 되었지만 나는 암화신이 되었다.
안전시방현(眼前十方現), 눈앞에 시방세계를 궁굴리고 있더라는 글을 지었다.
〈『대산종사수필법문집』 2. p.574. 원기69년 7월 24일〉

| 배경 및 상황 |

대산 종사는 원기37년(1952) 김해, 진영과 마산지부, 부산 다대포 등에서 정양하며 교리 연마를 했다. 그때『대종경』법문 초안 작업을 하려고 부산 다대포에서 지냈다. 법문이 정리되지 않거나 생각이 금방 나오지 않아 방자연(放自然)해서 내맡겼다. 그리고 돌아다니다가 생각 하나가 툭 나면 또 쓰고 돌아다녔다. 다대교당 근처에 사람이 안 다니고 조용한 바위가 있어 거기 드러누워서 시를 하나 읊었다.
창해만리허(滄海萬里虛)에, 푸른 바다 만 리가 푸르게 텅 비었으니 우리도 마음 가운데 어떠한 찌꺼기를 두어도 안 된다. 명예를 두어도 안 되고 욕심을 두어도 안 되고 모두 다 비어야 한다. 자성 본체에 합일되어야 한다. 찌꺼기가 있으면 크게 튀어나오지 못한다. 창해만리허에 무아무인천이로다. 원래 내가 없는 것이라. 나도 없고 너도 없고 사람도 없는 것이다. 그러기 때문에 우리가 한 생각 좋은데 끌릴 것도 없고 미운데 끌릴 것도 없고 무아무인천이다.
또 암상일화신(岩上一化身)하니 안전시방현(眼前十方現)이다. 누가 날 찾아오는 사람도 없고, 찾는 사람도 없고, 생각한 일도 없다. 부처님은 백억화신이 되었지만 나는 암화신이 되었다. 우리 눈앞에 시방을 궁굴리고 있어야 한다. 시방세계를 내가 움직이고 있어야 큰 생활을 한다.

| 용어 풀이 |

○ **다대포(多大浦)** 부산광역시에 있는 명승지. 행정 구역상의 이름은 다대동이며, 낙동강 하구 쪽과 가깝고 수산업이 발달하였다. 주변의 바다와 산의 경치가 아름다우며, 다대포 해수욕장이 있다.

○ **방자연(放自然)** ① 마음을 묶지 않고 자연 그대로 내버려 두는 것. 마음 가는 데로 그대로 두는 것. ② 인위적인 마음을 버리고 무위자연한 상태로 돌아가는 것. 자연과 내가 하나가 되는 것. 주객일체·물심일여의 경지.

○ **화신(化身)** ① 부처가 중생을 교화하기 위해 여러 모습으로 변화하는 일, 또는 그 불신(佛身). 좁은 의미에서는 부처의 상호(相好)를 갖추지 않고 범부·범천·제석·마왕 따위의 모습을 취하는 것을 뜻한다. ② 어떤 추상적인 특질을 구체화 또는 유형화하는 것. 미의 화신, 분노의 화신과 같은 예를 들 수 있다.

⑲ 한가로이 앉아 뱃노래를 들으니

대산 종사, 글을 지으시니 "맑은 바람 바다 밖 만 리에서 불어오고, 밝은 달 구름 속에서 구천을 열도다. 병든 스님 한가로이 앉아 뱃노래를 들으니, 천당 지옥 다 함께 흔적조차 없어라[淸風海外萬里來 明月雲中九天開 病僧閑坐聽棹歌 天堂地獄總成滅]."

〈소요편 19장〉

| 출처 |

(원문과 동일하여 생략함)

〈『대산종사법문집』 5. 여래장 p.36.〉

| 배경 및 상황 |

대산 종사는 서울출장사무소장으로 한 3년 근무하다 폐결핵이 재발하자 정산 종사의 명에 따라 원기34년(1949) 4월에 원평으로 전지 요양을 떠났다. 이 글도 그때 지은 것이다. “부드럽고 맑은 바람이 바다 밖 만 리에서 불어오고 밝은 달은 구름 속에서도 구천을 열도다. 병든 스님 한가롭게 앉아 뱃노래를 들으니 천당 지옥이 다 함께 흔적조차 없어라.” 대산 종사는 비록 몸은 병들었지만, 바다 밖 만 리 밖에서 부드럽고 맑은 바람이 불어오고 밝은 달은 구천에 솟아 있다는 말이다. 병든 스님[대산 종사]은 한가로이 앉아 뱃노래를 듣고 있다. 참 소식과 밝은 달과 병든 스님이 남조선 뱃노래를 듣고 있다는 것은 시공간을 초월하고 시청각이 한데 어울려 병도 잊고 생사를 해탈한 한가함을 느끼게 한다.

| 용어 풀이 |

○ **청풍(淸風)** 부드럽고 맑은 바람.

○ **구천(九天)** 가장 높은 하늘. 〈소요편 16장〉 용어 풀이 참조.

○ **도가(棹歌)** 뱃사공이 노를 저어가며 부르는 노래. 뱃노래.

⑳ 맑은 바람 나부껴 시방을 맑히고

대산 종사, 글을 지으시니 “맑은 바람 나부껴 시방을 맑히고, 지혜의 빛 높이 솟아 삼세를 밝히누나. 세월을 헛되이 보내고 백 년을 속여 사니, 만겁 다생에 괴롭고 씁쓸한 정일러라[淸風飄飄十方淸 慧日騰騰三世明 虛世欺日謾百年 萬劫多生苦辛情].” 〈소요편 20장〉

| 출처 |

(원문과 동일하여 생략함)

〈『대산종사법문집』 5. 여래장 p.37.〉

| 배경 및 상황 |

대산 종사의 이 시는 원평 요양 시절 쓴 것으로 다음과 같이 풀이하였다.

맑은 바람 경쾌히 나부껴 시방이 맑고,

지혜의 빛은 높이 솟아 삼세를 밝히도다.

허망이 세월을 보내고 백 년을 속여 사니

만겁의 수많은 생에 괴롭고 씁쓸한 정이더라.

| 용어 풀이 |

○ **표표(飄飄)** 팔랑팔랑 가볍게 나부끼거나 날아오름.

○ **혜일(慧日)** 지혜의 빛이라는 뜻으로, 중생의 앎을 비추어 그 어리석음을 가시게 하는 부처의 지혜를 이르는 말.

○ **등등(騰騰)** 기세가 무서울 만큼 높음.

㉑ 심원송

대산 종사, '심원송'을 지으시니 "간절히 원하옵건대, 내 발길 머무는 곳, 내 손길 닿는 곳, 내 음성 메아리치는 곳, 내 마음 향하는 곳마다, 우리 모두 다 함께 성불 제중 인연이 되어지이다[願爲 足之踏處 手之撫處 音之響處 心之念處 皆共成佛濟衆之緣]."

〈소요편 21장〉

| 출처 |

미국 국제 수련대회에 참석차 인사하러 온 교도들에게

수륙공만리(水陸空萬里) 전법구건륜(傳法救建輪)과 원위(願爲) 수지무처(手之撫處) 족지답처(足之踏處) 음지향처(音之響處) 심지념처(心之念處) 개공(皆共) 성불제중지연(成佛濟衆之緣)이라는 법문을 내려주시다.

〈『대산종사수필법문집』 1. p.887. 원기59년 4월 17일〉

| 배경 및 상황 |

① 대산 종사의 '심원송'은 원기59년1974) 4월 17일 미국 국제 수련대회 참석차 인사하러 온 교도들에게 법문한 것이 공식 기록이다. 그러나 원기31년(1946) 총부 서울출장소장으로 재임할 때 〈심원송〉을 지었다고 전한다.

그런데 인터넷 운방장세(雲傍藏世, https://blog.naver.com/)에서 〈심원경원위(心願敬源爲)〉라는 제목으로 작자 미상으로 전하고 있다.

심원경원위(心願敬源爲), 마음으로 간절히 원하옵나이다.

족족답처수지수처(足足踏處修志手處), 내 발길 가는 곳마다 내 손길 미치는 곳마다

음지경음처심지념처(陰持景陰處沈持念處), 내 음성 메아리치는 곳마다 내 마음이 향하는 곳마다

계공성불제중지상(契恭成佛諸衆志象), 한결같이 부처 되며 세상 구제하는 기연 되게 하옵소서

이 시(詩)를 확대해서 지은 것이 대산 종법사의 〈심원송(心願頌)〉이라고 말한다. 〈심원경원위〉는 한자가 맞지 않는 것도 있고 그대로 해석해도 오류가 있다. 눈 밝은 학인들이 〈심원송〉의 사실관계를 밝히기를 바라며 이 기록을 인터넷에서 퍼 날라왔음을 밝힌다.

| 용어 풀이 |

○ **심원송(心願頌)** 마음으로 바람. 또는 그런 일을 노래함.

㉒ 나 없음에 나 아님이 없고

대산 종사, 글을 지으시니 "나 없음에 나 아님이 없고, 내 집 없음에 천하가 내 집이로다. 이것이 나의 참 집이요 참 고향이니, 삼세의 모든 성자와 부처님께서 늘 머물러 사시는 곳이로다[無我無不我 無家無不家 是卽眞家鄕 聖聖佛佛居]." 〈소요편 22장〉

| 출처 |

출가식 법문[총부 반백년기념관에서]

전무출신의 도를 종합해서 말할 것 같으면 무아무불아(無我無不我)요 무가무불가(無家無不家)니 시즉진가향(是卽眞家鄕)이라. 성성불불거(聖聖佛佛居)로다.

무아는 나를 없앤다는 말이니 부처님께서 아상(我相)으로 나라는 상, 인상(人相)으로 사람이 되었다는 상, 중생상(衆生相)으로 어리석은 중생이 되었다는 상, 또 수자상(壽者相)이니 무아는 바로 이 사상이 공한 자리이다. 그것을 종합해 말할 것 같으면 자타(自他)가 공한 자리요 미오(迷悟)가 떨어진 자리다. 자타와 미오가 떨어져야 최고 경지가 되는 것이다. 평생을 공부해도 자타와 미오를 벗어나지 못할 것 같으면 늙어도 어린아이나 마찬가지다. 그러기 때문에 우리 수도인은 기위 법계에 출가를 올렸으니 사상을 떼는 것을 최고의 계문으로 알고 살아야 할 것이며 사상의 공한 경지를 맛보아야 할 것이다.

내가 없어야 나 아님이 없는 것이며 아상, 인상, 중생상, 수자상을 없애고 보면 바로 나 아님이 없는 경지가 되는데, 그 자리가 곧 시방일가요 사생일신의 경지다. 그런데 시방일가는 내 집 또 무가무불가라 내 집이라는 내 집이 없기 때문에 집 아님이 없으니 천하가 내 집이다. 그래서 부처님이나 성현이나 참으로 갑종 전무출신 거진출진은 사생이 일신이 되고, 태란습화 구류중생이 내 한 몸이 되어 버리고, 시방일가라, 시방삼세 모든 세계가 내 집이 되기 때문에 무아무불아요 무가무불가되는 것이니 시즉진가향이라. 이것이 나의 참 집이요 고향이기 때문에 불보살이나 과거 삼세 제불제성이나 다 그 자리를 내 참 고향으로 삼았던 것이다. 그러므로 성성불불 삼세일체 제불제성이 다 거기에 주거하고 사시는 곳이다.

그러기 때문에 전무출신의 도가 우리 교단의 핵이 되고 부처님이나 대종사님이 법을 전하는 진법이 되는 것이다. 그러므로 출가식을 맞는 68명의 동지들은 전무출신의 도를 몸으로 실천해서 세계에 나타나도록 하여야 한다.

대종사께서 '교무'라는 칭호를 붙이실 때 제자들이 "다른 데는 목사라든지 스승 사(師) 자를 붙이니 우리도 사(師) 자리를 붙이는 것이 좋지 않겠습니까?" 여쭈니 "앞으로 법위에 오를 때 정사(正師), 원정사(圓正師), 대원정사(大圓正師)가 있지만 우리 교무는 똑같은 평등의 입장에서 전 교도나 전 국민이나 전 인류의 입장에서 가르치는 데 힘쓰고 노력한다."는 의미에서 전무출신의 도를 내주셨기 때문에 오늘 출가식을 갖는 68명의 동지들은 오늘부터 다시 출발하는 마음으로 법계에 서약하고 노력하여야 하겠습니다.

〈『대산종사수필법문집』 2. pp.806~807. 원기71년 4월 15일〉

| 배경 및 상황 |

대산 종사는 원기51년(1966) 3월 6일 전무출신[道人]들의 생활은 "무가무불가(無家無不家) 무아무불아(無我無不我) 시즉본고[가]향(是則本故[家]鄕)."이라고 했다. 출가위 정도는 주머니에 넣어놓고 가야 한다. 부모님을 위하여서도 항마위 이상은 되어야 한다.

원기65년(1980) 8월 9일 동산 이병은 종사의 발인식 법문에 "무아무불아(無我無不我)라 사생시진아(四生是眞我)며 무가무불가(無家無不家)라 시방시본가(十方是本家)로다."라고 하였다.
원기71년(1986) 4월 15일 출가식 법문에서 전무출신의 도를 종합해서 말하면 "無我無不我 無家無不家 是卽眞家鄕 聖聖佛佛居"라고 하였다.

| 용어 풀이 |

○ **성성(聖聖)** 성인과 성현이라는 뜻.
○ **불불(佛佛)** 부처와 부처라는 뜻.

㉓ 천지무한동력

대산 종사, 글을 지으시니 "하늘이 길고 땅이 오랜 겁의 끝과 시작에 무한 동력이 끊임없이 움직이더라. 대종사께서 한결같이 법륜을 굴리시니 부처와 성인들이 법통을 잇도다[天長地久劫末初 無限動力無限動 本師如如轉法輪 佛佛聖聖繼法統]."
〈소요편 23장〉

| 출처 |

제주국제훈련원 봉불식 법문

이 우주에는 무한한 무한동력이 궁굴고 있다. 그래서 천지는 성주괴공으로 순환하게 된다. 그런데 부처님이나 성현들은 그 무한동력의 체를 받아서 무한동력의 세계를 움직이게 된다. 그러기 때문에 천장지구겁말초(天長地久劫末初), 하늘이 길고 땅이 오래되어 겁의 말과 초에 무한동력이라. 무한동력을 한없이 무한히 불어서 세세생생을 우리가 불려야 되겠단 말이다. 그런데 본사(本師)는 여여전법륜(如如轉法輪), 우리 스승님들 칠불로 비롯해서 석가세존으로부터 대종사님으로 우리 본사님들은 끊임없이 누가 불리라고 하여 불리는 것도 아니고, 여여히 이 법륜을 궁굴려서 불불성성계법통(佛佛聖聖繼法統) 불불성성과 같이 우리가 법통을 이어서 수만 겁토록 구류중생, 육도사생을 제도할 수 있는 원력이 서질 것 같으면 오늘 이 자리에서 역사가 한 번 이루어지는 것이다.

〈『대산종사수필법문집』 2. pp.689~690. 원기70년 5월 15일〉

| 배경 및 상황 |

대산 종사는 원기70년(1985) 5월 15일 제주국제훈련원 봉불식에 임석하여 '삼전법문(三田法門)'을 설하였다. 첫째, 영전(靈田)과 둘째, 법전(法田)과 셋째, 덕전(德田)이라고 하였다. 이 세 가지를 다 갖추면 잘살 수 있는 큰 길이 열린다. 또한 이 우주에는 무한동력이 궁굴고 있다. 그래서 천지는 성주괴공으로 순환한다. 성현들은 무한동력의 체를 받아서 무한동력의 세계를 움직인다. 그러므로 천장지구겁말초(天長地久劫末初), 하늘이 길고 땅이 오래되어 겁의 말과 초에 무한동력을 한없이 무한히 불린다. 본사는 여여전법륜 하여 부처와 부처, 성인과 성인이 법통을 이어서 수만 겁토록 구류중생, 육도사생을 제도한다고 하였다.

| 용어 풀이 |

○ **무한동력(無限動力)** 아무리 사용해도 다함이 없이 지속되는 힘. 인간은 무한동력을 얻기 위한 기계의 발명을 연구하고 있으나 이루지 못하고 있다. 정산 종사는 기계의 동력에도 무한동력이 필요하지마는 우리의 수도에도 무한동력이 필요한데 그것은 바로 신성(信誠)이라, 이 신성이야말로 범부를 성인 만드는 가장 큰 원동력이 된다고 했다. [『정산종사법어』 권도편 25]

○ **법륜(法輪)** 부처님의 교법을 이르는 말. 윤(輪)은 인도 고대의 무기인데, 세속

의 왕인 전륜성왕(轉輪聖王)이 수레를 굴려서 천하를 통일하는 것과 같이 정신세계의 왕으로서의 부처님은 법륜을 굴려서 삼계(三界)의 중생을 구제한다. 단순한 의미로 법의 수레바퀴를 굴린다는 것은 가르침을 널리 펴는 것을 뜻한다. 이에 부처님의 설법을 전법륜(轉法輪)이라고도 한다.

㉔ 하나의 소식을 통해야 유무에 걸림이 없다

대산 종사 말씀하시기를 "하나의 소식을 통해야 유무에 걸림이 없는바, 무에 걸려도 안 되고 유에 걸려도 안 되고, 또 무에 떨어져도 안 되고 유에 떨어져도 안 되느니라. 그것을 주물러 유무 자재한 힘을 얻으려면 도묵(道默)의 경지를 한 번 지내야 하고, 도묵의 경지를 지내서 도광(道光)이 되며, 다시 도의 빛이 비쳐서 도요(道寥)도 한 번 나와야 하느니라."

〈소요편 24장〉

| 출처 |

하나의 소식을 통해 버려야 유무에 걸림이 없다. 무에 걸려도 안 되고 유에 걸려도 안 되고 또 무에 떨어져도 안 되고 유에 떨어져도 안 된다. 걸려도 안 되고 떨어져도 안 된다. 그것을 우물쭈물 주물러 가지고 유무자재한 힘을 얻기로 할 것 같으면 도묵(道黙)의 경지를 한 번 지내야 한다. 도묵의 경지를 지내서 도광(道光), 도의 빛이 한 번 비쳐서 도요(道寥)도 한 번 나와야 한다.

〈『대산종사수필법문집』 2. p.574. 원기69년 7월 24일〉

| 배경 및 상황 |

대산 종사는 원기69년(1984) 7월 24일 완도소남훈련원에서 훈련교무 훈증훈련 기간에 시자가 삼공(三空) 법문 소개 후 부연하였다. 삼공은 세 가지 텅 빈 자리를 말한다. 관일체법공(觀一切法空), 일체 법이 공한 자리를 내가 꿰뚫어 본다. 양일체법공(養一切法空), 일체 법이 공한 자리를 기른다. 행일체법공(行一切法空)이라, 일체 법이 공한 자리를 길러서 그것을 나투는 것이다.
대산 종사는 "하나의 소식에 통해 버려야 유무에 걸림이 없다."라고 하였다. 유무 자재한 힘을 얻으려면 도묵의 경지와 도광의 경지와 도요의 경지를 맛보아야 한다는 말이다.

| 용어 풀이 |

○ **유무(有無)** 있음과 없음. 통상 '대소(大小)'와 더불어 일원상 진리를 표현할 때 사용한다.

○ **도묵(道默)** 도(道)의 자리는 말없이 잠잠함.

○ **도광(道光)** 도(道)의 빛이라는 뜻으로, 부처의 지혜를 비유적으로 이르는 말.

○ **도요(道寥)** 도의 경지는 고요하고 쓸쓸함.

㉕ 도의 기운을 오래도록 보존하니

대산 종사, 글을 지으시니 "도의 기운을 오래도록 보존하니 바깥 경계에 동하지 아니하고, 일심이 청정하니 만사가 평안하도다. 스승님의 도덕을 만고에 선양하고 보살의 도를 몸으로 개척하여 너른 서원을 세워 한결같은 믿음으로 정진하니, 일심의 공력은 능히 모든 어려움을 돌파하리라[道氣長存外境不動 一心淸淨萬事平安 師傅道德宣揚萬古 菩薩之道以身開拓 立弘誓願信如精進 一心之力能破萬難]." 〈소요편 25장〉

| 출처 |

졸업반 훈련생들에게 친필로써 주신 글

도기장존(道氣長存) 외경부동(外境不動)

일심청정(一心淸靜) 만사평안(萬事平安)

• 원기36년 7월 11일 정산 종사께서 향타원(香陀圓) 박은국(朴恩局)에게 주신 글

입홍서원(立弘誓願) 신가정진(信加精進)

일심지력(一心之力) 능파만난(能破萬難)

신년지신(新年之新) 일신월신(日新月新)

• 정산 종사께서 향타원(香陀圓) 박은국(朴恩局)에게 주신 글

사부도덕(師父道德) 선양만고(宣揚萬古)

보살지도(菩薩之道) 이신개척(以身開拓)

• 대산 종사가 향타원(香陀圓) 박은국(朴恩局)에게 주신 글

〈『대산종사수필법문집』 1. p.1920. 원기63년 6월 26일〉

| 배경 및 상황 |

대산 종사는 원기63년(1978) 6월 26일 졸업반 훈련생들에게 친필로 글을 써 주었다.

원기36년(1951) 7월 11일 정산 종사가 향타원 박은국에게 주신 글인 '도기장존외경부동(道氣長存外境不動) 일심청정만사평안(一心淸靜萬事平安)'에, 그 후 '입홍서원신가정진(立弘誓願信加精進) 일심지력능파만난(一心之力能破萬難) 신년지신일신월신(新年之新日新月新)'을 다시 써주었다.

이에 덧붙여 대산 종사가 향타원에게 '사부도덕선양만고(師父道德宣揚萬古) 보살지도이신개척(菩薩之道以身開拓)'이라는 글을 보감 삼아 정진하라고 써

주신 글이다.

정산 종사가 향타원에게 주신 글에 대산 종사가 덧붙여 쓴 글을 정리하여 "道氣長存外境不動 一心淸淨萬事平安 師傳道德宣揚萬古 菩薩之道以身開拓 立弘誓願信如精進 一心之力能破萬難"이라고 하였다.

| 용어 풀이 |

○ **만고(萬古)** 아주 오랜 세월 동안.

○ **선양(宣揚)** 명성이나 권위 따위를 널리 떨치게 함.

㉖ 하늘과 땅을 한입에 삼키고 뱉어라

대산 종사 말씀하시기를 "예로부터 불가에서는 수행인을 '건곤탄토객(乾坤呑吐客)' 즉 하늘과 땅을 한입에 삼켰다 내었다 하는 사람이라 하였나니, 우리 수행인은 이런 큰 긍지를 가지고 대종사의 일원 대도를 받들어 수도하면서 사업하고, 사업하면서 수도하는 적공인이 되어야 하느니라."

〈소요편 26장〉

| 출처 |

종법사 추대 및 수위단원 선서식에서 법문

자고로 불가에서는 이런 수행하는 사람들을 통칭하여 이렇게 말하고 있어요. 건곤탄토객(乾坤呑吐客)이라. 하늘과 땅을 한입에 삼켰다 내였다 하는 손이다. 이렇게 말씀들 하고 있어요. 그런데 참으로 그 뜻을 알고 볼 것 같으면 건곤과 세계를 한숨에 삼키면 들어가고 뱉으면 나오는 그런 실력을 갖추게 되는 것이다. 그 말이죠.

그러기 때문에 자고로 천황도 이 수행하는 납자를 함부로 못 하는 것은 겨우 한 나라 재산을 들였다 냈다 하는 권리는 있지마는 수행하는 납자는 천하 건곤과 세계를 삼켰다 뱉었다 하는 큰 힘이 있기 때문에 수행하는 사람으로서 이런 큰 긍지가 없고 한 큰 생각이 없을 것 같으면 나중에는 쪼랭이가 돼 버립니다. 그러기 때문에 우리는 어디까지나 대종사님의 일원대도를 받들어서 수도하면서 사업하는 사람이 되기 때문에 적어도 건곤을 삼켰다 냈다 하는 그런 실력을 양성하는 제자가 되어야겠어요.

〈『대산종사수필법문집』 1. p.1654. 원기62년 3월 30일〉

| 배경 및 상황 |

대산 종사는 원기62년(1977) 3월 30일 종법사 추대 및 수위단원 선서식 법문에서 말씀하시기를 "건곤탄토객(乾坤呑吐客)이라. 하늘과 땅을 한입에 삼켰다 내였다 하는 손[손님, 객]이다. 천하에 건곤을 삼켰다 뱉었다 하는 실력을 갖추는 우리 수행인은 큰 긍지를 가지고 대종사의 일원 대도를 받들어 수도하면서 사업하고, 사업하면서 수도하는 적공인이 되어야 한다."라고 하였다.

| 용어 풀이 |

○ **불가(佛家)** ① 불교를 믿는 사람, 또는 그들의 사회. 불문(佛門)·선문(禪門)·석문(釋門)·승문(僧門)이라고도 한다. ② 석가모니불 또는 절. 불교에 대한 종합적인 의미로 불가라 한다. 유교를 유가, 도교를 도가라고 하는 말에 대하여 불교를 불가라고 한다.

○ **건곤(乾坤)** 하늘과 땅을 아울러 이르는 말.

27 원상대의

대산 종사, '원상 대의(圓相大意)'를 밝히시니 "원공(圓公)은 말과 글이 끊어진 자리라, 법이라 할 수 없으나 또한 법 아님도 없어 천하 만법이 다 이를 따라 출입하며, 사면이 장벽이라 문이 없으되 또한 문이 아님도 없어 천하 만유가 다 이를 따라 왕래하며, 엄연히 우주의 근원이 되고 성인과 철인의 걷는 길도 되고 중생의 복전도 되고 악인의 화택(火宅)도 되나니, 그 물건이 없는 것이냐 있는 것이냐. 옛 부처도 오히려 알지 못하고 천하의 선지식도 말로 가르치지 못하며, 백가(百家)의 천경 만론도 다 이 원상 안에 든 작은 그림자를 나타낸 것뿐이니 하물며 배움이 부족한 사람이 어찌 감히 알 수 있으리오. 그러나 내가 우연히 병을 얻어 고요한 밤에 마음을 관하니 가을바람은 몹시 맑고 달의 정기는 더욱 밝게 비치는데, 부질없이 붓을 드니 이 원상의 소식은 말과 글에 있지 아니하나 말과 글로 나타낼 수 있으므로, 이르기를 비었으되 비지 아니하고 있으되 있지 아니한지라, 이를 진공 묘유라 하였고 또한 대다라니문(大多羅尼門)이라 이름하였도다. 그러므로 삼세의 모든 부처님이 그 자리를 얻어 시방 법계를 보배 창고로 삼아 마음대로 내다 쓰나니 이를 다함이 없는 여래장이라 이름하였고, 삼계 육도를 노는 장소로 삼아 마음대로 내왕하나니 이를 걸림 없는 대통문(大通門)이라 이름하였도다. 그뿐만 아니라 손바닥 가운데 구슬 같아서 때로 자취를 감추면 생멸이 없어 그 흔적을 볼 수도 헤아릴 수도 없으며, 놓으면 법계에 가득하여 한없는 세계와 영원한 세월과 수많은 중생이 이어지며, 마음을 쓰면 천지를 개벽하고 세상을 혁신하며 인연 따라 중생 제도를 마음대로 하나니, 이와 같은 모든 부처와 조사들의 깊은 뜻을 어떻게 꿰뚫어 알리오. 우리 모든 중생이 가히 사량으로 얻지 못할 것이 이것이로다. 그것을 얻는 데는 하나의 문에 세 가지 열쇠가 있으니, 첫째는 관공(觀空)이요, 둘째는 양공(養空)이요, 셋째는 행공(行空)이니라. 또한, 그를 얻는 데에 한 주인공이 있으니 일심으로 공을 쌓아 나가는 사람이라, 능히 그 문을 열어 그 집에 살게 될 것이니, 원컨대 어리석은 우리 중생들은 이 법문을 듣고 겁을 내거나 약해지지 말고 분연히 큰 뜻을 발해서, 세세생생 시시때때로 마음으로 생각하고 입으로 말하고 몸으로 실행하여, 다 이 문에 들어서 무여 열반의 자리를 증득하고 대해탈 무애 대통문을 열어 길이 퇴전하지 말지어다. 마땅히 이같이 생각 없이 생각하고 상 없이 말하고 착 없이 행하면 청정법신불과 원만보신불과 백억화신불을 한 몸에 겸해서, 정과 혜가 두렷이 밝고 복과 혜를 다 갖추어 속세의 얽힌 바와 업력의 굴리는 바를 멀리 떠나 생각 생각이 모두 걸림 없고 걸음걸음이 삼계를 뛰어넘어, 능히 모든 부처가 옹호하고 사람과 하늘이 존경하고 법해(法海)가 흐르고 중생이 귀의하는 바가 되리로다. 큰 두렷한 기운을 함양하여 걸음걸음이 삼계를 뛰어넘고, 큰 두렷한 기운을 함양하여 한량없는 중생이 건져지이다[圓公 言語道斷 無法無不法 天下萬法 皆從此而出入 四面墻壁 無門無不門 天下萬有 皆從此而往來 嚴然以爲六合之祖宗 聖哲之軌轍 衆生之福田 惡人之火宅 其物 空耶有耶 古佛猶未會 天下善知識 言不可稱指 百家千經萬論 不過模寫此圓相之內一小影子 況如此淺學 何敢能知 然余偶然負病 靜夜觀心 秋風增清 月精益輝 妄然隨筆 此圓相底消息 不在言語筆墨境界 卽在言語筆墨境界 故曰空而不空 有而非有 此所謂眞空妙有 亦名大多羅尼門 故三世諸佛諸佛 得這一着子 十方法界 皆爲自家之寶庫 任意用之 是名無盡如來藏 三界六途 皆爲自家之遊戲場 任意往來 是名無碍大通門 不啻如掌中之珠 時或藏之則不曾生不曾滅 其痕跡 不可見不可量 放之則充滿於法界 連續無量世界 無始曠劫 無邊衆生 又用心則天開地闢 革世濟衆 任意自在 如此之佛佛祖祖密密意 如何鑿得 頓畢了 我等衆生衆生之 不可量得磨者 是也夫 然得有一門三鍵 日觀空養空行空 得有一個主人公

日一心精功之士 能開得入 願諸我等九分無明衆生之類 聞此法門 不生怯弱 奮發大志 世世生生時時處處 心念口說身行 皆入此門 證入無餘涅槃 得通大解脫無碍大通門 永爲不退轉 應如是 無念爲念 無相爲說 無住爲行 於此降臨淸淨法身佛圓滿報身佛百億化身佛 一身兼之三身佛 定慧圓明 福慧雙足 遠離塵念之所繫 業力之所轉 念念皆無碍 步步超三界 能爲諸佛之所護 人天之所尊 法海之所流 衆生之所歸 涵養大圓氣 步步超三界 涵養大圓氣 度無量衆生]." 〈소요편 27장〉

| 출처 |

(원문과 동일하여 생략함)

〈『대산종사법문집』 5. 여래장 p.17.〉

| 배경 및 상황 |

대산 종사가 원기34년(1949) 원평에서 정양할 때 금산사 심원암에 들렀다. 낙신 스님이 "원불교는 사업승이지 공부하는 사람은 없는 것 같더라" 하기에 "어떤 것이 공부냐?"고 물었더니 "글도 많이 짓고 해야 하지 않겠습니까?" 하기에 "그러면 적어 보라." 해서 글을 지었는데 정진문, 채약송, 원상대의 등이었다. 낙신 스님은 글을 보고 큰절을 하며 "명문입니다. 조사들도 평생에 하나만 내면 된다."라고 하였다. 그는 나한테 4배를 올리며 상좌 되기를 원하여 한 사흘을 따라다녔다. 그 후 37년이 흐른 후 원기72년(1987) 1월경 낙신 스님이 소공(簫箜) 이명우[李明雨, 1923~2005] 거사로 나타났다. 한국전쟁 중 속가로 피신 갔다가 인연이 되어 환속했다. 소공은 선화와 불화, 달마도에 있어 정평이 난 대화백이 되었다.

| 용어 풀이 |

○ **원상대의(圓相大意)** 대산 종사가 원기34년(1949) 4월부터 원기35년(1950) 6월

까지 원평에서 폐결핵 재발로 정양하며 구도 일념으로 일원상의 진리를 연마하여 한문체로 쓴 일원상의 대의다.

○ **원공(圓公)** 일원상 진리를 의인화하여 일컫는 것으로 높여 부르거나 이르는 말로 '원' 뒤에 쓰여 원공이라 하였다.

○ **육합(六合)** ① 하늘·땅·동·서·남·북을 육합이라 한다. ② 음양가에서 자(子)와 축(丑), 인(寅)과 해(亥), 묘(卯)와 술(戌), 진(辰)과 유(酉), 사(巳)와 신(申), 오(午)와 미(未)가 서로 합치는 것을 말한다.

○ **화택(火宅)** 사바세계인 속세. 번뇌의 고통을 불에 비유하고 삼계(三界)를 집에 비유한 말로 괴로움이 많고 삼독오욕에 불타는 중생 세계를 뜻하는 말.

○ **백가(百家)** 여러 가지 학설이나 주장을 내세우는 많은 학자 또는 작자(作者).

○ **대다라니문(大陀羅尼門)** 범문으로 된 비밀스러운 주문으로 구절이 긴 다라니문이다. 여러 부처와 보살의 선정(禪定)으로 생겨난 진언(眞言)이다.

○ **여래장(如來藏)** ① 여래를 갊아 있음. 미계(迷界)에 있는 진여. 산스크리 따따가따가르바(tathāgatagarbha)의 한역어(漢譯語). 『대방등여래장경(大方等如來藏經)』에서 "이때 세존이 금강혜 및 여러 보살에게 고하여 말씀하시기를 … 내가 부처의 눈으로 일체중생을 보니 탐욕과 성냄과 어리석음 등 모든 번뇌 가운데에도 여래의 지혜와 여래의 눈과 여래의 몸이 결가부좌(結跏趺坐)하여 엄연부동(儼然不動)하고 있음을 보나니, 착한이여 일체중생이 비록 업인(業因)에 따라 가게 되는 모든 국토의 번뇌의 몸 가운데 있을지라도 여래를 갊아 있어서 항상 물들거나 더럽혀지지 않고 덕상(德相)을 갖추어 구족(具足)함이 나와 같아서 다르지 않나니라."라고 한 데에 이 용어의 사상적 연원이 있다. 곧 "미계의 사물은 모두 진여에 섭수되었으므로 여래장이라 한다. 진여가 바뀌어 미계의 사물이 된 때는 그 본성인 여래의 덕이 번뇌 망상에 덮이게 된 점으로 여래장이라 하는 것이다. 또 미계(迷界)의 진여는 그 덕이 숨겨져 있을지언정, 아주 없어진 것이 아니고 중생이 여래의 성덕(性德)을 함장(含藏)했으므로 여래장이라 한다. 이것은 장(藏)에 대하여

소섭장(所攝藏)·음부장(陰覆藏)·능섭장(能攝藏)의 세 뜻으로 설명한 것이다.” [운허용하, 『불교사전』] ② 여래를 내장(內藏)하고 있다는 뜻으로, 일체중생이 다 여래가 될 수 있는 성품 또는 가능성을 갖고 있다는 말. 일체중생은 다 여래장이다.

○ **대통문(大通門)** 크게 통하는 문.

○ **관공(觀空)** 밝은 지혜로써 모든 법이 텅 비어 버린 경지를 깨닫는다는 뜻.

○ **양공(養空)** 진공의 묘한 자리를 길러내어 내 것을 만듦.

○ **행공(行空)** 진공같이 물들지 아니한 묘한 행을 함.

○ **청정법신불(淸淨法身佛)** 일체의 더러움과 속된 것이 없는 궁극적 실재, 즉 진리 그 자체로서의 부처님. 여기서 ‘법신불’이란 ‘진리 그 차체를 몸으로 하는 부처’를 말하는 것으로서, 이때 ‘진리[법신]’와 ‘부처’는 하나의 궁극적 실재에 대한 철학과 종교라는 서로 다른 입장에서의 호칭인 것이다. 즉 동일한 궁극적 실재를 종교적으로는 ‘법신불’이라 하고, 철학적으로는 ‘진리’라고 하는바, 진리와 부처는 일체이명(一體異名)으로서 진리가 바로 부처이며, 부처가 바로 진리이다. 비로자나불.

○ **원만보신불(圓滿報身佛)** ① 법신불·화신불과 함께 삼신불의 하나. 보신이라고도 한다. 과보와 수행의 결과로 나타나는 불신(佛身). 오랜 수행의 과정을 거쳐 나타난 무궁무진한 공덕을 갖춘 몸을 의미한다. 예를 들면 아미타불은 법장비구(法藏比丘)의 후신이라는 의미에서 보신이다. ② 보신(報身)으로서의 부처로 아미타불(阿彌陀佛)·노사나불(盧舍那佛)·약사불(藥師佛) 등을 가리킴.

○ **백억화신불(百億化身佛)** 삼신불(三身佛)의 하나. 일체중생을 제도하기 위해 그들의 근기와 상황에 맞춰 인연 따라 다양한 모습으로 화현하여 나타난 부처님. 소태산 대종사나 석가모니불을 화신불이라 하는데, 넓은 의미에서는 삼라만상이 모두 화신불이다. 화신불에는 정(正)화신불과 편(偏)화신불이 있다. 정화신불은 법신불의 진리 그대로를 받아 화현한 불보살을 이르며, 편화신불은 법신불의 진리 그대로를 다 받지 못한 범부·중생을 말한다.

제14
개벽편
開闢編

개벽편은 소태산 대종사와 정산 종사의 개벽 사상을 대산 종사가 이어받아 회상의 미래와 전망을 예측한 내용으로 선후천의 개벽과 교운과 국운과 세계운의 대세와 방향을 설한 법문 총 28장을 수록하고 있다.

❶ 천지가 운행하는 도

대산 종사 말씀하시기를 "말세나 선천 후천은 성자와 철인들이 천지의 운행하는 도를 밝혀 놓은 것으로, 대종사께서는 그 기점을 갑자년에 두시어 일대겁 만에 돌아오는 큰 회상이 갑자년부터 시작되었다고 하셨느니라. 궁을가에서 '갑자 정월 초하루에 후천구복십이회(後天九覆十二會)라.' 하여 갑자년 정월 초하루부터 새 시대가 돌아옴을 알렸던바, 대종사께서도 갑자년에 익산에 중앙총부를 건설하시고 교화를 시작하시며 '호년(好年) 호월(好月) 호일(好日) 호시(好時)라.' 하셨으니, 좋은 해 좋은 달 좋은 날 좋은 때를 만드는 것은 우리의 몫이니라." 〈개벽편 1장〉

| 출처 |

제비산에서 [청운회(靑耘會) 법문]

서양에서는 말세라고 하는 데 말(末)이라고 할 것 같으면 본(本)이 있다는 뜻이라. 원시반본(原始反本)하는 시대가 돌아온다는 것을 의미한 것이고, 동양에서는 지금을 후천(後天)이라고 하는 데 후천이 있을 때는 선천(先天)이 있다는 것을 말한 것이기 때문에 서양의 말세나 동양의 선천 후천 이것이 다 앞으로 천지의 운행하는 도를 일러서 성자 철인들이 밝혀 놓은 것입니다.

부처님께서도 일대겁 만에 다시 오는 원리 원칙을 밝혀 주셨습니다. 일대겁(一大劫)이라 할 것 같으면 일겁(一劫)이 20번 반복한 것이 일소겁(一小劫)이고, 20겁이 2번 반복하면 중겁(中劫)이요, 중겁이 2번이면 80겁으로 일대겁인데, 일대겁은 한량없는 수를 말한 것입니다. 그런데 그 바뀐 기점을 어디다 초점을 둘 것이냐가 문제가 되었는데 대종사께서는 갑자년을 그 기점으로 두셔서 일대겁 만에 돌아오는 대 회상이 갑자년으로부터 시작이 되었다는 것을 말씀하셨습니다.

그런데 대종사께서 선각자도 많이 있더라 하시며 예전에 도사 한 분이 『궁을가(弓乙歌)』를 지었는데, 갑자 정월 초하룻날로 후천구복십이회(後天九復十二回)라. 갑자년 정월 초하룻날로부터 새 시대가 돌아온다는 것을 말씀하셨는데 수운 대신사께서는 그것을 인증하셨기 때문에 대종사께서는 선각자라고 말씀하셨습니다. 우리 회상은 갑자년을 비롯해서 총부를 이리에 건설하셨는데 이번에 한 돌이 지나고 두 번째 맞이하는 갑자년을 비롯해서는 우리가 그냥 앉아 있을 수 없기 때문에 중앙총부에 성업봉찬을 비롯해서 모든 사업이 앞으로 발전될 것을 우리가 염원하면서 외총부를 대전권 내에 두어서 정부와 보조를 같이하여 모든 교화 훈련 문화 봉공 등의 활동을 외총부에 집중해서 국내외에 크게 활동할 수 있는 곳이 되도록 하고, 또 해외로는 제주 국제훈련원을 비롯한 외총부와 해외를 같이하여 교세 발전을 하도록 하여야 하겠습니다.

따라서 이번 갑자년에 두 번째 맞는 청운회 대회가 대단히 의미 깊은 대회가 되기 때문에 그냥 허술히 넘겨서는 아니 되겠습니다. 갑자년을 대종사께서는 호년(好年) 호월(好月) 호일(好日) 호시(好時)라고 말씀하셨는데 그대로 호년이 되고, 호월이 되고, 호일이 되고, 호시가 되도록 만드는 것은 우리 내외 출가 재가에 달려 있는데 이번 청운회와 청년회와 대학생 연합회가 형제가 되기 때문에 중요한 회합이 되길 바랍니다.

〈『대산종사수필법문집』 2. pp.607~608. 원기69년 10월 19일〉

| 배경 및 상황 |

대산 종사는 원기69년(1984) 10월 19일 김제시 금산면 청도리 제비산에서 청운회 회원들에게 법문하시기를 "말세나 선후천은 성자 철인들이 천지의 운행하는 도를 밝힌 것이다. 대종사님은 그 기점을 갑자년인 원기9년(1924)으로 두어 일대겁 만에 돌아오는 큰 회상이라고 하였다. 『궁을가』에서는 '갑자 정월 초하룻날로 후천구복십이회'라고 하여 이때부터 새 시대가 돌아온다고 했다.

대종사님은 갑자년에 익산에 중앙총부를 건설하였다. 호년 호월 호일 호시라고 하셨으니 좋은 때를 만드는 것은 우리의 몫이라"라고 하였다. 또한, 대산 종사는 "'매구하송(每句下誦) 차육자(此六字)에 궁궁을을(弓弓乙乙) 성도(聖道)로다.'에서 이 육자는 '나무아미타불'이란 말인데 염불을 많이 하란 뜻으로 하루 일곱 번씩은 집에서 해야 한다. 바빠도 할 수 있어야 한다."라고 말했다.

| 용어 풀이 |

○ **말세(末世)** ① 정치·도덕·풍속 따위가 아주 쇠퇴하여 끝판이 다 된 세상. 지구의 종말을 의미하는 말. ② 본래 불교용어인 말세는 불교의 삼시(三時)에서 나온 말이다. 부처님께서 입멸하신 뒤에 시대가 흘러감에 따라 그 가르침이 여법하게 실행되지 않는다는 역사관에 입각하여 시대를 정법(正法)·상법(像法)·말법(末法)으로 나누고 있다. ③ 기독교에서는 예수가 재림할 때까지를 말세라고 한다. 말세가 끝날 때 심판을 받는다고 한다. ④ 일반적으로 어이없는 일이 일어날 때 세상을 개탄하는 말로 사용된다.

○ **선천(先天)** ① 현재의 천지가 이루어지기 이전의 세상. 동양에서는 일찍부터 현재의 천지가 조판(肇判)되기 이전을 의미하는 말로 써오다가 최제우·김항·강일순·소태산 대종사 등 근세 한국의 신종교 창시자들에 의해 그들이 살던 시대를 분기점으로 그 이전을 선천 그 이후를 후천으로 구분하고, 선천은 불합리·불공평의 어두운 세상이었고 후천은 합리·평등의 밝은 문명세상이 된다고 규정하고 있다. ② 태어날 때부터 몸에 갖추어져 있는 사람의 성격이나 체질과 같은 것.

○ **후천(後天)** ① 현재의 천지가 이루어진 이후의 세상. 선천과 상대되는 개념이다. ② 사람이 태어난 이후에 교육을 통해 형성되는 성격이나 조섭(調攝)에 의해 만들어지는 체질. ③ 천운(天運)에 뒤짐. 돌아오는 운을 감당하지 못하는 상태를 의미한다.

○ **갑자년(甲子年)** 육십갑자의 첫 해. 갑(甲)은 십간(十干)의 첫 머리에 있고, 자

(子)는 십이지(十二支)의 첫 머리에 있어서, 간지(干支)를 서로 짝지으면 갑자가 첫째 해가 된다. 십진법이 발달한 서양에서는 1백년 주기로 시제(時制)를 계산했고, 중국·한국 등 동양의 시제는 60년을 주기로 해서 육십 갑자법이 통용되고 있다.

○ **일대겁(一大劫)** 아주 긴 시간. 4중겁 또는 80중겁을 이르는데 모두 증겁과 감겁이 80번 되풀이되는 동안이다.

○ **궁을가(弓乙歌)** 동학가사(東學歌辭)의 하나. 작가는 김주희(金周熙)라는 설과 용호 대사(龍虎大師)가 지은 것을 김주희가 장편으로 개작했다는 설이 있다. 1932년에 경상북도 상주의 동학교본부에서 국한문 혼용본과 국문본 2종의 목판으로 간행되었다. 이 작품은 4·4조로 된 장편가사인데 1행이 끝날 때 마다 '궁궁을을 성도로다'를 구호처럼 반복하고 있는 것이 특색이다. 4음보 1행으로 총 341행이다. 이 가사는 어린이들에게까지 동요로 부르도록 권유했는데 당시의 시대적 상황을 비판하고 그 극복의 길을 제시하는 내용이다. 무도한 외국 병마가 우리나라를 침범하는 상황에서 『궁을가』를 지성으로 부르면 외병이 침범하지 못하고 성궁성궁(成弓成弓) 성도(成道)하면 온갖 허깨비들도 스스로 멸망한다고 했다. 또 고국산천을 버리고 떠나는 사람들에게는 태평천하가 곧 될 것이니 정심수도(正心修道)하며 『궁을가』를 부르라고 했다. 궁을에 대한 설명보다는 '궁궁을을 성도로다'의 반복을 통한 『궁을가』 자체의 신통력을 강조하고 있다.

❷ 선후천 교역기

대산 종사 말씀하시기를 "천지가 개벽이 되고 말세가 되고 교역기가 되는 이 시기에 대종사께서 이 회상을 열고 법문을 전해 주신 뜻은 다름이 아니라, 도의 관을 쓰고 덕을 왕성하게 하자는 것이요, 정신과 육신을 쌍전하여 동과 정을 같이하자는 것이요, 불일을 더욱 빛내고 법륜을 계속 굴리자는 것이요, 스승의 도덕을 무궁토록 선양하자는 것이니라[道冠德旺 原始反本 靈肉雙全 動靜一如 佛日增輝 法輪常轉 師傅道德 宣揚無窮]."

〈개벽편 2장〉

| 출처 |

천지개벽이 되고 말세가 되고 교역기가 되는 이 시기에 대종사께서 이 회상에 오셔서 법문을 전하셨는데 엊그저께 대우그룹 김우중 회장이 왔기에 도관덕왕(道冠德旺), 원시반본(原始反本), 영육쌍전(靈肉雙全), 동정일여(動靜一如), 불일증휘(佛日增輝), 법륜상전(法輪常轉), 사부도덕(師傅道德), 선양무궁(宣揚無窮)이라고 쓴 돌을 주었더니 좋아하더라.

〈『대산종사수필법문집』 2. p.1007. 원기72년 5월 10일〉

| 배경 및 상황 |

대산 종사는 원기72(1987)년 5월 10일 '말세와 선후천, 음시대와 양시대, 원시반본 등'에 관해 말씀하시고 '선후천 교역기'에 대해 자세히 말씀하셨다. "이틀 전에 대우그룹 김우중 회장을 총부 중앙훈련원에서 접견하고 돌에 쓴 여덟 가지 법문을 전해 주었더니 반갑게 받았다고 하였다. 지금 이 시대는 성년기로 예수와 공자와 석가모니 등에게 성년식을 해야 한다. 그것이 도관덕왕이다. 그 시대가 원시반본 시대다. 원시반본 시대에는 영육쌍전 동정일여의 법이 바로 설 때이다. 우리가 이렇게 하는 것이 불일증휘 법륜상전하는 것이다. 또한, 대종사님이나 성현들을 다 같이 모셔야 하기에 사부도덕 선양무궁하여야 한다." 라고 하였다.

| 용어 풀이 |

○ **천지개벽(天地開闢)** ① 하늘이 처음 열리고 땅이 처음으로 만들어짐을 의미.

② 우주의 물리적 큰 변화. ③ 인류 문명사적 일대 전환.

○ **교역기(交易期)** 우주 자연의 순환과 운도(運度)가 크게 한번 바뀌는 시기. 선후천(先後天) 교역기의 준말이다. 우주 자연의 운도가 선천(先天)에서 후천(後天)으로 넘어가는 시기를 나타내는 말로 한국 신종교의 창시자들이 많이 썼던 말이다. 최제우[水雲 崔濟愚]·강일순[甑山 姜一淳]·김항[一夫 金恒]·소태산 대종사 등이 다 같이 선후천 교역에 대한 말을 하고 있는데 크게는 이들이 살았던 시대를 교역기로 보고 있으며, 구체적으로는 각기 자기들의 탄생 또는 성도(成道)를 기점으로 선후천의 교역 시기를 구분하기도 한다.

❸ 말세의 판단

한 제자 여쭙기를 "지금 세상을 다들 말세라 하오니 말세는 무엇을 보고 판단할 수 있나이까?" 대산 종사 말씀하시기를 "세상이 어두운가 밝은가, 마음이 어두운가 밝은가, 어짊과 자비와 박애가 있는가 없는가를 살펴보면 알 수 있느니라." 〈개벽편 3장〉

| 출처 |

전무출신 하려고 서원 세운 청년에게

세상은 도덕이 아니면 구원할 수 없는 것이다. 내가 그 일을 하겠다고 하면 그 일이 하루 이틀 10년, 20년에 속히 되는 것이 아니니 속히 하려 하지 말라.

"말세라 하니 그 뜻이 어떠합니까?"

"밤은 어두운 것인가 밝은 것인가?"

"어둡습니다."

"지금 인류의 마음이 어두운가 밝은가?"

"어둡습니다."
"인류의 마음에 인과 자비와 박애가 있는지 없는지?"
"없습니다."
"그것이 말세이니라."

〈『대산종사수필법문집』 1. p.744. 원기58년 6월 23일〉

| 배경 및 상황 |

대산 종사, 원기58년(1973) 6월 23일는 전무출신 하려고 서원 세운 청년에게 말씀하시기를 "세상은 도덕이 아니면 구원할 수 없는 것이다. 내가 그 일을 하겠다고 하면 그 일이 하루 이틀 10년, 20년에 속히 되는 것이 아니니 속히 하려 하지 말라."고 하였다.

청년이 사뢰기를 "지금 세상은 말세라 하오니 어떻게 판단합니까?" 대산 종사 말씀하시기를 "세상이 어두운가 밝은가, 마음이 어두운가 밝은가, 어짊[仁]과 자비와 박애가 있는가 없는가를 살펴보면 알 수 있느니라."고 하였다.

| 용어 풀이 |

○ **자비(慈悲)** ① 남을 깊이 사랑하고 가엾게 여김. 또는 그렇게 여겨서 베푸는 혜택. ② 중생에게 즐거움을 주고 괴로움을 없게 함.

○ **박애(博愛)** 모든 사람을 평등하게 사랑함.

❹ 종교 혁명과 구원

학인이 여쭙기를 "하나님을 믿어야만 구원을 받을 수 있다고 합니다." 대산 종사 말씀하시기를 "과거에는 상제님이나 부처님이나 하나님 한 분만을 절대자로 모셨으나, 수운 대신사께서 '사람이 곧 하늘'이라 하여 종교 혁명을 일으켜 주셨고, 대종사께서는 '곳곳이 부처님이니 일마다 불공을 하라.' 하시어 더 큰 종교 혁명을 일으켜 주셨으니, 앞으로는 자력과 타력을 원만히 병진하는 수행과 신앙을 해야 구원을 얻을 수 있느니라." 〈개벽편 4장〉

| 출처 |

서울교구대학생연합회원과 문답 법문

문: 인간의 구원이 오직 하나님에의 믿음으로 성립된다는 기독교 교리에 대한 원불교와의 상치점을 알고 싶습니다. 즉 기독교 교리만이 우주의 진리와 구원을 가능케 한다는 기독교의 입장을 편협하다고 생각하고 있는데 이런 입장에 대해 알고 싶습니다.

종법사: 갑자년 이후는 양 시대이기 때문에 우리가 시대관을 잘 파악해야 할 것이다. 과거 음 시대는 어두운 시대이기 때문에 타력을 위주로 해 왔다. 앞으로의 시대는 모든 종교가 자타력을 병진해야 하는 시대다. 기독교뿐 아니라 과거 모든 종교가 타력을 위주해서 인류를 구원했는데 앞으로는 밝은 시대이기 때문에 자타력을 원만히 병진하는 수행과 신앙을 해서 인류를 구원하는 그런 방향으로 나가야 할 것이다.

신년법문에 그것이 나온다. 과거에는 유교나 동양 사상은 상제님을 절대로 모셨고 부처님 하나님 등으로 의존하는 사상이었는데 앞으로 갈수록 수운 대신사께서 인내천이라고 해서 종교혁명을 가져오기 시작했다.

사람이 곧 하늘이다. 그래서 무모하다고 그분을 죽였는데 '나는 죽어도 진리는 진리이다.'라고 했다.

그러나 대종사께서는 처처불상 사사불공이라. 거기서 한 번 뛰어서 사람만 하늘이 아니라 처처불상 처처천(處處天)이라. 그러니 사사불공하라. 이것이 종교적으로 최대 혁명이다.

〈『대산종사수필법문집』 2. pp.476~477. 원기68년 12월 21일〉

| 배경 및 상황 |

대산 종사는 원기68년(1983) 12월 21일 삼동원에서 열린 서울교구 대학생연합회 겨울훈련에 참여한 학생들과 문답 법문을 하였다. 어느 학생이 "인간의 구원이 오직 하나님에의 믿음으로 성립된다는 기독교 교리에 대한 원불교와의 상치점을 알고 싶습니다. 즉 기독교 교리만이 우주의 진리와 구원을 가능케 한다는 기독교의 입장을 편협하다고 생각하고 있는데 이런 입장에 대해 알고 싶습니다."라고 질문하니 대산 종사 말씀하시기를 "과거에는 상제님이나 부처님이나 하나님 한 분만을 절대자로 모셨으나, 수운 대신사께서 '사람이 곧 하늘'이라 하여 종교혁명을 일으켰다. 대종사께서는 '처처불상 사사불공'이라 하여 최대 종교혁명을 일으켜 주셨다. 앞으로는 자타력을 원만히 병진하는 수행과 신앙을 해야 구원을 얻을 수 있다."라고 하였다.

| 용어 풀이 |

○ **상제(上帝)** 우주를 창조하고 주재한다고 믿어지는 초자연적인 절대자. 종교적 신앙의 대상으로서 각각의 종교에 따라 여러 가지 고유한 이름으로 불리는데, 불가사의한 능력으로써 선악을 판단하고 길흉화복을 인간에게 내리는 것으로 알려져 있다.

❺ 새 시대의 불법

대산 종사 말씀하시기를 "대종사께서 앞으로는 복과 혜를 멀리 밖에서 구하지 말고 자기 자신에게서 구하라고 하셨으니 이것이 바로 대종사의 위대하심이니라. 복과 혜를 구하기로 하면 부처님이나 하느님이나 성현에게서만 구하지 말고, 복과 혜를 계발할 수 있는 능력을 나에게서 찾아야 하나니 이것이 대종사께서 주창하신 새 시대의 새 불법이니라."

〈개벽편 5장〉

| 출처 |

상시훈련에 임하는 영산선원생

1. 자력양성

우리가 원하는 것도 복과 혜이고, 43억 온 인류가 원하고 있는 바도 복과 혜이다. 과거에는 복과 혜를 다 외부에서 구했지만, 앞으로는 복과 혜를 멀리서 구하지 말고 자기 몸에서 자기가 구하는 것이다. 이게 바로 대종사님의 위대하심이고 새로 선후천을 바꿔놓은 것이고 교역 시대를 새로 만들어 놓은 것이다. 그러므로 복과 혜를 부처님이나 하나님이나 성현님이나 땅님이나 옆 보지 말고 자기에게서 구해야 한다. 자기에게서 얼마만큼이라도 복과 혜를 계발할 수 있는 것이다. 이것이 바로 대종사님의 최대의 자력이다.

자력! 자력! 이것을 금년의 표본으로 나다, 나! 내게 있다. 모든 것을 나에게서 찾는 이것이 대종사님의 일대 종교혁명인 것이다.

〈『대산종사수필법문집』 1. p.2130. 원기64년 12월 20일〉

| 배경 및 상황 |

대산 종사가 원기64년(1979) 12월 20일 상시훈련[겨울방학]에 임하는 영산선원생들에게 '사요(四要)'에 대하여 법문한 가운데 '자력양성'에 관한 것이다. "우리가 원하는 것도 복과 혜이고, 43억 온 인류가 원하고 있는 바도 복과 혜이다. 과거에는 복과 혜를 다 외부에서 구했지만, 앞으로는 복과 혜를 멀리서 구하지 말고 자기 몸에서 자기가 구하는 것이다."라고 하였다. "이것이 대종사께서 주창하신 새 시대의 새 불법이라."라고 하였다. 원문에는 "이것이 대종사님의 일대 종교혁명이라"고 하였다. 자력양성이 '일대 종교혁명'과 '새 시대의 새 불법'과는 내용상 별 차이는 없다. 다만, 개벽편 4장에서 '자타력 병진이 종교혁명'이라고 하였다. 이를 다시 '종교혁명'이라고 이어 중복하여 표기하기가 여의찮아 '새 시대의 새 불법'이라고 법어 윤문 과정에서 변경한 것 같다.

| 용어 풀이 |

○ **자력양성(自力養成)** 자력을 길러 부당한 의뢰생활에서 벗어나 주체적으로 살아갈 것이며, 각자의 의무와 책임을 다하여 세상에 유익을 줌과 동시에 의뢰생활로 인해 근본적인 인권이 차별받지 않는 평등사회를 실현하자는 것.

○ **계발(啓發)** 슬기나 재능, 사상 따위를 일깨워 줌.

❻ 마음공부에 힘쓰면 진리의 대운을 받는다

대산 종사 말씀하시기를 "새 하늘 새 땅에 새 문명 개벽의 문이 활짝 열려가니 그 진리의 대운을 누가 맡겠느냐. 다른 생각하지 말고 다른 것 구하지 말고 다른 것 바라지 말고 오직 정기 훈련과 상시 훈련을 잘하여 자기 불공·교도 불공·국민 불공·인류 불공에 힘쓰자. 이 불공만이 진리의 대운을 다 받을 수 있는 방법이니, 열리고 밝아지고 하나 되어 가는 진급의 시대이므로 마음공부에 더욱 힘쓰자." 〈개벽편 6장〉

| 출처 |

선보하시면서 시자에게 말씀하시기를

새 하늘 새 땅에 새 문명의 개벽 문이 활짝 열려가니 그 진리의 대운을 누가 맡겠느냐. 너희들 딴생각 말고, 다른 것 구하지 말고 다른 것 바라지 말고 오직 정기 훈련, 상시 훈련 잘하여 자기 불공, 교도 불공, 국민 불공, 인류 불공을 잘하여라. 그 불공만이 이 대운을 다 받을 것이다. 열리고 터지고 무너지고 밝아지고 만나지고 하나 되어 오르는 시대에 마음공부를 잘하여라.

〈『대산종사수필법문집』 2. p.1438. 원기75년 12월 15일〉

| 배경 및 상황 |

대산 종사가 원기75년(1990) 12월 15일 왕궁 영모묘원을 산책하며 시자 황직평에게 내린 법문이다. 여기에 소개된 법문을 말씀하면서 시자에게 "네 이름이 무엇이냐." 물었다. "직평입니다."라고 대답하니, "아니다. 이 대운 돌아올 때는 대운을 받는 이름을 가져라. 스승과 법과 회상과 진리의 화신이라고 하라. 항상 스스로 그렇게 불러라. 그러다 보면 그렇게 될 것이다."라고 하였다.

| 용어 풀이 |

○ **개벽(開闢)** ① 천지가 처음으로 생김. 하늘이 처음 열리고 땅이 처음으로 만들어짐을 뜻하는 의미[天地開闢]로 주로 써왔다. 그래서 현재의 천지가 창조되기 이전을 선천, 그 이후를 후천이라 했다. ② 어떤 일이나 상황이 획기적으로 변화되어 전혀 새로운 모습으로 나타날 때를 의미하는 말이다.

○ **대운(大運)** ① 아주 좋은 운수. ② 하늘과 땅 사이에 돌아가는 기수(氣數).

○ **선보(禪步)** 산책하듯 명상하며 오롯하게 일심으로 걷는 선으로 걸음걸음 여유 있게 선정에 들면 선보삼매(禪步三昧)라고도 함.

❼ 후천 시대의 도수

대산 종사 말씀하시기를 "후천 시대는 해원 상생·영육 쌍전·이사 병행·동정 일여·원형 이정의 도수요 과학과 도학이 병진하는 도수요 물질과 정신이 개벽되는 도수요 양심과 도덕이 살아나는 도수요 전체불의 도수이자 진급의 도수이니, 이러한 원리에 맞추어 대비한다면 한량없는 은혜와 진급이 있을 것이요 만약 그렇지 못하고 선천의 기운만 붙들고 헤어나지 못한다면 재앙과 강급이 뒤따를 것이니라." 〈개벽편 7장〉

| 출처 |

신년법문

후천(後天) 도수(度數)는 해원상생(解寃相生)의 도수요, 영육쌍전(靈肉雙全)의 도수요, 이사병행(理事竝行)의 도수요, 동정일여(動靜一如)의 도수요, 과학·도학 병행의 도수요, 물질·정신 개벽의 도수요, 양심과 도덕의 도수요, 원형이정(元亨利貞)의 도수요, 전체불(全體佛)의 도수요, 대진급(大進級)의 도수로서 이러한 원리에 맞추어 대비하여 간다면 한량없는 은혜와 진급이 있을 것이요, 이에 반하는 선천 기운만 붙들고 헤어나지 못한다면 재앙만 뒤따를 뿐으로써 결국은 진리의 용서를 받지 못할 것입니다.

〈『대산종사수필법문집』 2. pp.1443~1444. 원기76년도 신년법문〉

| 배경 및 상황 |

대산 종사는 원기76년(1991) 신년법문에서 밝히기를 "후천 도수는 해원상생·영육쌍전·이사병행·동정일여·원형이정의 도수요 과학과 도학이 병진하는 도수요 물질과 정신이 개벽 되는 도수요 양심과 도덕이 살아나는 도수요 전체불의 도수이자 진급의 도수"라고 하였다. 또한, "이러한 원리에 맞추어 대비하여 간다면 한량없는 은혜와 진급이 있을 것이요, 이에 반하는 선천 기운만 붙들고 헤어나지 못한다면 재앙만 뒤따를 뿐으로써 결국은 진리의 용서받지 못할 것입니다."라고 밝히면서 "새 천지가 열려가니 새사람이 되어 새 세상 주인 되자."라고 강조하였다.

| 용어 풀이 |

○ **후천(後天)** ① 현재의 천지가 이루어진 이후의 세상. 선천과 상대되는 개념. ② 사람이 태어난 이후에 교육을 통해 형성되는 성격이나 조섭에 의해 만들어지는 체질. ③ 천운(天運)에 뒤짐. 돌아오는 운을 감당하지 못하는 상태를 의미함.

○ **해원상생(解冤相生)** 원한(怨恨)을 풀고 서로 잘산다는 의미. 서로 맺혔던 상극(相剋)의 원(寃)과 한(恨)을 풀어버리고 상생상화(相生相和)·상부상조(相扶相助)의 선연(善緣)으로 함께 잘산다는 뜻이다

○ **영육쌍전(靈肉雙全)** 영적인 삶 곧 정신의 고양을 추구하는 수도의 삶과 육신의 삶 즉 건강하고 건전한 현실 삶을 함께 온전히 완성해 가는 것을 추구하는 사상.

○ **이사병행(理事竝行)** 이치와 일을 아울러 수행하자는 것으로 이 표어는 『원불교교전』에는 나타나 있지 않으나, 처처불상 사사불공, 무시선 무처선, 동정일여 영육쌍전, 불법시생활 생활시불법 등의 교리표어의 뜻을 종합해서 표현한 개념이다.

○ **동정일여(動靜一如)** 원불교 표어의 하나. 동과 정이 한결같음. 동정간(動靜間) 불리자성(不離自性) 공부. 일이 있을 때나 없을 때나 끊임없이 참된 마음을 지키는 공부를 말한다.

○ **원형이정(元亨利貞)** ① 역학(易學)에서 말하는 천도(天道)의 네 가지 원리. '원(元)'은 봄이니 만물의 시초이며, '형(亨)'은 여름으로 만물이 자라고, '이(利)'는 가을로 만물이 이루어지며, '정(貞)'은 겨울로 만물을 거두어들이게 된다는 것이다. 1년이 춘하추동으로 바뀌듯이 인생도 원형이정으로 모든 일을 해야 한다는 것이다. 원을 인(仁), 형을 예(禮), 이를 의(義), 정을 지(智)로 설명하기도 한다. ② 사

물의 근본 되는 도리.

○ **선천(先天)** 현재의 천지가 이루어지기 이전의 세상. 동양에서는 일찍부터 현재의 천지가 조판(肇判)되기 이전을 의미하는 말로 써오다가 최제우·김항·강일순·소태산 대종사 등 근세 한국의 신종교 창시자들에 의해 그들이 살던 시대를 분기점으로 그 이전을 선천 그 이후를 후천으로 구분하고, 선천은 불합리·불공평의 어두운 세상이었고 후천은 합리·평등의 밝은 문명 세상이 된다고 규정하고 있다.

❽ 병든 세상의 진단과 처방

대산 종사 말씀하시기를 "모든 사람이 세상이 병들었다고 야단이나 그 원인이 나에게 있지 아니하고 남에게만 있다고 하므로, 대종사께서 의왕이 되시어 병든 세상을 정확히 진단하고 그 처방으로 삼학 팔조와 사은 사요를 내놓으셨으니, 우리 모두 마음병 치료의 명의가 되어 그 역할을 다해야 하느니라." 〈개벽편 8장〉

| 출처 |

지금의 세상은 나라나 세계, 또는 모든 사람이 병들대로 병들었다고 서로 야단이다. 그런데 그 병이 다 남 때문이고, 다른 나라 때문이라고 생각하여 자기 병, 자기 나라 병은 생각지 아니한다.

그래서 대종사께서 대각 후 앞으로 병들어 갈 이 세계를 내다보시고 이에 대한 법문을 특별히 하여 주셨다.

묵은 진리, 묵은 사상, 묵은 주의는 힘이 없어지고 기운이 쇠잔해져서 갖가지 병균이 발생하여 갖가지 병이 생겨난다. 나라의 지도자나 세계의 지도자들이 손을 대지 못하고 어찌할 바를 모르고 있다.

대종사께서는 의왕(醫王)으로써 정확한 의술로 정확한 진단을 하고 그 처방을 하시며, 정확한 치료 약재를 내놓으셨다. 그것이 삼학팔조와 사은사요이다. 우리가 명의로 이 역할을 다할 때이다. 명의가 명의술(名醫術)과 정확한 약재를 가지고 있으면서 환자들을 방관한다면 어찌 되겠느냐?

〈『대산종사수필법문집』 2. pp.1535~1536. 원기77년 6월 편편법어〉

| 배경 및 상황 |

대산 종사는 원기77년(1992) 6월에 '편편법어'를 내렸다. 그중 '병든 세상의 진단과 처방'을 말씀하시기를 "지금의 세상은 나라나 세계, 또는 모든 사람이 병들대로 병들었다고 서로 야단이다. 그런데 그 병이 다 남 때문이고, 다른 나라 때문이라고 생각하여 자기 병, 자기 나라 병은 생각지 아니한다. 묵은 진리, 묵은 사상, 묵은 주의는 힘이 없어지고 기운이 쇠잔해져서 갖가지 병균이 발생하여 갖가지 병이 생겨난다. 나라의 지도자나 세계의 지도자들이 손을 대지 못하고 어찌할 바를 모르고 있다. 대종사님은 의왕(醫王)으로써 정확한 의술로 정확히 진단하고 그 처방을 하며, 정확한 치료 약재를 내놓으셨다. 그것이 삼학팔조와 사은사요이다. 우리가 명의로 이 역할을 다할 때이다."라고 하였다.

| 용어 풀이 |

○ **의왕(醫王)** 석가모니가 이 세상 모든 사람의 마음병을 가장 잘 치료해 준다고 하여 상징하는 이름. 또한 약사여래(藥師如來)를 가리키기도 한다. 약사여래는 중생의 질병을 치료하고 재앙을 없애며 현세의 복락을 이루게 하는 부처로 '약사유리광여래(藥師琉璃光如來)' '대의왕불(大醫王佛)'이라고도 부른다. 약사여래는 과거에 약왕(藥王)이었으며, 동방 정유리세계(淨琉璃世界)에 살면서 중생의 고통을 소멸시키겠다는 12대원을 발하여 중생의 병을 치료하고 수명을 연장해주는 의왕으로서 숭앙받았다. 이외에도 부처의 병과 아나율(阿那律)의 눈병, 아난(阿難)의

창병 등을 치료하여 의왕으로 존경받은 기바(耆婆)가 의왕을 상징하기도 한다.

❾ 일원대도와 삼동윤리를 실천하자

대산 종사, 정산 종사 열반기념제에서 유음과 추모담을 들으시고 말씀하시기를 「대종사와 정산 종사께서는 부처님이시므로 그 어른들이 생각을 하면 세계가 그 방향으로 움직였나니, 선장이 키를 돌리면 뱃머리가 따라서 돌듯 세계의 방향이 전환되었느니라. 그러므로 지금 세상은 대종사께서 내놓으신 일원 대도와 정산 종사께서 내놓으신 삼동윤리의 기운을 따라 모든 사람이 그 방향으로 일을 하고 가는 것이니, 우리도 스승님들께서 내놓은 일원 대도와 삼동윤리를 실천하는 일꾼들이 되어야 하느니라."
〈개벽편 9장〉

| 출처 |

선 종법사님 기제(忌祭)

선 종법사님 유음(遺音)을 받드신 후 몇 분의 선생님들에게 추모담을 하게 하신 후

기제를 당하여 성음(聖音)을 받드니 천하가 평(平)한 것 같다.

대종사님이 부처님이시고 선 종법사님이 부처님이시니까 그 어른들이 생각하고 있으면 세계가 무엇 하나 움직이지 않겠는가? 그런데 60년 만에 세계 방향이 전환된 것 같다.

선장도 그러지 않더냐? 초점 잡고 키 한 번 돌리면 벌써 뱃머리는 돌아가지 않더냐. 똑같은 것이다.

대종사님의 일원대도, 선 종법사님의 삼동윤리가 공연한 것 같지. 처음 삼동윤리 설하실 때 받들러 오는 이도 있었지만 안 오는 이도 있었지. 삼동윤리 생긴 후 몇 해 만에 한국종교인협회가 생겼는가? 6년쯤 되는데 그것이 한국에서 생겼거든. 한국이란 곳이 세계의 초점이 된다.

그런 뒤 몇백 년 뒤에 정치가들은 그것으로 운용하지. 그러면서도 제가 잘하는 듯이 제가 뭐 하는 듯이 야단해 싼다. 그러나 그게 아니다. 벌써 몇백 년 전에 보아서 성현들이 짜 놓으면 정객들이 그것으로 움직이는 것이다. 그 운동을 대종사님이 28년간을 하셨고 선 법사님이 그 운동을 하셨다. 또 우리가 그 운동을 전개하는 데 그 일꾼들이 많이 와야 한다.

〈『대산종사수필법문집』 1. pp.1062~1063. 원기60년 1월 24일〉

| 배경 및 상황 |

대산 종사는 원기60년(1975) 1월 24일 정산 종사의 열반기념제[기제]를 모신 후 정산 종사의 유음을 듣고 추모담을 들으신 후 말씀하시기를 "기제를 당하여 성음(聖音)을 받드니 천하가 평(平)한 것 같다. 대종사님이 부처님이시고 선 종법사님이 부처님이시니까 그 어른들이 생각하면 세계가 무엇 하나가 움직이지 않겠는가? 그런데 60년 만에 세계 방향이 전환된 것 같다. 선장도 그러지 않더냐? 초점 잡고 키 한 번 돌리면 벌써 뱃머리는 돌아가지 않더냐. 똑같은 것이다. 지금 세상은 대종사께서 내놓으신 일원 대도와 정산 종사께서 내놓으신 삼동윤리의 기운을 따라 모든 사람이 그 방향으로 일을 하고 가는 것이니, 우리도 스승님께서 내놓은 일원대도와 삼동윤리를 실천하는 일꾼들이 되자."라고 하였다.

| 용어 풀이 |

○ **기제(忌祭)** 해마다 사람이 죽은 날에 지내는 제사.

○ **유음(遺音)** 죽기 전에 말을 남김. 또는 그 말.

○ **추모담(追慕談)** 죽은 사람 생전의 인격과 공덕을 기리고 존숭하는 이야기. 평소 죽은 분과 가까운 인연이 있는 사람이나, 그분의 언행에 감명받은 사람이 그 이야기를 하는 것. 육일대재나 명절대재 때는 소태산 대종사 추모담을 많이 했고, 법이 높은 분이 열반하게 되면 추모담을 한다.

○ **일원대도(一圓大道)** 일원의 진리가 만고대도(萬古大道) 또는 무상대도(無上大道)라는 뜻. 일원의 진리는 우주 만유의 본원이요 언어도(言語道)가 끊어졌으며, 절대 유일의 자리로서 일체의 상대·차별이 끊어졌고, 모든 것을 다 포함했으며, 불생불멸하고 무시무종하여 무한히 돌고 돌아 그침이 없으므로 만고대도요 무상대도라고 한 것이다

○ **삼동윤리(三同倫理)** 소태산 대종사의 일원주의사상을 계승하여 정산 종사가 선포한 윤리강령으로 동원도리(同源道理)·동기연계(同氣連契)·동척사업(同拓事業)을 말한다. 정산은 종교와 인류가 지녀야 할 이념과 나아가야 할 방향을 실천윤리로 제시했다.

⑩ 천지 기운을 돌리자

대산 종사 말씀하시기를 "불보살들이 한마음이 되어 천지 기운을 돌리면 교단도 국가도 세계도 그 기운으로 돌아가게 되어 있나니 우리가 모두 합심 합력해 천지의 기운을 돌려야 하느니라. 과거 음 시대에는 한번 천운이 정해지면 어찌할 수 없었으나 지금은 양 시대요 인권 시대라 불보살들이 정성을 다하면 돌릴 수 있으므로 정성을 모아야 하나니, 음 시대에는 흉계(凶計)·음계(陰計)가 성했으나 이제는 덕계(德計)·활계(活計)로 해야 하며 자리이타로 하다가 여의치 아니하면 내가 해를 더 차지하면 될 것이니라." 〈개벽편 10장〉

| 출처 |

산책하시며 말씀하시기를

불보살들이 한마음이 되어 천지 기운을 돌리면 돌아가느니라. 교단도 국가도 세계도 천지 안에 들어 있으니 그렇게 되는 것이다.

지금 국가와 세계와 교단이 난국에 처해 있다. 합심 합력하여 회운(回運)시켜야 한다. 과거는 음 시대인지라 천운이 한 번 정해지면 어찌할 수 없었으나 지금은 양 시대인 고로 인권 시대인지라, 불보살들이 정성을 다해 돌리면 돌릴 수 있으니 정성을 모아라.

음 시대는 흉계(凶計) 음계(陰計)가 성했으나 이제는 덕계(德計) 활계(活計)로 해야 하며, 자리이타로 하다 여의치 아니하면 내가 해를 더 차지하면 된다. 김종필 총재가 덕계 활계로 하도록 심고 올려라. 만들어야 한다.

〈『대산종사수필법문집』 2. p.49. 원기65년 2월 26일〉

| 배경 및 상황 |

대산 종사 원기65년(1980) 2월 26일 산책하며 말씀하시기를 "불보살들이 한마음이 되어 천지 기운을 돌리면 교단도 국가도 세계도 그 기운으로 돌아가게 되어 있다. 과거는 음 시대인지라 천운이 한 번 정해지면 어찌할 수 없었으나 지금은 양 시대인 고로 인권 시대인지라, 불보살들이 정성을 다해 돌리면 돌릴 수 있으니 정성을 모아라.

음 시대는 흉계(凶計) 음계(陰計)가 성했으나 이제는 덕계(德計) 활계(活計)로 해야 하며, 자리이타로 하다 여의치 아니하면 내가 해를 더 차지하면 된다. 김종필 총재가 덕계 활계로 하도록 심고 올려라. 만들어야 한다.

대산 종사는 김종필 총재와 원기65년(1980) 2월 23일 유성 호텔에서 15시 30분에 회동하였다. 회동한 후 회담 내용은 별도 발표하기로 하였다. 나흘이 지나 장응철(張應哲) 서울출장소 사무장이 "김종필 총재 비서 측에서 와서 23일

만남 후에 총재의 소감을 전해 왔다."라고 보고하니 "앞으로 10년간 정성을 다하여 김 총재를 위하여 심고로 기원 올리자."라고 하였다.

| 용어 풀이 |

○ **회운(回運)** 기운으로 돌림.

○ **천운(天運)** 하늘이 정한 운명.

○ **흉계(凶計)** 흉악한 계략.

○ **음계(陰計)** 나쁜 목적으로 몰래 흉악한 일을 꾸밈. 또는 그런 꾀

○ **덕계(德計)** 덕으로 살리는 계책.

○ **활계(活計)** 살아갈 계책. 또는 살릴 계책.

⓫ 후천 시대의 지도자 자격

대산 종사, 교단 간부들에게 말씀하시기를 "대종사께서 후천 시대에는 교단과 국가와 세계가 한 기운으로 돌아간다고 하셨나니, 교단이 먼저 국가가 먼저 세계가 먼저 기운이 도는 때가 있으나 함께 가는 것만은 분명하므로 교단 지도자들은 이러한 대세를 정확하게 파악하여 준비하라. 봄기운이 돌면 얼었던 것들이 버티지 못하고 스스로 녹게 되는데 그 시기의 이르고 늦음은 있을지언정 천지의 대세는 누구도 거역할 수 없고 막을 수 없는 것이라, 지금 대세도 이와 같아서 새 회상과 새 세상을 여는 우리가 세상의 일시적 현상에 좌우되어 밝은 미래를 내다보지 못하면 지도자의 자격이 없느니라." 〈개벽편 11장〉

| 출처 |

교단과 국가와 세계와 전무출신이 한 기운으로 한 몫이 되어 나간다고 하셨는데 그 방향이 교단이 먼저, 국가가 먼저, 세계가 먼저 하는 때가 있으나 한 몫이 되는 것은 분명하다. 요사이 대세를 살펴보면 국내가 어지러운 것 같아도 세계의 미소가 좋게 잘 풀리는 방향으로 움직이고 있고 따라서 이북에 대한 방향이 새롭게 전개되면 소련권 국가들도 소련이 고르바초프의 개방 정책을 지지하고 나서면서 열고 푸는 방향으로 나아가고 있다. 이대로 간다면 이북도 자연 열고 푸는 방향으로 나가지 않을 수 없을 것이다. 중공과 미국, 중공과 일본이 이북에 대하여 새로운 각도로 접촉하여 나아가니 이북도 이에 대응해서 나가고 있다.

88올림픽을 기해서 우리나라에 좋은 방향이 열릴 것 같으니 교단의 지도자들은 이러한 대세를 정확하게 파악하여 준비하고 기원해 나가야 할 것이다.

천지에도 봄기운이 돌면 얼었던 것들이 버티지 못하고 스스로 녹는다. 그러나 녹는 시기는 남쪽이 더 빨리 녹고 북쪽은 더디다. 그러므로 천지의 대세를 어느 누구도 무엇도 거역할 수도 없고 막을 수도 없는 것이 진리이다. 지금의 이 대세도 그와 같아서 녹고 풀어지고 열리는 때이므로 그 대세는 그 누구도 막을 수 없을 것이니 새 회상으로 새 세상을 여는 우리는 세상이 일시적 현상에 좌우되어서 장래의 밝은 전망을 하지 못하면 지도자 자격이 없으니라.

〈『대산종사수필법문집』 2. p.977. 원기72년 3월 25일〉

| 배경 및 상황 |

대산 종사는 원기72년(1987) 88올림픽을 앞두고 "교운과 국운과 세계운이 함께 한다. 그리고 서울에서 열릴 88올림픽을 계기로 국운이 열린다[교운과 세계운도 함께]."라고 하였다. 또한, "이 대세를 정확히 파악하고 준비하고 기원하자. 천지에도 봄기운이 돌면 얼었던 것들이 버티지 못하고 스스로 녹는다. 그러나 녹는 시기는 남쪽이 더 빨리 녹고 북쪽은 더디다. 그러므로 천지의 대세를 누구도 거역할 수도 없고 막을 수도 없는 것이 진리이다. 지금 대세도 이와 같아서 새 회상과 새 세상을 여는 우리가 세상의 일시적 현상에 좌우되어 밝은 미래를 내다보지 못하면 지도자의 자격이 없다."라고 말씀하였다.

| 용어 풀이 |

○ **후천(後天)** 과거의 미개 시대에 대해서 현대의 문명 세계를 일컫는 말. 원불교의 입장에서는 익산 총부를 건설하기 이전을 선천(先天), 그 이후를 후천이라 한다. 천도교에서는 동학이 창건된 1860년 4월 5일 이전을 선천, 그 이후를 후천이라 한다. 〈개벽편 7장〉 용어 풀이 참조.

○ **대세(大勢)** 일이 진행되어 가는 결정적인 형세.

⑫ 새 시대의 새 기운

대산 종사 말씀하시기를 "새 시대는 묵은 것이 사라지고 새것이 서는 때라, 새 기운으로 새 역사가 열려가므로 정치·사상·경제·종교·문화·예술 등 각 분야에서 묵은 것들은 물러나고 무너지는 것이 당연한 일이므로 전 교도가 새 기운을 받고 힘을 타서 새 일을 할 수 있도록 길을 가르쳐주고 알려 주어야 하리니, 그러기 위해서는 교법에 입각한 훈련을 철저히 하여 스스로 깨닫게 해야 하느니라." 〈개벽편 12장〉

| 출처 |

교운의 시대란 바로 새 시대를 말한다. 새 시대는 묵은 것이 사라지고 새것이 서는 때이다. 그러므로 재가·출가 전 교도가 새 기운을 먹고 힘을 타서 새 일을 할 수 있도록 길을 가르쳐 주고, 알려줘야 한다. 이는 『교전』에 입각한 훈련을 철저히 하여 자각을 시켜야 할 것이다.

새 기운으로 새 역사가 열려 나가는 모든 모습이 정치·사상·경제·종교·문화·예술 각 분야에서 일어나면서, 헌 인물들, 헌 일들은 물러나고 무너질 것이다. 그러므로 바로 서지 못할 것은 당연하다. 우리는 이런 것을 더욱 많이 보게 될 것이다. 금년도를 잘 두고 보아라. 사람이 많이 밀릴 때는 자기가 걷지 아니하여도 그냥 밀려 나가는 것과 같이 새 역사의 기운이 크게 밀려올 때는 이 세계의 모든 것이 그렇게 밀려 나가게 되는 것이다.

〈『대산종사수필법문집』 2. p.1511. 원기77년 1월 20일〉

| 배경 및 상황 |

대산 종사는 원기77년(1992)년 1월 20일 “교운의 시대란 새 시대를 말한다. 새 시대는 묵은 것이 사라지고 새것이 서는 때이다. 새 기운으로 새 역사가 열려간다. 여러 분야에서 묵은 것이 사라지고 새것이 선다. 전 교도가 새 기운을 먹고 힘을 타서 새 일을 할 수 있도록 길을 가르쳐주고 알려 주어야 한다. 이는 『교전』에 입각한 훈련을 철저히 하여 자각을 시켜야 할 것이다.”라고 하였다. 여기서 ‘교법’과 ‘교전’에 대해 말하면, 교법이 광의적인 표준이라면 『교전』은 부분적이지만 확실한 것을 이른다. 대산 종사는 당시 ‘마음공부, 훈련, 새 기운을 타려면, 『정전(正典)』으로 법식(法食)하고, 『정전』으로 나이 먹고, 『정전』으로 힘을 갖추자.’ 또한 ‘우리는 모두 교전(教典)의 마음이 되고, 교전의 몸이 되며, 교전의 나이를 먹어 교전의 힘을 타서 교전의 생활이 되게 하자.’라고 하였다. 그리고 ‘『정전』에 나타난 교법 정신대로 성불제중 제생의세하는 본분만 다하자.’라고 하였다. 대산 종사는 『교전』과 『정전』이라는 표현을 같이 쓰기도 하고 섞어서 사용하기도 하였다. 이러한 사례를 모르면 ‘교법’과 ‘『교전』’ 또는 ‘『정전』’에 대해 혼동할 수 있으니 주의해야 하겠다.

| 용어 풀이 |

○ **교법(教法)** ① 종교의 교의. 구세이념. ② 성현의 가르침. ③ 원불교의 교리. 소태산 대종사의 구세이념.

○ **교전(教典)** ① 종교의 경전 또는 법식. 종교의 궁극적 체험을 구세이념(救世理念)으로 결집한 책이다. 교조의 종교적 체험이나 교설(教說)을 비롯하여 신앙·수행·규범·의례 등 종교 교의를 수록함으로써 숭신하는 교인들에게는 절대적인 권위를 갖게 된다. ② 원불교에서는 1962년에 결집한 『원불교교전』의 약칭으로 사용되며, 이에는 『정전』과 『대종경』이 합본 되어 있다.

○ **입각(立脚)** 어떤 사실이나 주장 따위에 근거를 두어 그 입장에 섬.

⑬ 천하의 대세를 운전할 대운

대산 종사 말씀하시기를 "우리는 천하의 대세를 운전하고 대운을 맡아 나누어 줄 책임이 있는 진리의 사도들이니 준비하고 공부를 잘해야 하느니라. 앞으로 도덕을 갖춘 사람이 세상의 주인이 될 것이니, 일원 대도의 도덕을 갖추는 데 혈심 혈성을 다하라. 한번 돌아선 천하의 대세는 어떠한 것으로도 막을 수도 돌릴 수도 없나니, 세계와 국가의 정치적인 일은 정치인에게 맡기고 우리는 천하대세의 대운만 잡고 도덕만 준비하면 되느니라. 선지자와 주세불이 이미 천지 공사로 다 해 놓으신 일이므로 우리는 그저 믿고 따라가기만 하자." 〈개벽편 13장〉

| 출처 |

선보하시면서 말씀하시기를

세계의 정세가 아주 급변하고 있구나. 88올림픽 이후 이렇게 생각지도 못하던 일들이 일어나며 돌아갈 줄 누가 상상이나 하였겠느냐. 천하의 대사가 하나의 세계로 돌아가고 있으니 참으로 기쁜 일이다. 우리는 천하의 대세를 운전하고 천하의 대운을 맡아 나누어줄 책임이 있는 진리의 사도들이니 준비하고 공부 잘하라. 앞으로 도덕을 갖추는 사람이 세상의 주인이 될 것은 너무나 자명한 일이니, 너희들은 일원대도의 도덕을 갖추는데 혈심혈성을 다하라.

한번 돌아선 천하의 대세는 사람의 힘으로나 또한 어떤 것으로도 막을 수도 돌릴 수도 없는 것이다. 그러므로 미·소 지도자들이 앞으로는 갈수록 평화에 대한 협상이 많아질 것이며 전쟁을 종식하는 일을 선언할 것이다. 이제 동구 공산권이 하루아침에 그 벽을 무너뜨리고 인권을 존중하며 넘나드는 세계로 가고 있으니, 남북 관계도 더 막을 수 없는 때가 올 것이다. 그러나 마지막으로 터져서 새 역사의 장을 장식하는 나라가 될 것이니 우리는 이제 천하대세의 대운만 잡고 세계와 국가의 정치적인 일은 그들에게 맡겨서 하도록 하고 도덕만 준비하자. 이러한 일은 선지자와 주세불이 천지공사로 다 해 놓으신 일이니 우리는 어찌 헤아릴 수 있겠느냐. 믿고 따라가기만 하면 된다.

〈『대산종사수필법문집』 2. p.1346. 원기74년 11월 16일〉

| 배경 및 상황 |

대산 종사는 원기74년(1989) 11월 16일 왕궁 영모묘원에서 주재하시며 말씀하시기를 "세계의 정세가 아주 급변하고 있다. 88올림픽 이후 이렇게 생각지도 못하던 일들이 일어나며 돌아갈 줄 누가 상상이나 하였겠느냐. 천하의 대사가 하나의 세계로 돌아가고 있으니 참으로 기쁜 일이다. 우리는 천하의 대세를 운전하고 천하의 대운을 맡아 나누어줄 책임이 있는 진리의 사도들이니 준비하고 공부 잘하라. 선지자와 주세불이 이미 천지 공사로 다 해 놓으신 일이므로 우리는 그저 믿고 따라가기만 하라."고 하였다.

| 용어 풀이 |

○ **사도(使徒)** 거룩한 일을 위하여 헌신하는 사람.

○ **선지자(先知者)** 남보다 먼저 깨달아 아는 사람.

○ **주세불(主世佛)** 말세에 출현하여 새로운 정법회상을 열어 세상을 바로잡고 모든 중생을 구제하는 부처님. 영산회상(靈山會上)을 열어 법륜을 굴려서 온 석가모니불과 말세에 새 회상 일원대도(一圓大道)를 열어 정법을 새로 굴린 소태산 대종사를 가리킨다. 주세성자(主世聖者) 또는 구세주라고도 하며, 교법이 일반 성자들의 가르침보다 뛰어난 바가 있는 성자이다.

○ **천지공사(天地公事)** 하늘과 땅을 뜯어고쳐 새롭게 만드는 공사라 함. 증산 강일순이 행했다는 신정정리공사(神政整理公事)·세운공사(世運公事)·교운공사(教運公事) 등 세 가지이다. 해원(解冤)·보은(報恩)·상생(相生)·조화(造化)로 대표된다.

⑭ 대운을 운전할 진리의 사도

> 대산 종사, 교무들에게 말씀하시기를 "우리는 일원 대도를 짊어지고 전하며 새 일대겁의 대운을 운전하는 진리의 사도니, 사람들의 정신을 바루고 혼란과 시비에 휩쓸리지 않게 하며 바른길로 인도할 의무와 책임이 있느니라."
>
> 〈개벽편 14장〉

| 출처 |

우리는 대종사님의 일원대도를 짊어지고 전파하는 사도로써 새 일대겁의 대운을 운전하는 사도들이다. 그러므로 우리는 새 대운의 기운을 가지고 있는 진리인들이다. 그러니 이 사람들이 정신을 바르게 갖고 세상의 혼란과 시비에 휩쓸리지 말고 바르게 운전해주고 바르게 인도하여 줄 의무와 책임이 있다. 모든 교역자는 이 점을 각성하여야 하겠다.

〈『대산종사수필법문집』 2. p.1324. 원기74년 6월 15일〉

| 배경 및 상황 |

대산 종사는 원기74년(1989) 6월 15일 왕궁 영모묘원에서 시자로부터 국내외의 정세에 대하여 자세히 보고 받으신 후에 말씀하시기를 "대종사께서 교단, 국가, 세계가 한 기운으로 맞먹는다고 하였는데, 교단도 2대 말 총회 전에 여러 가지로 어려운 일이 많이 있었으나 결국 공사에 의하여 한마음이 되어 2대 말 행사를 잘 치렀고 국가는 88올림픽 이후에 더욱 혼란기를 맞고 있으나 민주화의 길로 가고 있다.

우리는 대종사님의 일원대도를 짊어지고 전파하는 사도로써 새 일대겁의 대운을 운전하는 사도들이다. 그러니 이 사람들이 정신을 바르게 갖고 세상의 혼란과 시비에 휩쓸리지 말고 바르게 운전해주고 바르게 인도하여 줄 의무와 책임이 있다. 모든 교역자는 이 점을 각성하여야 하겠다."라고 하였다.

| 용어 풀이 |

○ **일원대도(一圓大道)** 〈개벽편 9장〉 용어 풀이 참조.

○ **일대겁(一大劫)** 〈개벽편 1장〉 용어 풀이 참조.

⑮ 교단의 결복 시기

대산 종사, 학인들에게 말씀하시기를 "대종사께서 '사오십 년 결실이요 사오백 년 결복.'이라 하셨고, 정산 종사께서 '길룡에서 탁근하고 신룡에서 개화하며 계룡에서 결실하고 금강에서 결복한다.' 하셨나니 여러

분이 준비를 잘하면 결복 시기를 앞당길 수도 있느니라." 〈개벽편 15장〉

| 출처 |

UR학년[원불교학과 1학년]

계룡산을 옛날에는 천태산(天台山)이라고 했다. 영산(靈山)을 탁근(托根)의 길룡(吉龍)이라 하고, 개화(開花)의 신룡(新龍)하고, 결실(結實)의 계룡(鷄龍)하고, 결복(結福)의 금강(金剛)이라고 정산 종법사께서 말씀하셨습니다.

〈『대산종사수필법문집』 2. p.1216. 원기73년 6월 27일〉

| 배경 및 상황 |

대산 종사는 원기73년(1988) 6월 27일 왕궁 영모묘원에서 방학을 맞은 UR학년[원불교학과 1학년]의 1박 2일 훈증훈련을 했다. 이때 내린 법문이 대종사님의 '4, 5십 년 결실이요 사오백 년 결복'이라는 말씀과 정산 종사님의 '길룡에서 탁근하고 신룡에서 개화하며 계룡에서 결실하고 금강에서 결복한다.'라는 말씀이었다. "여러분이 준비를 잘하면 결복 시기를 앞당길 수도 있다."라고 예비교무들에게 희망을 심어 주었다.

| 용어 풀이 |

○ **영산(靈山)** 원불교의 발생지인 전남 영광군 백수읍 길룡리 영촌마을 일대의 원불교 영산성지를 가리키는 말.

○ **신룡(新龍)** 원불교 중앙총부가 맨 처음 자리 잡은 땅. 당시에는 전북 익산군 북일면 신룡리, 현재는 익산시 신룡동으로 행정구역이 바뀌었다.

○ **계룡산(鷄龍山)** 충남 대전시·공주시·계룡시의 경계 지역에 자리한 높이 828m, 전체면적 61㎢의 국립공원. 삼한시대에는 천태산(天台山)이라 불렀고 고려조에는 옹산(翁山)이라 했다. 금강산(東岳)·구월산(西岳)·지리산(南岳)·묘향산

(北岳)과 더불어 중악(中岳)으로 불릴 만큼 명산으로 알려져 있다. 이 산의 주위에는 갑사(甲寺)·동학사(東鶴寺)·신원사(新元寺) 등 22개의 대소 사찰과 산봉우리가 15개, 계곡 7개, 폭포 3개, 동굴 5개가 있어 빼어난 경관과 아름다움을 지니고 있다. 풍수지리적으로도 '금닭이 알을 품은 형[金鷄抱卵形]' '용이 승천하는 형[飛龍昇天形]' '용이 머리를 돌아보는 형[回龍顧祖形]' '산태극(山太極) 수태극(水太極)'의 명당이라고 한다.

특히 이 산의 남쪽 자락에 있는 신도안은 빼어난 명당자리라고 한다. 멀리 태백산에서 흘러온 산맥은 덕유산·대둔산을 거쳐 그 맥이 이곳 계룡산에서 멈추고, 상봉인 삼불봉[三佛峰: 玄武]을 중심으로 좌우에 국사봉[國師峰: 白虎]과 선인봉[仙人峰: 青龍]이 있고 멀리 남쪽에는 대둔산[大屯山: 朱雀]이 있다. 물 흐름 역시 장수에서 진안·무주·영동을 거쳐 대전·공주·장항으로 빠지는 금강 줄기와 서용추(西龍湫)와 동용추(東龍湫)에서 흘러내린 물이 신도안을 감싸며 대전으로 돌아 금강으로 합류하여 흘러내리는 모양은 산태극 수태극의 형국이다.

이 신도안 지역은 조선의 태조가 천도를 계획하고 1년여에 걸쳐 토목공사를 벌였던 흔적으로 많은 주춧돌이 남아 있다. 지금은 삼군본부인 계룡대가 자리잡고 있다. 예로부터 이 산은 십승지지(十勝之地) 중에서도 손꼽히는 산으로 병화가 들어오지 못하고 삼재의 난이 머물지 못하는 지기 지령이 뛰어난 곳으로 믿어져 왔다. 특히 『정감록(鄭鑑錄)』 신앙에 따라 많은 민중신앙과 민중종교들이 운집하여 후천선경의 주인임을 자처하면서 활동했던 한국 민중신앙의 집산지이기도 하다. 앞으로 '정도령이 계룡산에 등극하여 천하를 평정하리라.' 하는 계룡산의 전래비결에 대해 묻는 사람에게 소태산 대종사는 '계룡산이라 함은 밝아오는 양(陽) 세상을 이름[『대종경』 변의품 33]이라.' 했다.

○ **금강산(金剛山)** 강원도 동해에 면하여 백두대간의 주맥을 이루는 산으로 회양·통천·고성·인제의 4개 군에 걸쳐있으며 최고봉인 비로봉(1,638m)을 중심으로 주위가 약 80km에 이른다. 일찍부터 명승지로 국내외에 널리 알려져있어 그

이름도 봄에는 금강산, 여름에는 봉래산(蓬萊山), 가을에는 풍악산(楓嶽山), 겨울에는 개골산(皆骨山)으로 불린다. 지대가 넓어 내륙 부분의 내금강(內金剛), 동쪽 외편의 외금강(外金剛), 동해 바닷가의 해금강(海金剛), 남쪽으로 뻗어 내린 신금강(新金剛)으로 지역을 구분한다.

○ **탁근(托根)** ① 어떤 일이 차츰 본궤도에 오르기 시작하는 것. ② 옮긴 나무가 뿌리를 내리기 시작하는 것. ⑶ 새로운 환경으로 옮겨 사는 사람이 차츰 그 환경에 적응해 가는 것.

○ **결복(結福)** ① 노력한 만큼 복된 결과를 보게 됨. 인과응보의 진리를 따라 선행을 하면 복된 결실을 보게 된다는 말. ② 원불교에서는 개교 이래 '4, 5십 년 결실이요 4, 5백년 결복'이라 하여 정법이 바로 서도록 노력하면 이 기간의 세상에 복락이 가득할 것이라 했다. 결실기를 지난 현시기를 결복기에 접어들었다고 하며, 교단의 운을 결복기 교운이라고도 한다.

⑯ 계룡산과 우리 회상의 예증

대산 종사, 계룡산을 등산하고 온 학인들의 소감을 들으시고 말씀하시기를 "등산을 하더라도 그 산의 내역을 잘 알고 등산을 하면 더 재미가 있나니, 내가 해주는 말을 잘 듣고 다음에 또 가보면 그 맛이 달라질 것이니라. 첫째 계룡산 상봉인 주봉을 만들기 위하여 마이산과 대둔산으로부터 3백 리 산맥을 이어오고 또 3백 리를 이어간 것은 마치 대종사께서 3천 년 전 석가모니불에게 연원을 하여 도맥을 잇고 영산회상이 3천 년 동안 우리 회상을 이루기 위해 이어온 것과 같다 할 것이며, 둘째 계룡산 상봉을 사방팔방에서 보아도 모양이 같고 좋으므로 여기저기에서 자기네 산이라고 하는데 이는 우리 회상과 대종사가 내놓으신 일원

대도가 일체중생을 빠짐없이 포용하므로 다 받들고 응기하는 것과 같다 할 수 있느니라. 셋째 주봉 뒤에 연천봉과 삼불봉 등 우람한 봉들이 지켜 주고 있음은 우리 회상이 천여래 만보살의 회상으로 무수한 불보살이 나와 이 회상의 배경이 됨을 뜻하며, 넷째 상봉을 할아버지봉이라 하고 그 아래를 할머니봉이라 함은 천과 지, 도와 덕을 의미함이니 이는 우리 회상의 삼학과 사은이 천하를 구원할 수 있다는 뜻이니라. 다섯째 삼불봉은 법신·보신·화신을 일원화(一圓化)하여 원만한 신앙과 수행을 하게 함을 예시한 것이며, 여섯째 3백 리 밖에서 주봉을 이루려고 끊일 듯 끊일 듯 면면히 이어오다가 양정 고개에서 뚝 끊겼다가 다시 미미하게 이어져 힘차게 주봉을 지은 것은 큰 성공을 하려면 꺾이고 끊어지는 고비를 넘겨야 한다는 전탈 전여의 진리를 뜻함이니 이 모두가 우리 회상을 예증해 준 것이니라." 〈개벽편 16장〉

| 출처 |

계룡산 상봉 삼불봉을 등산하고 온 1학년생에게 소감을 물어보신 종법사께서

"너희들 개 멍바위 지내듯이 다녀왔구나. 그런 등산을 하면 안 되니, 내가 말해주는 말을 잘 듣고 다음에 또 가보아라. 그러면 그 맛이 달라질 것이다."라고 하시고 다음과 같이 말씀하여 주시다.

첫째는 계룡산 상봉인 주봉을 만들기 위하여 마이산과 대둔산으로부터 3백 리 산맥을 이어오고 또 3백 리 이어갔다고 한다. 이는 우리 회상을 대종사께서 3천 년 전 석가 부처님에게 연원하여 도맥을 이은 것과 같다. 3천 년 동안 우리 회상을 이루기 위해 이어온 것이다.

둘째는 상봉을 사방팔방에서 보아도 산 모양이 같고 좋으므로 공주(公州)에서는 자기네 산이라고 하고 신도안에서는 역시 자기네 산이라고 한다. 이것이 명산이라 하는 데 여래이신 부처님도 사방팔방으로 다 포용하고 또한 일체중생이 다 응기하는 것과 같다. 이는 우리 회상과 대종사님의 진리와 도덕, 법이 일체중생을 빠짐없이 포용하고 일체중생이 다 받들고 응기한다는 뜻이 된다.

셋째는 주봉 뒤에 연천봉과 삼불봉 등 우람한 봉들이 좌우로 버티어 주봉을 배경해 지켜 주고 있다. 주봉이 여기서는 밋밋하고 못나 보이나 딴 봉우리에 올라가 보면 볼수록 뒤에서 보면 볼수록 우뚝하고 우람하다. 이도 또한 명산의 요소이다.

우리 회상은 천여래 만보살의 회상이다. 한 여래만의 회상이 아니다. 대종사님 이후 무수한 불보살이 나와 이 회상을 배경 해준다. 그러므로 크고 큰 회상이다. 대인은 처음 볼 때 별 분 아닌 것 같으나 좌우 사람들이 그분과 같은 실력을 갖추고 보필하는 것을 볼 때 무섭게 놀래는 것이다. 일여래의 회상 별것 아니다.

넷째는 상봉을 일명 할아버지 봉이라 하고 그 아래 봉우리를 할머니 봉이라 한다. 이는 천과 지, 도와 덕을 의미한다. 이는 우리 회상의 삼학사은의 도덕이라야 천하를 구원할 수 있다는 뜻이다. 신도안 들어오기 전에 양정 고개가 있고 또 양정 쌍봉이 있다. 이는 대종사님 말씀하신 정교동심을 뜻하는 것이다.

다섯째는 삼불봉은 우리 회상에서는 법보화 삼신을 일원화하여 원만한 수행과 신앙을 하게 하는 것을 예시한 것이다.

여섯째는 3백 리 밖에서 주봉을 이루려고 이어올 때 끊길 듯 끊길 듯하면서 면면히 이어오다 양정 고개에서는 꽉 끊기어 아주 미미하게 이어서 다시 힘차게 주봉을 지었다. 이는 도가나 정치가나 사업가나 큰일을 하고 큰 성공을 하려면 막 꺾이고 끊기어서 죽을 고비를 넘겨야 한다. 전탈전여의 진리를 뜻하는 것이다. 이 모두가 우리 회상을 예증해 준 일이다.

너희들 서원을 세웠으면 여래가 되고 여래의 맛을 봐야 한다. 그 맛을 안 보고 무슨 세상 산다고 하겠느냐. 그 맛을 보려고 모든 성인이 온갖 고난을 넘고 버리는 것이다. 그까짓 영웅 되려고 야단 말고 혼자 잘 살려고 말라. 주먹 안에 드는 인생 되지 말라.

〈『대산종사수필법문집』 1. pp.1203~1204. 원기60년 8월 22일〉

| 배경 및 상황 |

대산 종사는 원기60년(1975) 8월 22일 계룡산 상봉과 삼불봉을 등산하고 온 1학년에게 소감을 물어본 후 말씀하시기를 "너희들 개 멍바위 지내듯이 다녀왔구나. 그런 등산을 하면 안 되니, 내가 말해 주는 말을 잘 듣고 다음에 또 가 보아라. 그러면 그 맛이 달라질 것이다."라고 하시고 이 법문을 하였다.

| 용어 풀이 |

○ **계룡산(鷄龍山)** 〈개벽편 15장〉 용어 풀이 참조.

○ **풍운조화(風雲造化)** 바람이나 구름의 예측하기 어려운 천지자연의 변화.

○ **구천(九天)** 가장 높은 하늘. 지구를 중심으로 회전하는 아홉 개의 천체. 일천(日天), 월천(月天), 수성천(水星天), 금성천(金星天), 화성천(火星天), 목성천(木星天), 토성천(土星天), 항성천(恒星天), 종동천(宗動天)이다.

○ **개 멍바위 지나듯** 개[犬] 바위 지나간 격. 무슨 일을 했거나 어떤 일이 있었는데 전혀 흔적이 없다.

⑰ 일원주의와 세계주의

대산 종사 말씀하시기를 "오는 시대는 밝은 시대요 원만 평등한 시대요 문과 무와 음과 양이 조화를 이루어 성공하도록 하는 시대라. 대종사와 정산 종사께서 영원한 세상에 염원하신 것이 일원주의요 세계주의니 우리는 그 뜻을 알아 교단 만대를 통하여 정성을 쉬지 않아야 하느니라. 그리하면 이 세상에 상극은 없어지고 상생의 기운만이 감돌아 낙원이 건설되리니, 부모와 자녀, 스승과 제자가 상서로운 별이 되어 서로 비춰 나가야 하느니라." 〈개벽편 17장〉

| 출처 |

항타원(恒陀圓) 이경순(李敬順)님과 용타원(龍陀圓) 서대인(徐大仁)님에게 내려주신 법문

천지는 음양 사시로 자연 운행되고 성현님들은 대도덕으로써 선후천을 보셔서 대중을 교화하시는 법인데 대종사께서나 선 종법사께서는 앞으로 오는 시대는 후천의 밝은 시대라, 원만한 시대로 평등한 시대라, 문과 무와 음과 양이 다 조화를 이루어 성공하도록 하시는데, 교단 만대를 통하여 성현님들의 큰 뜻하신 바가 호리도 틀림이 없을 것인 즉 우리 후인들로서는 성현님들의 뜻한 바를 알아서 최대의 정성을 올려야 하겠사오니, 앞으로도 우리는 그 정성을 쉬지 아니하고 다 바치면 다 성공을 하고 다 해방을 하여 이 지상에 상극이 없어지고 상생만이 감돌아 지상에 낙원이 건립되어서 평화 단란한 시방의 한 집안이 되어서 영원한 세상에 염원하는 바가 일시동인(一視同仁)이요 일원주의요, 대 세계주의이니 그 부모 자녀며 그 스승 제자가 되어서 길성소조(吉星所照)합시다.

〈『대산종사수필법문집』 1. p.1644. 원기62년 3월 14일〉

| 배경 및 상황 |

대산 종사가 원기62년(1977) 3월 14일 항타원(恒陀圓) 이경순(李敬順)과 용타원(龍陀圓) 서대인(徐大仁)에게 내린 법문이다.

"천지는 음양 사시로 자연 운행되고 성현님들은 대도덕으로써 선후천을 보셔서 대중을 교화하시는 법이다. 오는 시대는 밝은 시대요 원만 평등한 시대요

문과 무와 음과 양이 조화를 이루어 성공하도록 하는 시대라, 대종사와 정산 종사께서 영원한 세상에 염원하신 것이 일원주의요 세계주의다. 우리는 성현님들의 뜻한 바를 알아서 그 정성을 쉬지 아니하고 다 바치면 다 성공하고 다 해방하여 이 지상에 상극이 없어지고 상생만이 감돌도록 지상에 낙원이 건립되어서 평화 단란한 시방의 한 집안을 만들자. 영원한 세상에 염원하는 바가 일시동인(一視同仁)이요 일원주의요, 대 세계주의다. 그 스승의 제자가 되어 길성소조(吉星所照)합시다."

| 용어 풀이 |

○ **이경순(李敬順, 1915~1978)** 본명 경화(慶和), 법호 항타원(恒陀圓). 법훈 종사위. 경북 금릉에서 출생하여 7세 때 부친 이춘풍을 따라 전 가족이 부안 봉래정사 부근으로 이사했다. 이때 소태산 대종사를 처음 뵙고 직접 가르침을 받기 시작했다. 원기14년(1929)에 출가하여 처음에는 제사공장에 여러 해 다니기도 했다. 어려서부터 성리 연마에 관심이 깊었고, 소태산 대종사로부터 '사기(邪氣)가 떨어진 도인'이라고 칭찬을 받기도 했다. 영산학원에서 수학할 때부터 뛰어난 법력과 굳센 신성이 대중들로부터 인정받았다. 일선 교당에서는 항상 솔선수범하여 교도들을 감화시켰고 '관음보살'이라 칭송을 들었다.

○ **서대인(徐大仁, 1914~2004)** 본명은 금례(金禮). 법호는 용타원(龍陀圓). 법훈은 종사. 1914년 12월 11일 전남 영광군 법성면 용덕리에서 부친 규석과 모친 박경덕의 1남 7녀 중 5녀로 출생했다. 원기16년(1931) 10월 3일 출가하여 마령·영산·서울교당 교무, 교정원 감사, 육영부장, 감찰원장, 수위단원, 교령을 역임했다. 여성 최초의 대각여래위이다.

○ **문무(文武)** ① 문관과 무관을 아울러 이르는 말. ② 문식(文識)과 무략(武略)을 아울러 이르는 말.

○ **음양(陰陽)** 우주 만물의 서로 반대되는 두 가지 기운으로서 이원적 대립 관계

를 나타내는 것. 달과 해, 겨울과 여름, 북과 남, 여자와 남자 등은 모두 음과 양으로 구분된다.

○ **상극(相剋)** ① 둘 사이에 마음이 서로 맞지 아니하여 항상 충돌함. ② 두 사물이 서로 맞서거나 해를 끼쳐 어울리지 아니함. 또는 그런 사물. ③ 음양오행설에서, 금(金)은 목(木)과, 목은 토(土)와, 토는 수(水)와, 수는 화(火)와, 화는 금과 조화를 이루지 못함을 이르는 말.

○ **상생(相生)** ① 음양오행설에서, 금(金)은 수(水)와, 수는 목(木)과, 목은 화(火)와, 화는 토(土)와, 토는 금과 조화를 이룸을 이르는 말. ② 둘 이상이 서로 북돋우며 다 같이 잘 살아감.

○ **일시동인(一視同仁)** 멀고 가까운 사람을 친함에 관계없이 똑같이 대하여 준다는 뜻으로, 성인이 누구나 평등하게 똑같이 사랑함을 이르는 말. 한유의 <원인(原人)>에 나오는 말이다.

○ **길성소조(吉星所照)** 길한 별이 비추는 곳. 상서로운 별이 비추는 곳.

⑱ 미륵산 아래 팔만 구 암자가 들어선다

대산 종사 말씀하시기를 "대종사께서 '미륵산 아래에 미륵회상·용화회상·일원회상이 열리며 8만 9암자가 들어선다.'라고 하셨는데, 8만 9암자가 들어선다고 함은 수많은 가정과 기관과 교당에 일원상 부처님을 봉안함이라. 그대들은 여기에서 천불 만성이 발아하고 억조창생의 복문이 열려 무등등한 대각도인과 무상행의 대봉공인이 많이 나오도록 하라." 〈개벽편 18장〉

| 출처 |

대종사께서 "미륵산하(彌勒山下)에 미륵회상(彌勒會上)이 열리고, 용화회상(龍華會上)이 열리고, 일원회상(一圓會上)이 열린다."라는 법문과 함께 미륵산 밑에 팔만 구 암자(八萬九庵子)가 들어선다고 총부 공회당에서 대중에게 말씀하셨습니다.

이 팔만 구 암자가 수많은 가정이자 각 기관 각 교당입니다. 따라서 가정의 해에 이 법문을 잘 명심하여야 하겠습니다.

그래서 천불만성(千佛萬聖)이 발아(發芽)되고, 억조창생(億兆蒼生)의 복문(福門)이 열리어 무등등(無等等)한 대각도인(大覺道人)과 무상행(無相行)의 대봉공인(大奉公人)이 많이 나시기를 기원합니다. 이것이 대종사님과 정산 종법사님의 염원이시고 기원이십니다. 그때는 수십 명의 대중에게 미륵산하에 팔만 구 암자가 들어선다고 교단 미래를 전망해 주셨습니다.

〈『대산종사수필법문집』 2. p.1675. 원기79년 1월 1일〉

| 배경 및 상황 |

대산 종사는 원기79년(1994) 1월 1일 왕궁 영모묘원 조실에서 신년을 맞아 신년 새 아침 법문을 내렸다. 새해 신정절에 앞서 새해 첫 아침에 대중에게 세배받은 후 '가정의 해에 즈음하여' 대종사님이 "미륵산 아래에 일원회상[미륵회상·용화회상]이 열리며 팔만 구 암자가 들어선다."라고 하였다. "이 팔만 구 암자가 들어선다고 함은 수많은 가정과 기관과 교당에 일원상 부처님을 봉안한다는 뜻이다. 따라서 가정의 해에 이 법문을 잘 명심하여야 하겠다."라고 하였다.

그리고 다음과 같이 성안(成案)한 법문을 내렸다.

萬修 萬研 萬德을

工夫 標準해서

彌勒山下[彌勒會上, 龍華會上, 一圓會上]의
八萬九庵子[수많은 각 기관 각 교당]에
千佛萬聖이 發芽되고,
億兆蒼生의 福門이 열리어
無等等한 大覺道人과
無相行의 大奉公人이
많이 나시기를 祈願합니다.
이것이 大宗師님과 鼎山 宗法師님의 念願이십니다.

| 용어 풀이 |

○ **미륵산(彌勒山)** 전라북도 익산시에 있는 높이 430m의 산. 미륵산은 익산평야가 펼쳐져 있는 산이다. 금마에서 북쪽으로 8리 정도의 거리에 금마면, 삼기면, 낭산면에 걸쳐있는 높이 430m의 산으로 옛날에는 이 산의 동쪽에 이어져 있는 높이 350m 정도의 낮은 산봉까지를 포함하여 용화산이라 불렀으나 지금은 구분하여 삼국시대 서동 설화로 유명한 백제 무왕(재위 600년~641년)이 683년 미륵사 창건 이후, 미륵사지가 있는 북쪽은 미륵산이라 하고 나머지 지역은 용화산이라 하고 있다. 미륵이나 용화는 모두 미륵신앙과 관련이 있는 명칭이다.

○ **용화회상(龍華會上)** 미륵불의 회상. 미륵불이 출세하여 세 번의 법회로 많은 중생을 제도하게 되는 미래 세계의 큰 회상을 의미한다. 미륵보살이 성불한 후에 중생을 제도하기 위해 연 법회. 석가모니가 입멸한 뒤 56억 7천만 년 만의 세상에 나타나서 용화수 밑에서 도를 이루고, 세 차례의 설법을 한다고 한다. 원불교에서는 대도정법이 널리 퍼져서 모든 사람이 정신개벽이 되고 크게 밝은 세상이 전개되는 시대. 곧 일원대도가 널리 퍼지는 시대. 원불교가 미래 세계의 주세 종교가 되는 시대를 의미한다. 보다 구체적으로는 곧 처처불상(處處佛像) 사사불공(事事佛供)의 대의가 널리 행하여지는 것을 말한다. [『대종경』 전망품 16]

○ **봉안(奉安)** ① 받들어 편안하게 모신다는 의미. 신주(神主)나 화상(畵像)·영정(影幀)을 모시는 일. ② 법신불 일원상을 신앙의 대상으로 모시는 일.

○ **천불만성(千佛萬聖)** ① 천여래 만보살이라는 뜻. ② 수없이 많은 부처님과 성현이라는 뜻.

○ **억조창생(億兆蒼生)** 수많은 백성. 억·조와 같은 많은 수의 보통 사람인 범부중생을 의미하며, 억만창생(億萬蒼生)이라고도 한다.

○ **무등등한 대각도인(無等等一大覺道人)** 이 세상의 어떠한 사람과도 비교할 수 없이 진리를 크게 깨친 불보살. 일원대도를 크게 깨친 사람은 이 세상의 그 어떠한 사람보다도 더 위대하고 훌륭한 사람이란 뜻에서 무등등한 대각도인이라 한다. 일원대도는 무등등한 대도 정법이요, 일원대도를 크게 깨친 사람은 이 우주의 주인이요, 생사 거래를 자유 자재하기 때문에 이렇게 말한다.

○ **무상행의 대봉공인(無相行一大奉公人)** 무상 보시하는 대봉공인이라는 뜻. 남을 위해 헌신 봉공하는 사람 중에는 유상 보시하는 사람도 있다. 대각여래위가 되면 언제나 무상 보시하고, 자신의 모든 것을 아낌없이 헌신 봉공하게 된다. 무등등한 대각도인이라야 무상행의 대봉공인이 될 수 있다.

⑲ 미륵불과 모두가 부처 되는 시대

대산 종사 말씀하시기를 "불경에 석가모니불 이후 미륵불이 나오리라는 말씀이 있는데, 중국에서 미륵을 근실(勤實)이라 해석한 것은 앞으로 근면하고 참된 종교라야 대중과 호흡을 같이 하는 참된 종교가 된다는 뜻이니라. 대종사께서는 미륵을 찰 미(彌)와 굴레 륵(勒)으로 해석하시어 소에게 굴레를 씌우면 소가 꼼짝 못 하고 주인의 말을 잘 듣듯 중생에게 법의 굴레를 씌우면 중생이 꼼짝 못 하고 부처가 되어 결국 세상이 부처로 꽉 찬다고 하셨나니, 이제는 어느 한 부처만 따라가는 시대가 아니라 모두가 부처님이 되는 시대이므로 교리의 강령을 처처불상 사사불공, 무시선 무처선으로 정하셨느니라." 〈개벽편 19장〉

| 출처 |

마한백제문화연구소(馬韓百濟文化研究所) 주최 학술대회에 참석한 학자 30여 인에게

미륵불이라 미륵산이라 미륵탑이라 하는 말을 쓰니 학자님들 해석 좀 하라. 삼한(三韓)에 관한 연구도 하지만 미륵사상에 관한 연구도 해야겠다. 조명기 박사가 미륵사상을 미래사상, 개혁사상, 개척사상이라 하였다. 그것 참으로 바른 해석 같다.

불경에서 보면 석가가 열반하실 때 제자들에게 금란가사를 내려주시면서 이 가사는 육조까지만 전하고 그치며, 다음은 당래 교주이신 미륵불이 나오실 것이라는 말씀이 있다. 중국에서는 미륵(彌勒) 해석을 근실(勤實)이라 했다. 이것은 앞으로의 종교는 근면하고 실상한 종교라야 대중과 호흡을 같이 하는 참된 종교가 될 것이라는 뜻이다. 선인들도 여러 가지로 해석했으나 우리 대종사께서도 해주신 말씀이 있다. 미 자는 찰 미(彌) 자이고 륵 자는 굴레 륵(勒)이다. 쉽게 말하여 소에게 굴레를 씌우면 소가 꼼짝 못 하니 이는 바로 이 세상에 부처가 꽉 찼다는 뜻이라고 하셨다.

이제는 지정된 어느 한 부처만 따라가는 시대는 지났으며 전체가 불화(佛化) 천화(天化)되므로 모두가 하느님. 부처님이 되는 시대여야 합니다. 그래서 서로서로 전체가 부처님, 하느님으로 숭배되는 시대라야 옳은 종교의 시대가 될 것입니다.

우리 교단의 종교 총 강령이 처처불상 사사불공, 무시선 무처선입니다. 곳곳이 부처요 일일이 불공이라. 어느 때나 선(禪) 어느 곳이나 선입니다. 산중에서만 부처 만나 불공하고, 교회당에서만 하느님 만나 예배하고, 교당, 강당, 선방에서만 선 공부하고, 나가서는 공부가 없다면 이는 옳은 공부법이 아니다.
꽉 차는 부처가 나와 불화, 천화, 선화(禪化) 된다는 것, 그 미륵의 뜻을 소홀히 해서는 안 된다. 미륵사 유래에 미륵불 삼존설(三尊說)이 있는데 이도 퍽 의미가 큰 것 같다. 여러분이 이 김정용(金正勇) 연구소장을 부처님으로 알아야 한다. 소장의 일이 바로 부처님의 일로서 나라와 교단을 위하여서 하는 것이기 때문이다. 이쪽에서 부처로 대하니 저쪽도 부처로 보아서 서로 부처 되는 것이다.
여러분이 학문 연구도 하지만 우리 교리가 인류에 필요하다고 자각되면 선전도 해주기를 바란다.

〈『대산종사수필법문집』 1. pp.824~825. 원기58년 11월 25일〉

| 배경 및 상황 |

원기58년(1973) 11월 25일 마한백제문화연구소 주최 학술대회에 참석한 학자 30여 인과 연구소장 김정용에게 대산 종사 말씀하시기를 "미륵불이라 미륵산이라 미륵탑이라 하는 말을 쓰니 학자님들 해석 좀 하라. 삼한(三韓)에 관한 연구도 하지만 미륵사상에 관한 연구도 해야겠다. 조명기 박사가 미륵사상을 미래사상, 개혁사상, 개척사상이라 하였다. 그것 참으로 바른 해석 같다."라고 하시며 미륵불과 부처 되는 시대의 법문을 내렸다.

| 용어 풀이 |

○ **근실(勤實)** 부지런하고 착실함. 근면 성실의 준말. 모든 일에 게으름을 부리지 아니하고 부지런히 힘쓰며, 언행이 성실하고 진실한 모습을 말한다. 정산 종사는 미륵불 세상이란 곧 근실한 세상을 이름이라 규정하고 종교도 교리가 사실에 맞고 자력을 위주로 해야 하고, 개인도 자력으로 실업에 근면하며 진실한 도덕으로 대중을 위하는 실적이 있어야 세상에 서게 된다고 했다[『정산종사법어』 근실편 14].

○ **실상(實相)** ① 실제 모양이나 상태. ② 모든 것의 있는 그대로의 참모습. ≒본체.

○ **처처불상 사사불공(處處佛像 事事佛供)** 원불교 교리표어의 하나. 이 세상 모든 사람, 또는 우주 만물이 다 부처님이므로, 모든 일에 부처님께 불공하는 마음으로 경건하고 엄숙하게 살아가자는 뜻이다.

○ **무시선 무처선(無時禪 無處禪)** 원불교에서 강조하는 생활 속의 선 수행법. 언제 어디서나 시간과 장소에 구애받지 않고 항상 선 수행을 계속하는 생활.

⑳ 새 천지 개벽의 역사의 주인공이 되자

대산 종사, 새해 첫 새벽에 말씀하시기를 "새 천지개벽의 역사를 대종사나 정산 종사나 선성에게 미루지 말고 우리 각자가 그 주인공이 될 것을 이 한 해에 빌면서, 과거는 물을 것도 없고 생각할 것도 없고 말할 것도 없고 앞으로 다만 새로운 역사를 이룩하는 한 해가 되기를 바라노라."

〈개벽편 20장〉

| 출처 |

새해 아침 세배를 받으시고 대중에게 말씀하여 주시기를[새벽 6시]

이 새 천지개벽 역사를 대종사님이나 선 법사님이나 과거 사대성[부처님, 노자님, 공자님, 예수님]이나 삼대 말성[三大末聖, 수운 대신사, 해월 신사, 증산 천사]에 미루지 말고 우리 각자 각자가 그 주인공이 될 것을 이 한 해에 빌면서 과거는 물을 것도 없고, 생각할 것도 없고, 말할 것도 없고, 앞으로 다만 새로운 역사를 이룩하는 신미년의 한 해가 되기를 바랍니다.

〈『대산종사수필법문집』 2. p.1444. 원기76년 1월 1일〉

| 배경 및 상황 |

대산 종사는 원기76년(1991) 1월 1일 새벽 6시에 왕궁 영모묘원 조실에서 새 아침 세배를 받으시고 대중에게 말씀하시기를 "새 천지개벽 역사를 대종사님이나 선 법사님이나 과거 사대성이나 삼대 말성에 미루지 말고 우리 각자 각자가 그 주인공이 될 것을 다짐하며 과거는 물을 것도 없고, 생각할 것도 없고, 말할 것도 없고, 다만 새 역사를 이룩하는 신미년이 되자."라고 하였다.

| 용어 풀이 |

○ **선성(先聖)** 과거의 성현(聖賢). 인류 역사상 그 이름이 드러난 옛날의 성인(聖人)들을 말한다. 법력이 높고 진리를 깨친 과거의 수행자 곧 고승(高僧)·석덕(碩德)을 포함한다. 원불교에서는 영모전과 대재를 지낼 때 소태산 대종사 이하 여러 역대 선령 열위(列位)와 함께 선성위의 위패를 모신다.

㉑ 진리가 악한 사람을 오래 두지 않는다

대산 종사 말씀하시기를 "선한 사람이나 악한 사람이나 모두 성공은 할 수 있으나, 선한 사람은 오래가고 악한 사람은 한때에 그치나니, 그것은 진리가 악한 사람을 오래 두지 않기 때문이니라." 〈개벽편 21장〉

| 출처 |

지금은 양 시대인지라, 법 아닌 짓을 하면 당하는 사람은 오히려 복이 되고 괜찮으나 법 아닌 짓을 한 그 사람이 도리어 해를 입게 되니, 그것이 심히 염려되고 마음 아픈 일이다.

선지자(善之者)도 성공하고 악지자(惡之者)도 성공하나

선지자는 장구(長久)하고 악지자는 일시적이다.
진리가 악지자는 오래 두지 않는 법이다.

〈『대산종사수필법문집』 1. p.599. 원기57년 3월 27일〉

| 배경 및 상황 |

원기57년(1972) 3월 27일 대산 종사 말씀하시기를 "지금은 양 시대인지라, 법 아닌 짓을 하면 당하는 사람은 오히려 복이 되고 괜찮으나 법 아닌 짓을 한 그 사람이 도리어 해를 입게 되니, 그것이 심히 염려되고 마음 아픈 일이다."라고 하였다.

이어서 말씀하시기를 "선인이나 악인이나 모두 성공은 할 수 있으나 선한 사람은 오래가고 악한 사람은 한때 그치나니 그것은 진리가 악한 사람을 오래 두지 않기 때문이다."라고 하였다.

| 용어 풀이 |

○ **장구(長久)** 매우 길고 오래됨.

㉒ 삼원 오성이 되기 위해 노력하라

한 제자 여쭙기를 "삼원 오성(三元五成)이 누구인지 알고 싶습니다." 대산 종사 말씀하시기를 "책에 구애되어 그 이름을 알려고 하지 마라. 연극을 하는 데 있어서도 주연과 조연의 역할이 각각 다르듯 부처님도 좌우 협시불이 있어야 일을 할 수 있느니라. 그러나 자기 역사는 자기가 쓰지 못하고 뒷사람이 쓰는 법이라, 사오백 년 안에 삼원 오성이 자연히 다 드러나게 될 것이므로, 지금 그 이름을 밝히려고 하지 말고 그 사람

이 되기 위해 노력하라." 〈개벽편 22장〉

| 출처 |

학인이 삼원오성(三元五聖)에 대하여 그 이름을 알고자 물으니

책에 구애되어 그 말에 나오신 이름을 알라고 말라. 한 나라에도 일하려고 나올 때는 다 짜고 나오지 혼자 못한다. 부처님도 좌우보처가 있었다. 연극도 주연, 부주연, 조연 등 그 역이 각각 다르듯 한다. 삼원(三元)하면 천(天) 기운, 지(地) 기운, 인(人) 기운을 타고 나오는 분들이라고 한다. 자기 역사 자기가 못 쓴다. 뒷사람이 쓰는 법이다. 사오백 년 안에 삼원오성(三元五聖)이 다 드러난다. 그러니 지금 그 이름 꼭 대라고 하지 말라. 내가 누구라고 누가 그럴 것인가?

〈『대산종사수필법문집』 1. pp.1054~1055. 원기60년 1월 15일〉

| 배경 및 상황 |

대산 종사는 원기60년(1975) 1월 15일 학인이 삼원오성에 대하여 그 이름을 알고자 물으니 말씀하시기를 "책에 구애되어 그 말에 나오신 이름을 알라고 말라. 한 나라에도 일하려고 나올 때는 다 짜고 나오지 혼자 못한다. 부처님도 좌우보처가 있었다. 연극도 주연, 부주연, 조연 등 그 역이 각각 다르듯 한다. 삼원하면 천 기운, 지 기운, 인 기운을 타고 나오는 분들이라고 한다. 자기 역사 자기가 못 쓴다. 뒷사람이 쓰는 법이다. 사오백 년 안에 삼원오성(三元五聖)이 다 드러난다."라고 하였다.

| 용어 풀이 |

○ **삼원오성(三元五聖)** 선천시대의 삼황오제에 대해 후천개벽시대를 주재할 후천을 열어 갈 성현을 말하나, 누구를 가리키는지는 확실하지 않다. 다만 정산 종사가 시자에게 "삼원(三元)과 오성(五成)이 새 세상의 개벽을 주재한 뒤에 영세중정

(永世中正)하리라" 했고, 이어 "선천(先天)이 열리는 때에 삼황오제(三皇五帝)가 차례로 나와, 개벽의 역사를 맡아 하시었다는 동양의 설화와 같이, 후천이 열리는 데에도 삼원오성이 차례로 나와, 동서양을 망라한 개벽의 큰 공사를 주재할 것이요, 그런 후에는 영세토록 중정의 인물들이 중정의 다스림을 계속하여 태평성대가 한이 없으리라."라고 했다고 한다.

"삼원은 이미 다녀가셨고 대종사께서 인증하신 바도 있삽거니와 오성은 앞으로 언제 나오시며 누가 또한 그분들을 인증하게 되오리까" 하는 시자의 물음에 대해서는 "오직 때를 따라 차례로 나올 것이며, 때를 따라 그 일을 하신 분들을 천하의 후인들이 저절로 추숭하여 천하가 스스로 인증하게 되리라."[『정산종사법어』 유촉편 34]라고 한 기록이 보인다.

○ **협시불(脇侍佛)** 부처를 좌우에서 모시는 두 보살. 아미타불을 모시는 관세음보살과 대세지보살, 석가모니불을 모시는 문수보살과 보현보살 등을 이른다.

㉓ 신사와 천사와 종사의 분야

한 학인이 "수운 대신사는 후천개벽의 새 세상을 여는 문열이를 하신 어른이라 생각되옵니다." 하고 사뢰니, 대산 종사 말씀하시기를 "천도교에서는 수운 선생을 대신사라 하고, 증산교에서는 증산 선생을 천사라 하며, 원불교에서는 우리 스승님을 종사라 하나니, 이는 후천개벽 시대를 열어 가는 데 있어 신사(神師)와 천사(天師)와 종사(宗師)가 각각 맡은 분야가 다 다르기 때문이니라. 신사(神師)는 귀신같이 아는 스승이라 앞으로 좋은 세상이 올 것을 미리 알리는 책임이 있고, 천사(天師)는 하늘 일을 하는 음부계의 스승이라 천지 공사를 하는 책임이 있으며, 종사(宗師)는 현실계를 담당하는 스승이라 후천개벽의 새 시대를 열어 갈 책임이 있나니, 우리는 소태산 대종사께서 밝혀 주신 일원상 진리와 사은 사요 삼학 팔조로 선천에서 맺힌 원한을 현실계에서 해원 상생하여 개벽의 새 시대를 이룩할 책임이 부여되어 있다 할 수 있느니라."

〈개벽편 23장〉

| 출처 |

10월 교역자 강습 시 저녁 지압 시간에 이성택 교무에게

대산 종법사 물으시기를 "오늘 교무 훈련 시간에 천도교 강사의 강의가 어떠하더냐?"

"저는 천도교 강사 강의를 들으면서 수운 대신사께서 무녀리를 하신 분이라는 감상이 들었습니다."

대산 종법사 말씀하시기를 "네 말이 옳다. 그래서 수운 선생을 대신사라 하신 것이다. 신사(神師), 천사(天師), 종사(宗師)가 각기 맡은 분야가 다른 것이다. 신사란 귀신 신 자, 스승 사 자니 귀신같은 일을 주로 하신다. 따라서 좋은 세상이 돌아온다는 예언을 많이 하신 것이다. 이에 비해 강증산 선생은 천사 즉 하늘 천 자, 스승 사 자니 하늘의 일 즉, 음부계의 일을 맡아 하였다. 그러나 우리 소태산 대종사는 종사 즉 마루 종 자, 스승 사 자니 현실계의 일을 맡으신 분이시다. 후천개벽의 대역사가 전개됨에 세 어른의 맡은 분야가 이처럼 그 받드는 호칭에도 나타나 있는 것이다."

〈『대산종사수필법문집』 1. p.652. 원기57년 10월 11일〉

| 배경 및 상황 |

대산 종사는 원기57년(1972) 10월 11일 '10월 교역자 강습' 시 저녁 지압 시간에 이성택 교무에게 물으시기를 "오늘 교무 훈련 시간에 천도교 강사의 강의가 어떠하더냐?" "저는 천도교 강사 강의를 들으면서 수운 대신사께서 무녀리를 하신 분이라는 감상이 들었습니다.” “네 말이 옳다. 그래서 수운 선생을 대신사라 하신 것이다. 신사(神師), 천사(天師), 종사(宗師)가 각기 맡은 분야가 다른 것이다.”

신사(神師)는 귀신같이 아는 스승이라 앞으로 좋은 세상이 올 것을 미리 알리는 책임이 있고, 천사(天師)는 하늘 일을 하는 음부계의 스승이라 천지 공사를 하는 책임이 있으며, 종사(宗師)는 현실계를 담당하는 스승이라 후천개벽의 새 시대를 열어 갈 책임이 있다.

대산 종사는 “후천개벽의 대역사가 전개됨에 세 어른의 맡은 분야가 이처럼 그 받드는 호칭에도 나타나 있는 것이다.”라고 하였다.

| 용어 풀이 |

○ **최제우(崔濟愚, 1824~1864)** 동학의 창시자. 초명은 복술(福述)·제선(濟宣). 자는 성묵(性默). 호는 수운(水雲)·수운재(水雲齋). 37세 때 동학을 창도하였으며, 후에 사도 난정(邪道亂正)의 죄목으로 체포되어 참형되었다. 저서에 『동경대전』, 『용담유사』 따위가 있다.

○ **문열이/무녀리** 한 태에 낳은 여러 마리 새끼 가운데 가장 먼저 나온 새끼. ‘무녀리’는 ‘문’과 ‘열다’와 ‘-이’가 결합한 말이지만 ‘문열이’로 적지 않고 ‘무녀리’로 적는다. 이는 어간에 ‘-이’나 ‘-음’이 붙어서 명사로 바뀐 것이라도 그 어간의 뜻과 멀어진 것은 원형을 밝혀 적지 않는다는 규정[한글 맞춤법 제19항]에 따른 것이다.

○ **강일순(姜一淳, 1871~1909)** 조선 시대 증산교의 창시자. 자는 사옥(士玉). 호는 증산(甑山). 광무 4년(1900)에 유불선(儒佛仙)의 사상을 토대로 증산교를 창시하였다. 증산교는 뒤에 그의 제자 차경석(車京石), 김형렬(金亨烈)에 의하여 보천교(普天教)와 태을교(太乙教)로 분리되었다.

○ **신사(神師)** ‘최제우’를 높여 이르는 말.

○ **천사(天師)** ① 하늘의 도, 하늘의 진리를 깨친 큰 스승이라는 뜻으로, 천도교에

서 최수운을, 강증산교에서 강증산을 높이어 부르는 이름. ② 중국의 도교 계통에서 불로장생술을 터득한 큰 스승이라는 뜻. ③ 중국에서 천자(天子)의 스승을 일컫는 말.

○ **해원상생(解冤相生)** 서로 맺혔던 상극의 원망과 원한을 풀어버리고 상생상화의 선연을 맺는 것. 지난날의 묵은 원망을 풀어버리고 상생상화·상부상조의 선연이 되는 것.

㉔ 하나의 세계 건설

대산 종사 말씀하시기를 "세계가 지금 새로운 미래를 위하여 곳곳에서 준비를 하고 있으나 대종사께서는 이미 미래를 내다보고 개척하며 일을 하시었으니 세상이 우리 회상을 뒤따라오느니라. 중생은 편 가르기를 좋아하나 불보살은 합하기를 좋아하므로 불보살이 세상에 많이 나오면 세상은 하나의 세계로 건설되는 것이며 세상의 움직임도 자연히 그렇게 되리라. 그러므로 불보살들은 갖은 시비와 생사에 구애받지 않고 오직 진리인지 아닌지만을 판단하여 일할 뿐이니라." 〈개벽편 24장〉

| 출처 |

한정원의 '미래학' 보고를 들으시고

세계가 지금 새로운 미래를 위하여 도처에서 무엇인가 약동하고 있다고 생각을 하고 있으나 대종사께서는 55년 전 이미 미래를 내다보시고 개척하시며 일을 하시었다.

세상이 훨씬 뒤따라온다. 중생은 분산의 세계로 향하나 불보살은 통일, 합일의 세계이다. 그러므로 불보살이 이 세상에 많이 나오면 세상은 하나의 세계로 건설되는 것이며, 세상의 움직임도 자연 그렇게 된다. 진리를 소유한 불보살들은 만대에 갖은 시비와 죽고 사는데 구애하지 아니하고 오직 진리냐 비진리냐 만을 결정하여 일할 뿐이다.

그러므로 수운이나 이차돈이나 소크라테스 등은 다 살 수 있는 능력이나 조건이 갖추어져 있었으나 스스로 가서 돌아가셨다. 정당한 진리의 혈심은 한번 방송하면 전 세계에 그 소리가 퍼지고 말며, 종자가 되어 세계적인 싹이 튼다. 그러므로 세계는 한 사람이 중요하며, 대종사께서 자주 말씀하시기를 혈심을 가진 그 한 사람만 있으면 법은 천하에 퍼지고 수만 대에 전해지리니 걱정할 것 없다고 하셨다. 〈『대산종사수필법문집』 1. p.434. 원기55년 4월 29일〉

| 배경 및 상황 |

대산 종사는 원기55년(1970) 4월 29일 한정원(韓正圓)의 '미래학' 관련 보고를 듣고 말씀하시기를 "세계가 지금 새로운 미래를 위하여 도처에서 무엇인가 약동하고 있다고 생각하고 있으나 대종사께서는 이미 미래를 내다보고 개척하며 일을 하시었다. 진리를 소유한 불보살들은 만대에 갖은 시비와 죽고 사는데 구애하지 아니하고 오직 진리냐 비진리냐 만을 결정하여 일할 뿐이다."라고 하였다.

| 용어 풀이 |

○ **한정원(韓正圓 1933~2016)** 진산 한정원(震山 韓正圓)은 원불교에 대한 이해가 없었던 충남 서산군 해미면에서 부친 성산 한성규 선생과 모친 숙타원 이기선행 여사의 2남 1녀 중 막내로 출생하였다. 원기38년(1953) 12월 1일 출가하여 서울보화원·원광대학교 교수·대학교당 교감·대학원장·국제부총장·미주원불교 선학대학원 개척 교감교무 등을 역임하였다. 원기45년(1960) 3월 원광대학교 교수요원이 되어, 30대 초반에 강의를 맡게 되었고, 많은 사회봉사 활동에도 참여하였

다. 이후 진산 종사는 원광대학교 법당 교감, 대학원장, 국제부총장 등을 역임하면서 대학발전에 혈성을 다하였다. 대학 교단에 헌신하면서 『종교와 원불교』, 『한국불교사상사 연구』, 『선과 무시선의 연구』, 『원불교 정전연구』 등을 저술하여 원불교 교학의 토대를 구축하고 발전하는 데 지대한 공헌을 하였다. 또한 대학에서 정년퇴임을 하면서 학생들에게 "정년퇴직 있는 전공 공부보다는 정년퇴직이 없는 마음공부에 전공해야만 우리가 뜻하는 영생 생활을 할 수 있다."라고 당부하였다. 퇴임 후 대산 종사의 하명에 따라 미국 필라델피아교당에서 본토인들을 대상으로 선과 원불교 교리공부 지도 등 왕성한 활동으로 교법 전수에 심혈을 다하였으며, 역대 스승님들의 염원인 미주 선학대학원 설립에 전심전력하였다. 원기85년(2000) 9월 제111회 임시 수위단회에서 제3대 1회 결산 및 정산종사탄생100주년 기념성업에 즈음하여 평생을 원불교 교학의 토대 구축과 발전에 헌신한 공적을 기리며 대봉도의 법훈을 서훈키로 결의했고, 원기97년(2012) 9월 제195회 임시 수위단회에서는 종사(宗師)의 법훈을 서훈하였다.

○ **미래학(未來學)** '사회 일반' 미래 사회를 여러 각도에서 연구·추론하는 학문. 1940년대부터 거론되기 시작한 용어로, 20세기 후반의 눈부신 고도 산업 사회의 발달에 따라 인간 환경과 사회 구조의 급속한 변화에 미처 적응하지 못하는 과정에서 일어나는 여러 가지 사회 병리 현상을 경제, 사회, 문화 따위의 입장에서 예측하여 대비해 나가려는 학문이다

○ **도처(到處)** 이르는 곳.

○ **구애(拘礙)** 거리끼거나 얽매임.

㉕ 일원 철학과 일원 사상

대산 종사 말씀하시기를 "대종사께서 '앞으로 모든 철학과 모든 사상은

서서히 묵어가고 일원 철학과 일원 사상이 세상의 중심이 될 것이다.'라고 하셨으므로, 앞으로는 동서양의 학자들이 자기 학문이나 철학이나 원리나 이론을 내세울 때 일원 대도 일원 철학에 입각하여 주장하게 되리라. 이처럼 자기도 모르는 가운데 천하대세에 따라 일원 대도가 드러나게 되면 교화하기가 아주 쉬울 것이니 우리는 그런 학자들을 우리의 사도로 알고 격려하고 감사하자." 〈개벽편 25장〉

| 출처 |

대종사께서 "앞으로 모든 철학, 모든 사상은 묵은 것이 되므로 서서히 묵어져 가고 일원대도의 일원철학 일원사상의 새것이 세상의 근본이 될 것이다."라고 하셨다.

그러므로 일원대도의 천하대세에 따라 모든 학문의 철학과 사상도 새것으로 비추어 바뀐다고 하셨다.

지금 동서양을 물론 하고 모든 학자가 자기도 모르고 자기 학문의 철학이나 원리나 이론을 내세울 때 일원대도의 일원철학에 입각하여 주장하게 될 것이다. 결국, 영육쌍전, 이사병행, 동정일여, 무시선 무처선, 처처불상 사사불공, 정기상시훈련법을 벗어나지 못할 것이다. 아마 이 중 일부분 써먹지만, 일원대도를 알아서 하는 것은 아니다. 다만 대세에 따른 영감일 것이다. 서양에서 이처럼 자기들 모르는 가운데 일원대도의 천하대세에 따라 그런 철학 이론이 각 부분에서 나오다 보면 뒤에 우리가 교화하기가 아주 쉬울 것이다. 그런 학자들에게 우리의 사도로 알고 격려하고 감사해하자.

〈『대산종사수필법문집』 2. p.1637 원기78년 7월 5일〉

| 배경 및 상황 |

대산 종사는 원기78년(1993) 7월 5일 왕궁 영모묘원에서 시자 장산 황직평과 선보하면서 말씀하시기를 "대종사께서 "앞으로 모든 철학, 모든 사상은 묵은 것이 되므로 서서히 묵어져 가고 일원대도의 일원철학 일원사상의 새것이 세상의 근본이 될 것이다."라고 하였다. 앞으로는 동서양의 학자들이 자기 학문이나 철학이나 원리나 이론을 내세울 때 일원대도 일원철학에 입각하여 주장한다. 즉 천하대세에 따라 일원대도가 드러난다. 우리는 그런 학자들을 우리의 사도로 알고 격려하자고 하였다.

| 용어 풀이 |

○ **천하대세(天下大勢)** 세상이 돌아가는 추세.

○ **일원대도(一圓大道)** 〈개벽편 9장〉 용어 풀이 참조.

○ **일원철학(一圓哲學)** 일원의 진리에 입각한 철학. 소태산 대종사의 일원주의 사상을 학문적으로 논하는 철학.

㉖ 일원 의학을 잘 연구하라

대산 종사, 주치의에게 말씀하시기를 "앞으로 양의만 가지고도 안 되고 한의만 가지고도 안 되나니, 둘을 같이 공부하고 활용하여 인류의 병을 치료해야 하느니라. 그러므로 한의와 양의를 합한 의학을 일원 의학이라 이름하나니 잘 연구하기 바라노라." 〈개벽편 26장〉

| 출처 |

종법사께서 평소 염원하셨던 서양의학과 동양의학의 만남이 최초로 원대병원에서 실시되었다는 보고와 아울러 양방과 한방의 협조 진료 체제에 대해 회의하였다는 보고를 법무실장으로부터 받으시고 '일원의학(一圓醫學)'이라 명명하였다.
그리고 박인서, 이건묵, 김의균, 김재관, 백정윤, 손흥도, 전대희, 김학종, 김상익 등을 일원의학 창립주로 내정하시다.

〈『대산종사수필법문집』 2. p.1566. 원기77년 12월 24일〉

| 배경 및 상황 |

대산 종사는 원기77년(1992) 12월 24일 평소 염원하셨던 서양의학과 동양의학의 만남이 최초로 원대병원에서 실시되었다는 보고와 아울러 양방과 한방의 협조 진료 체제에 대해 회의하였다는 보고를 법무실장으로부터 받으시고 '일원의학(一圓醫學)'이라 명명하였다.
원기78년(1993) 4월 10일 '서양의학으로는 에이즈 환자가 치료 불가능한 상태로 손을 대지 못하는 데 한약으로 치료한 결과 효과가 있어 지금 서양 양의들이 한약의 구체적인 연구를 시작하였다'는 건강 뉴스 보도 내용을 보고 올리니 종법사께서 다음과 같이 말씀하시었다. "그래서 나는 우리 원광대학교 한방 양방을 합해서 일원의학(一圓醫學) 연구를 하도록 지시해 작년부터 시작하고 있으니 다행한 일이구나."
원기78년(1993) 5월 5일 김상수 박사[중도훈련원에서 기숙하면서 매일 아침 6시에 와서 종법사님 건강 상태를 검진하는 의사]가 대각개교절 기념일에 봉황교당에 가서 그동안의 신앙생활에 대하여 발표하였는데 그 내용 중 한 가지는 "양의(洋醫)는 소(小) 자리만 갖고 분석하고 치료하는 데 신심과 공부심이 생기니 한의(漢醫)는 대(大) 자리로 근본 치료에 전력하는 것을 알게 되었습니다. 종법사께서 일원의학[一圓醫學, 한양방 의학]을 발족시켜 합력 연구하라는 뜻을 알게 되어 지금 그렇게 하고 있습니다."라고 보고하였다.

| 용어 풀이 |

○ **양의(洋醫)** 서양의 의술.

○ **한의(韓醫)** 예로부터 우리나라에서 발달한 의술.

○ **일원의학(一圓醫學)** 서양의학과 동양의학의 협진 체제를 목적으로 하는 의학.

27 대종사의 개벽과 혁명

대산 종사 말씀하시기를 "대종사의 개벽은 고요한 혁명으로 종교 혁명이요 여성 혁명이요 세계 혁명이라. 3천 년 전부터 준비하고 이 땅에 오시어 실지 혁명을 시작하셨으니, 앞으로 돌아오는 세상은 참으로 좋으리라. 큰일은 적어도 60년 계획은 세워야 하고 60년은 지내야 큰 힘이 생기므로 지금 전무출신들이 60년 후나 100년 후에 다시 새 몸을 받을 때는 세계 각국에서 받을 것이요, 그때는 세계 곳곳에서 큰 법을 받으러 온다고 할 것이니라." 〈개벽편 27장〉

| 출처 |

시자 황직평(黃直平)에 말씀하시기를

너는 10년 정도 나와 가까이 있어 보아야 내 뜻을 알고 교단의 사방팔방에 무엇이 있는지 알 수 있을 것이다.

나도 대종사님을 6~7년간 모시었지만, 그때는 그 뜻을 모르는 것이 거의였다. 그때는 참으로 대종사님을 못 뵈었다. 그러나 열반하신 후부터 참으로 뵙기 시작했고, 작년에서야 그때 말씀하여 주신 뜻을 알고 옮긴 것도 있다.

나도 대종사께서 천지개벽하신 어른이시라, 천지 생긴 후 처음으로 천불 만성이 받드는 크고 크신 어른이시다 하고 알았다. 개벽은 고요한 혁명이시다. 종교혁명이요, 여자혁명이요, 세계혁명이시다. 참으로 고요한 혁명이시며 3천 년 전 준비하시고 60년 전에 이 땅에 오시어 고요히 실지 혁명을 시작하시었다. 앞으로 60년 후의 지상은 참으로 좋고 좋을 것이다. 너희들이 60년 후까지 생존하여 보겠느냐? 현존 전무출신들이 60~100년 후에는 다 새 몸 받을 때 세계 각국에서 받을 것이며, 곧 큰 법 받으러 온다고 할 것이니라. 재미도 있고 가슴 벅차구나. 물가가 계속 상승한다고 하니 55주년 사업에 크게 차질을 가져올 염려가 많으며 전 교도에게 신용 잃을까 크게 우려된다. 서둘러 사업을 준비적으로 착수해야 하겠다.

〈『대산종사수필법문집』 1. p.368. 원기54년 1월 2일〉

| 배경 및 상황 |

대산 종사는 원기54년(1969) 1월 2일 익산 금강리에 주재하실 때 시자 황직평에게 “너는 10년 정도 나와 가까이 있어 보아야 내 뜻을 알고 교단의 사방팔방에 무엇이 있는지 알 수 있을 것이다. 나도 대종사님을 6~7년간 모시었지만, 그때는 그 뜻을 모르는 것이 거의였다. 그때는 참으로 대종사님을 못 뵈었다. 그러나 열반하신 후부터 참으로 뵙기 시작했고, 작년에서야 그때 말씀하여 주신 뜻을 알고 옮긴 것도 있다.”라고 하시며 “대종사의 개벽은 고요한 혁명으로 종교혁명이요 여성혁명이요 세계혁명이라, 3천 년 전부터 준비하고 이 땅에 오시어 실지 혁명을 시작하였다.”라고 하시며 “앞으로 60년 후의 지상은 참으로 좋고 좋을 것이다. 너희들이 60년 후까지 생존하여 보겠느냐? 현존 전무출신들이 60~100년 후에는 다 새 몸 받을 때 세계 각국에서 받을 것이며, 곧 큰 법 받으러 온다.”라고 할 것이다.

| 용어 풀이 |

○ **개벽(開闢)** 〈개벽편 6장〉 용어 풀이 참조.

○ **혁명(革命)** ① 헌법의 범위를 벗어나 국가 기초, 사회 제도, 경제 제도, 조직 따위를 근본적으로 고치는 일. ② 이전의 왕통을 뒤집고 다른 왕통이 대신하여 통치하는 일. ③ 이전의 관습이나 제도, 방식 따위를 단번에 깨뜨리고 질적으로 새로운 것을 급격하게 세우는 일.

28 천지의 인증을 받기 위해 적공하라

대산 종사, 대종사 탄생 100주년 기념대회 중 하늘에 오색찬란한 원광이 나타난 것을 보시고 말씀하시기를 "대종사 탄생 100주년을 앞두고 전 교도들이 올린 기도 정성의 결과이니 이는 우리의 교운이 크게 열림을 천지가 인증한 것이니라. 정산 종사께서 삼동윤리를 처음 발표하시기 전날에도 대종사 성탑에서 방광이 솟은 일이 있었고, 영산에서 세계평화 기원대법회를 올릴 때도 중앙봉과 옥녀봉 사이로 서기가 뻗친 일이 있었나니, 이는 다 우리의 정성과 혈성을 법계에서 인증한 것이니라. 그러나 천하의 인증을 얻기 위해서는 여기에서 한 걸음 더 나아가 각자의 마음에 일원의 태양이 솟고 오색찬란한 일원의 원광이 육근을 통하여 뻗쳐 나와야 할 것이니, 일시적으로 나타난 현상에 빠지거나 자만하지 말고 각자가 이런 인증을 받기 위해 백 배, 천 배 더 적공해야 하느니라." 〈개벽편 28장〉

| 출처 |

오색찬란한 원광이 태양을 중심으로 해서 나타난 것은 천지가 이 대회를 다 인증해 주는 것이 아니겠느냐. 전 교도들이 21일간 특별 기도를 각 교당마다 기도를 올리고 참석했다 하니 그 정성의 결과인 것 같다. 구인선진의 백지혈인으로 새 회상의 법인을 받았는데 대종사님 탄생백주년에는 태양을 중심으로 한 원광으로 주세불 보은의 천인(天認)과 교운의 시대를 법인(法認)화하는 것 같다. 선 종법사께서 삼동윤리 게송을 처음 발표하실 전날, 대종사님 성탑에서 방광한 일이 있었고 영산에서 세계평화를 위한 기원을 올릴 때 중앙봉과 옥녀봉 사이로 서기가 뻗친 일이 있었는데 이는 다 우리들의 정성과 혈성을 인증함이니라. 그러나 각자의 마음에 일원의 태양이 솟고 오색찬란한 일원의 원광이 육근을 통하여 뻗쳐 나와야 참으로 천하의 인증이 될 것이니 일시적으로 나타난 그런 일로 빠지거나 자랑스러워해서는 안 될 것이다. 교단 100주년까지는 그런 각자의 인증을 받기 위해 백 배, 천 배 적공하여야 한다.

〈『대산종사수필법문집』 2. p.1482. 원기76년 4월 28일〉

| 배경 및 상황 |

원기76년(1991) 4월 28일 원광대학교 대운동장에서 열린 소태산대종사탄생 100주년 기념대회 중 대산 종사가 대회식장에 임석하고 식이 진행될 때 중천에 솟은 태양 주위에 오색찬란한 원광이 나타남을 운집한 전 교도와 같이 보셨다. 또한 외국에서 온 많은 종교 지도자도 보았다. 세계종교자평화회의 사무총장 존 테일러 씨가 대회가 끝나고 종법사님과 동승하여 총부로 향하는 도중 "구름 한 점 없는 하늘에 태양을 중심으로 하여 오색찬란한 원광을 보고 놀랐습니다. 원불교는 과연 큰 교단이고 이 시대의 사명이 있는 종단이라고 생각되었습니다."라고 말씀드리니 "우리 다 같이 합심 합력하여 인류의 영과 육의 무지와 질병, 빈곤을 퇴치하여 이 지상에 하나의 세계, 평화의 세계, 균등의 세계, 낙원, 선경의 세계를 만들자."라고 말씀하였다.

대산 종사는 "천하의 인증을 얻기 위해서는 여기에서 한 걸음 더 나아가 각자의 마음에 일원의 태양이 솟고 오색찬란한 일원의 원광이 육근을 통하여 뻗쳐 나와야 할 것이니, 일시적으로 나타난 현상에 빠지거나 자만하지 말고 각자가 이런 인증을 받기 위해 백 배, 천 배 더 적공해야 한다."라고 경계하였다.

| 용어 풀이 |

○ **소태산대종사탄생100주년기념사업(少太山大宗師誕生百週年紀念事業)** 소태산대종사의 탄생 100주년인 원기76년(1991)을 기해 전개한 보본(報本)사업. 원기68년(1983) '원불교창립 제2대 및 대종사탄생100주년 성업봉찬회'를 발족하여 거교적으로 관련 사업을 전개했고, 원기73년(1988) '원불교 창립 제2대말 성업기념대회'를 마침에 따라, 명칭을 '소태산대종사탄생100주년성업봉찬회'로 바꾸었으며, 원기76년(1991) 4월 '소태산대종사탄생100주년기념대회'를 봉행했다. '자신에게 법력을, 동포에게 새 빛을, 스승님께 보은을'이라는 강령을 내걸고, 기획·재정·건설·행사·봉공·학술편찬·문화홍보의 각 분과를 두어, 총부 장엄건설·영산성지 장엄·문화편찬·사회교화 봉공·기념대회·특별사업 등을 추진했다.

○ **원광(圓光)** ① 둥글게 빛나는 빛. ② 불보살의 몸 뒤로부터 내비치는 빛.

○ **천인(天認)** 천지가 인증함.

○ **법인(法認)** 법(法)은 허공법계라는 뜻. 인(認)은 인증·인가라는 뜻. 진리의 세계로부터 인가받았다는 말. 원불교가 법인기도로 법계 인증을 받았다는 뜻에서 생긴 말.

○ **방광(放光)** 지혜의 광명을 두루 비추는 것. 방(放)이란 연다[開]는 뜻으로, 지혜의 힘으로 중생의 어두운 마음을 밝게 열어 비추어 준다는 뜻에서 방광이라 한다.

○ **서기(瑞氣)** 상서로운 기운.

제15
경세편
經世編

경세편은 대산 종사의 경륜과 포부를 밝힌 편으로 경세제민[經世濟民, 經世之策] 사상에 따라 교단과 국가 세계를 구원할 간절한 기원문[기원문 결어]과 부촉의 법문 총 24장을 수록하였다.

❶ 세계평화 삼대제언

대산 종사, 원기 55년 일본에서 열린 제1차 세계종교자평화회의에 사람을 보내 '세계평화 3대 제언'을 발표하시기를 "첫째, 종교연합 창설이니 우리 모든 종교인이 합심 합력하여 국제연합기구에 대등한 종교연합기구를 창설하여 인류의 영과 육의 무지·빈곤·질병을 퇴치할 수 있는 의무와 책임을 갖자는 것이요, 둘째, 공동시장 개척이니 우리 모든 인류가 나라와 사상의 울을 넘어서서 공동시장을 개척하여 생존 경쟁보다 서로 공생 공영할 수 있는 새로운 길을 개척하자는 것이요, 셋째, 심전계발 훈련이니 우리 모든 인류가 묵어 있는 마음 밭을 계발하고 훈련시켜 마음을 크게 넓히고 밝히고 잘 쓰는 슬기로운 새 나라 새 세계를 만들자는 것이니라."

〈경세편 1장〉

| 출처 |

온 세계의 기운이 날로 한 기운으로 돼 가는 이때 일본의 경도[쿄토]에서 세계종교자평화회의가 열리게 되고, 우리 교단의 대표가 개교반백년 기념성업을 앞두고 참석하게 되었음은 결코 우연한 일이 아니요, 크게 뜻이 있는 일이라 재가·출가의 모든 동지와 함께 기쁘게 여기는 바입니다. 그동안 우리 교단은 수차에 걸쳐 세계불교도 대회와 구미, 동남아 순방 및 유학생 등을 보내어서 법 종자를 심어 온 데 이어, 오늘은 세계종교자평화회의에 교단을 대표하여 참석하는 숭산(崇山) 박광전(朴光田) 법사를 비롯해 문산(文山) 김정용(金正勇), 범산(凡山) 이공전(李空田), 전팔근(全八根) 동지의 장도에 대종사님과 선 법사님과 끊임없어서 일원의 광명이 더욱 드러나게 하기를 간절히 기원하는 바입니다.

무릇 한 성자의 법이 전 세계 여러 나라에 국한 없이 퍼지기란 그 제자들의 순일한 순교 정신과 혈심어린 노력 없이 이루어지지 못하는 것이니, 오늘날 대종사님의 일원대도가 바로 이 나라에서 발상하여 우리 교단으로부터 세계 곳곳에 널리 전하여지고 있는 것도 구인선배를 비롯해 모든 동지의 혈심어린 신성과 끊임없는 적공의 공적이라 할 것입니다.

대표 여러분께서는 교단과 국가와 세계가 항상 여러분과 함께 있어서 가시는 곳마다 일원대도의 복음을 그대로 전하는 동시에 그동안 심어 온 법 종자가 이번 기회에 더욱 북돋아져서 대종사님의 법이 세계종교자평화회의에 크게 기여하도록 오직 열심히 하시기를 간절히 바라면서 수륙만리 머나먼 길에 무사하시기를 거듭 심축하는 바입니다.

〈『대산종사수필법문집』 1. pp.478~479. 원기55년 10월 15일〉

| 배경 및 상황 |

'세계평화 삼대제언'은 원기55년(1970) 10월 16일 일본 교토에서 세계종교자평화회의가 열릴 때 교단 대표를 보내어 메시지를 전달하였다. 그 후 원기64년(1979) 대각개교절 기념으로 공식화한 법문으로, 그 해 주요 강조 법문이 되었다. 원기69년(1984) 교황 요한 바오로 2세가 내한하였을 때, 대산 종사는 종교지도자 대표로 환영사를 하며 세계평화 삼대제언을 제안하였다. 이때 비로소 원불교가 종교연합운동을 세계에 알리는 계기가 되었다.

| 용어 풀이 |

○ **세계종교자평화회의(世界宗敎者平和會議, WCRP)** 세계 종교계의 지도자들이 모여 대화와 협력을 촉진하는 회의 명칭. 종교 간의 대화와 협력의 공식적인 역사는 1893년 시카고에서 열린 세계종교의회(World's Parliament of Religions)를 계기로 비롯되었다. 1893년 '시카고 세계종교의회'는 종교다원주의의 이념적 토대를 이루는 종교간 대화의 실천적 장으로서 국제사회에서의 종교간 대화와 협력의 활발한 전개와 종교연합 운동을 태동하게 하는 중대한 역사적 사건이다.

세계종교자평화회의는 1968년 인도 뉴델리에서 열린 '평화에 대한 국제제종교회의'에 참여한 종교인들이 종교간의 국제적 유대를 강화하고 상호 협력을 통한 세계의 평화를 실현하기 위한 조직의 필요성에 의해 이루어졌다. 이 회의로부터 귀국 도중 미국의 대표 18인과 일본의 제종교의 대표가 1968년 1월 22일에 '미·일 제종교자 교토회의'를 가졌으며, 종교협력기구의 태동을 위한 노력을 구체화했다. WCRP는 1970년 10월 일본 교토 국제회관에서 1차 세계대회를 개최하여 39개국 300여 명이 참가했고 핵위협을 방지하기 위한 비무장, 개발문제, 인권문제 등 평화실현을 위한 종교인의 기본적인 과제를 설정했다.

○ **세계평화삼대제언(世界平和三大提)** 대산 종사가 제언한 것으로 ① 종교연합 창설. ② 공동시장 개척. ③ 심전계발 훈련이다.

❷ 새 천지가 열려가니

> 대산 종사 말씀하시기를 "새 천지가 열려가니 새사람 되어 새 세상의 주인 되자." 〈경세편 2장〉

| 출처 |

새해를 맞이하여 전 교도와 전 국민과 전 인류의 앞날에 법신불 사은의 은혜가 항상 충만하시기를 심축합니다.

지난 한 해 동안에 이 세계는 새 시대 새 기운으로 무르익어 가는 조짐들이 크게 나타나 그토록 우리가 계속 염원하고 주장해 왔던 하나의 세계가 전개되어 가고 있습니다.

새 천지가 열려가니 새사람 되어 새 세상의 주인 되자.

〈『대산종사수필법문집』 2. pp.1443~1444. 원기76년 신년법문〉

| 배경 및 상황 |

대산 종사는 원기76년(1991) 1월 1일 새해를 맞이하여 신년법문을 내리며 "일찍이 이 나라와 세계가 선천(先天) 기운으로 깊이 잠들어 있을 때 대종사께서 주세불(主世佛)로 오시어 "원시반본(原始反本)의 후천개벽(後天開闢) 시대가 열린다. 시대가 비록 천만번 순환하나 이 같은 기회 만나기가 어렵다. 앞으로 부처의 은혜가 화피초목(化被草木) 뇌급만방(賴及萬方)하여 상상하지 못할 이상의 불국토가 되리라. 그대들은 아직 증명하지 못할 나의 말일지라도 허무하다 생각하지 말고, 모든 지도에 의하여 차차 지내 가면 머지않은 장래에 가히 그 실지를 보게 되리라." 하시는 등 희망적인 미래를 전망해 주셨다고 하시며 신년법문 결말로 "새 천지가 열려가니 새사람 되어 새 세상의 주인 되자." 라고 하였다.

| 용어 풀이 |

○ **천지(天地)** ① 하늘과 땅을 아울러 이르는 말. ② '세상', '우주', '세계'의 뜻으로 이르는 말.

❸ 일원대도를 선양하자

대산 종사 말씀하시기를 "일원 대도를 선양하기로 하면 수신으로 근본을 삼고 정법으로 계몽하며 자비로 호념해야 하나니, 이처럼 하고 보면 대도 정법은 무위이화로 드러나고 세상은 자연히 지상낙원이 될 것이니라."

〈경세편 3장〉

| 출처 |

대도선양(大道宣揚)의 길

일원대도는 대종사와 선사(先師)의 전하신 대 도덕주의인바 곧 천하를 한 집안 삼고 만 생령을 한 권속으로 알아서 다 같이 잘 살 수 있는 대 세계주의입니다. 이 세계주의가 천하에 실현되는 날 전 인류와 전 생령은 기쁜 속에서 살 게 될 것입니다. 이 세계주의를 실현하기로 하면 도덕을 하루속히 선양하여야 할 것이니 이 도덕을 선양하기로 할진대

첫째는 수신(修身)이 천하의 근본인 것을 알아서 각자의 수신을 하여야 할 것이니 수신을 잘하기로 하면 먼저 마음을 잘 쓰는 공부를 해서 자기의 몸부터 잘 닦아야 할 것입니다.

둘째는 정법(正法)으로 계몽하는 것이니 생멸 없는 영원불멸한 진리를 깨달아 생로병사에 해탈하고 고락을 초월하여 여유 있게 광대무량한 세계에서 살며 제가 짓고 제가 받는 인과의 원리를 깨쳐서 최초에 좋은 씨를 뿌려 복문(福門)을 열 것이요 또는 사은(四恩)의 홍대한 은혜를 발견해서 보은(報恩) 생활을 개척하고 배은망덕을 하는 일이 없도록 할 것입니다.

셋째는 자비로써 호념(護念)하는 것이니 도덕은 바로 정의(情誼)며 자비요, 천하는 정의로 얽혀진 것이므로 일체 동포가 다 같이 시방(十方)이 한 울안이요 사생(四生)이 한 지친(至親)인 줄을 깨쳐서 서로서로 언제나 알뜰히 살피고 건네는 날 세상은 자연히 좋아질 것입니다.

〈『대산종사수필법문집』 1. p.51. 원기48년 1월 1일〉

| 배경 및 상황 |

대산 종사, 원기48년(1963) 1월 1일 '대도선양의 길'이란 제목으로 신년법문을 내린다. 종법사위에 오른 후 처음 발표한 신년법문이다. 그리 길지 않는 법문으로 핵심만 세 가지로 밝혔다.

| 용어 풀이 |

○ **선양(宣揚)** 명성이나 권위 따위를 널리 떨치게 함.

○ **수신(修身)** 악을 물리치고 선을 북돋아서 마음과 행실을 바르게 닦아 수양함.

○ **정법(正法)** 대도정법의 준말. 바른 교법·인의 대도. 소태산 대종사나 석가모니불의 가르침. 일체중생을 제도하여 불보살의 길로 이끌어 주는 교법이라는 말.

○ **호념(護念)** ① 중생이 부처나 보살을 마음에 잊지 않고 염송(念誦)하는 일. ② 신불(神佛)이 선행을 닦는 중생이나 간절히 기원하는 사람을 옹호하고 보살피며 깊이 사랑해주는 것.

○ **무위이화(無爲而化)** 함이 없이 됨을 뜻하는 도가철학 용어. 우주 대자연은 인위나 조작이 없이 그대로 두어도 저절로 이루어진다.

❹ 정도와 사도

대산 종사 말씀하시기를 "정도(正道)는 도명 덕화하고 제생 의세하며, 사도(邪道)는 혹세무민하고 기인 취재(欺人取財)하는 것이니, 정도는 세상에 더욱 드러나고 사도는 세상에 바로 서지 못하리라." 〈경세편 4장〉

| 출처 |

앞으로 사도(邪道)는 뭉쳐서 태평양으로 날려 버려야겠다. 세상을 괴롭히고 해하는 것이기에 그렇다.

정도(正道)는 도명덕화(道明德化)하고 제생의세하는 것이요, 사도는 혹세무민하고 기인취재하는 것이다. 정도를 밝히면 천지는 정위(定位)니라.

〈『대산종사수필법문집』 1. p.81. 원기49년 편편법어〉

| 배경 및 상황 |

대산 종사는 원기49년(1964) 편편법어에 '정도와 사도'에 대해 밝히기를 "앞으로 사도(邪道)는 뭉쳐서 태평양으로 날려 버려야겠다. 세상을 괴롭히고 해하는 것이기에 그렇다."라고 하며 정도를 밝히면 천지는 바로 선다고 하였다.

| 용어 풀이 |

○ **도명덕화(道明德化)** 도로써 중생의 마음을 밝혀 주고, 덕으로써 일체중생을 교화한다는 말. 일원의 진리로써 중생의 무명 번뇌를 밝혀 지혜를 빛나게 해주고, 도덕행으로써 중생을 구제하는 것. 이는 불보살이 하는 일이요, 대도 정법이 지향하는 길이다.

○ **제생의세(濟生醫世)** 일체생령을 도탄으로부터 건지고 병든 세상을 치료한다는 뜻. 곧 이 세상은 질병·기아·무지·폭력·인권유린 등으로 병들어 있으며, 병든 세상에서 인간이 온갖 고통을 받고 있으므로 세상의 병을 다스리고 인간을 고통에서 벗어나게 하는데 성의를 다하자는 것.

○ **혹세무민(惑世誣民)** 세상을 어지럽히고 백성을 미혹하게 하여 속임.

○ **기인취재(欺人取財)** 사람을 속여서 재물을 갈취함.

○ **정위(定位)** 생물체가 몸의 위치나 자세를 능동적으로 정함. 또는 그 위치나 자세.

❺ 도학과 과학의 관계

대산 종사 말씀하시기를 "도학만 주장하고 과학을 무시하면 빈궁에 처하기 쉽고, 과학만 주장하고 도학을 무시하면 전쟁의 화구(禍咎)에 빠지기 쉬우니라." 〈경세편 5장〉

| 출처 |

교리실천도와 육대강령의 표어로 "도학만 주장하고 과학을 무시해 버리면 빈궁에 빠지기 쉽고, 과학만 주장하고 도학을 무시해 버리면 전쟁의 화구에 몰아넣기 쉽나니라." 〈『대산종사수필법문집』 1. p.154. 원기51년 3월 7일〉

| 배경 및 상황 |

대산 종사가 원기51년(1966) 3월 7일 대구 서성로교당에서 정양 중일 때 시자 황직평에게 내린 법문으로 교리실천도해와 육대강령의 표어로 "도학만 주장하고 과학을 무시해 버리면 빈궁에 빠지기 쉽고, 과학만 주장하고 도학을 무시해 버리면 전쟁의 화구에 몰아넣기 쉽나니라."라고 하였다.

| 용어 풀이 |

○ **도학(道學)** ① 지식이나 기술을 배우는 과학에 대해서 지혜를 밝히고 마음공부를 하는 종교의 가르침을 배우는 것. 도학·과학을 병진해야 훌륭한 인격자가 될 수 있다. ② 윤리·도덕에 관한 학문. ③ 유학, 특히 송나라 때 정주학파의 학, 곧 심·성·이·기(心性理氣)의 학. ④ 도교, 도교의 학.

○ **화구(禍咎)** 뜻하지 아니하게 생긴 불행한 변고. 또는 천재지변으로 인해 불행한 사고.

○ **교리실천도(敎理實踐圖)** ① 교리실천도해를 말함. ② 원불교의 중심 교리를 생활 속에서 활용하고 실천하기 쉽도록 도표를 그려서 해설한 대산 종사의 저술. 원기47년(1962)부터 프린트판으로 보급되다가 원기71년(1986)에 48개의 항목으로 보충하여 발행했다.

○ **육대강령(六大綱領)** 소태산은 육신에 관한 의·식·주 삼 건과 정신에 관한 일심·알음알이·실행의 삼 건을 합하여 육대강령이라고 부르고, 서로 떠날 수 없는 관계에 있다고 하였다.

❻ 수제 치평의 도

대산 종사 말씀하시기를 "대종사께서 최초법어에서 수제 치평(修齊治平)의 도를 밝혀 주셨으니, 첫째는 개인적으로는 마음공부를 통해 마음에 거짓과 해심(害心)을 없애 자신을 변화시켜 나가야 할 것이요, 둘째는 가정적으로는 가족 전체가 상봉하솔로 각자의 도리를 다하고 직업을 가져서 수지 대조와 근검저축으로 자력 생활을 할 것이요, 셋째는 국가적으로는 정치와 종교가 국민 개진(皆眞) 운동과 국민 개기(皆技) 운동에 마음과 힘을 합하여 모든 국민이 참사람이 되고 각자의 기술을 갖도록 정교 동심이 되어 국가 장래의 기틀을 다져 나갈 것이요, 넷째는 세계적으로는 종교가에서 도덕을 밝히고 덕을 널리 펴서 전 인류가 새 마음 새 가정 새 나라 새 세계를 이루고 정치가에서 강약이 서로 진화하도록 제생 의세로써 세계 일가를 이룩해야 할 것이니, 이와 같이 개인·가정·국가·세계가 그 도를 모두 실현한다면 이 세상은 무한한 안락세계가 될 것이니라." 〈경세편 6장〉

| 출처 |

수제치평(修齊治平)의 도(道)

선성(先聖)의 말씀에 '일년지계(一年之計)는 재어춘(在於春)'이라고 하였으니 신년을 맞이하여 개인이나 가정이나 국가나 세계가 다 같이 지난해를 거울삼아 새해의 설계에 소홀함이 없어야 할 것입니다. 이제 『교전』 최초법어를 원칙으로 한 수·제·치·평의 도로써 원단을 기념하고자 하는 바이니 그 요령으로서는 개인에 있어서는 마음공부로써 인간 개조가 되어야 할 것이니 그 기준으로 말하면

1. 마음에 거짓을 없앨 것이요[무기심(無欺心)],

2. 마음에 해심을 없앨 것이며[무해심(無害心)],

가정에서는 자력갱생(自力更生)의 길을 개척하여야 할 것이니 그 기준으로 말

하면

1. 가권이 상봉하교(上奉下教)로써 각자의 의무를 지킬 것이요,

2. 가권 전체가 정·부업(正·副業)을 갖고 수지를 대조하며 근검예축(勤儉豫蓄)으로 자력생활을 할 것이며, 국가에 있어서는 정교동심(政敎同心)으로써 국가 장래의 기틀을 공고히 해야 할 것이니 그 기준으로 말하면 정치와 종교가 합심 합력하여

1. 국민 한 사람 한 사람이 참 사람이 되게 하고[국민개진(國民皆眞)],

2. 국민 한 사람 한 사람이 하나의 기술을 갖도록 하는[국민개기(國民皆技)] 운동을 전개해야 할 것이며 세계에 있어서는 제생의세로써 세계 일가를 이룩해야 할 것이니 그 기준으로 말하면

1. 종교가에서는 도명덕화(道明德化)로 전 인류가 새 마음, 새 가정, 새 나라 새 세계를 이룩하도록 할 것이요,

2. 유엔에서는 강·약이 서로 진화되도록 하여야 할 것입니다.

이상 몇 가지가 실현되는 날, 이 지상은 무한한 안락국으로 화할 것이니, 더욱이 대종사께서 말씀하신 결실기를 눈앞에 둔 이 중대한 시기를 당하여 우리의 굳은 서원과 정성이 구천에 사무치고 그 사무친 힘으로 개인, 가정, 국가, 세계에 결실을 이루어 내야 할 것이며 따라서 선사(先師)의 삼동윤리 정신도 이에서 실현이 될 것입니다.

묵은 살림을 거울삼아 새 희망 가득히 안고 갑진(甲辰)을 맞이하면서, 새 천지의 새 광명 새 기운 받아 새 주인들이 되려고 힘 기울이는 요즈음, 우리의 선체(禪體) 건강해서 도기일익(道氣日益) 찬란하시기를 빌어 마지않습니다.

〈『대산종사수필법문집』 1. p.73. 원기49년 신년법문〉

| 배경 및 상황 |

대산 종사는 원기49년(1964) 1월 1일 '수체치평의 도'라는 주제로 신년법문을

밝혔다. 선성의 말씀에 '일년지계는 재어춘'이라[1년의 계획은 봄에 있다]고 하였으니 신년을 맞이하여 개인이나 가정이나 국가나 세계가 다 같이 지난해를 거울삼아 새해의 설계에 소홀함이 없어야 할 것입니다. 이제 『교전』 최초법어를 원칙으로 한 수·제·치·평의 도로써 원단을 기념하자고 하였다.

| 용어 풀이 |

○ **최초법어(最初法語)** 소태산 대종사가 대각을 이룬 후 최초로 구인제자에게 설한 법문. 수신의 요법 4조, 재가의 요법 5조, 강자·약자 진화상 요법 2조, 지도인으로서 준비할 요법 4조로 구성되어 있다. 최초법어는 원불교 중심 교리의 원형이 된다.

○ **수제치평(修齊治平)** 유교의 수양론은 삼강령 팔조목이며, 팔조목 중에서 4조목이 수제치평에 해당한다. 유교 수양의 대체적 단계는 자신에게서 가족·국가·세계로 향하고 있다. 다시 말해 유교에서 강조하는 윤리 실천의 단계는 나로부터 출발하여 점차 가정·사회·국가의 순서로 이어진다는 것이다. 동양의 사서 중에서 『대학』과 『중용』에 발견되는 공자의 인(仁)사상은 충서로 이해되며, 충서의 실천도 넓게 보면 수제치평과 연결된다.

○ **상봉하솔(上奉下率)** 웃어른을 봉양하고 아랫사람을 거느림. 소태산 대종사는 자녀를 가르치는 데에도 부모 자신이 먼저 상봉하솔의 도에 어긋남이 없어야 한다고 했고[『대종경』 인도품 46], 호주는 상봉하솔의 책임을 잊어버리지 말아야 한다고 했다[『정전』 제가의 요법].

○ **수지대조(收支對照)** 수입과 지출을 대조하는 일. 신분검사의 한 방법. 신분검사는 당연등급, 부당등급, 수지대조를 통해 자기가 자기를 성현 만드는 법으로 자신이 얼마나 복을 장만하고 살았는가 아니면 빚만 지고 살았는가를 대조하는 일. 수지대조는 혜시와 혜수, 수입과 지출, 대부와 차용을 대조하고 비교하는 것으로 혜시·수입·대부가 많으면 흑자 생활이요, 혜수·지출·차용이 많으면 적자 생활이다.

○ **국민개진운동(國民皆眞運動)** 모든 국민이 참사람이 되자는 운동.

○ **국민개기운동(國民皆技運動)** 개개인이 한 가지 이상 기술을 갖자는 운동.

○ **원단(元旦)** 설날 아침.

○ **도기일익(道氣日益)** 도를 닦는 기상이 나날이 더욱 늘어남.

❼ 부모 형제 자녀의 은혜에 보은하자

대산 종사 말씀하시기를 "나의 몸을 낳아 주신 생부모도 부모요, 나의 몸을 길러 주신 양부모도 부모요, 인도 대의를 가르쳐 이끌어 주신 법부모도 부모이니라. 또한, 생형제·양형제·법형제도 나의 형제이며, 생자녀·은자녀·법자녀도 나의 자녀이므로, 그대들은 이 모든 부모·형제·자녀의 은혜가 다 같이 깊고 중한 것을 알아서 진심으로 보은해야 할 것이니라."

〈경세편 7장〉

| 출처 |

생부모(生父母) 양부모(養父母) 법부모(法父母)
생형제(生兄弟) 양형제(養兄弟) 법형제(法兄弟) = 다 같이 보은해야 한다.
생자녀(生子女) 은자녀(恩子女) 법자녀(法子女)

〈『대산종사수필법문집』 1. p294. 원기53년도 2월 25일〉

생부모(生父母) 은부모(恩父母) 법부모(法父母)
생형제(生兄弟) 은형제(恩兄弟) 법형제(法兄弟) = 동일(同一)
생자녀(生子女) 은자녀(恩子女) 법자녀(法子女)

〈『대산종사수필법문집』 1. p.317. 원기53년도 5월 28일〉

사은사요 설명 후 훈련 교무들에게

우리가 부모님 은혜를 느낄 때 나를 낳아 주신 생부모님 은혜도 느껴야 하지만 삼세제불을 낳아 주신 정신의 부모, 또 그분들의 생부모 은부모 법부모, 또 그 분들을 받드는 법자녀 은자녀 생자녀로 양면이 다 같은 것이다. 낳아 주신 은혜, 길러 주신 은혜, 가르쳐 주신 은혜가 다 같은 것인데, 부모은을 말할 때 육신의 부모, 정신의 부모 양면으로 해석하면 일가 아닌 사람이 없다. 천하가 다 일가다. 〈『대산종사수필법문집』 2. p.317. 원기69년도 7월 25일〉

| 배경 및 상황 |

생부모 양부모 법부모는 부모 항렬이요, 생형제 양형제 법형제는 형제 항렬이요, 생자녀 은자녀 법자녀는 자녀 항렬이라고 할 수 있다. 대산 종사는 양부모와 은부모, 양형제와 은형제로 같이 대비하여 사용하였다.

『정전』 타자녀교육과 부모은과 은부모시자녀법에 의하면 대산 종사가 밝힌 법문의 근본 이유가 통함을 알 수 있다. 결론적으로 "모든 부모·형제·자녀의 은혜가 다 같이 깊고 중한 것을 알아서 진심으로 보은하는 것이 목적"이라 할 수 있다.

| 용어 풀이 |

○ **은부모시자녀(恩父母侍子女)** 은법결의로 맺은 은부자와 은모녀. 은부녀나 은모자의 관계는 인정하지 않는다. 단 교단 초기 소태산 대종사에 한해서 은부녀의 관계가 인정되었다. 비록 혈육의 부모 자녀는 아니라 할지라도 친부모 이상으로 잘 모신다는 뜻에서 시자녀, 친부모 이상으로 자비를 베푼다는 뜻에서 은부모라 한다.

○ **은형제(恩兄弟)** 은혜로운 정으로 형제 관계를 맺음.

○ **양형제(養兄弟)** 양부모의 관계로 맺은 자녀 간의 형제. 또는 타인과 맺은 형제 관계로 서로 도움을 주는 대상을 말함.

❽ 가정을 불국 정토화하자

대산 종사 말씀하시기를 "내가 부모와 자녀에게 소홀하고 업신여기면 남도 그리하므로 먼저 자기 가정을 불국 정토화해야 하나니, 부모들은 각자가 자비불임을 확인하고 자비불의 행을 해야 할 것이요 자녀들은 각자가 불보살임을 확인하고 불보살의 행을 하여야 하느니라. 그리하려면 인생의 요도와 공부의 요도를 빠짐없이 실행하여 각자가 맡은 바 의무와 책임을 다해야 하느니라." 〈경세편 8장〉

| 출처 |

자기가 자기를 포기하고 모멸할 때
남이 나를 버리고 모멸한다.
내 가정과 부모와 자녀를 소홀히 하고 모멸할 때
남이 내 가정과 부모와 자녀를 소홀히 하고 모멸하는 것이다.
그러므로 자기 가정을 불국정토화(佛國淨土化)시키고
부모들은 각자가 자비불(慈悲佛)임을 확인하고, 자비불행(慈悲佛行)을 하며
자녀들은 각자가 불보살로 부모님에게 의탁 되었음을 확인하고,
불보살행을 하여야 한다.
따라서 인생의 요도와 공부의 요도를 빠짐없이 이행하여
그 의무와 책임을 다하자.

〈『대산종사수필법문집』 2. p.1676. 원기79년 1월 편편법문〉

| 배경 및 상황 |

대산 종사는 원기79년(194) 신년을 맞아 '가정의 해에 즈음하여' "가정은 낙원이요 불국정토라 부모님은 자비불이시니 자녀는 불보살로 진리가 부모님께

의탁시켰다. 그러므로 서로 진리와 도와 법과 철학으로 스승 삼고, 상봉하교의 의무와 책임을 다하여 보은의 일꾼이 되자."라고 하였다.

| 용어 풀이 |

○ **불국(佛國)** 부처님이 사는 나라. 불국정토 또는 극락정토. 불교에서 추구하는 이상세계. 부처님 마음, 곧 대자대비심을 가진 사람 또는 부처님과 같은 지혜 광명을 가진 사람들이 사는 나라.

○ **정토(淨土)** 대승불교(大乘佛教)에서 부처와 장차 부처가 될 보살이 거주한다는 청정한 국토. 중생이 사는 번뇌로 가득한 고해(苦海)인 현실 세계를 예토(穢土)라고 부른 데 대한 상대어이다. 부처나 보살이 사는, 번뇌의 굴레를 벗어난 아주 깨끗한 세상.

○ **자비불(慈悲佛)** 자비스러운 부처님이란 뜻.

○ **불보살(佛菩薩)** 부처와 보살을 합쳐서 부르는 말. 부처 또는 보살과 같은 인격자를 부르는 말. 천여래 만보살과 비슷한 의미. 진리를 깨쳐 생사고락과 선악인과에 해탈을 얻어 자신을 제도하고, 나아가 일체중생을 구제하는 성인을 통칭하는 말이다. 원불교에서는 일원의 위력을 얻고 일원의 체성에 합한 위대한 인격자, 곧 무등등한 대각도인과 무상행의 대봉공인을 의미한다.

❾ 새 생활 운동

대산 종사, '새 생활 운동'을 제창하시고 말씀하시기를 "첫째, 정신의 새 생활 운동이니 수양·연구·취사의 삼대력을 갖추어 육신의 의·식·주를 얻도록 할 것이요, 둘째, 청소의 새 생활 운동이니 일찍 일어나 청소를 하고 좌선으로 마음 청소를 하도록 할 것이요, 셋째, 식사의 새 생활 운동이니 건강과 영양을 본위하여 간소한 식사를 하고 정신의 양식인 지혜의 법식도 매일 구할 것이요, 넷째, 의복의 새 생활 운동이니 외화와 유행을 버리고 질소와 검박을 위주하며 정신의 의복인 계문의 법의를 갖출 것이요, 다섯째, 주택의 새 생활 운동이니 실용적이고 분수에 알맞은 주택을 장만하며 정(定)의 안택(安宅)도 장만할 것이요, 여섯째, 생산의 새 생활 운동이니 낭비는 빈곤을 낳고 생산은 부강을 낳으므로 생산에 주력하고 안으로 자성 원리를 계발할 것이요, 일곱째, 정책을 통한 새 생활 운동이니 정책이 바르고 현명하면 모든 일이 건전하게 발전하고 그르고 우매하면 모든 일이 쇠멸하므로 솔선수범 일심합력하여 인류 공동의 과제인 영과 육의 무지·빈곤·질병을 영원히 퇴치해야 할 것이니라."

〈경세편 9장〉

| 출처 |

새 사람 새 자연 새 문명을 가꾸자.

본인은 이 중대한 시기에 처하여 다음 몇 가지로 신생활운동을 제창합니다.

첫째, 정신의 신생활운동을 제창합시다.

1. 산 마음에서 산 생활이 개척되는 것이며 육신의 의식주 3건은 정신의 의식주 3건[수양, 연구, 취사]을 갖추는 데서 잘 얻어지고 선용 되는 것입니다.
2. 일상생활을 항상 간소화하고 자력생활을 개척합시다.
3. 사치에서 검소로, 낭비에서 내핍과 저축으로, 형식에서 실질로, 의타에서 자립으로, 방일에서 근면의 생활신조를 확립합시다.
4. 일상생활에 요행과 무계획성을 버리고 합리적이고 계획적인 수지대조로 여유 있는 새 생활을 개척합시다.
5. 정당한 원인에서 정당한 결과가 나오며 이소성대(以小成大)가 천리(天理)의 원칙임을 깨달아 무슨 일이나 미리 준비하고 정당한 방법으로 행합시다.

둘째, 청소하는 신생활운동을 제창합시다.

1. 청소는 새 정신과 튼튼한 몸, 명랑한 환경을 만들어 주니 아침 일찍 일어나 온 가족이 분담해서 청소하고 하루 생활을 위한 정비를 합시다.
2. 공공시설의 청소도 나의 일이니, 남에게 미루지 말고 책임지고 합시다.
3. 공중위생과 도덕을 먼저 실천하여 맑고 밝은 사회를 이룩합시다.
4. 좌선, 청소, 조기 운동을 알맞게 하여 항상 몸과 마음과 환경을 깨끗이 맑힙시다. 옛사람이 "소지(掃地)에 황금출(黃金出)이라" 하였습니다.

셋째, 식사의 신생활운동을 제창합시다.

1. 식사는 우리의 생명과 활동력을 유지하여 주니 식사는 건강과 영양을 본위하여 간소화합시다.
2. 혼식과 분식을 취하고 구미 따라 바꾸어서 하되 편식을 삼갑시다.
3. 비위생적이고 기호만을 위한 식품을 철저히 단속합시다.
4. 우리 정신의 양식인 지혜의 법식(法食)도 매일 구하여 날로 밝은 생활을 합시다.
5. 식사는 잘하면 제일가는 영약이 되나 잘못하면 제일가는 독약이 되는 것입니다.

넷째, 의복의 신생활운동을 제창합시다.

1. 의복은 한서를 가리고 예의를 갖추기 위한 것이니 외화와 유행을 버리고 질소와 검박을 위주로 합시다.
2. 일상생활에 편리하고 알맞은 각 직장복을 착용합시다.
3. 평소복과 노동복을 구분하여 경제적이고 활동성 있게 생활합시다.
4. 우리 정신의 의복인 계문의 법의를 갖추어 법도 있는 생활을 합시다.
5. 사치스러운 의복은 사람을 구속할 뿐 아니라 국민성을 좀 먹게 하는 것입니다.

다섯째, 주택의 신생활운동을 제창합시다.

1. 주택은 우리의 안주처이오, 활동의 보금자리이니 실용적이고 분수에 맞게

알맞은 주택을 지읍시다.

2. 공가(公家) 외에는 가급적 검소하고 편리한 균일 주택을 이용하고 장려합시다.
3. 몇 년간 기한을 정하고 재래식 주택을 경제적이고 위생적으로 개조합시다.
4. 우리 정신의 주택인 정(定)의 안택을 장만하여 항상 안정되고 여유 있는 생활을 합시다.
5. 집부터 단장하면 망하기 쉽고 생활 토대부터 준비하면 흥하는 길이 되는 것입니다.

여섯째, 생산의 신생활운동을 제창합시다.

1. 낭비는 빈곤을 낳고 생산은 부강을 낳는 것이니 우리는 생산에 주력합시다.
2. 원업과 부업을 연관 있게 가지고 놀고먹는 사람이 없게 합시다.
3. 될 수 있는 한 생산적인 직업을 선택하고 온 국민이 기술 하나씩을 가집시다.
4. 농촌은 하루속히 기계화, 기업화, 단지화하여 놀고 있는 땅이 없게 합시다.
5. 모든 자본이나 문명의 이기를 생산 분야에 활용합시다.
6. 큰 복록은 생산에서 나오고 큰 생산은 수·륙·공과 진리를 개발하는 데서 나오는 것이니 안으로 자성 원리를 계발하고 밖으로 대자연을 개척합시다.
7. 자연화[원시반본(原始反本)] 운동으로 새 사람, 새 자연, 새 문명을 가꾸기 위하여 도시의 억제 분산과 유실 녹화와 동식물 보호와 걷고 흙일하기와 흙돌집 짓기와 정원 가꾸기 등을 장려합시다.
8. 모든 공해는 철저히 방지합시다.
9. 어른은 남을 돕는 것이요 어린이는 그 도움을 받는 것이니, 자력이 없어서 부득이 도움을 받았으면 바로 갚는 정신을 가져야 항상 복이 있을 것입니다.

일곱째, 시책을 통한 신생활운동을 제창합시다.

1. 시책이 바르고 현명하면 모든 일이 건전하게 발전할 것이요, 시책이 그르고 우매하면 모든 일이 쇠멸할 것입니다.

2. 사·농·공·상의 기관을 한 곳에 편중하지 말고 농촌 어촌에 분산 설치하되 특히 교통, 통신, 의료, 전기, 수리시설 등의 혜택을 전 국민이 고루 받게 합시다.
3. 전 국민이 빠짐없이 건실한 직업을 갖게 하고 국민개진(皆眞)운동, 국민개기(皆技)운동을 전개합시다.
4. 전 국민에게 계획적인 시간 생활을 하게 하고 반드시 교양과 도덕훈련 시간을 두어 민족의 자질을 높입시다.
5. 관혼상제 등 모든 예법과 의식은 허례허식을 지양하고 진리에 입각하여 사실과 간편을 위주로 시행합시다.
6. 모든 국민에게 각기 신봉하는 종교를 정하고 자각적인 생활과 봉공 활동을 신조로 삼게 합시다.
7. 사회 정화와 새 생활 운동 기관을 설치하여 전 국민이 자발적으로 이 운동을 계속하게 합시다.
8. 정치는 엄부요, 종교는 자모이니 정교동심(政教同心)이 되어 내외를 원만히 다스리고 사회복지와 인류 평화를 이룩합시다.
9. 정사는 위에서 안민시키면 백성은 자연 보국하게 될 것이요, 생활은 위에서 솔선수범하면 일반 대중은 자연 좇아 실천하게 될 것이니, 윗사람은 아랫사람의 거울이 되고 아랫사람은 윗사람의 힘이 되어, 상하를 막론하고 모두 함께 나 한 사람부터 솔선수범하고 합력하여 인류 공동의 과제인 영과 육의 빈곤·무지·질병을 영원히 퇴치하여 나아갑시다.

〈『대산종사수필법문집』 1. pp.575~577. 원기57년 신년법문〉

| 배경 및 상황 |

대산 종사는 원기57년(1972) 신년을 맞아 '새 사람 새 자연 새 문명을 가꾸자'라는 제목으로 신년법문을 밝히며 '신생활운동'을 전개하자고 하였다. 정신,

청소, 식사, 의복, 주택, 생산, 시책[정책]의 일곱 가지 새 생활 운동을 제창하였다. 1970년 박정희 대통령이 제창한 '새마을운동'이 전국적으로 불붙기 시작하는 때에 맞게 종교가에서 새생활운동을 합력하자는 의미에서 신년법문에서 입장을 피력한 것으로 주목할만한 일이었다.

| 용어 풀이 |

○ **삼대력(三大力)** 삼학 수행을 통해서 얻게 되는 수양력·연구력·취사력 등의 세 가지 큰 힘. 이 세 가지 힘은 일심·알음알이·실행이라는 이름으로도 불린다.

○ **법식(法食)** 법문·법설 등을 듣거나 공부하는 것을 음식물에 비유한 말. 사람이 음식을 먹어야 육신의 건강을 유지하게 되듯이 대도에 발심한 공부인이 지혜를 밝히기 위해서는 법문을 공부하거나 법설을 많이 듣는 것이 필요하다.

○ **외화(外華)** 화려한 겉치레.

○ **질소검박(質素儉朴)** 꾸밈이 없고 수수하며 검소하고 소박함

○ **법의(法衣)** ① 원불교의 각종 법요행사 때에 입는 옷. 교복·법락. ② 승려가 입는 가사나 장삼 따위의 옷.

○ **안택(安宅)** 안전하고 걱정 없이 편히 살 만한 곳.

○ **쇠멸(衰滅)** 쇠퇴하여 없어짐.

⑩ 마음공부로 근본을 삼자

대산 종사 말씀하시기를 "뿌리가 깊지 못한 나무는 무성할 수 없고 기초가 튼튼하지 못한 건물은 수명이 길지 못하나니, 만물의 생장은 먼저 그 뿌리를 깊고 튼튼하게 하는 것이 근본이 되고 만사의 경륜은 반드시 그 기초를 견고히 하는 것이 주가 되느니라. 우리가 목적하는 제생 의세

의 대도 정법도 먼저 그 뿌리를 찾아 더욱 깊고 튼튼하게 가꾸어야 할 것인바, 세상의 뿌리는 도덕이요 도덕의 뿌리는 회상이며, 회상의 뿌리는 불보살이요 불보살의 뿌리는 마음공부임을 알아서, 이 마음공부로 도덕을 살리고 세상을 구원하는 근본을 삼아야 할 것이니라."

〈경세편 10장〉

| 출처 |

개교 반백년 기념대회 기념 법어

뿌리가 깊지 못한 나무는 무성할 수 없고, 기초가 튼튼하지 못한 건물은 그 수명이 장구하지 못한 것이니, 만물의 생장은 먼저 그 뿌리를 깊고 튼튼하게 하는 것이 본이 되고, 만사의 경륜은 반드시 그 기초를 견고히 하는 것이 주가 되므로, 우리가 목적하는 제생의세의 이 대법도 먼저 그 뿌리를 찾아 더욱더 깊고 튼튼하게 가꾸어야 할 것입니다.

세상의 뿌리는 도덕이요, 도덕의 뿌리는 회상이며, 회상의 뿌리는 불보살이요, 불보살의 뿌리는 마음공부입니다. 그러므로 도덕으로써 세상을 구원할 수 있는 길은 오직 일원대도에 근거한 마음공부로 교단과 세계의 뿌리가 될 실력을 갖추는 데 있는 것입니다.

〈『대산종사수필법문집』 1. p.552. 원기56년 10월 8일〉

| 배경 및 상황 |

개교반백년기념대회(開教半百年紀念大會)는 원불교 교단이 창립된 이후 반세기 동안의 역사를 기념하고 경축했던 기념행사. 기념대회는 원기56년(1971) 10월 7일부터 12일까지 진행되었으며, '진리는 하나, 세계도 하나, 인류는 한 가족, 세상은 한 일터, 개척하자 일원세계'라는 주제를 내걸고 원불교 중앙총부와 영산성지 일원에서 거행되었다. 10월 7일에 소태산 대종사의 유품전시회, 영모전 낙성 및 묘위 봉안 봉고식, 정산종사성탑 제막식, 대회 전야제가 열렸다. 8일에는 개교반백년기념식을 원광대학교 광장에서 3만여 명의 교도와 국내외 각계 인사들이 참석한 가운데 열었으며, 이 기념식 전에서 기념사업 추진에 공헌한 교도들에게 각종 훈장을 수여했다.

대산 종사는 이날 개교 반백년 기념대회 기념 법어로 '마음공부로 근본을 삼자'라고 하며 "첫째, 삼학공부의 바른길로 마음을 길들여 대중화력(大中和力)을 갖추자. 둘째, 사중보은(四重報恩)의 감사생활로 대감화력(大感化力)을 나투자. 셋째, 사요의 원만한 실천으로 대 평등력(大平等力)을 발휘하자."라고 하였다.

| 용어 풀이 |

○ **생장(生長)** 나서 자람. 또는 그런 과정.

○ **경륜(經綸)** 일정한 포부를 가지고 일을 조직적으로 계획함. 또는 그 계획이나 포부.

○ **마음공부(마음工夫)** ① 정신적으로 수양을 쌓는 일. ② 마음을 인간 완성의 핵심 주체로 보고 마음의 본질을 찾아 그 본질이 발현되도록 하려는 모든 노력. 원불교에서는 일원의 진리를 체득하고 실현해 가기 위한 신앙과 수행의 과정을 의미한다. 소태산 대종사는 마음공부가 삶을 근본적으로 변화시키고 인격 완성을 이끄는 핵심적 공부라고 강조하여, "모든 학술을 공부하되 쓰는 데에 들어가서는 끊임이 있으나, 마음 작용하는 공부를 하여 놓으면 일분 일각도 끊임이 없이 활용되나니, 그러므로 마음공부는 모든 공부의 근본이 되나니라"[『대종경』 요훈품 1]고 했다.

⑪ 진리는 하나

대산 종사, 원기 56년 개교 반백 년 기념대회를 맞아 '진리는 하나 세계도 하나 인류는 한 가족 세상은 한 일터 개척하자 하나의 세계.'를 천명하시고 말씀하시기를 "진리가 하나임을 깨달아 모든 종교가 한 집안을 이루어 서로 넘나들고 융통해야 할 것이요, 세계가 하나임을 깨달아 모든 인종과 민족이 한 가족을 이루어 서로 친선하고 화목할 것이요, 세상이 한 일터 한 일임을 깨달아 세상을 경영하는 모든 지도자가 한 살림을 이루어 서로 편달하고 병진해야 할 것이니라." 〈경세편 11장〉

| 출처 |

개교반백년 기념대회 선언

진리는 하나 세계도 하나 인류는 한 가족 세상은 한 일터 개척하자 일원세계.

진리는 하나

우리 만유는 하나의 진리에서 생성하였다. 세계 질서와 인류 행복을 위하여 모든 종교와 도덕은 하나의 원리를 찾아야 한다. 많은 종교가 각각 주장과 방편을 달리하여 교화를 펴고 있으나 근원 한 진리는 하나이므로 이에 근거하여 종교는 하나로 돌아가는 구심점을 찾아야 한다.

세계도 하나이다.

만유가 생성의 바탕을 이루고 있는 세계 또한 하나이다. 현대 문명은 점차 우주를 개발하고 있으며 지구상에 있는 모든 국가가 혹은 동서 혹은 남북으로 경계를 지으며 분리되어 있으나 우주가 하나인 만큼 결국 세계도 하나이다.

인류는 한 가족이다.

지상에는 사색 인종과 많은 민족이 살고 있으나 그 삶의 근거는 또한 한 기운으로 연하여 생성하고 있으니 인류는 한 가족이다.

세상은 한 일터이다.

모든 인류가 한 가족을 이루어 살고 있으니 하는 일들이 한 가지요, 일터가 하나이다. 세상에는 그 주의와 체제를 달리하고 있는 여러 세력이 있으나 그 근원은 한 가지 세상을 개척하는 데 있으며 설사 상반되는 일이 있을지라도 그를 선용하고 보면 한 가지 일을 하는 하나의 일터가 될 것이다. 그러므로 우리는 진리가 하나임을 깨달아서 모든 종교가 한 집안을 이루어 서로 넘나들고 융통할 것이며 세계가 하나임을 깨달아서 모든 인종이나 민족들이 한 가족을 이루어 서로 친선하고 화목할 것이며, 또는 세상이 한 일터임을 깨달아서 세상을 경영하는 모든 경세가가 한 사람을 이루어 서로 편달하고 병진할 것이다. 그리하여 한 울안 한 이치에 한 집안 한 권속이 한 일터 한 일꾼으로 하나의 세계를 건설할 것을 선언하는 바이다.

〈『대산종사수필법문집』 1. p.550. 원기56년 10월 8일〉

| 배경 및 상황 |

대산 종사는 반백년기념대회 표어로 "진리는 하나 세계도 하나 인류는 한 가족 세상은 한 일터 개척하자 일원세계."라고 하였다. 이 표어는 개교반백년 기념대회의 선언이자 경륜이 되었다. 마지막 '일원세계'는 '하나의 세계'로 일반사회에서 알기 쉽게 변경하였다. 이 경륜을 실현하고자 평생 세계평화와 하나의 세계를 주창하였고, 원기83년(1998) 9월 17일 대산 종사가 열반하자 게송으로 전하였다.

| 용어 풀이 |

○ **천명(闡明)** 진리나 사실, 입장 따위를 드러내어 밝힘.

○ **편달(鞭撻)** ① 채찍으로 때림. ② 경계하고 격려함.

○ **병진(竝進)** ① 둘 이상이 함께 나란히 나아감. ② '아울러 나아간다'는 뜻. 어느

한 편에 치우치지 않고 두루 원만하게 신앙과 수행을 아울러 함으로써 완전한 인격을 이루어 가자는 것이다. 원불교 교의의 특징이 되는 기본 정신의 하나로써 소태산 대종사는 여러 방면의 병진을 강조하고 있다.

⑫ 천하를 구제하는 활력소

대산 종사 말씀하시기를 "대종사께서 천하의 병맥을 진단하고 제생 의세의 처방을 밝혀 주셨으니, 우리는 각자의 마음 구석구석에 숨어있는 병세를 면밀히 검사하고 대조하여 예방과 치료에 정성을 다하여야 하느니라. 천하의 병세란 첫째, 분수를 지킬 줄 모르고 실력 없이 허영심에 날뛰는 병이요, 둘째, 서로 이해하여 화목하지 않고 오해와 원망을 만들어 고독하게 사는 병이요, 셋째, 남녀가 서로 지조를 잃고 사는 병이요, 넷째, 조금 나으면 교만하고 조금 모자라면 타락하는 병이요, 다섯째, 여가를 선용하지 못하고 사심 잡념으로 온갖 죄악의 씨를 장만하는 병이요, 여섯째, 상하가 충심으로 대하지 못하고 거짓으로 대하는 가식병이요, 일곱째, 제힘으로 살지 않고 남에게 기대어 살려는 의뢰병이요, 여덟째, 오늘 할 수 있는 일도 내일로 미루고 제힘으로 할 수 있는 일도 남에게 미루는 나태병이요, 아홉째, 모르는 것을 배우지 않고 살려는 우치병이요, 열째 자기만 알고 남을 가르쳐주지 않는 독선병이요, 열한째, 이웃을 사랑하고 도울 줄 모르는 이기병이요, 열두째, 사은의 지중하신 은혜를 망각하고 자행자지하는 배은병이요, 열셋째, 자기의 유일한 보물인 본성을 오욕에 도둑맞고 삼독의 번뇌로 늘 태워서 자신과 국가와 세계를 망치는 병이요, 열넷째, 시기 질투와 재색 명리 등을 탐하는 일체 마음병이니라. 그러므로 우리가 이러한 천하의 병을 치료하고 우리 모두의 탄탄한 영생을 다지기로 하면 먼저 내 마음병이 천하의 병임을 알아 자신의 마음병을 치료하는 데에 더욱 공력을 들여야 하느니라."

〈경세편 12장〉

| 출처 |

개교경축사

건전한 내 마음이 천하를 구제하는 활력소

첫째는 분수를 지킬 줄 모르고 실력 없이 허영심에 날뛰는 병이요, 둘째는 서로 이해하여 화목하지 않고 오해와 원망을 만들어서 고독하게 사는 병이요, 셋째는 남녀가 서로 지조를 잃고 사는 병이요, 넷째는 좀 나으면 교만하고 좀 모자라면 타락하는 병이요, 다섯째는 여가를 선용하지 못하고 사심 잡념으로 온갖 죄악의 씨를 장만하는 병이요, 여섯째는 상하가 충심으로 사귀지 못하고 거짓으로 대하는 가식병(假飾病)이요, 일곱째는 제힘으로 살지 않고 남에게 기대어 살려는 의뢰병이요, 여덟째는 오늘 할 수 있는 일도 내일로 미루고, 제 힘으로 할 수 있는 일도 남에게 미루는 나태병이요, 아홉째는 모르는 것을 배우지 않고 살려는 우치병(愚痴病)이요, 열째는 제 홀로만 알고 남을 가르쳐 주지 않는 독선병(獨善病)이요, 열한째는 이웃을 사랑하고 도울 줄 모르는 이기병(利己病)이요, 열두째는 사은의 지중하신 은혜를 망각하고 자행자지하는 배은병(背恩病)이요, 열셋째는 저의 유일한 보물인 본성을 오욕에 도둑맞고 삼독의 번뇌로 늘 태워서 스스로와 국가와 세계를 망치는 병이요, 열넷째는 시기 질투와 재색 명예 등의 일체 마음병이니 우리가 이러한 천하의 병을 치료하고 우리 모두의 탄탄한 영생을 다지기로 하면 먼저 내 마음 병이 천하의 병이요, 병이 없는 건전한 내 마음이 천하를 구제하는 활력소라는 것을 알아서 자신의 마음병 치료에 적공을 쌓아야 할 것입니다.

〈『대산종사수필법문집』 2. p.1511. 원기57년 3월 26일〉

| 배경 및 상황 |

대산 종사, 원기57년(1972)년 3월 26일 대각개교절을 맞이하여 '건전한 내 마음이 천하를 구제하는 활력소'라는 주제로 경축사를 밝혔다.

대종사님은 천하의 병맥을 진단하고 돈병, 원망병, 의뢰병, 배울줄 모르는 병, 가르칠 줄 모르는 병, 공익심 없는 병 등으로 밝혔다. 이 병들을 고치려면 도학을 장려하여 분수에 편안하는 도와, 근본적으로 은혜를 발견하는 도와, 자력 생활하는 도와, 배우는 도와, 가르치는 도와, 공익 생활하는 도를 가르쳐서 사람 사람으로 하여금 안으로 자기를 반성하여 각자의 병든 마음을 치료하자고 하였다.

대산 종사는 천하의 병세란 "허영병, 고독병, 지조병, 타락병, 죄악병, 가식병, 의뢰병, 나태병, 우치병, 독선병, 이기병, 배은병, 삼독병, 마음병" 등 열넷 가지 병으로 진단하였다.

대산 종사는 "우리는 천하의 병을 치료하고 우리 모두의 탄탄한 영생을 다지기로 하면 먼저 내 마음 병이 천하의 병이요, 병이 없는 건전한 내 마음이 천하를 구제하는 활력소라는 것을 알아서 자신의 마음병 치료에 적공을 쌓아야 한다."라고 하였다.

| 용어 풀이 |

○ **병맥(病脈)** 병을 앓고 있을 때의 맥박.

○ **지조(志操)** 원칙과 신념을 굽히지 아니하고 끝까지 지켜나가는 꿋꿋한 의지. 또는 그런 기개.

○ **교만(驕慢)** 잘난 체하며 뽐내고 건방짐.

○ **자행자지(自行自止)** 제멋대로 행하고 제멋대로 그침. 진리를 깨치지 못한 사람이 자신을 깨친 것으로 잘못 알아서 함부로 제멋대로 행동하는 것을 말한다.

○ **삼독(三毒)** 사람의 착한 마음을 해치는 세 가지 번뇌. 욕심, 성냄, 어리석음 따

위를 독에 비유하여 이르는 말이다.

○ **재색명리(財色名利)** 재물욕·색욕·명예욕·이욕(利欲)의 총칭. 인간이 갖는 모든 욕망을 통틀어서 재색명리라 한다.

⑬ 4대 봉공회 취지

대산 종사, '4대 봉공회' 취지를 밝히시니 "대종사의 일원 대도와 정산 종사의 삼동윤리에 바탕하여 전 세계 모든 인류를 무지와 빈곤과 질병과 재해로부터 구원함으로써, 온 인류가 두루 평화롭고 넉넉하고 슬기롭고 명랑하게 살도록 하기 위해 출가봉공회·재가봉공회·국가봉공회·세계봉공회를 결성해야 하나니, 출가봉공회는 전무출신 개인과 가정에 대한 원호, 재가봉공회는 재가 교도에 대한 원호, 국가봉공회는 국가와 민족에 대한 원호, 세계봉공회는 세계 인류에 대한 원호를 하자는 것이니라."

〈경세편 13장〉

| 출처 |

사대봉공회 취지문

대종사께서 밝혀주신 일원대도에 바탕을 두어 '한 울안 한 이치에 한 집안 한 권속이 한 일터 한 일꾼으로 일원세계 건설하자!' 하신 정산 종사님의 최후 유촉을 받들어 시방세계 일체생령이 본래 같은 포태의 동기 형제임을 서로 깨달아 전 세계 방방곡곡에 사는 모든 인류가 빈곤과 무지와 질병과 재해로 신음하는 동포가 없게 함으로써 온 인류가 두루 평화롭고 넉넉하고 슬기롭고 명랑하게 살기 위하여 다음의 사대봉공회를 결성하고자 그 횃불을 드는 바이니, 전 세계의 나라 나라와 마을 마을의 모든 동포 형제는 다 같이 함께 공맹(共盟)하고 대동 결연하여 마음을 합하고 힘을 모아서 하루속히 평등 원만한 세계를 이룩하는 데 우리가 먼저 앞장서야 하겠습니다.

다 음

1. 출가봉공회
   1) 전무출신 본인에 대한 원호
   2) 전무출신 사가에 대한 원호
2. 재가봉공회 : 재가 교도에 대한 원호
3. 국가봉공회 : 국가 민족에 대한 원호
4. 세계봉공회 : 세계 인류에 대한 원호

〈『대산종사수필법문집』 1. pp.1114~1115. 원기60년 3월 30일〉

| 배경 및 상황 |

대산 종사가 원기47년(1962)년 종법사 취임 초부터 구상한 사대봉공회이다. 교단 내의 봉공회를 국가와 세계로 향한 봉공 활동을 전개하고자 설치한 기구이다. 원불교의 교단과 사회에 대한 봉공활동을 위한 기구로 대산 종사가 제창한 출가봉공·재가봉공·국가봉공·세계봉공의 사대봉공회를 이끌기 위해 원기62년(1977) 발족하고, 원기68년(1983) 역전보화당을 중앙봉공회 후원기관으로 독립시켰다.

대산 종사가 제공한 시봉금을 바탕으로 기금을 조성하는 한편, 원기68년(1983) 1월 1일 대산의 특별유시에 따라 전북 익산시 중앙동 3가 8번지에 자리한 역전보화당한의원을 중앙봉공회 후원기관으로 독립하여 활동하도록 했다. 원기99년(2014) 5월 20일 세계봉공재단을 설립하여 원불교의 사은보은과 무아봉공의 정신에 바탕을 둔 나눔과 기부문화의 확산을 바탕으로 전 세계 모든 인류가 평화롭고 은혜로운 낙원 세상을 만들고 함께 누리는 데 이바지함을 목적으로 활동하고 있다.

| 용어 풀이 |

○ **사대봉공회(四大奉公會)** 소태산 대종사의 일원대도와 정산 종사의 삼동윤리를 바탕으로 인류의 빈곤·무지·질병·재해로부터 벗어나 평화 안락한 삶을 도모하기 위해 대산 종사가 제창한 조직. 출가봉공회·재가봉공회·국가봉공회·세계봉공회 등 네 가지로 구성되어 있다.

○ **삼동윤리(三同倫理)** 소태산 대종사의 일원주의사상을 계승하여 정산 종사가 선포한 윤리강령으로 동원도리(同源道理)·동기연계(同氣連契)·동척사업(同拓事業)을 말한다. 정산은 종교와 인류가 지녀야 할 이념과 나아가야 할 방향을 실천윤리로 제시했다.

○ **공맹(共盟)** 다 같이 맹세함.

○ **대동결연(大同結緣)** 큰 세력이 합동하여 인연을 맺음.

○ **원호(援護)** 돕고 보살펴 줌.

⑭ 10대 교훈

대산 종사, 영생의 표준으로 '10대 교훈'을 내리시니 "공생공영, 동고동락, 합심합력, 영육쌍전, 동정일여, 물부진력(物不盡力), 의불가독식(義不可獨食), 독권독한(獨權獨恨), 전성전쇠(全盛全衰), 삼학공부니라."

〈경세편 14장〉

| 출처 |

십대교훈(十大教訓)

우리가 일생을 살아가고, 영생을 계획할 때 열 가지 큰 교훈을 갖고 살아갈 것 같으면 후회 없는 일생과 영생이 되고 보람 있는 삶이 되리라 믿기 때문에 십대교훈에 대해서 말씀드리겠습니다.

첫째는 우리가 공생공영(共生共榮)으로 한 가지로 잘 살고 한가지로 영화스럽게 살 수 있는 것을 생활 철학으로, 도로, 법으로 알고 살아가야 하겠습니다.

둘째는 동고동락(同苦同樂)으로 모든 동지와 국민과 인류가 같이 괴롭고 같이 즐거울 수 있는 생애가 되어야 그 삶이 전체의 생활이 되고 전체의 삶이 될 것입니다.

셋째는 합심합력(合心合力)하여야 하겠습니다. 우리가 한마음이 되고 한몸이 되고 한뜻이 되고 한삶이 되고 한글, 한법을 표준으로 해서 우리가 합심 합력해야 하겠습니다.

넷째는 영육쌍전(靈肉雙全)입니다. 대종사께서 밝혀주신 대이념으로 생활과 수도를 둘로 나누지 아니하시고 정신과 육신을 함께 아우르도록 하셨습니다.

다섯째 동정일여(動靜一如)로 동정을 한결같이 하자는 것입니다. 다 동할 때는 나와 모두의 육신을 살찌우게 하는 부강의 생활을 하도록 하고 정할 때는 영을 살찌우게 하는 수양에 전공한다면 전 교도, 전 국민, 전 인류의 하루하루가 보람 있는 생활이 될 것입니다.

여섯째는 물부진력(物不盡力)이라 나와 남과 물건을 진력시키지 말아야 하겠습니다. 나무도 적과(摘果)를 하지 않고 다 빼먹을 것 같으면 다음 해에 허망할 뿐 아니라 나무에도 좋지 못할 것이요, 자신이나 남도 마찬가지로 진력시키게 되면 그다음이 볼 것이 없기 때문에 물부진력 해야 하겠습니다.

일곱째는 의불가독식(義不可獨食)으로 우리의 신조와 철학과 법과 도가 같이하고 함께 하는 것이니 의리의 표준이 내가 혼자 다 차지하지 않는다는 것입니다.

여덟째는 독권독한(獨權獨恨)이니 홀로 내가 권리를 다 차지할 때 홀로 한이 돌아오기 때문에 같이 공사하고 합의하여야 합니다. 독권 뒤에는 독한이 오는 것이니 정치계나 종교계나 어느 단체에 있거나 권리를 혼자 남용하지 말고 뒤에 반드시 책임을 질 수 있는 지도자가 되도록 해야 합니다.

아홉째는 전성전쇠(全盛全衰)로 천지 같은 대도를 움직이는 천지로도 전성하면 전쇠가 되기 때문에 너무 뜨거워지면 차가워지고 너무 차면 뜨거워지는 것입니다. 그러니 우리는 항시 중을 지켜야 합니다. 공자님께서도 중야자(中也者)는 천하(天下)의 대도(大道)요, 화야자(和也者)는 천하(天下)의 달도야(達道也)니 치중화(致中和)하면 천지(天地)가 위언(位焉)하고 만물(萬物)이 육언(育焉)이니라 하였기 때문에 전성은 성인들의 꺼린 바이니 우리는 중심, 중도, 중화로 우리의 표준 생활을 하여야 하겠습니다.

열째는 삼학공부(三學工夫)로 자나 깨나, 사나 죽으나 삼학공부를 우리의 최고 이념으로 하고 살아 나가야 하는데 삼학은 바로 정신을 수양하여야 하고 일과 이치를 연구해서 알아야 하고 모든 작업을 취할 것은 취하고 사(捨)할 것은 사할 줄 알아야 하는 데 불교에서는 그것을 계정혜(戒定慧)로 말씀하시고, 유교에서는 지인용(智仁勇)으로 말씀하셨기 때문에 우리 생활이 수양에 전력해서 항시 여유 있게 연구에 몰두해서 깊이 생각하며 취사에 전력하여 은덕(隱德)으로 살아야 합니다.

〈『대산종사수필법문집』 2. pp.756~757. 원기71년 1월 1일〉

| 배경 및 상황 |

대산 종사는 원기71년(1986) 새해를 맞이하여 영생의 표준으로 보람 있는 삶을 살고자 '십대교훈'을 내렸다. 공생공영, 동고동락, 합심합력하여 영육쌍전, 동정일여, 물부진력으로 의불가독식, 독권독한, 전성전쇠하며 종합하여 삼학공부를 해야 한다고 하였다. 십대교훈은 우리의 영생 표준이며 교훈이라 할 수 있다.

| 용어 풀이 |

○ **적과(摘果)** 열매솎기. 나무를 보호하고 좋은 과실을 얻기 위하여 너무 많이 달

린 과실을 솎아 내는 일.

○ **계정혜(戒定慧)** 불도에 들어가는 세 가지 요체인 계율, 선정, 지혜를 줄여 이르는 말. 계율은 몸과 입과 뜻으로 나쁜 짓을 하지 않도록 막는 것, 선정은 어지럽게 흩어진 마음을 한곳에 머물게 하는 것, 지혜는 미혹을 깨뜨리고 진리를 깨닫기 위하여 사제(四諦)나 십이 연기 또는 진여나 실상을 관(觀)하는 것이다.

○ **지인용(智仁勇)** 지혜와 어짊과 용기를 통틀어 이르는 말.

○ **은덕(隱德)** 남이 모르게 베푸는 덕행.

⑮ 하나로 사세

대산 종사, '하나로 사세' 법문을 내리시니 "씨족의 울을 넘어선 우리 부모 형제, 민족의 울을 넘어선 우리 부모 형제, 종족의 울을 넘어선 우리 부모 형제, 종교의 울을 넘어선 우리 부모 형제, 하나로 사세 하나로 사세, 하나로 사세 하나로 사세!" 〈경세편 15장〉

| 출처 |

(원문과 동일하여 생략함)

〈『대산종사수필법문집』 2. p.932. 원기72년 신년법문〉

| 배경 및 상황 |

대산 종사는 원기72년(1987) 신년법문의 맺음말로 "우리는 모두 상 없는 마음으로 이해를 초월하시고 은혜를 베풀어주시는 천지님과 사(私) 없이, 이해를 초월하시고 구원의 길을 베풀어주시는 제불제성님과 낱 없는 마음으로, 이해를 초월하시고 사랑을 베풀어주시는 부모님의 근본 마음을 체 받아 살아간다면 이 세상은 자연 전쟁과 다툼이 없는 평화 안락한 낙원 세계가 될 것이요, 복혜 구족한 일원세계가 될 것입니다."라고 하시로 시어(詩語)로 '씨족과 민족, 종족과 종교의 울을 넘어선 우리 부모 형제로 하나로 사세.'라고 하였다.

| 용어 풀이 |

○ **씨족(氏族)** 공동의 조상을 가진 혈연 공동체. 원시사회에서 흔히 찾아볼 수 있는 부족 사회의 기초 단위로서, 대개는 족외혼의 관습에 의하여 유지된다.

○ **민족(民族)** 일정한 지역에서 오랜 세월 동안 공동생활을 하면서 언어와 문화상의 공통성에 기초하여 역사적으로 형성된 사회 집단. 인종이나 국가 단위인 국민과 반드시 일치하는 것은 아니다.

○ **종족(宗族)** 성(姓)과 본(本)이 같은 겨레붙이.

○ **종교(宗教)** 신이나 초자연적인 절대자 또는 힘에 대한 믿음을 통하여 인간 생활의 고뇌를 해결하고 삶의 궁극적인 의미를 추구하는 문화 체계. 그 대상·교리·행사의 차이에 따라 여러 가지가 있는데, 애니미즘·토테미즘·물신 숭배 따위의 초기적 신앙 형태를 비롯하여 샤머니즘이나 다신교·불교·기독교·이슬람교 따위의 세계 종교에 이르기까지 비제도적인 것과 제도적인 것이 있다.

○ **울** 다른 개인이나 패에 대하여 이편의 힘이 될 일가나 친척.

⑯ 세계평화 4대운동

대산 종사, '세계평화 4대 운동'에 대해 말씀하시기를 "첫째, 인류 개진(皆眞) 운동이니 우리는 각자의 마음에 거짓을 놓고 참을 회복하여 내 마음을 속이지 않고 다른 사람을 속이지 않고 하늘을 속이지 않는 참사람이 되어 참된 생활을 하자는 것이니라. 둘째, 인류 개기(皆技) 운동이니 인류 개개인이 자력을 기르고 기술을 하나씩 가져서 내 힘으로 살자는 것이니라. 셋째, 인류 개선(皆禪) 운동이니 어느 직업을 가졌든지 항상 대선정에 들어 무진장한 정신 자원을 계발하고 확충하고 활용하여 원적 무별한 극락을 수용하고 선경을 이루자는 것이니라. 넷째, 인류 보본(報本) 운동이니 우리는 천지와 부모와 동포와 법률의 은혜로 나온 몸임을 깨달아 보은하며 살자는 것이니라." 〈경세편 16장〉

| 출처 |

대각개교절 경축사

세계평화 사대운동

원기77년도 대각개교절을 맞아 전 인류가 실천해야 할 세계평화 사대운동의 법문으로 오늘을 기념하고자 합니다.

첫째 인류개진(人類皆眞) 운동입니다.

인류 개개인이 다 참을 길러서 오늘도 참되게 살자는 것입니다.

참은 곧 인(仁)이요, 하나님의 마음이요, 부처님의 마음이요, 바로 진리이기 때문에 사람사람이 참을 지닐 때 우주의 주인이 되고, 진리의 가호를 얻으며 대중의 도움을 얻고, 영원히 잘 살 수 있게 됩니다.

그러므로 우리는 모두 각자의 마음에 거짓을 놓고, 참을 회복하여 내 마음을 속이지 않고[무기심(無欺心)], 사람을 속이지 않고[무기인(無欺人)], 하늘을 속이지 않는[무기천(無欺天)] 참의 생활로 참사람이 됩시다.

둘째 인류개기(人類皆技) 운동입니다.

인류 개개인이 다 자력을 길러서 내 힘으로 살자는 것입니다.

자력은 곧 실력이요, 생명이며, 보배며, 자산으로 신(神)이고, 천지의 힘입니다. 법신불 사은께서 주신 보배인 자력을 길러 내 힘으로 사는 것은 인류의 의무입니다.

우리는 세 가지로 자력을 가져야 합니다. 늘 한결같은 마음[항심(恒心)]으로 정신의 자주력을 확립하고, 자기에게 맞는 운동 하나씩을 가져 늘 한결같은 몸[항신(恒身)]으로 육신의 자활력을 기르고, 늘 근검절약하고 생산예축(生產豫蓄)하는 활동[항산(恒產)]으로 경제의 자립력을 가져서 인류의 복지를 향상시키고 부강한 국가 세계를 이루어 나가야 하겠습니다.

셋째는 인류개선(人類皆禪) 운동입니다.

인류 개개인이 다 대선정(大禪定)에 들어 오늘도 선심(禪心)으로 살자는 것입니다. 선이란 본래에 분별 주착이 없는 각자의 성품을 오득하여 마음의 자유를 얻는 공부로 일이 없을 때에는 잡념을 제거하고 일심을 양성하며, 일이 있을 때에는 불의를 제거하고 정의를 양성하여 동정 간 끊임없이 법신불 일원상과 같이 원만구족하고 지공무사한 각자의 마음을 알고 기르고 사용하는 공부입니다.

그러므로 우리는 모두 사농공상의 어느 직업을 가졌든지 항상 이 선 공부(禪工夫)에 정진하여 선정삼매(禪定三昧)·염불삼매(念佛三昧)·독서삼매(讀書三昧)[송경삼매(誦經三昧)]·사상삼매(事上三昧)·해탈삼매(解脫三昧)[무쟁삼매(無諍三昧)]·선보삼매(禪步三昧)·와선삼매(臥禪三昧)·낙고삼매(樂苦三昧)·감로삼매(甘露三昧)·설법삼매(說法三昧) 등의 열 가지 삼매로 무진장한 정신자원을 계발하고 확충하고 활용하여 원적무별한 극락을 수용하고 지상에 대 선경(大仙境)을 이루자는 것입니다.

넷째 인류보본(人類報本) 운동입니다.

인류 개개인이 다 사은의 은혜를 알아서 오늘도 보은하며 살자는 것입니다.

천지은은 대 시주은(大施主恩)으로 만유에 크게 시주(施主)하면서도 상(相)이 없으니, 우리는 천지의 은혜를 생각해서 상 없는 진리를 알아 상을 떼어버려야 합니다. 부모은은 대 자비은(大慈悲恩)으로 집에서는 부모가 부처님이시니, 우리는 대자비의 은혜를 생각해서 자기 부모는 물론 무자력한 노인이나 어린이를 살펴주는 것으로 생활신조를 삼아야 합니다. 동포은은 대 협동은(大協同恩)으로 자리이타(自利利他)로 상부상조(相扶相助)하시니, 우리는 서로 합력하여 공생공영(共生共榮)하여야 합니다. 법률은은 대 보호은(大保護恩)으로 안녕질서를 유지하여 주시니, 우리는 준법지계(遵法持戒)하여 인도정의(人道正義)를 실천해야 합니다.

천지·부모·동포·법률의 네 가지 은혜를 깨쳐 보은할 때, 달보다 더 두렷하고 태양보다 더 뜨거운 정의(情誼)가 통하여 대 감화력(大感化力)을 나투고 평등세계가 이루어질 것입니다.

수신제가 치국평천하가 어렵고 일이 많은 것 같으나 세계평화 사대운동을 실현하고 보면 수신도 이 가운데 있고, 치국평천하도 이 가운데 있습니다.

참을 길러서 오늘도 참되게 살자.

자력을 길러서 오늘도 내 힘으로 살자.

대 선정(大禪定)에 들어 오늘도 선심(禪心)으로 살자.

은혜를 알아서 오늘도 보은하며 살자를 우리 생활신조로 하여 체질화하고 생활화함으로써 인류의 영과 육의 빈곤·무지·질병을 물리쳐 일원의 세계·보은의 세계·균등의 세계로 세계평화 국운무궁 도운융창(道運隆昌) 도덕부활(道德復活) 정교동심(政敎同心) 달본명근(達本明根) 세계균등(世界均等) 시방일가하여 일원대도의 광명이 시방세계에 두루 하기를 기원하는 바입니다.

〈『대산종사수필법문집』 1. pp.1518~1530. 원기77년 4월 28일〉

| 배경 및 상황 |

대산 종사는 원기68년(1983) 10월 9일 제1차 전국 청운회 대회 대법회에서 '세계평화 사대운동'을 공식적으로 천명하였다.

수신제가 치국평천하가 어렵고 많은 것 같아도 세계평화 사대운동을 실현할 것 같으면 수신도 이 가운데 있고 제가 치국평천하도 이 가운데 있는 것이다.

1. 인류개진운동으로 참을 찾아서 오늘도 참되게 살자.
2. 인류개기운동으로 자력을 길러 오늘도 내 힘으로 살자.
3. 인류개선운동으로 대선정에 들어 오늘도 선심으로 살자.
4. 인류보본운동으로 은혜를 깨달아서 오늘도 은혜를 갚고 살자.

이것을 우리 생활신조로 삼고 체질화를 하자는 것이다. 이것이 바로 도덕재무장이고 도덕발양운동이다.

그리고 원기77년(1992) 4월 28일 대각개교절 경축사에서 다시 한번 '세계평화 사대운동'을 설하였다. 두 번 모두 대동소이하나 1차는 청운회원들에게, 2차는 대각개교절 법문으로 전 교도 전 국민을 대상으로 하고 나아가 세계를 향한 평화의 메시지라고 할 수 있다.

| 용어 풀이 |

○ **청운회(靑耘會)** 원불교의 교리 정신을 사회에 구현함으로써 일원세계를 개척하는 데 앞장서기 위해 창립한 원불교 청·장년 교도 단체. 서울특별시 동작구 흑석동 1-3 원불교서울회관에 본부를 두고 있다. 청운회는 원불교 학생회와 청년회를 통해 성장한 30~40대 청·장년 계층을 대상으로 교단의 발전에 기여하며, 마음공부를 통하여 원불교 교법을 사회에 구현하도록 할 목적으로 조직되었다.

'청운회(靑耘會)'의 청(靑)은 진리의 본체를 의미하며, 희망·창조·평화를 상징한다. 운(耘) 자는 진리의 작용적 측면을 의미하며, 행동·노력·봉사·개척·원만행을 상징한다. 청운회는 우주의 궁극적 본원인 일원상 진리를 본받아 생활 속에서 구현하여 세상의 모범이 되고, 나아가 교단과 인류 사회에 일원상의 진리를 널리 선포하는 단체라는 의미를 담고 있다.

청운회의 처음 출발은 지방에서 학생회를 다니다가 서울에 올라와 대학과 직장을 다니며 청년 활동을 하던 서울·종로·원남교당 청년 20여 명이 원기51년(1966) '청우회(靑友會)'라는 이름으로 야간 법회를 보면서 시작되었다. 다시 의지를 모아 원기62년(1977) 4월 23일 서울 반도유스호스텔에서 '청운회'라는 이름으로 새로운 회칙과 행동윤리 강령을 제정하고 발족했다.

○ **원적무별(圓寂無別)** 열반을 얻으면 모든 차별이 없어진다는 말. 마음속에 번뇌 망상을 다 끊어버리고 청정무구한 열반의 세계에 들어가서 일체의 사량 분별이 사라진 상태. 선정(禪定)을 닦아 삼매에 들면 원적무별한 자성을 찾아서 진리와 합일된 경지에 들어가게 된다. 원불교에서는 살아생전에 원적무별한 청정자성심의 회복을 강조한다.

⑰ 종교 지도자들에게 신의를 생명으로 하라

대산 종사 말씀하시기를 "대종사께서 회상을 펼 때 세계와 일체 생령을 제도하기 위해 법을 펴셨나니, 지금 세계적인 종교 지도자들이 찾아와 도움을 청하고 또 우리를 가깝게 하고자 하는 것은 우연이 아니니라. 그러므로 장차 교단이 세계로 뻗어나가기 위해서는 신의를 생명으로 알고 그들과 교류하고 합력해 나가야 할 것이니라." 〈경세편 17장〉

| 출처 |

존 테일러 씨의 방문 후 보고를 아타원(阿陀圓) 전팔근(全八根)에게 듣고 말씀하여 주시기를

이제는 모두가 문을 닫고는 살 수 없다. 원불교도 문을 활짝 열고 세계를 돌아보아야 한다. 국내에서 하는 사업도 중요하다. 하지만 대종사께서는 회상을 펴실 때 국내만 보고 펴지 않으셨다. 세계 더 나아가 일체생령을 제도하시기 위해 법을 펴셨다. 그러니 우리의 할 일은 한없이 많고 우리가 개척해야 할 곳은 한없이 넓다.

지금 세계적인 종교 지도자가 조그마한 교단을 찾아오는 것도 우연이 아니다. 오래전부터 외국에 교당을 세워 교화하였기 때문이다. 그 한 알의 씨앗이 큰일을 할 수 있는 힘이 되는 것이다. 이제 우리는 큰 힘이 있어야 한다. 세계로 뻗어 갈려면 힘이 필요하다. 그것은 다름 아닌 합력의 힘이다. 재가·출가 모두가 합력하여 교단을 이끌어 가야 한다.

또 신의의 힘이다. 저들이 우리를 찾아와 도움을 청하고 또 자주 우리를 가깝게 두고자 하는 것도 우리가 신의가 있기 때문이다. 만일 그들과 큰 약속을 하고서 지키지 않는다면 어려움이 많은 것이다.

그러니 신의를 생명으로 알고 지켜야 할 것이다.

〈『대산종사수필법문집』 2. p.1386. 원기75년 3월 14일〉

| 배경 및 상황 |

세계종교평화자회의(WCRP) 사무총장 존 테일러 씨가 원기75년(1990) 3월 13일 대산 종사를 방문하고 보고하기를 "7월에 열리는 UN 세계 어린이 정책 보호 회의에 원불교 대표를 초청하며 종법사님의 메시지를 부탁하였다."라고 하였다. 이 보고를 듣고 대산 종사는 "다음 세계종교자평화회의를 꼭 유치하여 세계의 종교인들이 한곳에 모여 평화를 위해 노력해야 하겠다. 어느 목사가 말하기를 '우리나라에서 믿고 함께 일할 수 있는 교단은 원불교뿐이더라' 하더라. 명예와 이익보다는 오로지 대회를 위해서 일을 하니까 우리를 믿게 되는 것이다. 그러니 종교 UR을 추진하는 모든 사람은 사심 없이 일하도록 하라."고 하였다.

대산 종사는 다음 날 3월 14일 WCRP 사무총장의 방문 후 감상 보고를 아타원(阿陀圓) 전팔근(全八根)에게 듣고 말씀하였다.

"세계적인 종교 지도자들이 찾아와 도움을 청하고 또 우리를 가깝게 하고자 하는 것은 우연이 아니니라. 그러므로 장차 교단이 세계로 뻗어나가기 위해서는 신의를 생명으로 알고 그들과 교류하고 합력해 나가야 한다."라고 하였다.

| 용어 풀이 |

○ **존 테일러(John Taylor)** 세계종교자평화회의(世界宗教者平和會議, World Conference on Religion and Peace, 1970년 10월에 인도의 간디가 주장한 평화주의를 바탕으로 세계 주요 종교의 대표자에 의해 설립된 기관) 사무총장 역임.

○ **전팔근(全八根, 1929~2023)** 1929년 1월 26일 전북 익산군 북일면 신룡동에서 부친 혜산 전음광 종사와 모친 동타원 권동화 종사의 2남 2녀 중 장녀로 출생하였다. 법호 아타원(阿陀圓), 원기45년(1960) 5월 1일 출가하여 미주 순교무, 교정원 부원장·국제부장, 해외교령, 원광대학교 교수·부총장, 해외포교연구소장, 국제부교감·교령, 원광학원 이사, 수위단원을 역임하였다. 포교지 『Won Buddhism』의 발간하였고, 교육과 해외교화에 정열을 다했다. 주로 세계종교자평화회의(WCRP), 세계불교도대회(WFB), 아시아종교자평화회의(ACRP) 등 세계 규모, 아시아 규모, 국가 규모의 종교조직체에 원불교를 정회원으로 가입시켰으며, 이 연합체들에 역점을 두고 WCRP 여성분과 위원장·국제위원회 한국대표, ACRP 공동의장, KCRP 부회장 및 원불교 대표 등 중책을 맡아 활동해 왔다. 원기73년(1988) 9월 수위단회에서는 대봉도의 법훈을 서훈키로 결의하였으며, 원기85(2000)년 9월 임시수위단회에서 법위를 출가위로 사정하고 종사 법훈을 서훈하였다.

○ **신의(信義)** 믿음과 의리를 아울러 이르는 말.

⑱ 삼동윤리를 실천하자

대산 종사 말씀하시기를 "정산 종사께서 대종사의 일원주의를 구체화하여 삼동윤리로써 온 인류가 대동 화합해 나갈 큰길을 가르쳐주셨으니, 우리는 대종사와 정산 종사의 경륜을 받들어 실천하는 데 더욱 정성을 모아야 할 것이니라. 삼동윤리의 첫째 강령은 동원도리니 이는 모든 종교와 종파가 한 울안 한 이치임을 알아 동도일원(同道一圓) 하자는 것인바, 이를 위해서 각국에 큰 선학원을 세워 일원 교육을 함으로써 모든 종교의 최고 진리가 하나임을 알려주고 깨우쳐서 서로 넘나들고 화합하는 상부상조 상신상락(相信相樂)하는 불국의 세계, 선경의 세계를 만들자는 것이니라. 둘째 강령은 동기연계니 이는 전 인류와 일체 생령이 한 집안 한 권속임을 알아 동생일원(同生一圓)하자는 것인바, 각국에 삼동훈련원을 세워 일원 훈련을 함으로써 세계의 종교·정치·종족·사상을 대동 화합하자는 것이니라. 셋째 강령은 동척사업이니 전 인류는 한 일터 한 일꾼임을 알아 동귀일원(同歸一圓) 하자는 것인바 각국에 4대 봉공회를 두어 일원봉공을 함으로써 시방 일가 사생 일신의 정신으로 4대 봉공을 하고 인류의 영과 육의 무지·빈곤·질병을 퇴치하자는 것이요 또 이 일에 공헌한 공도자를 숭배하자는 것이니라." 〈경세편 18장〉

| 출처 |

정산 종사께서는 대종사님의 일원주의를 구체화하여 삼동윤리(三同倫理)로써 온 인류가 대동화합(大同和合)해 나갈 큰길을 가르쳐 주셨으니, 우리는 대종사님과 정산 종사님의 경륜을 받들어 실천하는 데 더욱 정성을 모아야 할 것입니다.

삼동윤리의 첫째 강령은 동원도리(同源道理)이니, 이는 모든 종교와 종파가 한 울안 한 이치임을 알아 동도일원(同道一圓)[하나의 진리를 믿고 배우며 전하는 것] 하자는 것인바, 이를 위해서 각국에 대선학원(大禪學園)을 지어 일원교육(一圓教育)을 시킴으로써 불교, 도교, 유교, 기독교, 기타 종교의 최고 진리가 하나임을 알려주고 깨우쳐서 서로 넘나들고 서로 화합해서 상부상조(相扶相助) 상신상락(相信相樂) 하는 불국(佛國)의 세계, 선경(仙境)의 세계인 일원세계(一圓世界)로 동도일원(同道一圓) 하자는 것입니다.

둘째 강령은 동기연계(同氣連契)이니, 이는 전 인류와 일체생령이 한 집안 한 권속임을 알아 동생일원(同生一圓)[하나의 진리로 하나의 세계에 살자는 것] 하자는 것인바, 각국에 삼동훈련원(三同訓練院)을 지어 일원훈련(一圓訓練)을 함으로써 세계 종교, 정치, 종족, 사상이 대동화합이 되어 동생일원(同生一圓) 하자는 것입니다.

셋째 강령은 동척사업(同拓事業)이니, 전 인류는 한 일터 한 일꾼임을 알아 동귀일원(同歸一圓)[하나의 진리 하나의 일로 돌아가자는 것] 하자는 것인바, 각국에 사대봉공회(四大奉公會)를 두어 일원봉공(一圓奉公)을 함으로써 시방일가(十方一家) 사생일신(四生一身)의 정신으로 사대봉공[在家 出家 國家 世界]하고 인류의 영(靈)과 육(肉)의 무지·질병·빈곤을 퇴치하는 데 공헌한 공도자를 숭배하는 일원사당(一圓祠堂)[世界祠堂]을 마련해서 동귀일원(同歸一圓) 하자는 것입니다. 〈『대산종사수필법문집』 2. p.1675. 원기79년 1월 1일〉

| 배경 및 상황 |

대산 종사는 원기77년(1992) 1월 1일 정산 종사의 '삼동윤리'를 주제로 신년 법문을 내렸다. 첫째 강령은 동원도리이니 동도일원하여 각국에 선학원을 세워 일원교육으로 모든 종교의 최고 진리가 하나임을 알도록 하고, 둘째는 동기연계이니 동생일원하여 각국에 삼동훈련원을 세워 일원훈련으로 세계가 대동화합하고, 셋째 강령은 동척사업이니 동귀일원하여 각국에 4대봉공회를 세워 일원봉공으로 인류의 영과 육의 무지 빈곤 질병을 퇴치하자고 하였다. 또 이 일에 공헌한 공도자를 숭배하는 일원사당을 만들자고 하였다.

| 용어 풀이 |

○ **동도일원(同道一圓)** 하나의 진리를 믿고 배우며 전하는 것.

○ **동생일원(同生一圓)** 하나의 진리로 하나의 세계에 살자는 것.

○ **동귀일원(同歸一圓)** 하나의 진리 하나의 일로 돌아가자는 것.

○ **상신상락(相信相樂)** 서로 믿고 서로 즐김.

○ **선경(仙境)** 신선이 산다는 곳. 경치가 신비스럽고 그윽한 곳을 비유적으로 이르는 말.

⑲ 우리의 기원

대산 종사 말씀하시기를 "우리의 기원은 세계 평화, 국운 무궁, 교운 융창, 도덕 부활, 정교 동심, 달본 명근, 세계 균등, 시방 일가이니라."

〈경세편 19장〉

| 출처 |

원평에서 졸업반 일동에게 내려준 법문

'우리의 기원'에 대하여

국운무궁(國運無窮) 교운융창(敎運隆昌) 도덕부활(道德復活)

정교동심(政敎同心) 달본명근(達本明根) 세계균등(世界均等)

"시방일가, 우리 육신의 조국이 어디냐?"

"한국입니다."

"그렇다면 우리의 조국이 잘되어야 하겠느냐. 못 되어야 하겠느냐?"

"잘되어야 하겠습니다."

"정신에는 조국이 있겠느냐. 없겠느냐?"

"있습니다."

"어디가 그 조국이 되겠느냐?"

"성인이 나오신 곳입니다."

"그렇다. 성인이 나오신 곳이 바로 세계의 중앙이 되고 정신의 조국이 된다. 3천 년 전 부처님은 인도에서, 2천5백 년 전 공자님은 중국에서, 2천 년 전 예수님은 이스라엘에서 각각 순차적으로 이 세상에 나오셨다. 이제 이 나라에 대종사께서 나오셨으니 앞으로 세계의 중앙이 되고 정신의 조국이 된다.

이 나라는 대종사께서 탄생하신 곳이요, 대각하신 곳이며, 회상을 펴신 곳으로 천여래 만보살의 발아지(發芽地)이므로, 이 세계와 온 인류의 진리의 전당이 되고 도덕의 모국이 된다. 그러므로 이 나라가 먼저 국운이 무궁하여야 하겠다. 개인과 가정은 자기가 사는 나라가 근본이 되는 것이니 모든 국민은 국민의 사종 의무(四種義務)를 철저히 이행하며 봉공하여야 한다. 그러면 세계도 잘되려니와 개인과 가정도 좋아지고 교운도 융창할 것이다.

우리 교도는 교도의 사종 의무를 잘 이행하여야 한다. 그러기로 하면 도덕이 부활이 됨으로써 은과 법이 살아나야 한다. 이 일은 정치와 종교가 합심 합력하여 이루어야 하는 데 과거와 같이 종교의 힘으로만은 안 된다. 마치 어머니와 아버지가 같이 힘을 합하여야 하는 것과 똑같다. 그러자면 각자가 달본명근에 힘써 밖으로는 도덕을 세우고 안으로는 마음을 닦아 밝혀야 한다. 이런 일들은 세계가 고루 잘 살도록 하는 것으로 바로 한 집안이 되는 것이니 이것이 바로 시방일가이다.

이 칠대원(七大願)은 지금으로부터 앞으로 수 없는 세상에 우리 모두의 기원이 된다. 따라서 이 칠원(七願)이 이루어질 때 영원한 복조(福祚)가 있을 것이다. 그러니 이 나라와 세계와 회상의 문제를 어느 한 분의 지도자에게만 맡기고 미루지 말고 각자가 자기 문제로 삼아 자각적 입장에서 책임을 다하여야 할 것이다.

이 성공이 우리와 전 인류의 성공이다. 그러므로 앞으로는 전체의 성공을 목적하여야 하며 일부분이나 일면 또는 일개인의 어떠한 성공도 바람직한 일이 못된다. 혼자 부처 되어 혼자 일만 하고 가면 아무러한 가치도 없는 것이다. 대종사께서는 교리와 제도를 전체 성공에 목적을 두고 짜셨다. 그리고 또한 영원한 세상에 염원하신다."

〈『대산종사수필법문집』 1. pp.656~657. 원기57년 11월 6일〉

| 배경 및 상황 |

대산 종사는 원기57년(1972) 11월 6일 원평에서 졸업반 학생들[예비교역자]에게 '우리의 기원'에 대하여 말씀하였다. 우리의 기원을 '칠대원' 또는 '칠원'이라 하였다. 원문으로 보아 "우리의 기원은 세계평화, 국운무궁, 교운융창, 도덕부활, 정교동심, 달본명근, 세계균등으로 시방일가를 이루자는 것이니라"로 바로 잡아야 한다. 즉, 우리의 기원은 일곱 가지이고 그 결과 시방 일가를 만들자는 것이 목적이라 할 수 있다.

| 용어 풀이 |

○ **정교동심(政教同心)** 소태산 대종사의 정교관(政教觀)이며, 정산 종사가 내세운 사대 경륜의 하나. 그러나 정산의 재위 기간에 한정된 것이 아니라 정치와 종교의 관계, 원불교인의 사회적 실천에 관한 기본 철학으로 되어 있다. 정치와 종교가 동등한 사회구성의 요소로써 국민 생활을 발전시키는 각각의 역할을 충실하게 하자는 것이다.

○ **달본명근(達本明根)** 정산 종사 사대경륜의 하나. 본래 취지에 도달하면서도 본래 근본을 밝히자는 뜻이다. 교단의 무궁한 발전과 평화 세계 건설을 이루기 위해 교화·교육·자선 등 모든 사업에 힘쓰면서도, 교도 각자의 수행에 부지런히 노력해서 인간의 본래사를 깨닫고 모든 일에 그 근본을 잘 밝혀서 뿌리를 잃지 않도록 하자는 것이다. 교단 발전을 위한 각종 사업에 힘쓰면서도, 사업의 뿌리가 되는 법위향상에 노력하자는 것이다[『정산종사법어』 유촉편 36].

○ **시방일가(十方一家)** 시방세계가 한량없이 넓고 많지만, 불보살들은 우주 전체

를 한집안 삼는다는 말.

⑳ 기원문

대산 종사, 기원문을 지으시니 "법신불 사은이시여! 이 세상 모든 어린 왕자들을 욕심에 물들지 않는 인물로[法器], 어린 천사들을 도가 넘치는 인물로[道器], 어린 천진들을 덕이 넘치는 인물로[德器] 키우게 하여 주시옵소서. 항상 어린이들의 참된 천심을 길러 주어 천국을 만들고, 자비스러운 불심을 길러 주어 불국을 만들며, 거룩한 성심을 길러 주어 성세를 만들고, 무위자연의 도심을 길러 주어 도국을 만들고, 두렷한 원심을 길러 주어 원만 평등하고 지공무사한 하나의 세계, 보은의 세계, 균등의 세계, 평화의 세계, 대 선경 대 낙원의 세계를 이 세상에 건설하는 활불들이 되게 하여 주시옵소서. 일심으로 큰 서원을 올리나이다."

〈경세편 20장〉

| 출처 |

기원문 4

法身佛 四恩이시여!

이 세상 모든 어린 王子들을 法器로

어린 天使들을 道器로

어린 天眞들을 德器로 키우게 하여 주시옵소서.

항상 어린이들의

참된 天心을 길러 주어 天國을 만들고

慈悲스러운 佛心을 길러 주어 佛國을 만들며

거룩한 聖心을 길러 주어 聖世를 만들고
自然의 道心을 길러 주어 道國을 만들며
두렷한 圓心을 길러 주어 圓滿平等하고 至公無私한
하나의 世界 報恩의 世界 均等의 世界 大仙境 大樂園의 世界를
이 世上에 건설하도록 하여 주시옵소서.
一心으로 큰 서원을 올리나이다.

〈『대산종사수필법문집』 2. p.634. 원기70년 1월 1일〉

| 배경 및 상황 |

대산 종사의 네 가지 기원문 중의 하나로 원기70년(1985) 신년법문의 부연법문으로 유인물을 만들어 청법자들에게 제공하였다

신년법문의 주된 내용으로 대산 종사는 "금년은 UN이 지정한 청소년의 해로 어린이와 청소년에게 참된 천심(天心), 자비스러운 불심(佛心), 거룩한 성심(聖心), 무위자연의 도심(道心), 두렷한 원심(圓心)을 길러 원만평등하고 지공무사한 하나의 세계, 보은의 세계, 균등의 세계를 만들어 이 세상에 대낙원, 대선경(大仙境)을 건설하는 것이 대종사님의 뜻하신 바요, 우리 각자가 뜻하는 바다."라고 하였다. 이에 따라 '유아교육'에 대한 중요성을 부촉하여 설하였고, 그 법문은 우리 교단 유아교육의 중요한 지침서가 되었다.

| 용어 풀이 |

○ **법기(法器)** 법의 그릇이 큰 사람. 불법의 가르침을 받기에 족한 사람이다. 법의 그릇이 크다는 것은 법의 근기가 높고, 대도수행을 할 수 있는 바탕과 소질이 큰 사람이다.

○ **천사(天使)** 종교적 신화에서, 천국에서 인간 세계에 파견되어 신과 인간의 중간에서 신의 뜻을 인간에게 전하고, 인간의 기원을 신에게 전하는 사자(使者).

○ **도기(道器)** 수행을 하여 도를 이룰 만한 근기. 도를 닦아 깨달음을 얻어 크게 보은할 만한 근기.

○ **천진(天眞)** 꾸밈이나 거짓이 없이 자연 그대로 깨끗하고 순진함.

○ **덕기(德器)** 어질고 너그러운 도량과 재능. 또는 그것을 지닌 사람.

○ **천심(天心)** ① 선천적으로 타고난 마음씨. ② 하늘의 마음. ③ 천도교에서, 한울님의 마음을 이르는 말.

○ **불심(佛心)** 자비로운 부처의 마음.

○ **불국(佛國)** 부처가 있는 나라. 곧 극락을 이른다.

○ **성심(聖心)** ① 거룩한 마음. ② 그리스도와 성모 마리아의 마음.

○ **성세(聖世)** 어진 임금이 다스리는 세상 또는 시대를 높여 이르는 말.

○ **도심(道心)** ① 도를 구하고 실천하는 마음. ② 바르고 착한 길을 따르려는 마음. ③ 부처의 깨달음인 보리를 구하는 마음.

○ **도국(道國)** 도인들이 사는 나라.

○ **원심(圓心)** ① 원만구족하고 지공무사한 마음, 곧 일원상의 진리를 깨쳐 일원의 위력을 얻고 일원의 체성에 합한 마음. ② 원융무애·호호탕탕한 마음. ③ 완전하고 원만한 열반을 구하는 마음.

○ **선경(仙境)** ① 도교에서 말하는 신선이 산다는 곳. 도교의 이상향. 선계(仙界)·선향(仙鄕)이라고도 한다. ② 속세의 시끄럽고 복잡함을 떠난 청정하고 평화로운 곳. ③ 경치가 매우 아름답고 사람 살기 좋은 곳.

㉑ 평화는 오리

대산 종사, 글을 지으시니 "이 산하대지에 천화(天花)가 만건곤하니 평화는 오리. 평화는 오리. 따라서 이 회상에 천불 만성이 발아하고 억조창생의 복문이 열려서 무등등한 대각 도인과 무상행의 대봉공인이 많이 나오리 많이 나오리니, 다 같이 대적공 대적공 대적공하고 대적공하리로다."

〈경세편 21장〉

| 출처 |

법위등급 법문에 대한 추가 법문

이 산하대지(山河大地)에
천화(天花)가 만건곤(滿乾坤)하니
평화는 오리로다.
따라서 교단에
천불만성(千佛萬聖)이 발아(發芽)하고
억조창생(億兆蒼生)의 복문(福門)이 열려서
무등등(無等等)한 대각도인(大覺道人)과
무상행(無相行)의 대봉공인(大奉公人)이
많이 나오리 많이 나오리로다.

〈『대산종사수필법문집』 2. p.663. 원기70년 3월 14일〉

산하대지에 봄의 훈풍 만건곤(滿乾坤)이라
평화는 오리 평화는 오리 평화는 오리로다.
새 회상에 천불만성 우쭐우쭐
억조창생 무량법문 크게 열리니
무등등한 대각도인 많이 나리 많이 나리 많이 나오리
무상행의 대봉공인 많이 나리 많이 나리 많이 나오리.

〈『대산종사수필법문집』 2. p.679. 원기70년 4월 12일〉

법위승급식(法位昇級式) 법문

이 산하대지(山河大地)에
천화(天花)가 만건곤(滿乾坤)하니
평화는 오리
평화는 오리
따라서 교단에
천불만성(千佛萬聖)이 발아(發芽)하고
억조창생(億兆蒼生)의 복문(福門)이 열려서
무등등(無等等)한 대각도인(大覺道人)과
무상행(無相行)의 대봉공인(大奉公人)이
많이 나오리
많이 나오리니
다 같이 대적공(大積功) 대적공 대적공하고 대적공하리로다.

〈『대산종사수필법문집』 2. p.1702. 원기79년 5월 10일〉

| 배경 및 상황 |

교단은 원기70년(1985) 5월 10일 법강항마위 승급식을 오후 1시 30분 중앙총부 반백년기념관에서 거행하였다. 대산 종사는 333명에게 법위증과 법락을 수여, 정사로 인증했다. '큰 스승의 자격 세 가지'를 강령적으로 밝히시기를 "첫째, 크게 깨쳐야 한다. 크게 깨치기로 하면 사량계교 없이 골똘히 삼학 일심으로 들어가야 한다. 둘째, 항마를 하여야 한다. 항마를 하기로 하면 발원이 굳세고 커야 한다. 셋째, 중화의 도를 써야 한다. 중화의 도를 쓰기로 하면 도덕을 갖추어 마음을 넓고 크게 서야 한다."라고 설하고 맺음말로 '평화는 오리'라고 간절히 염원하고 100주년까지 대불과를 성취하도록 대정진하자고 하였다. 대산 종사는 원기80년(1995) 5월 13일 영산성지에서 종법사 퇴임 봉고와 함께 5월 14일 영산대학교 봉불낙성식 및 기념대법회에서 '일원대도 대원정각' 하자고 법문을 내리고 이 '평화는 오리로다'를 참석한 대중에게 전하였다.

| 용어 풀이 |

○ **산하대지(山河大地)** 산과 강과 들판을 아울러 이르는 말.

○ **천화(天花)** ① 하늘에서 내리는 꽃이라는 뜻으로, '눈'을 달리 이르는 말. ② 천상계에 핀다는 영묘한 꽃. 또는 천상계의 꽃에 비길만한 영묘한 꽃.

○ **만건곤(滿乾坤)** 하늘과 땅에 가득함.

○ **천불만성(千佛萬聖)** ① 천여래 만보살이라는 뜻. ② 수없이 많은 부처님과 성현이라는 뜻.

○ **발아(發芽)** 초목의 눈이 틈.

○ **억조창생(億兆蒼生)** 수많은 백성. 억·조와 같은 많은 수의 보통 사람인 범부중생을 의미하며, 억만창생(億萬蒼生)이라고도 한다.

○ **복문(福門)** 복의 문. 복을 불러오는 문.

○ **무등등한 대각도인(無等等-大覺道人)** 이 세상의 어떠한 사람과도 비교할 수 없이 진리를 크게 깨친 불보살.

○ **무상행의 대봉공인(無相行-大奉公人)** 무상보시를 하는 대봉공인이라는 뜻. 남을 위해 헌신 봉공하는 사람 중에는 유상보시를 하는 사람도 있다. 대각여래위가 되면 언제나 무상보시를 하고, 자신의 모든 것을 아낌없이 헌신 봉공하게 된다. 무등등한 대각도인이라야 무상행의 대봉공인이 될 수 있다.

○ **적공(積功)** ① 오래오래 수행 정진하는 것. 삼학 수행을 병진하여 삼대력을 갖출 때까지 심고·기도·염불·좌선 등으로 심공(心功)을 쌓기 위해 용맹정진하는 것. ② 어떠한 일을 성취하기 위해 많은 공을 들이는 것. 덕을 베풀고 공(功)을 이루어 많은 공적을 쌓는 것을 말한다.

㉒ 서원과 원력으로 신념 있게 나아가라

대산 종사 말씀하시기를 "서원과 원력을 가지고 신념 있게 나아가라. 물은 결국 바다로 돌아가고 이 세계는 결국 진리로 돌아오기 마련이니, 급하게 생각하지 말고 천천히 착실하게 자기 훈련과 교도 훈련에 전력을 다하여 교도 한 사람 한 사람을 대종사로 만들면 새 역사가 이루어질 것이니라."

〈경세편 22장〉

| 출처 |

발타원(發陀圓) 정진숙(鄭眞淑)과 용타원(龍陀圓) 서대인(徐大仁) 법사가 인사 올리니 말씀하시기를

이념과 사상을 가지고 신념 있게 나가라. 물은 결국 바다로 돌아가고, 이 세계는 결국 진리로 돌아오기 마련이다. 그러니 앞으로 각자의 훈련과 교도훈련에 전력을 다하라. 앞으로 10년만 가면 정부와 국민이 다 우리에게 쏠릴 것이다. 그러니 급하게 생각들 말고 엎드려서 못나게 천천히 해 나가라. 영웅도 되려고 말라. 훈련하는 데 중점 두어라. 각자 새 역사 쓸 것이다. 교도 하나하나를 대종사님으로 만들어야 한다.

〈『대산종사수필법문집』 1. p.1095. 원기60년 2월 26일〉

| 배경 및 상황 |

대산 종사는 원기60년(1975) 2월 26일 발타원 정진숙과 용타원 서대인 법사가 인사 올리니 말씀하시기를 "이념과 사상[서원과 원력]을 가지고 신념 있게 나가라. 각자의 훈련과 교도훈련에 전력을 다하라. 급하게 생각하지 말고 엎드려서 못나게 천천히 해 나가라. 영웅도 되려고 말라. 훈련하는 데 중점을 두어라. 교도 한 사람 한 사람을 대종사로 만들면 새 역사가 이루어질 것이다."라고 하였다. 발타원 종사는 소남훈련원 설립과 완도청소년 훈련원 창립을 하였다. 용타원과 발타원은 감찰원장의 전후임이었다. 용타원은 후진들의 어려움을 듣고 보살피는 관세음보살의 화현이었고, 발타원은 교단의 기강을 세우고 덕으로 감싸 잘못을 스스로 깨치도록 인도하였으며 교법 수행으로 자기를 지키도록 예방 감찰에 정성을 기울였다.

| 용어 풀이 |

○ **정진숙(鄭眞淑, 1920~2001)** 본명은 현숙(賢淑). 법호는 발타원(發陀圓). 1920년 4월 4일에 경남 함양군 유림면 목매리에서 부친 정순중 선생과 모친 박정시행 여사의 4녀 중 막내로 출생하였다. 매타원(梅陀圓) 정안심행(鄭安心行) 대봉도의 권유로 원기28년 23세에 대종사를 뵙고 출가하였다. 대종사는 "진숙은 기초가 있어서 5년 정도만 공부하면 장차 크게 될 것이다. 비행기 타고 교화도 하러 갈 것이다."라고 대법기로 인정했다. 개성·남선·용암·군산·전주교당 교무와 광주교당 교감 겸 교구장, 감찰원장, 수위단원을 역임하였다. 발타원은 일생을 교단 사업에 남김없이 헌신 봉공한 거룩한 생애였다. 교화의 활성화·10여 곳의 연원 교당 창설·소남훈련원 설립과 완도청소년 훈련원 창립·30여 명의 교역자 양성 등의 업적은 한결같은 대신성과 희생 봉공의 정신으로 이루어졌다. 원기73년(1988) 9월 수위단회에서는 대봉도의 법훈을 서훈하였고, 원기76년(1991) 3월 법위를 출가위로 사정하고 종사의 법훈을 서훈하였다.

○ **서대인(徐大仁, 1914~2004)** 본명은 금례(金禮). 법호는 용타원(龍陀圓). 법훈은 종사. 1914년 12월 11일 전남 영광군 법성면 용덕리에서 부친 규석과 모친 박경덕의 1남 7녀 중 5녀로 출생했다. 원기16년(1931) 10월 3일 출가하여 마령·영산·서울교당 교무, 교정원 감사, 육영부장, 감찰원장, 수위단원, 교령을 역임했다. 여성 최초의 대각여래위이다.

서대인은 원기76년(1991) 총회를 마치고 수도원으로 자리를 옮겨 정양에 힘쓰다가 원기89년(2004)에 91세로 열반에 들었다. 원불교 수위단회에서는 용타원 서대인의 법력과 덕성을 기려 대각여래위로 추존했다. 용타원서대인종사문집으로 『2002호 토굴가』가 전한다.

㉓ 세계도 하나로 나아가자

대산 종사, 열반을 앞두시고 친필 법문을 내리시니 "세계도 하나로, 세계도 한 집안으로, 세계도 새로 살아난 살아난 살아난 새로 살아난 새 세계, 산 산 새 세계, 새 성현. 산 살아난 새 종교, 일원의 세계, 보은의 세계, 균등의 세계로 밀고 나갑시다." 〈경세편 23장〉

| 출처 |

저녁 내내 당신이 손수 쓰신 법문을 정리해 오라고 하시고

"세계도 하나로
세계도 한 집안으로
세계도 새로 살아난, 살아난, 살아난
새로 살아난 새 세계
산 산 새 세계
새 성현[훈련받은 교무들]
산, 살아난 새 종교
일원의 세계, 보은의 세계, 균등의 세계로 밀고 나갑시다."라고 하시다.

〈『대산종사수필법문집』 1. p.1769. 원기83년 6월 16일〉

| 배경 및 상황 |

대산 종사는 원기83년(1998) 6월 16일 저녁 내내 당신이 손수 쓴 법문을 시자에게 정리하라고 하였다. 이 법문은 열반 3개월 전에 손수 쓴 친필 법문이다. 평생 염원하고 주창하였던 하나의 세계와 평화의 세계와 한집안으로 세계를 새로 살리고 새 성현[훈련받은 인재]을 길러 새로 살아난 새 종교로 일원의 세계, 보은의 세계, 균등의 세계로 밀고 나가자고 기원을 올리는 글이다. 이 80여 자 밖에 되지 않은 짧은 글에 함축과 함장, 서원과 원력을 뭉친 살아난 유훈(遺訓)의 게송(偈頌)이었다.

| 용어 풀이 |

○ **일원세계(一圓世界)** 원불교가 목적하는 최고의 이상세계. ① 일원상의 진리가 세계를 교화하고, 모든 사람이 일원상의 진리를 깨치고 실행하는 세계. 천여래 만보살, 무등등한 대각도인과 무상행의 대봉공인이 수없이 많이 출현하는 세계. ② 물질문명과 정신문명이 조화 발전을 이루는 평화세계. 정신개벽의 세계. ③ 삼동윤리가 실현되는 세계. 동원도리·동기연기·동척사업의 삼동윤리가 실현되어, "한울안 한 이치에 한 집안 한 권속이 한 일터 한 일꾼이 되어 건설하는 하나의 세계."가 진정한 의미의 지구촌 세계이다.

○ **보은세계(報恩世界)** 사은의 큰 은혜를 절실히 느껴서 항상 감사하고 보답하는 생활. 인간은 누구나 사은의 큰 은혜 속에서 태어나고 자라나며 살아가고 있다. 따라서 그 은혜를 절실히 느끼고 감사 보은 생활을 하는 세계를 말한다.

○ **균등세계(均等世界)** 고르고 가지런하여 차별이 없는 평등한 세계.

㉔ 기원문 결어

대산 종사, '기원문 결어'를 지으시니 "일상원(一相圓) 중도원(中道圓) 시방원(十方圓). 주세불 불일중휘(佛日重輝) 법륜부전(法輪復轉), 조사 불일증휘(佛日增輝) 법륜상전(法輪常轉). 세계부활 도덕부활 회상부활 성인부활 마음부활. 네 가지 훈련, 자신훈련 교도훈련 국민훈련 인류훈련. 대서원 대정진 대불과 대불공 대자유 대합력, 대참회 대해원 대사면 대정진 대보은 대진급. 일원회상 영겁주인 일원대도 영겁법자. 천불만성 발아(千佛萬聖發芽) 억조창생 개복(億兆蒼生開福). 무등등한 대각도인 무상행의 대봉공인. 대종사님의 일대경륜 제생의세. 진리는 하나 세계도 하나 인류는 한 가족 세상은 한 일터 개척하자 하나의 세계. 이 세계는 하나의 마을 이 세계는 하나의 가족 이 세계는 하나의 세계, 세상은 한 일터 개척하자 하나의 세계." 〈경세편 24장〉

| 출처 |

기원문 결어

일상원一相圓 중도원中道圓 시방원十方圓

주세불 : 불일중휘佛日重輝 법륜부전法輪復轉

조 사 : 불일증휘佛日增輝 법륜상전法輪常轉

세계부활 도덕부활 회상부활 성인부활 마음부활

네 가지 훈련 : 자신훈련 교도훈련 국민훈련 인류훈련

대서원 대정진 대불과 대불공 대자유 대합력

대참회 대해원 대사면 대정진 대보은 대진급

일원회상 영겁주인永劫主人 일원대도 영겁법자永劫法子

천불만성千佛萬聖 발아發芽 억조창생億兆蒼生 개복開福

무등등無等等한 대각도인 무상행無相行의 대봉공인

대종사님의 일대경륜 [제생의세]

진리는 하나 세계도 하나

인류는 한 가족 세상은 한 일터

개척하자 하나의 세계

이 세계는 하나의 마을

이 세계는 하나의 가족

이 세계는 하나의 세계

〈『대산종사수필법문집』 2. p.1533. 원기77년 6월〉

| 배경 및 상황 |

대산 종사는 원기70년(1985) 신년법문과 함께 네 가지 기원문을 대중에게 공개하며 다 함께 "진리는 하나 세계도 하나 인류는 한 가족 세상은 한 일터 개척하자 하나의 세계"[원기55년 반백주년 기념대회에서 선포]를 건설하자고 선포하였다. 원기77년(1992) 6월경 기원문을 다시 '기원문 결어'로 함축하여 대중에게 소개하였다.

'네 가지 기원문'이 심고와 기원문의 전형이자 원론적인 것으로 일생 법신불사은 전에 법동지와 함께 성불제중하여 불국토 건설을 염원한 원력의 서원문이라면, 기원문 결어는 기원문을 함축하여 강조한 핵심으로 전 교도와 함께 일원세계 건설의 화두를 제시한 공안(公案)적인 성격을 내포한 서원문이라고 할 수 있다.

대산 종사는 열반하기 석 달 전부터 시자들에게 기원문 결어를 읽게 한 후 "법문을 알아듣지 못하는 사람한테는 법문이 안 나온다. 기원문 결어가 그냥 나온 것이 아니다. 일상원(一相圓) 중도원(中道圓) 시방원(十方圓)이 다 일원대도와 대세계주의에 바탕한 법문이다. 처음부터 마지막의 '세상은 한 일터 개척하자 하나의 세계'까지 다 연결되는 법문이다."라고 하였다.

| 용어 풀이 |

○ **일상원(一相圓)** 일원상의 진리로 이미 한 두렷한 일원세계라는 말이다. 일원세계는 일원대도를 실현하여 하나의 세계를 이루어 모든 사상과 이념과 철학이 하나로 통하는 것이 일원주의다. 현실적으로 일상원은 중도원과 시방원을 포섭하여야 근본적으로 일원화라고 할 수 있다.

○ **중도원(中道圓)** 육근을 중도로 행함을 말한다. 도학과 과학 문명을 병진하여야 중도의 세계다. 육근 작용이 원만구족하고 지공무사하도록 하는 것이 중도주의다. 일상원과 시방원이 중도행으로 실천하도록 중심을 잡아 주는 역할을 한다.

○ **시방원(十方圓)** 세계가 완전히 하나의 세계다. 우주를 하나의 시방세계로 건설함을 이른다. 세계평화를 실현하는 것이 세계주의다. 세계주의가 전체주의요 일원주의를 말하며 시방원이 실현되면 일상원이다. 시방원은 일상원과 중도원이 함께하여야 참 시방으로 드러난다.

참고도서

『대산종사법어』, 원불교100년기념성업회, 원불교출판사, 2020.

『대산종사수필법문』 1. 2권, 증보판, 원불교출판사, 2020.

대산종사법문집 Ⅰ『정전대의』, 증보판, 원불교출판사, 2016.

『대산종법사법문집』 Ⅱ, 원불교출판사, 2006.

『대산종사법문집』 Ⅲ, 원불교출판사, 1994.

대산종법사법문집 Ⅳ『열반법문』, 원불교출판사, 1994.

대산종법사법문집 Ⅴ『여래장』, 원불교출판사, 2007.

『큰 산을 우러르며』, 개정판, 주성균, 원불교출판사, 2022.

『원불교용어사전』, 손정윤, 원불교출판사, 2000.

『불교사전』, 운허용하, 동국역경원, 1988.

『표준국어대사전』, 국립국어원, www.korean.go.kr.

『고려대 한국어대사전』, 고려대학교민족문화연구원, 2011.

『한국신종교대사전』, 김홍철, 도서출판 모시는 사람들, 2016.

『원불교대사전』, 원광대학교 원불교사상연구원 편, 원불교100년기념성업회, 원불교출판사, 2013.

대산종사 법어해의 3

제10 정교편·제11 교훈편·제12 거래편
제13 소요편·제14 개벽편·제15 경세편

2024년 5월 10일 초판 1쇄 인쇄
2024년 5월 17일 초판 1쇄 발행

편저 주성균

펴낸이 주영삼
펴낸곳 원불교출판사
출판등록 1980년 4월 25일(제1980-000001호)
주소 54536 전북특별자치도 익산시 익산대로 501
전화 063)854-0784
팩스 063)852-0784
홈페이지 www.wonbook.co.kr
인쇄처 문덕인쇄

ISBN 978-89-8076-419-8(04200)
ISBN 978-89-8076-416-7(04200) (세트)

값 30,000원